RESEARCH ON THE HISTORY
OF CHINA ENGINEERING EDUCATION
DEVELOPMENT

THE NATION MODERNIZATION AND THE DEVELOPMENT
OF ENGINEERING EDUCATION

中国工程教育

国 家 现 代 化 进 程 中 的 发 展 史

王孙禺　刘继青／著

社会科学文献出版社
SOCIAL SCIENCES ACADEMIC PRESS (CHINA)

序

工程科学技术是经济社会发展的重要驱动力，纵观人类社会发展的历史进程，正是由于工程科技的持续发展进步，极大地推动着生产力的革命性飞跃，从而使得人类的生产方式和生活方式发生了根本性变革。工程科技事业的发展离不开工程科技人才，更离不开培养工程科技人才的工程教育。21世纪以来，面对经济社会发展中的机遇和挑战，世界各国尤其是发达国家，都将工程科技进步作为实现未来可持续增长、在全球竞争中保持国家地位的基石和支撑。毫无疑问，工程教育必须适应社会、经济、科技变化的趋势，不断变革创新，才能更好地承担起创新引擎这一崭新角色。

在新的历史时期，为迎接新的科技革命和世界范围内发展格局的深刻变革，我国提出了走新型工业化道路、建设创新型国家的战略发展目标。建设创新型国家，加快转变经济发展方式，赢得发展先机和主动权，最根本的是要靠工程科技的力量，最关键的是要大幅提高自主创新能力。工程科技事业的发展关键在人，实现创新型国家战略目标，迫切需要培养大批高素质劳动者和创新型人才。

改革开放以来，伴随我国工程教育的跨越式发展，工程教育研究工作取得了很大成绩，涌现出一大批高质量的研究成果，研究队伍逐步壮大。在这些研究成果中，对发达国家工程教育发展的研究和探讨占据了较大的比重，这有其合理性，中国工程教育体系的建立本身就是学习西方现代工程教育的结果。作为后发型现代化国家，中国必然要学习现代化先进国家的成功经验，吸取发展中的教训，最终由追赶而实现超越。同时，在新的历史时期，中国工程教育也面临着工程教育全球化的挑战，因此密切关注工程教育发达国家的经验和实践十分必要。

相比较而言，我们对中国工程教育自身发展历史的研究成果相对较薄弱。追溯历史，如果把自清末洋务运动中兴办的西式工程类学堂作为中国工程教育的起点，中国工程教育已经有140多年的发展历史。纵观整个历史发展过程，中国工程教育的发展有着自己的特点。新中国成立60多年来，尤其是改革开放以来，中国工程教育取得了辉煌的成就，形成了自己的发展特色和模式。当然，在发展探索过程中也有很多值得总结的历史教训，这些植根于中国国情的特殊问题，非常值得认真总结和探讨。

研究工程教育发展的历史，国家的工业现代化发展与工程教育发展的关系是必须考虑的基本要素。从工业化发展史来看，诸如美国、德国等工业化发达国家，其工程教育发展与国家工业化相互促进的作用十分突出，工程教育对于这些国家发展成为工业化强国功不可没。

目前，中国正处于工业现代化的进程之中。中国现代工程教育的开展与国家的工业化、现代化是同步的。近代以来，中国为了富国强兵，抵御外侮，开始了学习西方，兴办教育，造就人才，开始了教育现代化的转型。因为是"师夷长技以制夷"，所以工程科技事业自始受到重视。中国的现代化开启之初，现代化实际上就是指向工业化，因此为工业化培养人才的工科教育必然被放到重要位置。在不同的历史发展阶段，工业化发展模式的变迁对工程教育发展有着重要的影响，而工程教育的发展又制约或推动工业化的进程。从二者关系出发研究工程教育发展，可以在战略高度上明晰工程教育发展的利弊得失。对于目前我国如何在实现工业化过程中发展工程教育，其意义不言而喻。

高等教育中规模最大的工程教育，在中国整个创新教育体系中，具有举足轻重的地位。新中国成立之后，特别是改革开放以来，我国工程教育伴随着经济社会的巨大变革和高等教育事业的历史性跨越,取得了长足的进步,已经形成多层次、多类型的工程教育人才培养体系。在工程教育发展的规模方面,从绝对数来说目前中国是全世界最大的。中国的工科大学生占整个高校学生的三分之一以上。目前,提高质量是高等工程教育迫在眉睫且亟须解决的重要问题。

王孙禹、刘继青两位同志撰写的《中国工程教育:国家现代化进程中的发展史》,是目前尚不多见的系统研究一百多年来中国工程教育发展历史的学术成果。这部专著分上下两编,上编主要研究了近代以来直至新中国成立前的中国工程教育发展历史;下编研究了共和国成立之后,我国探索社会主义现代化过程中工程教育的发展状况。作者从国家现代化与工程教育的发展关系出发,以历史的逻辑考察历史。在研究中,把不同历史阶段的教育制度、政策和发展战略作为重点研究对象,把研究目的锁定在制度改进和国家战略的有效规划上。作者在书中提出的一些观点、思路和方法,很有启发性。

我是共和国工程教育的亲历者,在工科大学学习过,担任过工科大学的主要领导,从事过多年的国家教育行政部门的管理工作,对新中国工程教育的发展有着切身的体会。作者在研究中,既有对教育制度政策的宏观分析,又有具体大学的个案分析,还引用了大量的历史亲历者的口述回忆,很有历史感。

需要指出的是,这两位同志所在的清华大学工程教育研究中心,自2009年成立以来,陆续推出了一系列工程教育研究成果,为中国工程教育的改革发展提供了有力的理论支持。清华大学是我国工程教育的重要基地,以张维、张光斗院士等为代表的老一辈工程教育专家和学者很早就关注工程教育的研究工作,对中国工程教育研究做出了开拓性的贡献。王孙禹等多位教授近年来在工程教育研究领域默默耕耘,他们既是学术研究的学者,又是我国工程教育研究工作的组织者。因此,这部专著的出版,可以说凝聚了老一辈和新一辈工程教育研究者的智慧和汗水。

我相信，这部专著的出版，必将进一步推动我国工程教育发展史的研究，必将丰富这一领域的研究成果。

吴启迪

2012 年 4 月

（注：序作者吴启迪，教授、博士生导师；现任全国人大常委会委员、教科文卫专委会委员、清华大学工程教育研究中心主任；曾任国家教育部副部长、同济大学校长等职）

目　　录

上编　中国近代工程教育的产生与发展

Contents

Part II   Development of Contemporary Engineering
Education in China

前　　言

　　工程教育是高等教育的重要组成部分，作为旨在培养工程科技人才的高等教育重要类型，工程教育对于国家经济社会发展越来越显示出其重要性。当今世界上的发达国家，无一不把工程教育视为国家未来经济和科技发展的基石。而纵观世界大国崛起的历史，在众多影响因素中，完备而高水平的工程教育无疑是具有实质性影响的因素之一。

　　当前，中国正在建设创新型国家和实施教育强国战略，工程教育的改革发展面临着新的机遇与挑战。在全球化时代，以全球视野，学习借鉴发达国家成熟的教育发展模式和经验是我们必然的选择。同样重要的，是要回溯历史，对中国工程教育的发展的历史作纵向考察，汲取历史经验，通古今之变，从历史的轨迹照见未来的方向。

　　中国近代工程教育始于晚清洋务运动兴办的各种西式学堂，迄今已走过了140多年的历程。一百多年来，我国工程教育经历了萌芽、发展、初具规模、跨越式发展的艰难曲折的道路，今天，我国已经成为世界上工程教育规模最大的国家。回顾和总结中国工程教育的历史，我们可以看到，中国工程教育现代化的历史与近代以来国家现代化发展的历程息息相关。

　　中国国家现代化之路自19世纪60年代艰难起步，中国教育现代化的历程随之启程，在教育现代化发展进程中，工程教育发展一直是中国教育和社会现代化的重要方面之一。说它重要，根本原因在于，百余年来，无论是清王朝时代的变法自强运动，还是国民党时期的资本主义国家模式的建构，以至 1949 年至今的社会主义国家的现代化发展，其背后强大的动力源自对国家富强、民族独立的现代化国家的追求。实现现代化、工业化离不开培养工程科技人才的工程教育。从移植西方工业化社会的教育模式开始的中国工程教育，即作为"师夷长技以制夷"之策中的"技"的组成部分，其历史的逻辑可以概括为"富国强兵——实业发展——人才培养——实业教育（工程教育）"。因此，工程教育在教育现代化进程中自始就受到重视。百余年来，无论在哪一个历史阶段，工程教育现代化始终被作为国家现代化战略中重要一环。这一特殊的历史特点，就使得国家目标和国家规划，构成了中国工程教育发展的直接动力和重要影响因素。而就工程教育大学办学模式、发展方式而言，百余年来，由 19 世纪后半叶起步阶段的接受、模仿，到 20 世纪以来主动的选择和积极的探索，中国工程教育在现代化发展过程中，逐渐呈现出本土化、民族化的特点。所以，中国工程教育的发展与西方发达国家相比，既有共性，又有特点。

在本书中，我们力图以国家与教育的关系作为视角，将工程教育置于中国近代以来民族国家现代化发展的历史进程中，在工程教育与工业化互动关系中把握其发展变迁的历史，这是本书力图贯穿的一条主线。同时，中国教育的现代化又是一个全面建设的过程，工程教育的历史发展是中国社会由传统向现代转型的有机组成部分，我们在研究中也尽可能在国家、社会、市场和学术四种关系的建构与调整中分析阐述工程教育制度的发展变迁，避免对中国工程教育史仅进行现象描述和大而无当的历史铺陈，以致迷失在浩如烟海的史料中。因此，本书对有关工程教育发展的制度、政策和教育发展战略作了重点的研究，其目的旨在改进制度和有效规划国家工程教育战略的。既然是"发展史"的论述，本书面对历史发展变迁的复杂状况，基本上着眼于制度变迁、发展的速度、规模、结构等指标的分析。

本书以 1949 年为界，分为上、下两编，上编论述了近代以来中国工程教育产生与发展的历程，下编论述当代工程教育发展及其现状。除导论外，全书共有七章内容。

导论中主要对全书研究的问题及涉及的概念进行了界定，为全书的论述明确相关概念基础，确立论述基调。同时，对相关研究文献进行了学术史的梳理，目的在于总结既往研究的成绩、存在的局限与不足。在此基础上，阐述本书研究的理论框架及重心所在。

第一章阐述在近代中国现代化启动阶段，中国工程教育产生的背景、动力及其特征，并以福建船政学堂与江南制造总局附设操炮学堂、工艺学堂为例，对工程类洋务学堂的办学特点及模式进行考证。

第二章论述近代中国工程教育逐步转型，开始制度化的过程。时间跨度是1895年到1927年。分为两个历史时期，一是洋务运动之后新旧交替时期，在清末兴学热潮中，工程教育受多种因素影响下发展的情况，关注的重点是癸卯学制对工程教育的影响。二是1912年之后，中国开始了资本主义现代建设时期，工程教育随制度变迁、工业化发展而呈现的新的样貌。

第三章论述抗战前十年，即史家所称的经济建设的黄金十年，国民政府实施工业化发展战略，在教育领域大力整顿高教，推行"抑文重实"政策。在这一特殊的历史时期，工程教育成为教育发展的重点领域，工程教育规模、结构、质量等诸方面有新的进展，中国工程教育大学基本特征和多样化发展的模式基本确定。并以清华大学早期工程教育发展作个案分析。

第四章主要分析抗战时期，国民政府实施战时教育政策，围绕当时高等教育领域存在的三个主要问题——如何加强国家对高等教育的全面控制；如何使大学的课程和内容符合国家建设的实际需要；如何使全国高等学校的地理分布更为合理——调整高等教育布局，改革包括工程教育在内的教育教学制度，提升教育质量。内容还涉及工程教育在战时遇到的困顿及发展的新态势。

本书的下编包括第五章至第七章的内容，集中论述新中国成立之后，在社会主义现代化建设时期、改革开放时期，当代中国工程教育发展的历程。

第五章论述新中国成立之后的 1949 年至 1966 年间十七年工程教育的改革发展问题。这一时期各工程教育院校在发展模式、教学模式等方面的探索为中国工程教育发展积累了宝贵的财富，今天我们所进行的改革，仍需要回到这段历史汲取经验和教训。内容主要分为三个阶段，按照三个主题阐述：一是新中国成立之后确立了实现国家工业化，建设社会主义战略，对包括工程教育在内的教育制度、教育体系的彻底改革，全面转向苏联教育模式；二是围绕"院系调整"战略研究对工程教育发展的影响；三是 1957 年之后，开始全面建设社会主义的十年中，教育大革命对工程教育模式的探索，及其政策纠偏措施，并分析其利弊得失。

第六章分析"文革"十年这一特殊历史时期，工程教育在曲折中有所发展，在发展模式、发展方向等方面呈现的特殊格局和面貌。论述"文革"期间工程教育的发展状况及其内在动因，总结其中的经验教训。

第七章主要论述改革开放 30 年来，中国工程教育伴随着经济社会的巨大变革和高等教育事业的历史性跨越，实现了大变革、大发展、大跨越的目标。分五个专题进行研究，一是改革开放之后，国家现代化战略历史性转变对工程教育改革发展的影响；二是工程教育在整个高等教育体制改革中的制度及模式变迁；三是系统论述工程教育 30 年发展的成就；四是论述以工程院为代表的学术机构对工程教育改革发展的影响；五是分析工程教育发展中的问题及其根源，并展望未来工程教育改革发展的方向及路径。

本书结束语中，总结百余年来，特别是新中国成立 60 年来工程教育发展的历程，并围绕我国走"新型工业化道路"的重大战略决策、2020年建成创新型国家的国家战略发展目标，认为我国未来社会发展的速度与质量在很大程度上取决于工程科技创新能力，取决于工程科技人才这一创新主体的质量，以此提出加速培养造就创新型科技人才特别是科技领军人才作为十分紧迫的战略任务。中国工程教育的改革发展任重道远。

Preface

Engineering education is an important part of higher education. As an important type of higher education aiming at cultivating the engineering, science and technology talents, engineering education shows more and more importance in national economic and social development. The developed countries of the world all place engineering education as the foundation for future development of national economy, science and technology. In the history of great powers in the world, a high level and complete system of engineering education is undoubtedly a factor with substantial impact.

At present, the implementation of China's strategy of building an innovative country and education enhancing the country, the reform and development of engineering education is faced with new opportunities and challenges. In the era of globalization, we should have a global perspective and learn the mature education development pattern and experience from the developed countries, which is a necessary and inevitable choice. At the same time, an important task is to trace back the history, conduct longitudinal study of the history of Chinese engineering education, learn from historical experience, understand the changes from ancient to modern times, and find the direction of future from the history.

The modern Chinese engineering education emerged in the various western schools in late Qing Dynasty during Westernization Movement and has a history over 140 years. For hundreds of years, China's engineering education experienced an arduous and tortuous road: embryo, development, beginning to take shape and the great-leap-forward development. And China has become the largest engineering education country in the world. Reviewing the history of engineering education, it's clear that the modernization of Chinese engineering education is closely related to the modernization development of China.

The national modernization in China began in 1860s, followed the modernization of Chinese education. In the development process of modern education, the development of engineering education has always been one important aspect of China's education and social modernization. Speaking of its importance, the fundamental reason is that the strong power behind the social development stem from the pursuit of a prosperous country and independent modern nation. For over a hundred years, the realization of modernization and industrialization has been inseparable from the engineering education and the talents in engineering, science and technology. Chinese engineering education started from the transplantation of the education mode in western industrialized society, as a part of *technology* in the strategy of "learning the western technology to control the western". The historical logic can be summarized as "enriching the country and increasing its military force—industrial development—talent education—industry education (engineering education) ". As the result, engineering education has always been attached importance in the modernization of education. For hundreds of years, no matter in which historical stage, engineering education modernization has always been an important part of the national modernization strategy. These special historical characteristics make the national goals and national planning direct power and important factors on the development of Chinese engineering education. And the university model of engineering education and its development mode was acceptance and imitation in the second half of the 19th Century when engineering education was at the initial stage, and active choice and exploration in the 20th Century. The modernization process of Chinese engineering education gradually appears the characteristics of localization and nationalization. Therefore, compared with western developed countries, the development of Chinese engineering education has both universals and particulars.

In this book, the authors take the perspective on the relationship between the state and education, place engineering education in the historical process of China's modernization, and research the history of its development and changes in the its interaction with industrialization. This is the main line of the book. Modernization process of Chinese education is a comprehensive construction and engineering education is an integral part in the historical transformation of Chinese society from the tradition to the modern one. Therefore, the authors analyze the development of engineering education system in the construction and adjustment of the state, society, market and academic relations, to avoid the only description of the phenomenon and the trail of history of engineering education in China and lost in the vast historical data. This book focuses on the development of engineering education system, policy and education development strategy, aiming at effectively planning for system improvements and national engineering education strategies. Since the book is an exposition of the "history of the development", it focuses on institutional change, development speed, size, structure and other indicators to analyze the complexities of the historical development and changes.

The book is divided into two parts as the year 1949 a dividing line. Part I discusses the emergence and development of modern engineering education in China, and Part II discusses contemporary engineering education development and its present status. Addition to Introduction, the book has seven chapters expanding the elaboration of specific content.

The issues and concept related to the research are defined in Introduction, which is the conceptual basis of the book and establishes discourse keynote. At the same time, the relevant research literature is reviewed, aiming at summarizing the achievements, limitations and shortcomings of previous studies. On this basis, the theoretical framework and the focus of the study are elaborated.

Chapter 1 discusses the start-up phase of China's modernization and the background motivation, and characteristics of Chinese engineering education's emergence. The characteristics and mode of Westernization Schools are analyzed taking the Fujian Naval School and Jiangnan Manufacturing Bureau's Rifle School, craft school as examples.

Chapter 2 focuses on the gradual transformation of engineering education in modern China and its institutionalization the process. The time period spans from 1895 to 1927 and is divided into two parts. The first one is the post Westernization Movement period, when engineering education was developed under the influence of a variety of factors in the late Qing Dynasty. The research focuses on Guimao School System. The second is after 1912 when China began the construction of the modern capitalist period. Engineering education presented a new appearance with the development of industrialization and system changes.

Chapter 3 discusses the decade before the Anti-Japanese War which historians call the Golden Years of economic construction. The National Government implemented industrial development strategy, rectified higher education in the field of education, and implemented "Suppressing Arts Disciplines and Emphasizing Applied Sciences Policy". Engineering education became the key areas in education development in this particular historical period. The scale, structure, quality and other aspects of engineering education all had new progress. The basic characteristics of the Chinese engineering education and diversified development mode were basically laid. The early development of engineering education in Tsinghua University is set as a case study.

Chapter 4 analyzes Anti-Japanese War period when the Nationalist Government implemented the wartime education policy focusing on three main issues in the field of higher education at that time: how to strengthen the state's overall control of higher education; how to make university courses and content in line with the actual needs of national construction; how to make geographic distribution of the colleges and universities in the country more reasonable. The government adjusted the higher education layout, reformed education and teaching system, including that of engineering education and enhanced the quality of education. Engineering education encountered hardship in wartime and had a new development trend.

Part II contains Chapter 5–7 and discusses the contemporary Chinese engineering education development course after the founding of New China, in the period of socialist modernization and the period of Reform and Opening up.

Chapter 5 expounds the reform and development issues of engineering education during 1949 to 1966 after the founding of New China. Exploration on the development mode and teaching mode of engineering education institutions in this period had accumulated a valuable asset for the development of China's engineering education reform. We still need to go back to the experience gained and lessons learned from this period of history in today's reform. The Chapter is divided into three periods according to the three themes expounded. First, the New China implemented national strategy of "achieving industrialization of the country and building a socialist nation. The government had a thorough reform of the education system, including engineering education, and made an overall shift to the Soviet education mode. Second period focuses on the impact of departments' adjustment to the development of engineering education. Third, a decade after 1957, the exploration of engineering education in the Educational Revolution, and its policy of corrective measures and analyze the pros and cons.

Chapter 6 analyzes the Cultural Revolution decade, a special historical period in China. The engineering education developed with twists and turns, and presented a special pattern of development mode, development direction and features. Engineering education development during the Cultural Revolution and its intrinsic motivation are discussed, and the lessons are summarized.

Chapter 7 discusses the 30 years after Reform and Opening up when China's engineering education has achieved great changes and development along with the enormous economic and social change and the historic leap forward for the cause of higher education. The Chapter is divided into five thematic studies. The First is after the Reform and Opening up, the impact of country's historic transformation of modernization strategy on engineering education reform and development. The second is engineering education in the whole higher education system reform and mode changes. The third is the system analysis on the achievements of engineering education in the 30 years. The fourth is the impact of academic institutions, Academy of Engineering as the representative, on engineering education reform and development. The fifth is in the analysis on the problems and root causes in the development of engineering education, and the future direction and path of the future engineering education reform and development.

The concluding remarks of this book summarize the history of engineering education in the past hundred years, especially the 60 years of New China. The analysis focuses on the major strategic decisions of " taking a new road to industrialization" and building an innovation-oriented country in 2020. The speed and quality of social development in the future depends largely on the ability of engineering science and technology innovation, on the quality of engineering technology professionals. The authors propose that accelerating the training and fostering innovative scientists and engineers, particularly science and technology leading talents is a very urgent strategic task. Engineering education reform and development in China still has a long way to go.

导　　论

一　问题的提出

中国近代工程教育始于晚清洋务运动兴办的各种西式学堂，迄今已走过了 140 多年的历程。一百多年来，我国工程教育经历了萌芽、发展、初具规模、跨越式发展的艰难曲折的历程，直至今天我国已经成为世界上工程教育规模最大的国家。回顾和总结中国工程教育的历史，我们可以看到，中国工程教育现代化的历史与近代以来国家现代化发展的历程息息相关。在新的历史发展阶段，中国工程教育面临新的发展机遇，同时也有新的挑战。如何对工程教育制度进行有效改进，进一步提出工程教育发展的战略规划，以促进工程教育的发展？只有回溯历史才能找到现实发展的基点，总结和厘清 140 多年来中国工程教育的发展历史，分析其在现代化进程中的特点和经验教训，为思考和把握未来中国工程教育的发展方向提供理论支持，具有十分重要的现实意义。

本研究的中心议题，是探讨中国近代以来，在实现民族国家现代化目标的进程中，国家现代化与工程教育的互动关系，以此研究中国工程教育独特的发展历程。围绕这一主题，本课题将展开三个方面问题的探究：

（1）中国工程教育发展的独特历史进程；

（2）中国近代以来国家现代化建设与工程教育发展之间复杂的互

动关系；

（3）建构基于历史和传统的中国工程教育战略构想。

近代以来的工程教育发展一直是中国教育和社会现代化的重要方面之一。基于"富国强兵—实业发展—人才培养—实业教育"的历史逻辑，现代工程教育在中国的出现，是从移植西方工业化社会的教育模式开始的。这使得国家目标和国家规划，构成了中国工程教育发展的直接动力和重要影响因素，这与旨在促进"科学为日常生活的需要服务"的西方工程教育大相径庭。[①]

1904年1月，清政府颁布的《奏定学堂章程》，即"癸卯学制"，是中国近代第一个由中央政府颁布并正式在全国实施的现代学校教育制度。在这个学制中，对培养工程技术人才的实业教育规定了初、中、高三个层次，相应地设计了初等农、工、商实业学堂和艺徒学堂、中等实业学堂、高等实业学堂。在高等教育阶段的分科大学中，规定了本科层次的工程人才由工科大学承担，初步建立起较为完整的工程教育制度。1906年3月学部颁布了"忠君、尊孔、尚公、尚武、尚实"的教育宗旨，其中"尚实"要求教学"勖之以实行，课之以实用……以期发达实科学派"，"必人人有可农可工可商之才"。民国建立之初，确立的教育宗旨"注重道德教育，以实利教育、军国民教育辅之，更以美感教育完成其道德"。首任教育总长蔡元培在阐述教育宗旨时强调："今日世界恃以竞争者，不仅在武力，而犹在财力，且武力之半，亦由财力而孳乳……我国地宝不发，实业界之组织尚幼稚，人民失业者至多，而国甚贫。实利主义之教育，固亦当务之急者。"[②]

但诚如西方国家现代化是内源型现代化一样，西方国家工程教育的发展，是工业化社会提出的全面的现实性要求，工程教育与社会实现了有机的联系和统一。在现代化后发外源型发展的中国，基于国家规划、

---

① 〔美〕劳伦斯·P. 格雷森：《美国工程教育简史》，陈慧芳译，《清华大学教育研究》1998年第3期。

② 朱有瓛主编《中国近代学制史料》第三辑上册，华东师范大学出版社，1990，第662页。

移植西方模式建立起来的中国工程教育，其发展的进程必然面临着与中国社会的种种不适应。这种不适应乃至隔绝表现在，一方面隔绝于传统中国社会和传统文化。由此带来文化、观念的冲突；另一方面与工商企业（市场）的隔绝，表现为工程教育发展与中国经济发展和工业化进程的关系常常处于不协调状态。因此，中国工程教育自产生以来，其发展道路呈现出独特的进程。

据统计，1912 年时，全国有公、私立专门学校 111 所，其中法政专门学校 64 所，占 58%；工业专门学校仅 10 所，占 9%。直到 1920 年法政专门学校仍占到全国学校总数的 44.7%，为工业专门学校数的 3.4 倍；其在校学生数占全国专门学校学生总数的 62% 以上，是工业专门学校学生数的 4.8 倍之巨。[①] 法政专门学校的畸形发展和工科学校的迟滞不前，折射出传统的社会主流价值观与激进变革的国家教育制度之间的矛盾，当然，还有更深刻的社会原因。进入 20 世纪 20 年代后，中国工程教育经历了短暂的急速扩张阶段。由迟滞不前到急速扩张的变化，个中原因，显性的是 1922 年 11 月 1 日颁布的《学校系统改革方案》（"壬戌学制"）的实施，中国学校教育制度由仿日转向仿美，在中学中兼设各种职业科，并开办职业学校，在高等教育中放宽了设置大学的条件。这就从制度上为工程教育发展创造了有利条件，由此带来了工程教育的勃兴。而围绕这部学制的出台，教育界、实业界纷争四起，掀起了学制改革实践和学术探讨的高潮，[②] 折射出了工程教育发展中包括学术界、实业界等多种影响因素与国家力量间的互动和角力的关系。当我们将这场争论置于国家现代化建设的语境中深入探讨时，隐于历史背后的事实将呈现得更加清晰。

1928 年国民党定都南京、初步统一中国之后，即开始着手制订并推行雄心勃勃的现代民族国家建设计划。在推出一系列政治、经济和

---

① 《第一次中国教育年鉴》丙编，上海开明书店，1934，第 145～146 页。

② 陈学恂、高奇主编《中国教育史研究·现代分卷》，华东师范大学出版社，1994，第 19～20 页。

军事的整顿措施的同时，教育领域大力推行了"注重实科"的教育政策。1929 年国民党第三次全国代表大会通过关于教育方针的决议，指出各级各类教育存在着"偏注于高玄无当之论，未能以实用科学促生产之发展，以裕国民之生计"的弊端，规定"大学及专门教育，必须注重实用科学，充实学科内容，养成专门知识技能"。① 这一方针很快在随后的《专科学校组织法》《大学规程》等教育法规中加以落实。正是由于推行了一系列重视实科教育的政策，使得 30 年代后直至抗日战争时期，理、工、农、医等实科教育在规模和速度上有了大幅度的发展和提升。南京国民政府大力推行实科教育政策的内在动因，首要的是国家为实现现代化目标，使教育适应经济社会发展的战略决策，同时又是对 20 年代中期之后，教育界、实业界呼吁重视"产业教育"并发展成为全国范围教育文化界具有广泛影响的"文实之争"的回应。调整高等教育内部的科类结构，注重发展实科教育政策的实施，为高等教育整体协调发展和社会功能的发挥创造了有利条件，为工业化建设尤其是国防工业的发展起到了有力的促进作用。② 但是，这项同样由国家规划并强力推行的政策，在实施过程中，由于工程类院校数量和招生规模迅速大规模扩张，出现了培养的技术人才与国民经济发展的规模和结构不协调、不匹配的问题，相应的工科学生的结构性失业现象成为社会问题。工程教育的发展与国家工业化、现代化建设表现出交互作用的复杂关系。

高等教育制度逐步建立，学术体系也随之形成，并以自主的影响力发挥着作用。肇始于民国早期的科学研究体制，在 20 年代末逐步形成规模。正如美国工程教育学会的创立，是作为"工程教育被承认是高等教育的一个具有特殊意义的领域"③ 一样，1927 年作为"全国最高学

---

① 中国第二历史档案馆编《中华民国史档案资料汇编》第 5 辑第 1 编《政治》（2），江苏古籍出版社，1994，第 100～101 页。
② 详细考论参阅张太原《20 世纪 30 年代的文实之争》，《近代史研究》2005 年第 6 期。
③ 〔美〕劳伦斯·P. 格雷森：《美国工程教育简史》，陈慧芳译，《清华大学教育研究》1998 年第 3 期。

术研究机关"的中央研究院成立，成为中国现代学术体制初步形成的标志，中国科学研究事业的逐步进入体制化发展。[①] 中央研究院成立之初，先期设立了理化实业研究所等四个研究机构，1928 年 7 月理化实业研究所被一分为三，分别分为工程研究所、物理研究所和化学研究所三个独立的研究机构。与此同时，高等工程院校的工科研究机构也纷纷成立。各类研究机构和学会日益形成规模，加之工程教育学术刊物如雨后春笋般地出现，逐步实现了工程教育和学术研究的职业化、体制化。工程教育体制化的结果，使其能够作为独立的力量影响工程教育发展的规划和政策形成。

新中国成立之后，在百年中国工程教育发展史上，意义重大、影响深远的一个重大举措是在 1952 年开始的"院系调整"。这项以苏联教育制度为蓝本，以"以培养工业建设人才和师资为重点，发展专门学院，整顿和加强综合大学"的重大措施的实施，在中国构建起影响至今的工程教育体系。"院系调整"教育政策的实施，对旧中国高等教育进行了有效的改造，建立起了适应社会主义国家建设和发展需要的工程教育体系，及时培养了大批国家急需的工程技术人才。但这项"根据国家建设需要"推行的改革政策，经过新中国成立 50 年来的实践，也逐渐暴露出了忽视了工程教育自身规律和人才培养规律，学校内部结构不合理、培养工程技术人才规格单一的弊端，尤其是改革开放以来，在实行社会主义市场经济的新形势下，这种工程教育的模式越来越表现出不适应、不协调的问题。进入 90 年代开始的高等院校合并调整，既是对包括工程教育体制在内的高等教育体制的调整、补偏救弊之举，更重要的是改革教育体制以适应创建创新型国家、走新型工业化道路的战略举措。

纵观 140 多年来中国工程教育的发展历史，其产生和发展的直接动力和重要影响因素，来自国家目标和国家规划。因此，以国家与教育的

---

① 左玉河：《移植与转化：中国现代学术机构的建立》，大象出版社，2008，第 200 页。

关系作为研究视角和主要线索，研究中国工程教育的历史变迁，可以较好地把握住中国工程教育的历史特点，从历史的逻辑出发去考察历史。

二 概念界定与辨析

概念界定是所有研究的出发点。研究问题首先要给研究领域规定界限，即问题域，辨析清楚问题的内涵、外延是什么。本研究涉及的核心概念是工程教育，密切联系核心的概念是工程和高等工程教育。

工程（engineering）与工程师

关于工程的概念，不同学者、学术共同体在不同时期给出了不同的定义。《辞海》中解释"工程"为"将自然科学的原理应用到工农业生产部门去而形成的各学科的总称。这些学科是应用数学、物理学、化学、生物学等基础科学的原理，结合在科学试验及生产实践中所积累的技术经验而发展出来的，其目的在于利用和改造自然为人类服务。如土木建筑工程、水利工程、冶金工程、机电工程、化学工程、海洋工程、生物工程等"。[①]《现代汉语词典》对工程的概念进行了广义与狭义的划分。广义的工程泛指一切需要投入巨大的人力和物力的工作、工事以及有关程式。狭义的工程指综合应用基础科学、技术科学的知识使自然资源最佳地为人类服务而发展起来的专门研究领域，是相对于基础科学、技术科学的另一个层次，其任务是改造自然界并取得实际的结果，它同时包含技术方法与科学理论问题。[②]

《不列颠百科全书》中"工程"概念的定义是："应用科学原理使自然资源最佳地转化为结构、机械、产品、系统和过程以造福人类的专门技术。传统上有四个主干的工程学科：土木、机械、电子和化工，每个学科又有若干各具特点的专业分支。土木工程是最古老的学科，它一般由公共部门承担。人类19世纪前半期的工业革命，使机械工程成为专门学科。它涉及所有各类工业机械和发动机的设计及农业工程。电气

---

① 《辞海》，上海辞书出版社，1999，第535页。
② 《现代汉语词典》，商务印书馆，1979，第373页。

工程是 19 世纪后期发展起来的。主要有电气工程、通信工程、仪器工程、医药、计算机工程等。化学工程是传统工程学科最新的。"① 上述解释中，从学科分类的角度，对工程学科进行了分疏。工程学科发展至今，现代工程学科可分为五大类，即机械工程、电气（电子）工程、土木工程、化学工程和工业工程或管理工程，现代新兴工程学科均是由五大类学科分化或交叉而来的。

　　美国工程和技术鉴定委员会（ABET）给出的"工程"的定义是："工程是应用由学习、经验与实务获得的数学和自然科学知识，为了造福人群，开发各种途径，以有效利用材料与自然力的一种专业。"② 美国国家研究协会（National Research Council）对"工程"作出如下定义："在企业、政府、学术机构或个人的努力下，应用数学或自然科学知识，在研究、开发、设计、生产、系统工程或技术操作上，达成产出以使用为目的的系统、产品或技术特质与内涵的服务"。英国土木工程师协会章程（1828）将工程定义为"利用丰富的自然资源为人类造福的艺术"。③

　　工程活动是人类一项最基本的社会实践活动，在对于工程概念众说纷纭的定义中，关于工程的社会属性成为重要的关注点。美国学者菲利普·赫梅林斯基教授认为，当今的全球化要求工程师参与更大的社会工作，并应在伦理的指导下为公众提供服务。④ 劳伦斯·P. 格雷森认为，工程总是公众福利的一种形式，旨在制订、发展和实现社会关心的技术难题的方案，以满足社会的需要。⑤ 相比较科学、技术等，工程的特性

① 《简明大英百科全书》，中国大百科全书出版社，1985，第 413 页。
② 王沛民、顾建民、刘伟民：《工程教育基础——工程教育理念和和实践的研究》，浙江大学出版社，1994，第 19 页。
③ 王沛民、顾建民、刘伟民：《工程教育基础——工程教育理念和和实践的研究》，第 20 页。
④ 杜澄、李伯聪主编《工程研究：跨学科视野中的工程》，北京理工大学出版社，2008，第 299 页。
⑤ 〔美〕劳伦斯·P. 格雷森：《美国工程教育简史》，陈慧芳译，《清华大学教育研究》1998 年第 3 期。

即在于它是运用数学与自然科学知识创造、研究、开发、设计、生产、系统工程、技术操作等方法，以实现满足社会需要、造福人群的目的。工程不只应用科学，而且要开发科学，并以满足社会的需要为目标，在真实的具体约束条件下实现目标，是以创造"未有世界"为己任的专门职业。

西奥多·冯·卡门曾说："科学家发现已有的世界，工程师创造从未有过的世界。"工程师通过建造东西而服务社会。英国土木工程师学会明确指出，创造新产品和使用自然资源仍然是今天工程师的任务。[①] 工程师与科学家的不同，在于科学家主要为求知（to know），发现自然；而工程师主要讲究应用（to do），整合知识（integration），改造自然。科学家探索物理世界为何（asking why），经过验证以产生系统化的知识。工程师将这些知识应用于实际问题的解决（asking what for）。

工程与科学、技术这三个概念既相互联系又有区别。李伯聪认为："可以简要地把科学活动解释为以发现为核心的活动，把技术活动解释为以发明为核心的人类活动，把工程活动解释为以建造为核心的人类活动。"[②] 钱学森将现代科学技术体系在纵向结构上分为基础科学、技术科学、工程技术三个层次，认为技术科学是基础科学与工程技术之间的桥梁。从科学、技术、工程知识链的转化来看，一般认为科学转化为技术，技术转化为工程（见图 0-1）。[③]

本研究所讨论的工程是狭义的工程概念，亦即指综合应用基础科学、技术科学的知识使自然资源最佳地为人类服务而发展起来的专门研究领域，并认为工程是关于科学知识和技术的开发与应用，以便在物质、经济、人力、政治、法律、文化等背景限制下满足社会需要的一种有创造力的专业。

---

① 〔美〕克劳雷（Crawley, E.）等：《重新认识工程教育：国际 CDIO 培养模式与方法》，顾佩华等译，高等教育出版社，2009，第 6 页。
② 李伯聪：《工程哲学引论》，大象出版社，2002，第 5 页。
③ 黄志澄：《关于科学、技术、工程的相互关系》，《西安交通大学学报（社会科学版）》2006 年第 1 期。

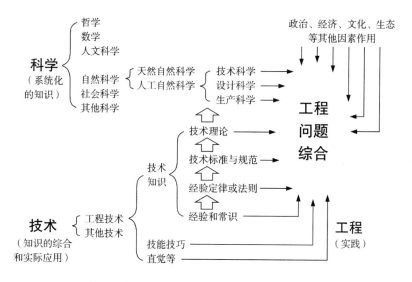

INTEGRATION: Engineering Soul

图 0-1　工程与科学、技术的关系

资料来源：王沛民《浙江大学科教发展战略中心报告》。

　　工程教育（engineering education）　工程教育是产业革命的必然结果，它是伴随着第一次产业革命的兴起，社会对工程技术人才需求的不断扩大而产生的。像人们对于工程的认识一样，工程教育也是一个动态的、内涵不断丰富的范畴，其内涵与外延随着社会发展与科学技术的进步而不断发生变化。因此，如同人们对工程的认识是随着工程的进展而不断深化一样，不同时期人们对工程教育的认识也有很大不同。20 世纪 30 年代，著名工程教育家，时任北洋工学院院长的李书田认为，工程教育即高等工程教育，且与工业教育及技术教育有别，"所谓工程教育乃指专科以上学校所给予之高等工程教育而言，亦可谓工程学术教育，与中等以下技术职业教育不可同日而语，并与一般人随意所谓工业教育者有别。盖工业乃工程技术资本劳力所合成，资本与劳力问题，在技术教育上，所占之成分，终属较轻，故与其谓为工业教育，毋宁谓为工程教育"。[①] 同时期土木工程专家金通尹给出了描述性定义，"把工程

---

　　① 李书田：《四十年来之中国工程教育》，《教育杂志》第 26 卷第 1 期。

学来讲解演习，训练出许多有工程学问的人才，可使适应社会的需要，去担任应用各种工程学问的建设事业就是工程教育"。①

美国学者克劳雷认为，"工程教育的目的是为学生成为一名成功的工程师提供所需要的学习——专门技术、社会意识和创新精神。在基于日益复杂的技术和可持续产品、过程和系统的环境中，这种知识、能力和态度的结合是加强高校、创业和卓越所必需的，我们急需提高本科工程教育的质量和内涵"。"工程教育的目的是将学生培养成为'整装待发'的工程师，也就是在其从事职业前具备较好的工程能力和深厚的技术基础知识。"②

高等工程教育（higher engineering education）

高等工程教育既是高等教育的一个重要组成部分，也是高等教育的一种重要类型。因此，它除具有工程教育的特点外，还具有自身的特点。按照通常的观点，普通高等教育按其性质可以划分为科学教育和技术教育两种。高等理科教育属于科学教育的范畴；而"高等工程、农林、医药教育，是以技术科学作为主要学科基础；以应用为其主要专业内容；以培养技术科学和应用技术的研究、开发和应用人才为目标，属于技术教育的范畴"，"高等工程教育作为一种技术教育，有两个基本特征：一是以技术科学作为其主要学科基础，以应用技术为其主要专业内容，以与科学教育相区别；二是以工程应用为其主要服务对象，以此与农林、医药教育相区别。"③

在实践中，实施工程教育的机构有不同层次和类别，本研究中，将工程教育的范围界定在高等工科院校所实施的工程教育，以本科层次的高等工程教育作为主要研究对象。④ 所指的工程教育是指一种以技术科学为主要学科基础的培养工程技术人才的专门教育。

---

① 金通尹：《近年来之中国工程教育》，《江苏教育》第 4 卷，1935 年第 4 期。

② 〔美〕克劳雷（Crawley, E.）等：《重新认识工程教育：国际 CDIO 培养模式与方法》，顾佩华等译，第 1、5 页。

③ 张光斗、王冀生主编《中国高等工程教育》，清华大学出版社，1995，第 29 页。

④ 张维、王孙禺、江丕权编《工程教育与工业竞争力》，清华大学出版社，2003，第 7 页。

三　中国工程教育发展史的解释框架

本研究以国家与教育的关系作为研究视角和主要线索，探讨中国工程教育的历史变迁，采用这一研究视角和线索，并不意味着视国家权力运作为单一影响因素，工程教育成为任国家规划和摆布的工具和木偶。以往的研究已经表明，单一因素的分析和研究无法解释中国工程教育发展的独特历程，更重要的是仍然无法揭示中国近现代百年来包括工程教育在内的高等教育发展起伏不定的症结所在。众所周知，高等教育制度的变迁是受内在和外在诸因素影响的过程，"高等教育的历史，很多是由内部逻辑和外部压力的对抗谱写成的"。① 伯顿·克拉克在 1983 年提出了高等教育发展的"三角协调模式"，他认为高等教育存在的三个体系，三种力量：国家、学术权力和市场，并建构了一个国家权力、学术寡头、市场三角力量的协调框架，以此为各国的高等教育发展进行了定位。克拉克的"三角协调模式"改变了对高等教育发展单一向度分析的弊端，成为解释现代高等教育系统运作发展的经典范式。但是，克拉克所建立的分析框架，仍然不能呈现不同国家社会、经济、文化等因素的变迁对权威方向的影响。② 史静寰在分析解读高等教育变迁模式的基础上提出了"四要素环绕互动型"解释框架，将国家、知识、社会、市场作为影响高等教育发展变迁的四个基本要素，试图构建具有普遍解释力的框架。该解释框架较全面和清晰地解释了高等教育变迁中的内外影响因素及其互动关系。③

历史研究必须从历史自身的逻辑出发来展开讨论。在中国工程教育的百年发展进程中，我们也会看到国家、社会、学术、市场诸因素的影

---

① 〔美〕克拉克·克尔：《高等教育不能回避历史——21 世纪的问题》，浙江教育出版社，2001，第 5 页。

② Gareth L. Williams, *The "Marketization" of Higher Education：Reforms and Potential Reforms in Higher Education Finance*, in D D DILL, B SPORN. Emerging Patterns of Social Demand and U-niversity Reform：Through a Glass Darkly . Oxford：Pernamon Press, 1995. p.172.

③ 史静寰：《构建解释高等教育变迁的整体框架》，《清华大学教育研究》2006 年第 3 期。

响作用，以及诸因素之间的角力。虽然，国家在其间大多时间处于绝对的优势和支配地位。因此，以国家现代化与教育的关系为视角研究中国工程教育发展史，把影响中国工程教育形成和发展的外在力量具体概括为国家、知识、市场、社会四个基本要素，从四因素交互作用中，探讨其独特的发展历程。四种基本要素对工程教育形成发展的影响关系如图 0-2 所示：

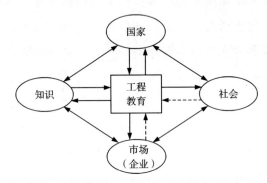

图 0-2　四种基本要素对工程教育形成发展的影响关系

解决问题的方法是在解决问题中产生并服务于问题解决的。本研究框架的解释力来自以下两个问题的解决：第一，能否把工程教育发展置于国家现代化的语境中，在社会、知识、市场等影响因素的作用之下揭示其发展的复杂过程，同时又要避免对中国工程教育史仅仅进行现象描述和大而无当的历史铺陈，而在更高层次上揭示历史的真实。第二，是否能够实现近代与现代的对接，在制度的递嬗过程中找到中国工程教育发展的本质特点和个性特征，从而实现本研究探讨制度改进和国家工程教育战略的有效规划的目的。

下面我们详细阐述本研究框架的四个因素及其关系，并试图回答预设的两个问题：

从国家因素来看，教育作为现代民族国家建构的重要领域，国家全面介入教育，成为近代以来教育的发展趋势，"教育特别是高等教育，不仅要为民族国家的行政和经济的利益服务，而且要成为发展民族身份的重要方面；不仅要成为国家的一个工具，而且要成为社会的灵魂和人民大众的有机组成部分"，① 教育服务于国家利益和需要，成为重要的"国家设施"，尤其以德国、日本为代表。在特定历史背景下，效法德国、日本模式建立的中国高等教育系统，特别是工程教育系统，其服务于国家目标的政治功能尤为显著。国家始终在工程教育中处于主导和支配地位。正如 1932 年 12 月《清华周刊》《我国工程界的使命》一文所言，"（工程师）在我国则应注全力于国家建设事业……将来三民主义的实现，民生问题的解决，全凭建设事业之完全，对于新国家前途的责任，只有工程家是最大"，"更明白的解说一句：中国所需要的工程人才是建设国家，谋福利于民众的人才，而不是为资产阶级谋享受，或者只图独善其身的人才"。②

对此，舒新城概括道："当时之改行新学校制度，并非国情民性对于此种制度有什么需要，亦并非主持教育行政或教育学者对之有特殊的研究而认识其优点，不过因国势日微，误认他国之强盛在于形式的教育制度而极力模仿，以求满足'救败图存'之欲念而已。"③ 舒新城此言是针对学校教育制度而言，对于工程教育来讲，其发展之初遇到了"大多数士绅对这类学校嗤之以鼻，而广大民众则根本不知道它们的存在"④ 的窘境。国家现代化（工业化）的规划和推进始终是百年中国工程教育发展的直接动力和最重要的影响因素，而这些作用的发挥又会必然面对逐步发育成熟的学术精英的挑战，在政策制定中，社会、市场不同利益群体的诉求如何实现，教育发展的规模、结构的矛盾，地区间的差异等如何平衡、化解，这都对传统形成的国家霸权构成挑战。

就社会而言，作为完全移植西方产物的中国工程教育，传统观念、

① 〔美〕克拉克·克尔：《高等教育不能回避历史——21 世纪的问题》，浙江教育出版社，2001，第 10 页。

② 谦若：《我国工程界的使命》，《清华周刊》总第 549～550 期（1932 年 12 月 19 日）。

③ 舒新城：《中国教育建设方针》，中华书局，1931。《舒新城教育论著选》，人民教育出版社，2004，第 320 页。

④ 〔美〕吉尔伯特·罗茨曼主编《中国的现代化》，江苏人民出版社，1998，第 262 页。

文化和传统的价值观念，在相当长的时间成为制约工程教育发展的重要因素。中国工程教育自创办之始，"这些学校所传授的技术知识，也和中国本土的技术知识一样，并不受到人们的重视"，[①] 在整个社会的主导价值观尚处于"学而优则仕"的官本位时代，科学技术被视为"奇技淫巧"，当时的工程教育发展缓慢也就不难理解了。20 世纪 90 年代以来，国内外学术界探讨近代中国历史发展演变时引入了国家-社会的视角，将社会视为有形的特定利益群体。作为"不能与国家相混淆或者不能为国家所淹没的社会生活领域"[②] 的公民社会的概念渐渐为人们所熟知，其与国家的互动关系日益受到关注。有论者也指出，当公民社会这一概念被定义为社会相对于国家自治时，它因过于狭窄而不能解释民国时期国家与社会关系的复杂性，因此，搁置这一概念，采用各种社会团体在与国家互动时所采取的具体形式和特定渠道，会对中国国家与社会的关系有更准确的理解。[③] 本研究在国家与社会纬度上，关注国家现代化（工业化）进程中对现代社会的形塑，及社会团体如何影响国家政策的过程。在政策落实中，逐渐成长的自治团体如何介入具体政策的执行中并影响政策的过程，例如，20 世纪 20 年代末清华大学发生的工程系裁撤风波，这次事件对清华大学工程教育的发展政策影响很大，其中的学生自治团体、学校与政府的互动和角力，并最终达成自己的诉求，而在该校改建工学院的过程中，也有学生自治团体的参与和推动。不深入探析这些因素，对历史发展的诸多面相就会认识不清。随着时代发展，社会力量参与教育发展，越来越成为影响教育尤其是高等教育发展的重要因素，重视社会因素在工程教育的发展的促进和制约作用，可以在高等教育日益趋同化进程中认识中国的特异性发展。

在市场（企业）方面，中国工程教育的出现与西方不同，并不是

---

① 〔美〕吉尔伯特·罗茨曼主编《中国的现代化》，第 262 页。

② 〔加〕查尔斯·泰勒：《市民社会模式》，载邓正来、J. C. 亚历山大编《国家与市民社会：一种社会理论的研究路径》，中央编译出版社，1999，第 31 页。

③ 徐小群：《民国时期的国家和社会：自由职业团体在上海的兴起，1912~1937》，新星出版社，2007，第 14 页。

因市场（企业）的需求而产生，而是服务于国家特定目标。在工程教育发展的很长一段历史中，企业作用于工程教育的力量弱小。因此，我们看到，在新式教育制度建立之初，教育以培养政法人才为主，实业人才匮乏，虽然正在成长的工业急需人才。中国工程教育发展中矛盾和困难即源于此。而 20 世纪 30 年代"注重实科"教育政策的变迁，如果不能从市场因素考量，则仅能看到知识精英和政治精英的纷争，而无法窥视隐藏在教育背后的历史。从世界范围讲，20 世纪中期以后，高等教育大众化时代的到来，高等教育规模迅速扩张，使得市场介入教育的力量逐渐增强。与此同时，政府对高等教育的管制方式也发生了显著变化。在中国，由于特定的国际、国内环境，国家全面主导包括工程教育在内的高等教育，形成高度集中统一的高等教育体制。但是这并不意味着市场力量的消失，市场因素只是暂时被贬抑，一旦环境适宜，市场力量所迸发的能量是有目共睹的。20 世纪 80 年代以来，国际范围内尤其是发达国家的高等教育越来越趋向市场化，随着中国市场经济的深入，政府由对高等教育的直接管制，逐渐走向支持和指导，更多的市场力量深刻介入高等教育发展中。

从学术因素来看，左玉河认为，现代中国学术体制及其现代学术机构，既有仿效西方近代学术研究机构的移植，又有对传统中国学术体制的创造性转化。① 在新式制度中，传统学问中人固有的价值观和身份感经历了逐渐适应现代需要的巨变。学者们要重新在自己与国家的关系中找到适当的位置并发挥作用。在传统中国学术界，并没有克拉克所言的西方意义上的学术寡头，如许美德断言，"无论如何，我们可以肯定地说：在中国的传统中既没有自治权之说，也不存在学术自由的思想"。② 学术独立、学术自由显然是中国引入西式教育制度后才有的概念，但是这并不能说传统中国没有学术界与国家控制之间的张力，只是互动的形

---

① 左玉河：《移植与转化：中国现代学术机构的建立》，第 3 页。
② 〔加〕许美德：《中国大学 1895–1995：一个文化冲突的世纪》，教育科学出版社，2000，第 26 页。

式不同而已。近代以来，学术界逐步职业化、专门化和建制化，形成与国家互动的不可忽视的力量。当下我们仍在追念蔡元培等人的"教授治校"为学术研究带来的自由、独立空间即为明证。但是纵观百年中国高等教育的发展进程，学术影响力的空间固然一直被压缩，但其力量却始终在国家管制下有着不可忽视的影响。20世纪30年代的"以农立国"与"以工立国"的建国路线之争，近年来的教育市场化、产业化的矛盾冲突等。在不同时代，学术界作用于国家、社会的方式和内涵在不断变化。

中国工程教育的发展经历的独特历史过程，决定了研究中国工程教育发展史必须将其置于国家现代化的进程中进行研究，在国家、社会、市场、学术四种关系的建构与调整中研究工程教育制度的发展变迁。这样去研究问题，就能避免对中国工程教育史仅进行现象描述和大而无当的历史铺陈，有利于在更高层次上揭示历史的真实。采取这种研究框架，就意味着有关的制度、政策和教育发展战略将成为重点研究对象；而其研究目的，也将锁定在制度改进和国家工程教育战略的有效规划上。

了解过去，才能确认现实，进而把握未来的发展趋势，在新的历史时期，发展中国工程教育，一方面我们要眼睛向外，以全球化视野寻求中国工程教育发展之路；另一方面要眼睛向内，回溯历史，对中国工程教育的发展史作纵向考察，汲取未来发展的历史经验。这是本研究的重要意义之所在。

四　文献综述

工程教育是现代教育的重要组成部分，对于国家工业化、现代化的发展有着至关重要的影响作用。但是，在教育界、理论界，对工程教育的研究依然处于弱势状态，突出表现在工程教育尚未有效进入教育学学科建设中。探究工程教育发展历史，揭示工程教育现实问题历史根源的工程教育史的研究成果，尤为薄弱。无论是教育史学界，还是科技史学界，都对此缺乏足够的关注。就目前掌握的材料来看，迄今为止，研究专著仅有史贵全的《中国近代高等工程教育研究》一部。研究论文方面，与教育学界研究当下教育改革的众声喧哗相比，工程教育史的研究可谓寂寥冷清。

在教育学界，对于工程教育史的研究主要体现在中国近现代教育史中，它们无疑为本研究提供了有益的资料线索和思路启发。这类著作如王炳照、阎国华主编的《中国教育思想通史》第八卷（1949～1992）、《中国教育制度通史》第八卷（1949～1999），陈学恂、高奇主编的《中国教育史研究》（现代分卷），高奇著《新中国教育历程》，金一鸣主编的《中国社会主义教育的轨迹》，余立著《中国高等教育史》（下册），许美德（加拿大）著《中国大学1895—1995：一个文化冲突的世纪》，许美德（加拿大）主编《中外比较教育史》，郝维谦、龙正中主编《中华人民共和国高等教育史》，李均著《中国高等专科教育发展史》（2005），郑谦著《被革命的教育》（1999），周全华著《“文化大革命”中的“教育革命”》（1999），程晋宽著《“教育革命”的历史考察》（2001），胡建华著《现代中国大学制度的原点：50年代初期的大学改革》（2001），谢雪峰《从全面学苏到自主选择——中国高等教育与苏联模式》（2004），等等。这些著作和研究成果在服务于各自的研究目的的同时，部分章节对高等工程教育和苏联模式有所涉及。因此，它们是与本研究相关的重要资料。

就专题研究工程教育史的成果而言，近代部分有1936年北洋工学院院长李书田的《四十年来之中国工程教育》，1942年时任国民政府教育部长的陈立夫撰写的《三十年来之工程教育》。新中国成立后，研究近代尤其是国民党时期的工程教育成为甚少有人涉足的领域。直到1988年，方陆续出现相关研究成果，主要有汪广仁的《近代中国前期的工程技术教育与技术发展》、刘文渊等的《旧中国高等工程教育纲要》、潘懋元的《福建船政学堂的历史地位与中西文化交流》、王列盈的《福州船政学堂与中国近代高等工程教育起步》、张培福等的《近代留学生与中国工程技术的发展》、潜伟的《北洋大学在中国近代工程教育史的地位》等20余篇论文。与此相关的学位论文有袁振东的博士论文《现代化学在中国的建制化，1927–1937》，陈超群的硕士论文《清华大学工学院的创建》等。

对于现代中国工程教育的研究，近年来涌现出不少的成果。但是，研究者关注的重心集中在高等教育问题上，专题研究工程教育的论文仍然不多。例如，在研究新中国高等教育中，涉及工程教育的论文主要是对50年代院校调整的研究。对此，50年代即有相关研究，例如张健1955年在《人民教育》2月号发表了《略谈高等学校学习苏联先进经验的成就和问题》，在肯定借鉴苏联经验取得成就的基础上，指出了学习苏联经验中不能结合中国国情而出现的机械移植等问题。直到"文革"后对新中国工程教育的研究才逐渐迎来春天。20世纪80年代。高等工程教育的主要刊物《机械工业高等教育研究》《高等教育研究》《清华大学教育研究》《高等工程教育研究》等专业期刊的相继问世，为学者探讨高等工程教育理论提供了阵地，此后研究成果随着工程教育时间的大发展而渐有繁荣之势，相关论文有李江源的《略论我国50年代的院系调整》、李涛的《关于建国初期中国高等学校院系调整的综合述评》、张烨《重读五十年代的院系调整——基于教育政策借鉴理论的视角》等50余篇，专题研究工程教育的有王杰等人《新中国初期建立高等工程教育体系的探索》、吴连海《工科教育在建国初十年高校院系调整中的快速发展述评》等10余篇。90年代之后，随着改革开放的深入，工程教育越来越受到学界的重视，成为教育研究领域中最活跃的分支之一，其中论文数量自不用说，相关的著作则有王冀生的《高等工程教育概论》（1989年），谢祖钊、傅雄烈的专著《高等工程教育概论》（1989年），朱佳生的《高等工程教育学》（1991年），马志清的《高等工程教育论》（1993年），王沛民的《工程教育基础》（1994年），张光斗、王冀生的《中国高等工程教育》（1995年），张维、王孙禺、江丕权的《工程教育与工业竞争力》（2003年），史贵全的《中国近代高等工程教育研究》（2004），雷庆的《工程教育：改革与发展》（2010 年），等等；但是以现代工程教育史为主题的论著则付阙如。

　　总结以上研究，我们可以发现，对于中国工程教育史的研究有三个特点：一是在研究内容上主要关注近代工程教育的历史发展，而这种关注以政府的教育政策、制度和措施为研究重点。例如史贵全的《中国近代高等工程教育研究》，史料扎实，逻辑清晰，为研究该领域的精品之作。但是，史著研究关注的主要内容在宏观的政策、制度上，而对实践层面的关注似有不足之处。从历史学研究来说，政策的落实固然重要，因为一个社会的真实而复杂的情形，只有在制度和操作的层面才能展现。但是个案和更基层的研究也应特别关注。二是研究方法上以传统教育史的方法为主，研究视角相对单一。重点关注教育自身的发展变化，对教育与社会经济、政治、文化的关系研究不够，而对工程教育与现代化的关系问题缺乏有学术深度的论著，至于对二者之间复杂的互动关系更是没有进行深入、系统的反省和研究。三是将中国工程教育的"近代"与"现代"贯通起来进行研究尚无人涉足。

　　基于对既有研究成果的分析和认识，本研究将选择民族国家现代化进程与工程教育发展互动的视角展开研究。所谓"民族国家现代化进程与工程教育发展互动的视角"是指：①近代以来为实现国家现代化的目标，国家将工程教育作为重要教育建制，纳入国家规划之中，工程教育是服务于国家现代化总体目标的建构。②工程教育具有自身发展的特殊性和独立性，中国工程教育的发展又具有异于西方模式之处，其发展又表现出与国家现代化设计的复杂的离合关系。以此视角研究工程教育的发展历史，可以展现中国现代教育包括工程教育问题的立体性和复杂性。

　　本课题研究的创新之处还在于，研究关注的重心放在国家规划的宏观政策与微观措施的实现之间的复杂关系上。将政策置于工程教育实施的具体语境中，采用实证研究的方法，关注具体院校在操作层面的实施状况及制约因素。事实上，对实践更有指导意义的恰恰是具体问题的解决方式及策略。在利用史料上，本研究在前人研究的基础上，重点发掘第一手的档案资料和历史亲历者的口述，只有这样，才能取得研究的原创性成果。

在研究方法上，本课题吸收社会科学领域"研究过去的整体论方法"以揭示中国工程教育的历史变迁，因为"高等教育的历史，很多是由内部逻辑和外部压力的对抗谱写成的"（克拉克·科尔）。

当然，对于中国工程教育进行通史性研究，也是前人未曾作过的尝试。虽然这项研究的困难是可以预见的，但是科学研究的道路从来没有坦途可寻，我们愿通过本项课题的研究，进行这样一种有意义的探索。

上　编

中国近代工程教育的
产生与发展

第一章
"自强求富"的洋务运动与
中国工程教育的萌生

现代工程教育在中国的出现，是伴随着 19 世纪 60 年代兴起的洋务运动，通过移植西方工业化社会的教育模式而开始的。洋务运动是清政府在内忧外患的局势下，为挽救其统治，引进和学习西方先进的科学技术，通过创办军用工业、建立新式军队，随之创办民用工业企业，培养新型人才，以达到抵御外敌目的的改革运动。当初创办兵工业，"自是承受西方工业化之冲击而启动中国之工业化回应西方冲击"，"师夷长技以制夷"，成为中国现代化最初也是后来持续不绝的动力。① 从一定意义上，洋务运动是中国早期的现代化运动。为培养适应军事工业的新型人才，由统治阶级的官僚主导，建立起相应的培养机构，这是中国工程教育的开端。因此，中国工程教育兴起之始，即与西方现代化先进国家由教育家主导，旨在促进"科学为日常生活的需要服务"的工程教育宗旨大相径庭。②

第一节　思想变革与行动抉择

近代以来，中国社会的变革由于是"势迫处此"（舒新城语）之下

---

① 王尔敏：《清季兵工业的兴起》，广西师范大学出版社，2009，再版"自序"第 3~4 页。
② 〔美〕劳伦斯·P. 格雷森：《美国工程教育简史》，陈慧芳译，《清华大学教育研究》1998 年第 3 期。

开始的，变革首先表现在认识论的根本转折。1840 年爆发的鸦片战争以清政府的失败而告终，西方资本主义列强用枪炮打开了中国的国门，中国面临数千年未有之变局，千年来自足发展的体系被打破。清政府统治集团中的有识之士和先进的知识分子，开始有目的、有选择地介绍和学习西方先进科学技术，以达到"师夷长技以制夷"的目的。1860 年，第二次鸦片战争爆发时，太平天国的风暴亦呈席卷之势，内忧外患迫使清政府统治集团内部开始分化：在朝廷中一些高级官僚和地方事权派认识到西方船坚炮利的军事技术的优越性，主张改变对西方的政策，引进西方军事技术，学习西方科技以求"御侮自强"。代表人物有奕诉、曾国藩、李鸿章等人，被称为洋务派，他们开始引入西方军事工业及技术，以实现"借法自强"的洋务运动。

林则徐被认为是近代中国"开眼看世界的第一人"，也是"师夷长技"的最早提倡者。自 1839 年出任钦差大臣，负责禁烟事务，他与西方资本主义列强有直接的交往，认识到满朝文武"不谙夷情，震于英吉利之名，而实不知其来历"[①]。于是，他开始着力考察世界各国的政治、经济、文化、科技、风俗人情等，设立译馆，主持编译《四洲志》《各国律例》《华事夷言》等书籍，以了解西方并从中找出中国科技教育落后的原因，以实现"师敌之长技以制敌"。林则徐率先倡导学习西方，开启了近代中国重新认识世界的新趋势。

作为道光年间"经世致用"实学思想的代表人物之一，魏源在《四洲志》基础上编著 50 卷的《海国图志》。该书"为以夷攻夷而作，为以夷款夷而作，为师夷之长技以制夷而作"[②]，书中详细介绍了世界各国的地理位置，并提出了"师夷长技以制夷"的具有方法论意义的思想主张。他认为，鸦片战争失败的原因就在于技不如人，英国之所以取得胜利，是因为英国"力强技巧"远在中国之上，因此要向西方学

① 林则徐：《林则徐集·奏稿》中册，中华书局，1965，第 649 页。
② 魏源：《海国图志叙》，陈学恂、陈景磐主编《清代后期教育论著选》，人民教育出版社，1997，第 19 页。

习,学习其"有用之物",以彼之长补己之短,以实现富国强兵之目的。在《海国图志》中,魏源对西方的学校教育状况也进行了详细的介绍,并提出了改革武举考试的建议。魏源对西方的认识显然已比同时代的人更深入全面,对洋务运动产生了深远的影响。

在林则徐、魏源的时代,对于多数清政府的当权者而言,对西方的认识更多地停留在所看到的船坚炮利的技术层面。1860 年之后,冯桂芬等人逐步注意到"西学"的重要意义。冯桂芬 1840 年考中进士,亲身经历了近代中国社会的急剧转变。1861 年他写就《校邠庐抗议》一书,提出要实现自强,必须"制洋器""采西学"。"制洋器",就是要设"船炮局",聘请西人,教授造船制炮之法,并以功名利禄鼓励人们来学。他说:"宜于通商各口拨款设船炮局,聘夷人数名,招内地善运思者从其法,以授众匠,工成与夷制无辩者,赏给举人,一体会试;出夷制之上者,赏给进士,一体殿试……上好下甚,风行响应,当有殊尤异敏出新意于西洋之外者,始则师之法之,继则比而齐之,终则驾而上之,自强之道,实在乎是。"针对时人以购洋枪炮以充实军力之议,他认为,"或曰:购船雇人何如? 曰:不可。能造能修能用,则我之利器。不能造不能修不能用,则仍人之利器也"。① 而要"制洋器",必须"采西学",从而主张改革科举,兴西学。他批判科举取士制度,"其事为孔孟明理载道之事,其术为唐宗英雄入彀之术,其心为始皇焚书坑儒之心……意在败坏天下之人才,非欲早就天下之人才"。② 只有改科举,才能得能人。在《采西学议》中,他指出,西学"如算学、重学、视学、光学、化学等,皆得格物至理。舆地书备列百国山川、阨塞风土物产,多中人所不及"。如何"采西学"?"今欲采西学,宜于广东、上海设一翻译公所,选近郡十五岁以下颖悟文童,倍其廪饩,住院肄业。聘西人课以诸国语言文字,又聘内地名师,课以经史等学,兼习算学"。

---

① 冯桂芬:《校邠庐抗议》上卷,《采西学议:冯桂芬马建堂集》,辽宁人民出版社,1994,第 6 ~ 78 页。
② 冯桂芬:《校邠庐抗议》上卷,《采西学议:冯桂芬马建堂集》,第 64 页。

他还特别指出："一切西学皆从算学出，西人十岁外无人补学算，今欲采西学，自不可不学算，或师西人，或师内地人之知算者俱可。"①

郭嵩焘主张要设立专门的学校，学习西方的语言文化。所以他呼吁兴学校、育人才。1864 年，他亲自主持的广州同文馆成立，此举标志着中国近代新式教育的开始。"对于中国第一批外语学校——从北京同文馆到上海方言馆、广州同文馆，郭嵩焘都做出了积极的贡献。"②

在洋务运动期间，一大批改良派人物王韬、郑观应、薛福成等人都对兴学校、造人才提出了自己的观点和方案。

洋务运动早期的思想家，多数也是洋务运动的参与者，就其背景而言，表现出三个特点，一是成长中亲身经历过西方的军事文化冲击；二是多生活在与西人接触比较多的沿海口岸地区；三是并非教育专业人员，多数是官吏和商人。③ 他们的思想对洋务派官僚产生了很大的影响。

早期改良思想家对同光年间的思想界产生了很大影响，④ 并推动了教育改革。对于清政府而言，变革主要也是外部的"势迫处此"。1861年 1 月，清政府在与外国人打交道的过程中，由于"语言不通，文字难辨，一切隔膜"产生诸多流弊，为"救目前之急"，恭亲王奕䜣等在奏请设立总理各国事务衙门的同时，建议在京设立培养外国语人才的学校，"闻广东、上海商人，有专习英、法、美三国语言文字之人，请饬各省督抚挑选诚实可靠者，每省各派二人，共派四人，携带各国书籍来京，并于八旗子弟中挑选天资聪慧，年在十三四以下者，俾资学习。其派来之人，仿照俄罗斯馆教习之例，厚其薪水，两年后分别勤惰，其有成效者，给以奖叙……所有学习各国文字之人，如能纯熟，即奏请各以优奖，庶不致日久废弛"。⑤ 1862 年 5 月挑选八旗子弟 10 人，聘英国传

---

① 冯桂芬：《校邠庐抗议》上卷，《采西学议：冯桂芬马建忠集》，第 82～83 页。

② 曾永玲：《郭嵩焘大传》，辽宁人民出版社，1989，第 128 页。

③ 苏云峰：《中国新教育的萌芽与成长（1860—1928）》，北京大学出版社，2007，第 8 页。

④ 梁启超：《中国近三百年学术史》，上海三联书店，2006，第 241 页。

⑤ 高时良编《中国近代教育史料汇编：洋务运动时期教育》，上海教育出版社，1992，第 1～2 页。

教士包尔腾为英文教习,徐澍琳为汉文教习,设馆试行教习,初名英文馆。8月正式成立的京师同文馆是中国近代第一所培养外国语译员的新式学堂。

同治二年,也就是1863年,时任江苏巡抚的李鸿章奏请在上海、广东设立外国语言文字学馆,"京师同文馆之设实为良法……惟是洋人总汇之地,以上海、广东两口为最","拟请仿照同文馆之例,于上海添设外国语言文字学馆,选近郡年十四以下、资禀颖悟、根器端静之文童,聘西人教习;兼聘内地品学兼优之贡生员,课以经史文义……果有精熟西文,转相传习,一切轮船火器等巧技,当可由渐通晓,于中国自强之道似有裨助"。① 李鸿章这份体现了其幕僚冯桂芬思想主张的奏折,很快得到清政府的批准,上海、广州两地的同文馆随之设立。洋务运动期间开办的外国语学堂有7所,见表1-1。

表1-1　外国语学堂基本情况一览

名称	创办时间	创办人	学生数	专业与课程	备 注
京师同文馆	1862年	奕䜣	1862年10名,1863年30名,1887年后120名	专业:英文、法文、俄文、德文、东文、天文、算学等。课程:见本章第二部分	近代最早的外语学堂。1900年同文馆解散。1901年并入京师大学堂
上海同文馆	1863年,1867年改为广方言馆	李鸿章	正课40名,附课40名	专业:英文、法文、算学、天文等。课程:经史、小学、外国公理公法、算术、代数、几何、重学、天文、地理、绘图、察地冶铁、制木铁器、汽机图样、行海理法、水击攻战等	1898年与上海江南制造局操炮学堂合并,改为江南制造局工艺学堂,1905年改为兵工学堂及中学堂
广州同文馆	1864年	毛鸿宾	20名	专业:英文、法文、德文等。课程:英文、法文、德文、汉文、算学、清字、清语等	1902年并入广州驻防中学堂,1905年又划出为广州译学馆,1906年改称两广方言学堂

① 李鸿章:《请设外国语言文字学馆折》,见高时良编《中国近代教育史料汇编:洋务运动时期教育》,第174页。

名称	创办时间	创办人	学生数	专业与课程	备　注
新疆俄文馆	1887 年	刘襄勤	不详	专业：俄文	1905 年裁撤，1908 年复设，后改为中俄专门学堂
台湾西学馆	1888 年	刘铭传	30 名	课程：英文、汉文、图算、测量、制造等	1891 年被接任巡抚邵友濂裁撤
珲春俄文书院	1889 年	长顺	15 名	专业：俄文	
湖北自强学堂	1893 年	张之洞	1893 年 120 名，1898 年 150 名	专业：方言、算学、格致、商务 课程：英文、法文、俄文、德文、汉文、日文、算学、矿化学等	1903 年改为普通中学

　　资料来源：①《第一次中国教育年鉴》；②李国钧、王炳照总主编《中国教育制度通史》第六卷，山东教育出版社，2000，第 109 页；③李均：《中国高等专科教育发展史》，学林出版社，2005，第 69 页等。

　　这些在洋务运动期间兴办的外国语学堂，最初的目的是培养本国的翻译人才和外交人才。随着洋务运动的深入，各地开办的制造轮船和枪炮工厂，服务于制造业所需要的科技工程人才成为必需。1866 年 12 月，奕䜣等上奏"请添设一馆讲求天文算学"。他说："因思洋人制造机器，火器等件，以及行船、行军，无一不自天文、算学中来。现在上海、浙江等处，讲求轮船各项，若不从根本上用着实功夫，即学习皮毛，仍无俾于实用。"因此，奏请在同文馆设立天文算学馆，提高入学条件，招收"满汉举人，及恩、拔、副、岁、优贡，汉文业已通顺，年在二十以外者……并准令前项正途出身之五品以下满汉京外各官，少年聪慧，愿入馆学习者"入学，并"延聘西人在馆教习"。[①] 此议一出，引起轩然大波，以翰林院大学士倭仁为首的一班人坚决反对增设天文算

———————

　① 高时良编《中国近代教育史料汇编：洋务运动时期教育》，第 43 页。

学馆,倭仁说:"立国之道,当以仁义人心为本,未有专恃术数而能起衰振弱者。天文算学只为末议,即不讲习,于国家大计亦无所损,并非谓欲求自强必须讲明算法也。"① 张盛藻认为:天文算学,可以让钦天监出面招考天文生、算学生学习掌握;轮船洋枪,可让工部督促工匠武弁去做;正途出身的官员不应当崇尚技能,拜洋人为师。② 洋务派和保守派之间争论的焦点不在于要不要学西学,而在于谁来学,"正途甲科人员"是不可以"奉夷人为师"的。因此,在学习西学"奇技淫巧"的问题上,洋务派与保守派是一致的,但是不能允许正途的官员来学。这一观点在洋务学堂中的招生中得到体现。

但是,最终同文馆还是由最初的"西文"学习,转向兼学"西艺",扩大了西学的范围。1867年后,京师同文馆逐渐转向,成为一所培养外语人才和自然科学人才的综合性学校。李鸿章提议举办的上海同文馆于1898年与上海江南制造局操炮学堂合并,改为江南制造局工艺学堂,1905年改为兵工学堂及中学堂,成为一所洋务军事工程学堂。

第二节 洋务学堂的建立及其特点

一 洋务学堂的创办

洋务学堂是伴随洋务派创办军事工业而兴起的,学校是附属和服务于企业的机构,其种类及办学目标也是随着当权者对西方现代化认识的程度渐次进行。

奕䜣、曾国藩、李鸿章、左宗棠及后期的张之洞等人,在借助西方侵略者镇压太平天国运动中,对西方军事技术有了切身体会,认识到儒家纲常礼教的"道"可以不变,但是要抵御"千年未遇之强敌",必须

---

① 朱有瓛主编《中国近代学制史料》第一辑上册,华东师范大学出版社,1983,第559页。
② 朱有瓛主编《中国近代学制史料》第一辑上册,第551～552页。

要学习西方的"器"。李鸿章认为："中国文武制度，事事远出于西人之上，独火器万不能及"，所以"欲求制驭之方，必须尽其所长，方足夺其所恃"。[①] 在镇压太平军的过程中，曾国藩、李鸿章等对西方新式武器的使用，切实感受到西方武器的威力，所以他们"坚意要学洋人"。[②] 1861 年曾国藩在安庆设立"安庆内军械所"，次年，李鸿章在上海设立"上海洋炮局"，仿制洋枪洋炮。在 1864 年以后直至甲午战争前三十年间，清政府共建立了大大小小近代军事企业 21 个之多，其中江南制造局、福州船政局、金陵制造局、天津机器局、湖北枪炮厂等规模相对较大。在这些企业中，除了福州船政局专门制造兵船、炮舰外，江南机器局初期也曾制造过兵船，但是基本上以制造枪炮弹药为主。这 21 家企业中共雇用工 9000～11000 人（资本总额 1071 余万元，占当时洋务新式企业的 21.3%）。[③] 由于早期军火企业是在完全移植西方军事企业模式基础上建立的，并没有本国工业基础和技术力量的支撑。首先遇到的困难就是生产所必需的原材料（煤、钢铁）等基本上购自国外，而又无交通运输和通信方面的支持。

十九世纪七十年代后，洋务派为维持军事工业的发展，提出了"求富"的口号，大力兴办新式民用工业，主张"必先富而后强"，"寓强于富"，通过经营近代民用工业"求富"而达到"自强"的目的。1872 年，李鸿章在上海建立轮船招商局，开始从事新式航运业。此后20 年间，到张之洞川办湖北织布局时，洋务派共创办民用企业 50 家。从整体上看，洋务派集团控制的企业主要分布在航运、煤矿、电信和纺织四个主要的经济部门。共计雇佣工人 3 万余人，资本总额 4000 万元，占洋务派全部新式企业资本总额的 78.7%。[④] 在经营形式上，主要分为官办、官督商办和官商合办三种组织形式。

① 朱有瓛主编《中国近代学制史料》第一辑上册，第 215 页。
② 张国辉：《洋务运动与中国近代企业》，中国社会科学出版社，1979，第 23 页。
③ 孙毓棠：《中国近代工业史资料》第一辑下册，科学出版社，1957，第 1201 页。
④ 刘克祥、陈争平：《中国近代经济史简编》，浙江人民出版社，1999，第 81 页。

随着对外贸易的发展、外国资本的进入和洋务运动大力兴办民用工业政策的实施,十九世纪七八十年代以后,民族资本家陆续设立了一批中小型工矿企业,到1894年时全国有151家完全商办企业,包括煤矿7个,钢铁厂2个,纺织厂4个。雇佣工人约3万余人。[①]

洋务运动期间创办的军事和民用企业,是中国历史上第一批新式企业,基本上属于近代资本主义性质的工业。这些新式企业是传统社会所没有的组织形式,所需要的适应生产发展的新式技术工人和工程技术人才及管理者严重匮乏,而这些人才封建教育体系是无法培养的。在当时洋务派开办的军工企业及电信、铁道等企业中,工人的来源分为几部分:一类是由清政府的士兵转化而来;二是破产农民;三是手工业者。从根本上讲,士兵就是破产的农民,"士兵就是穿起军装的农民",[②] 他们对于近代工业企业的生产技术自始无从学习和掌握,只能在生产中,由先行掌握技术的老工人采取师傅带徒弟的传统办法,传授技术和具体指导。[③] 这成为制约大规模提高企业生产效率的关键因素。因此,在洋务企业中,尤其是发展初期,普遍的方式是从国外聘请技术专家和技师,雇佣洋匠、洋师费用很高,有的月俸高达六七百金,甚至高过道台。[④] 大量的外国高级技术人员在官办企业中担任技术要职,垄断技术,不利于国防业、民族工业的发展。尤其是外国金融势力趁机渗透到有利可图的企业中,成为企业的"太上皇",企图控制关乎国计民生的企业发展。这些问题让洋务派官僚和有识之士感到很是不安,"(洋务企业)无不雇用洋匠,以致事权旁假,大利难兴"。[⑤] 尤其是如果外患再起,就又会陷入无人可用之境地。而这些问题的解决,只有引入西方的新式教育才能培养企业发展所需要的人才。正如舒新城所言,近代中国教育制度

① 刘克祥、陈争平:《中国近代经济史简编》,第191页。
② 毛泽东:《论联合政府》,《毛泽东选集》第3卷,人民出版社,1991,第1078页。
③ 张国辉:《洋务运动与中国近代企业》,中国社会科学出版社,1979,第373、379页。
④ 中国史学会主编《洋务运动》(一),上海人民出版社,1961,第574页。
⑤ 端方:《奏派学生前赴比国游学折》,《约章成案汇览乙篇》卷三十二下,光绪二十九年(1903年),转引自史贵全《近代高等工程教育研究》,第17页。

的变迁是"势迫处此"，在"不得已"情况下通过移植西洋工业社会的教育制度移植过来的。中国工程教育的产生自始就展现了这样一个独特的规律。

基于"师夷长技以制夷"方略，迫于西方船坚炮利压力开始的各国现代化进程，表现为"应急性"的被动选择，在教育上，并无完整的规划。因为办外交需要"西文"人才，所以要开办外国语学校，以培养通晓外国语言文字的翻译人才。为此，恭亲王奕訢等人在咸丰十年（1861 年）奏请设立总理各国事务衙门和创办同文馆。洋务派对军事工程技术人才的需求，推动着以培养本国工程技术人才的洋务学堂的建立。李鸿章对此有清醒的认识："中国欲自强，则莫如学习外国利器。欲学习外国利器，则莫如觅制器之器，师其法而不必尽用其人。欲觅制器之器与制器之人，则或专设一科取士，士终身悬以富贵功名之鹄，则业可成，艺可精，而才亦可集。"[①]

二 洋务学堂的种类及工程类洋务学堂的发展

从 19 世纪 60 年代起到 90 年代中日甲午战争，洋务派先后创办各类洋务学堂约 30 余所，按其性质可分为七种类型：①训练翻译人员和外交事务专门人才的外国语学堂；②为船厂、兵工厂培养工程师和技术工人的船政学堂和其他军事技术学堂；③训练新式海军的驾驶和轮机人员的水师学堂；④训练军官的武备学堂；⑤训练电报管理实用技术人才的电报学堂；⑥海陆军医学堂（天津医学堂）；⑦矿务工程等实业学堂。[②]

具有工程教育性质的主要集中在船政学堂、军事技术学堂和矿务工程学堂。但是其他军事学校诸如水师学堂、武备学堂等军事学校，所传授技艺，均带有一般实学馆所学的科学技术和工程学方面的内容。[③] 而

---

① 《筹办夷务始末》同治朝卷二五，中华书局，1979，第 10 页。
② 〔美〕毕乃德：《洋务学堂》，杭州大学出版社，1993，第 24 页。
③ 夏东元：《洋务运动史》，华东师范大学出版社，1992，第 430 页。

且有些军事学堂也有直接设置工程类专业的，例如，毕乃德考证天津武备学堂，于 1890 年增设工程科，毕业生中有 3 位杰出的铁路工程师。[①]最早建立的工程技术类学堂可以说是福建船政学堂，甲午战争前建立的最后一个工程技术类学堂是湖北矿务局工程学堂。

工程类学堂比较典型的学堂，一类是为造船厂和兵工厂培养工程师和技术工人的船政学堂和其他军事技术学堂；一类是铁路及矿务工程学堂，电报等专业技术学堂、实业学堂等。前者包括福州船政局于 1867年建立的福建船政学堂和江南制造局于 1874 年设立的操炮学堂、1898年设立的工艺学堂。1870 年李鸿章担任直隶总督后，在天津制造局开办的对技术人员和技工进行培训的枪炮学堂。

在技术学堂中电报学堂是洋务运动时期开办比较多的一类。其中福州电报学堂是最早设立的电报学堂。1876 年由福建巡抚丁日昌设立，延聘丹麦工程师做教习，首批招生 32 名，学习电报寄发、制造电线、电报，选送优秀者到英国、丹麦等电报学校，"接受电线的安装与维护教育"，培养目标是电报工程师。[②] 1880 年李鸿章创办的天津电报学堂是规模较大的一所，按照其章程规定，该学堂属于新设的电报局的一部分，聘请丹麦人做教习，1895 年时该校学生有 50 名，分为 4 个班，学生年龄 16 岁至 22 岁不等，课程包括电报实习、基础电信问题、仪器规章、国际电报规约、电磁学、电测试、各种电报制度与仪器、铁路电报设备、陆上电线与水下电线的建筑、电报线路测量、材料学、电报地理学、数学、制图、电力照明、英文和中文等，采用的教科书是丹麦教习璞尔生所著的《电报学》及他为该校编写的其他书籍。自开办以来，该校毕业生已达三百名。该学堂直到 19 世纪 90 年代方停办。[③] 同时期创办的电报学堂如表 1-2 所示：

---

① 〔美〕毕乃德：《洋务学堂》，第 49 页。吴玉伦考证是 1888 年天津武备学堂开办铁道工程科。见吴玉伦《清末实业局制度变迁》，教育科学出版社，2009，第 187 页。
② 高时良编《中国近代教育史料汇编：洋务运动时期教育》，第 537~540 页。
③ 〔美〕毕乃德：《记天津电报学堂》，见高时良编《中国近代教育史料汇编：洋务运动时期教育》，第 547~548 页。

表 1-2　洋务运动时期电报学堂情况一览表

学　堂	创办时间	创办人	学生情况	专业与课程	备　注
福州电气学堂	1876 年	丁日昌	首批学生32 名	专业：电气、电报。课程：电气原理、电线安装与维护等	我国近代最早的电报学堂
天津电报学堂	1880 年	李鸿章	1882 年为32 名，1895年为 50 名	课程：电报实习、基本电信问题、仪器规章、国际电报规约、电磁学、电测试、各种电报制度与仪器、铁路电报设备、陆上电线与水下电线的建筑、电报线路测量、材料学、电报地理学、数学、制图、电力照明、英文和中文等	1902 年停办
上海电报学堂	1882 年	不　详	首批 20 名	设按报塾、测量塾	
金陵同文电学馆	1883 年	左宗棠	约 20 名（1883 年）		
两广电报学堂	1887 年	张之洞	不详	课程：电学、算学、测量、四书、五经	
台湾电报学堂	1890 年		10 人	课程：电信技术	开办一年后撤废

资料来源：高时良编《中国近代教育史料汇编：洋务运动时期教育》，据第 534～556 页。

铁路学堂的建立也是随着铁路工程的建设而有所动议并付诸实施的。创办最早的铁路学堂是 1895 年由津榆铁路公司设立的山海关铁路学堂，开设铁路工程、桥梁等专业，学制三年。创办之初招生60 人。

1888 年天津武备学堂开办铁道工程科，招生约 20 名学生，聘请德国人教授铁路工程和行李运输。1892 年，毕业学生 12 名，分配至关东铁路参加修建工程。[①] 1896 年江南陆师学堂附设铁路学堂开办，时任两江总督的张之洞在奏折中奏请："又铁路一项，学有专门，与陆军尤相关系……中国方经营铁路，而人才缺乏，势必多用洋人，费且不资，是亟备人材不可。从前北洋亦经设铁路学堂，其学业有成者业经臣调用数

---

① 吴玉伦：《清末实业局制度变迁》，教育科学出版社，2009，第 187 页。

人，惜为数不多，殊不敷用。今拟另延洋教习三人，招习学生九十人别为铁路专门，附入陆军学堂，以资通贯。"①

图1-1 清代最早的"洋务学堂"（1905）

矿务工程学堂是中日甲午战争前最后一批政府主办的工程类学堂。1890年4月，湖北省矿务局在武昌开办分析湖北、湖南两省煤炭和矿石的实验室，1892年扩充为"学堂"，增加化学和物理两门课程，1895年时学堂有学生20名。②

洋务运动时期创办的武备学堂、水师学堂、鱼雷学堂等军事学堂，主要培养海军军官和军事科技人员，这类学堂在甲午战争前有10余所。见表1-3（仅列主要的几所学堂）。

表1-3 洋务运动时期创办的军事学堂情况一览

学堂名称	创办时间	创办人	学生数	专业或课程	备 注
福建船政学堂（英文学堂）	1866年	左宗棠	1862年10名，1887年120名	学堂分为法文学堂和英文学堂，前者习制造，后者习驾驶。分为航海理论、航海实习和轮机房三科	辛亥革命之后，改为福州海军学校，其办学模式为后来武备学堂效法
天津水师学堂	1880年	李鸿章	先后有六届毕业生，驾驶班134名，轮机班85名	1881年开办驾驶科，1882年开办轮机科	1900年停办
广东水陆师学堂	1887年	张之洞	1887年驾驶、轮机两科拟各招70名，1889年共38名	专业：驾驶、管轮两科。课程：英文、算学、航海天文学、航海技术、武器使用、实习	1880年两广总督张树声创办"实学馆"，1884年张之洞督粤改为"博学馆"，1887年水陆师学堂

① 张之洞：《创设陆军学堂附设铁路学堂折》，见高时良编《中国近代教育史料汇编：洋务运动时期教育》，第504页。

② 〔美〕毕乃德：《洋务学堂》，第54页。

续表

学堂名称	创办时间	创办人	学生数	专业或课程	备 注
北京昆明湖水师学堂	1886 年	奕䜣	首批招生 40 名，1892 年毕业；二批录取 36 名	专业仅设驾驶一科	专门培养满族海军人才
江南水师学堂	1890 年	曾国荃	驾驶、管轮各招生 60 名	专业：驾驶、管轮两科	章程仿天津水师学堂。鲁迅 1898 年入该校管轮班学习
广东黄埔鱼雷学堂	1884 年	张之洞	1884—1904 年共培养毕业生 19 名	教授驾驶及水雷、鱼雷	1904 年并入广东水师学堂
山东威海卫水师学堂	1890 年	丁汝昌	1890 年招生 46 名，共有毕业生 30 名	专业为驾驶一科，习枪炮、水鱼雷、船艺等技术	1894 年停办
北洋旅顺口鱼雷学堂	1890 年	北洋舰队	先后毕业三届，学生共 23 名	专业：鱼雷。课程：鱼雷为主，兼习德文、数学、航海常识等	
天津武备学堂	1885 年	李鸿章	1885 年选拔官兵 100 余名入校学习两年；1887 年招生 40 名长期训练班	课程：天文、舆地、格致、测绘、算化诸学、炮台营垒新法、马队、炮队、步队等	我国近代最早的陆军军官学校
江南陆师学堂	1895 年	张之洞	120 名	专业：不详。课程：汉文、英文、德文、日文、兵法、绘图、舆地、地形、军器、历史、营垒、算学、测量工程、步操、体操等	1896 年附设铁路学堂
直隶武备学堂	1896 年	袁世凯	230 余名	课程：德文、汉文、测算、舆图、全台、炮学、枪学、兵法、战法等	
湖北武备学堂	1896 年	张之洞	120 名	课程：军械学、算学、测绘、地图学、各国战史、营垒桥道制造之法、营阵攻守转过之要、枪队、炮队、马队、演习、体操等	

资料来源：高时良编《中国近代教育史料汇编：洋务运动时期教育》，第 279～513 页；〔美〕毕乃德：《洋务学堂》，第 33～50 页等。

三　洋务学堂的特点及成就：以福建船政学堂与江南制造总局附设操炮学堂、工艺学堂为例

研究早期中国工程教育的发展，洋务派创办的福建船政学堂和江南制造总局附设的操炮学堂、工艺学堂可以作为典型的例子。对于福建船政学堂而言，学术界对它的定性也历来是各专门史争论的焦点,[①] 但是福建船政学堂作为中国第一所新式工程技术学堂应无异议。作为工程教育的第一所学校，这本身就有学术研究的价值，同时该学堂又是洋务运动中办学成绩显著、影响深远的一所学校，为后来开办工程类学堂所效仿。江南制造局的办学也很有典型性，该制造局位居清季三大兵工厂之首，在 19 世纪 90 年代是中国乃至东亚最先进、最齐全的机器制造厂，其开办的新式工程技术学堂，附设操炮学堂、工艺学堂，在全国各机器制造局中贡献最大,[②] 与同类学堂相比别具特点。

以上述两所工程教育机构作为研究对象，可以较全面地展现初创时期的中国工程教育发展的特点及问题。

（一）办学历程

1866 年 6 月，左宗棠上述陈述建立造船厂建造中国自己的轮船事项，提出造船厂不仅要制造轮船，还要雇请"洋人""教习制造即兼教习驾驶"[③]。他在同年 12 月的一份奏折中进一步提出，建设船厂，"一面开

---

① 比较典型的有如下观点：(1) 教育史界的观点：福建船政学堂是我国第一所科技专门学校（楼世洲：《职业教育与工业化——近代工业化进程中江浙沪职业教育考察》，学林出版社，2008，第 59 页）；第一所具有近代意义的新式高等学堂（李均：《中国高等专科教育发展史》，学林出版社，2005，第 62 页）；中国近代最早的职业教育机构和技术专门学校（周谈辉：《中国职业教育发展史》，三民书局印行，1985，第 1 页）；(2) 史学界观点：林庆元把福建船政学堂视为"我国当时师资力量最雄厚的一所科技学校，也是最早采用西方教育制度某些环节和方法的新式学校"（林庆元：《福建船政局史稿》，福建人民出版社，1986，第 76 页）；史学家夏东元认为它是"比较系统培养工科技术人才的（学堂）"（夏东元：《洋务运动史》，华东师范大学出版社，1992，第 176 页）。

② 王尔敏：《清季兵工业的兴起》，广西师范大学出版社，2009 年 7 月，第 123 页；夏东元：《洋务运动史》，第 80 页。

③ 《左文襄公全集》奏稿卷十八，转引自高时良编《中国近代教育史料汇编：洋务运动时期教育》，第 281 页。

设学堂，延致熟习中外语言文字洋师，教习英法两国语言文字、算法、画法，名曰'求是堂艺局'。挑选本地资性聪颖、粗通文义子弟，入局肄习"。① 在这份奏折中，他还详细地拟定了学堂的章程。关于开设学堂的重要意义，他说，"夫习造轮船，非为造轮船也，欲尽其制造驾驶之术耳，非徒求一二人能制造驾驶也，欲广其传使中国才艺日进，制造，驾驶辗转授受，传习无穷耳。故必开艺局，选少年颖悟子弟习其语言、文字，诵其书，通其算学，而后西法可衍于中国。艺局初开，人之愿习者少，非优给月廪不能严课程，非量予登进不能示鼓舞"。② 可见，左宗棠对于创办新式工程教育学校对于工业发展的地位和作用，已经有了充分的认识。沈葆桢则明确地陈述，"当时创始之意，不重在造而重在学"③，"船政根本在于学堂"。④

1866 年 12 月 11 日，左宗棠向清政府呈奏设立求是堂艺局章程，此后，艺局开学招生。1867 年 2 月 19 日，福州将军英桂奏称："（船政局）于十一月十七日开局……习学洋技之求是堂，亦经开设，并选聪颖幼童入学，先行肄习英语英文。"⑤ 开始招收驾驶专业学生。1867 年迁入马尾，艺局分为两部分，称为"法语学校"和"英语学校"，1868 年上半年开办艺徒教育和技术训练的机构艺圃，⑥ 1873 年后学堂开始称为前学堂、后学堂，《船工将竣谨筹善后事宜折》称"前学堂习法国语言文字者也……后学堂习英国语言文字者也"。前者包括造船、设计专业和学徒班，后者包括驾驶、轮机专业。⑦ 辛亥革命后，1913 年 10 月，前学堂改称福州制造学校（也称海军制造学校），后学堂改为福州海军

---

① 《左文襄公全集》奏稿卷二十，转引自高时良编《中国近代教育史料汇编：洋务运动时期教育》，第 285、288 页；
② 《洋务运动》第 5 卷，第 28 页。
③ 《沈文肃公政书》卷四，转引自高时良编《中国近代教育史料汇编：洋务运动时期教育》，第 297 页。
④ 林庆元：《福建船政局史稿》，第 59 页。
⑤ 《海防档乙》《福州船厂》（一），第 59 页。
⑥ 楼世洲：《职业教育与工业化——近代工业化进程中江浙沪职业教育考察》，学林出版社，2008，第 59 页。
⑦ 林庆元：《福建船政局史稿》，第 66 页。

学校，艺圃改为福州海军艺术学校。1918 年在海军艺术学校甲、乙两班的基础上，创办了我国最早的飞潜学校。① 1926 年 5 月，海军部将福州制造学校、福州海军学校、飞潜学校三校合并。

江南制造总局（民国时改称江南制造局）是李鸿章等洋务大臣寻求自强之道，"觅制器之器"的实践，其办学路径与福建船政局不同。1865 年，江苏巡抚李鸿章会同曾国藩奏明上海虹口地方收购美商旗记铁工厂，改名为江南制造总局，将苏州洋炮局丁日昌、韩殿甲所辖两个局并入，容闳负责在美国购买机器，组建了当时规模最大的机器制造厂。1867 年设立翻译馆，重点翻译科学、化学、制造等方面的西方书籍。聘请徐寿、华蘅芳、徐建寅担任笔述，英国人伟烈亚力、美国人傅兰雅、玛高温任口译。1869 年 11 月，李鸿章于 1861 年奏设的上海同文馆（上海广方言馆）合并入江南制造局（可谓合署办公，广方言馆名称保留），广方言馆职能扩大，"学馆之设，本与制造相表里"。② 江南制造局办学，容闳起到了重要作用，他在自传中写道："（1867 年曾国藩赴南京就任两江总督），未抵任前，先于所辖境内巡行一周，以视察民情风俗。而尤注意者，则其亲创之江南制造局也。文正来沪视察该局时，似觉有非常兴趣。予知其于机器为创见，因导其历观由美购回各物，并试验自行运动之机，明示以应用之方法，文正见之大乐。予遂乘此机会，复劝其于厂旁立一兵工学校，招中国学生肄业其中，授以机器工程上之理论与实验，以期中国将来不必需用外国机械及外国工程师。文正极赞许，不久遂得实行。今日制造局之兵工学校，已早就无数机械工程师矣。"③

1874 年，制造局设立操炮学堂，培养军事工程人才。1898 年，制

---

① 高颖虹：《直挂云帆济沧海——福建船政局的历史回眸》，《福建党史月刊》2000 年第 7 期。

② 《再拟开办学堂事宜章程十六条》，转引自高时良编《中国近代教育史料汇编：洋务运动时期教育》，第 183 页。

③ 容闳：《西学东渐记：中国留学生之父的足迹与心迹》，中州古籍出版社，1998，第 146 页。

造局将炮队营和广方言馆裁并，改设工艺学堂，设化学工艺和机器工艺两科，后改称工业学堂、兵工学堂，并设兵工小学。

（二）办学体制及教育活动

左宗棠对于创办学堂非常重视，船政局成立之初，就主持制定了船政学堂的章程，在这份《详议创设船政章程》中，具体规定了学堂的学制、培养目标、学生待遇、考试制度等事项：

学制方面，规定"入局肄习，总以五年为限"；"每逢端午、中秋给假三日，度岁时于封印日回家，开局日到局。凡遇外国礼拜日亦不给假"。[①]

规定了严格的考试制度，"开艺局之日起每三个月考试一次，由教习洋员分别等第，其学有进境，考列一等者，赏洋银十元，二等者无赏无罚，三等者记惰一次，两次连考三等者，戒责。三次连考三等者斥出，其三次连考一等者，于照章奖赏外，另赏衣料以示鼓励"。[②]

对于学生待遇和培养目标，"艺局为造就人才之地，非厚给月廪不能严定课程，非优予登进则秀良者无由进用"。[③] 根据这个原则，艺局章程规定："各子弟到局后饮食及患病医药之费均由局中给发"。此外，"每名月给银四两，俾赡其家"[④]，称赡养银。

章程还规定，"各子弟之学成监造者学成船主者，即令作监工作船主"。[⑤] "凡学成船主及能按图监造者，准授水师官职，如系文职文生入局学习者仍准保举文职官阶"，"每月薪水照外国监工、船主、辛工银数发给，仍特加优擢以奖异能"。[⑥]

专业设置方面，前学堂分造船、设计二专业，培养的是能够设计和制造轮船的人才。造船专业设立于1867年2月，要求学生能够计算蒸

---

① 《福州船政局》卷二，第9页，该资料均转引自林庆元著《福建船政局史稿（增订本）》，福建人民出版社，1999，第69页。

② 《福州船政局》卷二，第5页。

③ 《福州船政局》卷二，第6页。

④ 《福州船政局》卷二，第8页。

⑤ 《福州船政局》卷二，第10页。

⑥ 《福州船政局》卷二，第5~10页。

汽机功能、尺寸，设计、制造零件及船体，能够放样。课程设有算术、几何、透视绘图学（几何作图）、物理、三角、解析几何、微积分、机械学、法语等。① 设计专业的培养目标，是通过训练培养能够绘制生产所需图纸的绘图员。后学堂开设驾驶专业和轮机专业，驾驶专业于1867 年 8 月创办，该专业除开设英语课外，还包括算术、几何、代数、直线和球面三角、航海天文气象、航海算术和地理。轮机专业招收在当地具有一定生产铁和铁板经验的青工，要求学生掌握蒸汽机的理论和实践知识，课程有算数、几何、设计、蒸汽机结构、操纵维修船用蒸汽机、使用仪表、监分计等。所有专业均设实习课，实习在工作现场，实地实际操作。

教师基本上是外国人员，根据日意格的统计，船政初期聘用外国教师和技师约 25 名。② 所用教材均是外国教材。

江南制造总局开办学堂，自始有无章程，现有材料未得见。1869年上海广方言馆并入制造局后，1870 年 3 月拟定了十条的课程章程和十六条办学章程。在《计呈拟广方言馆课程十条》中规定，计开设辨志、习经、习史，讲习小学诸书、课文、习算学，考核日记，求实用。学生分为上、下班，上班分为七门。规定初进馆者先在下班学习外国公理公法，如算学、代数学、对数学、几何学、重学、天文、地理、绘图等。"若做翻译者，另习外国语言文字等书"。下班七门，包括辨察地产，分炼各金，以备制造之材料；选用各金材料，或铸或打，以成机器；制造或木或铁各种；拟定各汽机图样或司机各事；行海理法；水路攻战；外国语言文字，风俗国政。"生徒学此各事之时，仍须兼习下班之学，以冀精深"。

考试制度方面，规定下班学生，"诸生每日于午前，毕集西学讲堂，专心学习。阅七日，课以翻译一篇，评定甲乙，上取者酌给奖赏。至年底考试取者，察其性情相近，并意气所向，再进上班，专习一

① 《福州船政局》卷二，第 17~18 页。
② 林庆元：《福建船政局史稿（增订本）》，第 65~71 页。

艺"。教师方面，"学习制造及行船接仗，西人各有专长，可取为法"聘请洋人讲习。①

在《再拟开办学堂事宜章程十六条》中，对办学事宜作了规定，①求师资以端模范；②分教习以求讲求；③集人才以备学习；④广制器以资造就；⑤编图说以明理法；⑥考制造以究源流；⑦测经纬以利行船；⑧译舆图以参实测；⑨广翻译以益见闻；⑩录新报以知情伪；⑪储群籍以资稽考；⑫购测器以便考订；⑬刊书板以省传抄；⑭定课章以循诵习；⑮严甄别以昭奖劝；⑯立年限以收成效。② 该章程糅合西式教育制度和中式教育制度，对管理、专业课程、学生、考试、修业年限、奖励制度等均有详细规定，对不同种类、不同水平的教育或训练均有安排，为近代办学机构中最为详尽的章程之一。重视实践、培养实用人才是贯穿章程的办学理念。尤其值得一提的是，该章程规定建立图书馆，购置中外图书以供学生及翻译馆所用，这就使得该学堂相比较船政学堂等，初步具有了现代大学的某些典型特征。

根据制造局工作的性质，章程规定了在职训练和夜校学习的灵活进修方式，"学习之道，有在馆中肄业者，有在厂中操作者，有在船上练习者，将来更有赴外国游学以充其识力者，学本不专于一家，而就其可造之资，因材受教，皆可渐臻至诣"。③ 这在近代洋务学堂中是独树一帜的办学制度。

曾国藩对该章程甚为满意，他对学堂的"专求实用"更是颇为赞赏，"所定学馆事宜，规划既已周详，撰述尤为精凿，非于西人格致之学，精心研索，确有依据，安能指示途径，如此明切。以此提倡，诸生必有日新月异之效，何慰如之！"④

① 《计呈拟广方言馆课程十条》，转引自高时良编《中国近代教育史料汇编：洋务运动时期教育》，第179~182页。
② 《再拟开办学堂事宜章程十六条》，转引自高时良编《中国近代教育史料汇编：洋务运动时期教育》，第182~192页。
③ 《再拟开办学堂事宜章程十六条》，转引自高时良编《中国近代教育史料汇编：洋务运动时期教育》，第183页。
④ 曾国藩：《批广方言馆章程文》，转引自高时良编《中国近代教育史料汇编：洋务运动时期教育》，第193页。

1898年成立工艺学堂后,拟定了工艺学堂章程八条。1905年后改为工业学堂,成为一所工科专门学校。

在具体办学中,广方言馆招收四年制正、副课学生各40名,主要培养翻译、外交等人员。聘有国文教习3人,西文教习4人,教授国文、英文、法文、算学、舆地等课程。毕业学生,成绩优良的,即由督抚向清廷保荐,调京察验,授以官职。一般的则留在通商衙门担任翻译,承办洋务。其中曾有一部分学生被选送美国留学。1868年设立翻译馆,先后聘有英、美人伟烈亚力、傅兰雅、玛高温、林乐知、金楷理等传教士,从事西方书籍翻译。局中长于数学的华蘅芳、华世芳兄弟,及长于化学物理的徐寿、徐建寅父子等,都参与这一工作,或直接译著,或协助西人,以介绍近代科学技术知识为主,兼及各国政治历史。

1898年设立的工艺学堂,制造局原设图画房,有生徒10余名,教授汉文、外国文、算学、绘图等课。各厂的一般机器图样,都由这些生徒绘制,是培养工艺练习生的机构。工艺学堂即在画图房的基础上扩充而成,学生名额增加至50名,除原有画图学生外,另调取各厂匠童20名,不足之数,招选广方言馆学生及外间聪颖子弟,规定4年毕业。课程内容除保留画图房旧章外,还仿照日本大阪工业学校章程,设立化学工艺和机器工艺两科,并以制造局所属各厂为学生实习实验场所。选择欧美各国及日本的各种工艺书籍切于实用者首先翻译作为课本,还加聘日人藤田丰八协助翻译。全年固定经费约银6000余两。学堂教员,规定聘用国文教习2人,西文教习6人。西文教习并未请外籍人员,概由局中熟悉化学机器等学者分别担任。教授算学的是华蘅芳,教授化学的是徐华封,另有王世绶、杨渐逵、华备钰等3人,分别教授工艺、绘图、机器等课程。①

(三) 成就及影响

福建船政前后学堂从创办到1911年,培养了一大批在中国近代

---

① 上海社会科学院经济研究所编《江南制造厂厂史》,江苏人民出版社,1983,第52~55页。

史上有影响的科技人员。培养驾驶专业 242 人、轮机专业 205 人、造船专业 182 人，这些人是我国早期工程科技队伍的主要构成部分，为近代中国军事航海制造方面作出了开拓性贡献。同时培养的人才在民用企业方面也发挥了重要作用。福建船政学堂最重要的贡献，可以说是为中国近代各类军事学堂提供了样板。此后的军事技术学堂均借鉴该学堂的办学模式。"成绩卓著，影响深远"，"它的成绩，不但北京同文馆和上海广方言馆无法比拟，就是以后创办的各类近代学校，也很少能与它匹敌"①

仅就人才培养方面而言，江南制造局办学与船政学堂相比有不及之处，但是，江南制造局办学贡献不仅仅在人才培养方面，更重要的是它作为一个文化机构，在传播近代西方科技、文化方面作出了突出的贡献。其翻译馆在引入西学方面，在近代办学机构中最为突出。在1868～1907 年近 40 年间，江南制造局翻译介绍近代科学技术知识为主、兼及各国政治历史的书籍，先后共译印出 160 种，总数达 1069 卷（见表 1-4）。同时，在办学中，以其灵活多样的办学形式，在实践中培养技术人员，也为后来厂矿办学所效法。

表 1-4　江南制造局翻译馆译书种类

类　别	种　数	卷　数	类　别	种　数	卷　数
史　志	6	45	算　学	7	89
政　治	10	73	电　学	4	17
兵　制	12	73	化　学	8	62
兵　学	21	109	声　学	1	8
船　政	6	11	光　学	1	2
学　务	2	2	天　学	2	22
工　程	4	38	地　学	3	51
农　学	9	45	医　学	11	74
矿　学	10	72	图　学	7	55

---

① 林庆元：《福建船政局史稿（增订本）》，第76页。

类　别	种　数	卷　数	类　别	种　数	卷　数
工　艺	18	106	补　遗	2	15
商　学	3	6	附　刻	10	91
格　致	3	3			

资料来源：《江南制造局译书提要》，清宣统元年七月石印版，转引自上海社会科学院经济研究所编《江南制造厂厂史》，江苏人民出版社，1983，第405页。

　　洋务派以"借法自强"为目的，意图引进西方军事工业及技术，以实现富国强兵。正如史家钱穆言及晚清之变法自强时指出，变法自强，本属相因之两事，非彻底变法不足自强，而当时人则往往并为一谈。所变之法只有有关自强之法。① 因此，洋务派所建立的企业主体是军事工业，建立起来的各类技术学堂也是围绕军事工业的需求。这些新式学堂没有统一的学制，也没有形成从小学、中学、大学相互衔接的学校系统，形式上表现为单一的不相统属的专科学校。但是这些新式学堂的意义不仅在于培养了大批科技、军事、外交人才，更重要的是对西方近现代学校教育制度的逐步引入，为中国以后建立新学制奠定了基础。而且从性质上讲，从洋务学堂中的军事学堂和科技学堂培养的海军陆军军官、造船工程师、驾驶员、采矿工程师、测量员等，都是传统教育中不能培养的技能型专门人才。工程类洋务学堂的开办成为中国工程教育的发展的开端。

---

① 钱穆：《国史大纲（修订本）》下册，商务印书馆，1996，第893页。

第二章
近代工程教育的制度建立及其发展

1895 年中日甲午战争中中国战败，成为洋务运动由盛转衰的界点。[①] 但是在洋务运动中萌芽的中国工程教育，却随着资本主义经济的发展，呈现出新的发展趋势，开始由以培养军事工业技术人才为主，转向主要为民用工业培养普通工程技术人才的现代工程教育的转变。

正如陶行知所言，"中国自道光、咸丰以来，与外人交接，总是失败。自己之弱点，逐渐揭破；外人之优点，逐渐发见。再进而推求己之所以弱，和人之所以强。见人以外交强，故设同文馆；见人以海军强，故设水师船政学堂；见人以制造强，故设机器学堂；见人以陆军强，故设武备学堂；见人以科学强，故设实学馆。同治以后，甲午以前的学堂，几乎全是这一类的。这时各学堂，受泰西的影响最大，大都偏重西文、西语，专务抄袭西国学堂的形式。甲午战败之后，大家以兴学为急务"，[②] 方有北洋大学堂、南洋公学的创办，自此中国高等工程教育向制度化迈进。20 世纪初年的义和团运动和八国联军侵华战争，清政府迫于内外交困的严峻形势，1901 年被迫推行"新政"，教育改革成为"新政"的一项重要内容。随着清末教育"新政"的实施和癸卯学制的

[①] 关于洋务运动的后期情况见夏东元《洋务运动史》。

[②] 陶知行：《中国建设新学制的历史》，见璩鑫炎、唐良炎编《中国近代教育史资料汇编：学制演变》，上海教育出版社，1991，第 1052 页。

颁行，近代学制开始建立，中国教育的发展得到了制度上的保障，工程教育的发展进入新的时期。

第一节 新旧交替时代的近代工程教育

所谓"新旧交替时代"是指甲午战败后洋务派倡导的洋务运动逐步被维新派发动的戊戌变法运动所代替的过程，从教育制度上讲，也是由封建科举制到清末新政时期的教育改革过渡的时期。按照夏东元先生的观点，甲午战争的失败不能说宣告了洋务运动的破产或彻底破产，因为洋务派所进行的洋务活动，尤其是经济、文化教育活动还在继续。① 就教育而言，在洋务运动的尾声时期，洋务派官僚在总结洋务办学经验教训的基础上，兴办新的教育事业，如北洋大学堂和南洋公学等，较之前期洋务派开办的学堂更接近现代大学的规制。而甲午之役之后，地方实权派和绅商陆续开始创办适应资本主义工商业需求的，培养工商业专门人才的专门实业学堂，成为新教育的实践者和教育制度改革的推动者。

一 北洋大学、南洋公学之创办

在中国工程教育萌芽成长时期，北洋大学的创办是中国大学工程教育发展的标志性成果，② 近代工程教育的发展开始进入系统、全面学习西方办学模式，走向制度建构阶段。

1894 年的甲午战争，以清政府失败而告终。社会矛盾激化，以变革求救国图强再次成为有识之士之共识。维新派与洋务派等各自的政治主张及变革措施有对立之处，但在兴办新式教育、培养新式人才方面却有共同的地方。维新派主张开"民智"、育"新民"，痛陈洋务教育的积弊。梁启超说："今之同文馆、广方言馆、水师学堂、武备学堂、自

---

① 夏东元：《洋务运动史》，第 472~473 页。
② 李书田：《四十年来之中国工程教育》，《教育杂志》第 26 卷第 1 期。

强学堂、实学馆之类，其不能得异才何也？言艺之事多，言政与教之事少。其所谓艺者，又不过语言文字之浅，兵学之末，不务其大，不揣其本，即尽其道，所成已无几矣"，若不除其积弊，"则虽糜巨万之经费，只为洋人广蓄买办之才"。① 与此同时，洋务派也在总结此前办学实践的经验教训基础上，开始筹办新式学堂，办学的指导思想和办学体制上也有了新的变化，为中国近代教育体制的建立积累了思想资源和实践经验。后期洋务派代表盛宣怀创办的北洋大学成为近代工程教育体制化的一个模型。

盛宣怀（1844～1916），江苏武进人。早年曾中秀才，后成为李鸿章的幕僚。李鸿章任直隶总督在天津经办洋务事业时，盛宣怀一直追随其左右。由于擅长洋务，盛宣怀被委以重任。甲午战争之后，洋务工业企业中的轮、电、煤、纺四大企业中，盛宣怀直接掌控了三大企业，成为清末洋务派中最大的官僚资本家。先后任电报局总办、天津海关道，并负责筹办芦汉铁路、中国通商银行等。在办理洋务事业中，盛宣怀深感"每逢办理交涉，备尝艰苦"。在《条陈自强大计折》中，他说："泰西诸邦，用举国之才智，以兴农工商之利，即藉举国之商力，以养水陆之兵，保农工之业。盖国非兵不强，必有精兵然后可以征调，则宜练兵；兵非饷竭练，必兴商务然后可以扩利源，则宜理财；兵与财不得其人，虽日日言练，日言理，而终无可用之兵、可恃之财，则宜育才。"② 自强之计在兴工商实业、练兵、理财，落脚点在于育人，培养掌握新式工商企业所需的工程技术和管理人才需要新式学堂的开办。

1895 年，盛宣怀上奏《拟设天津中西学堂章程禀》，言称："伏查自强之道，以作育人才为本。求才之道，尤宜以设立学堂为先"，"学堂迟设一年，则人才迟起一年。日本维新以来，援照西法，广开学堂书院，不特陆军海军将弁皆取才于学堂，即今之外部出使诸员，亦皆取材

---

① 梁启超：《学校总论》，见舒新城《中国近代教育史资料》下册，人民教育出版社，1981，第 933 页。
② 《愚斋存稿》卷一，第 3 页。转引夏东元《洋务运动史》，第 465 页。

于律科矣。制造枪炮开矿造路诸工，亦皆取材于机器工程科地学化学科矣。仅十余年，灿然大备”，而“中国智能之士，何地蔑有，但选将才于侪人广众之中，拔使才于诗文帖括之内。至于制造工艺皆取才于不通文理不解测算之匠徒，而欲与各国絜长较短，断乎不能”。[①] 学堂开办的目的，就是培养通晓西语、掌握西方先进科学技术的各类专门人才。

1895 年 10 月学堂经批准开办，开办费动用自光绪十九年起至光绪二十一年四月止米麦捐存银八千余两。其经常费则请准下列四项：（一）天津米麦进口每石收银五厘。（二）开平煤税每年一万五千两。（三）电报局每年捐交英洋二万元。（四）招商局每年捐交规银二万两。[②] 盛宣怀亲任督办，聘请美国人丁家立为总教习，管理体系上行政与教学并行。

从学制上看，学堂设头等、二等两级学堂。头等学堂学制四年，在学堂章程中明确指出：“头等学堂……此外国所谓大学堂也。”[③] 相当于欧美高等教育教育体系中的大学。办学以“实事求是”为校训，培养高级工程技术人才。二等学堂相当于欧美大学的预科，学制也是四年。二等学堂毕业后，可以升入头等学堂。在专业设置方面，按照西方现代大学的专业设置模式，头等学堂设专门学（即科系）四门：工程学、矿务学、机器学、律例学。1897 年，盛宣怀创办的山海关铁路学堂停办，学生并入北洋大学堂，学堂增设铁路专科。1898 年应芦汉铁路之需，在北洋大学堂附设铁路班，又称芦汉铁路学堂。专业设置体现盛宣怀对富国强兵之计的思考及洋务实践之需。甲午战争之后，他在经营铁厂的同时，把办企业的重点放到铁路、矿务和银行领域，“今因铁厂不能不办铁路，又因铁路不能不办银行”。[④] 可以看出，

---

① 盛宣怀：《拟设天津中西学堂章程禀》，北洋大学—天津大学校史编辑室编《北洋大学—天津大学校史资料选编》，天津大学出版社，1991，第 3～4 页。

② 北洋大学—天津大学校史编辑室：《北洋大学—天津大学校史资料选编》，第 30 页。

③ 盛宣怀：《拟设天津中西学堂章程禀》，舒新城：《中国近代教育史资料》上册，第 137 页。

④ 《愚斋存稿》卷二十五，第 15 页。

与早期洋务学堂不同，开办的专业以工科为主，兼及社会科学门类，体现综合性。

课程设置方面，章程明确规定"不做八股试帖，专做策论，以备考试实在学问经济"。以美国哈佛、耶鲁大学为蓝本，在四年学程中，第一年为通习科目，学习数、理、化、史、地、动植物、英语、法律等基础科目，第二年开始，分工程学、电学、矿务学、机器学、律例学五门专业进行分科学习。二等学堂相当于中学程度，课程设置是以英文为主的文化基础知识课。教科书使用外文原版或外籍教师自编教材，用外语教学。

在管理方面，教师施行聘任制，以四年为一个任期。除汉文课及部分外语课聘请中国教习外，其余所有课程均聘请外籍教习担任。学生管理方面，制定了较为完善的入学考试、日常管理及毕业分配等制度。

头等学堂在堂学生 120 名，于 1899 年第一班各科学生共 18 人毕业，这可以称得上是我国最早的一批工科大学毕业生。

天津中西学堂是我国近代最早的实行分级设学的新式学堂，是在扬弃早期洋务学堂的基础上开始的新的探索。其头等学堂具备了工程类本科教育的雏形，教学水平和教育质量也得到了公认。李书田回忆北洋大学时说："创办伊始，延聘美籍名教育家丁家立为总教习，课程编排，讲授内容，授课进度，教科用书，均与美国东方最著名的哈佛、耶鲁等大学相伯仲。"① 头等学堂的毕业生可以不经考试，直接进入美国著名大学的研究院留学。被誉为中国当时"最进步的教西学的学校，学校所用的教学方法也是比较进步的，毕业生在社会上的地位也是比较高的"。②

1896 年，盛宣怀在上海创办南洋公学，代表了他更高意义上的办

---

① 北洋大学—天津大学校史编辑室编《北洋大学—天津大学校史》，第 21 页。本节有关北洋大学的资料除注明出处外，均依据该校史资料。

② 北洋大学—天津大学校史编辑室编《北洋大学—天津大学校史》第 1 卷，第 523 页。

学追求。在他呈给光绪帝的《南洋公学章程》中，"设学宗旨"特地指出，"公学所教，以通达中国经史大义，厚植根柢为基础，以西国政治家日本法部文部为旨归，略仿法国国政学堂之意"。[①] 也就是说，盛宣怀设立南洋公学，把培养新型政治人才作为首要的任务。盛宣怀对两所学校不同的办学宗旨是这样解释的，"臣前年创办天津头二等学堂，旁求教习，招选学徒，大抵通晓西文者，多憒于经史大义之根柢，致力于中学者，率迷于章句咕哔之迂途。教者既苦乏才，学者亦难精择，窃喟然于事半功倍之故；盖不导其源流不可得而清液，不正其基则构不可得而固也"。[②]

现代教育史家把盛宣怀创办的这两所学校视为中国高等教育的雏形。[③] 从办学体制上讲，天津中西学堂和南洋公学确也起到了"发凡起例"的作用，为近代新学制的建立起到了奠基作用。正如盛宣怀创办天津中西学堂时所言："职道之愚，当赶紧设立头等学堂、二等学堂各一所，为继起者规式"，"现拟先在天津开设一处，以为规式"，[④] 设立学堂以作为后来者的样板，此等立意，可谓高远。事实上，历史的发展也证明了盛宣怀的远见卓识，在新学制颁布后，陆续开办的大学多仿照天津中西学堂（北洋大学）的模式。"先在天津开设一处，以后由各省会推而至各郡县，由各通商口岸推而至各镇市"，当时两江总督刘坤一就去函向盛宣怀索取北洋大学堂办学章程，"闻公在津新设学堂，章程甚佳，即祈抄示全卷，以便将来仿办"。[⑤]《南洋公学章程》成为后来京师大学堂的办学范本，颁布于1902年《壬寅学制》和1904年《癸卯学制》也是以此为参照。20年代，清华大学创办工

---

①　盛宣怀：《筹集商捐开办南洋公学折》，舒新城：《中国近代教育史资料》上册，第151页。
②　盛宣怀：《筹集商捐开办南洋公学折》，舒新城：《中国近代教育史资料》上册，第151页。
③　李国钧、王炳照：《中国教育制度通史》第6卷，第199页。
④　盛宣怀：《拟设天津中西学堂章程禀》，舒新城：《中国近代教育史资料》上册，第136页。
⑤　北洋大学—天津大学校史编辑室编《北洋大学—天津大学校史》第一卷，第22～23页。

科时也多次到北洋大学参观学习。就中国工程教育发展史而言，天津中西学堂（北洋大学）开创新式中国工程教育的先河，提供了中国工程教育办学的摹本。

二 地方督抚及绅商兴学

地方督抚和绅商是中国近代教育发展的重要推动者，也是推动中国教育早期现代化的主要力量之一。工程教育的发展也是如此。早期工程教育的启动，洋务派官僚无疑起到了重要的作用。甲午战争的失利，对朝野震动极大，兴学成为为急务。"自近世祸作，众咸知国家靡学不兴，于是则创学堂，谋教育，举国嚣嚣，有若发狂"，[1] 这种略带情绪色彩的言论反映了当时各界兴学的积极性和急迫性。《马关条约》签订后，外国资本开始大规模涌入，也刺激了民族资本主义的发展，兴办实业，建设新式工矿企业，振兴经济，是"以拯时艰之急务"，培养实用的专门技术人才，以适应民族资本主义的发展，渐为工商业等实业界高度重视并付诸实践。在1901年清政府实行"新政"之前的这段新旧交替时期，新式学堂办学领域逐步拓展，工程教育的种类和学科门类逐步增加，这些都为即将到来的教育改革奠定了基础。

"典型的'过渡型'人物"（冯天瑜语）、洋务殿军张之洞，1896年于两江总督任上奏请创办江南储才学堂。按照张之洞的设计，储才学堂内分四门十六目，四门包括交涉门、农政门、工艺门、商务门，每门分四个子目。其中交涉门分律例、赋税、舆图、翻书四子目；农政门包括种植、水利、畜牧、农器四子目；工艺门包括化学、汽机、矿务、工程四子目；商务门分各国好尚、中国土货、钱币轻重、各国货物衰旺四子目等，专业设置上不再仅仅满足军事工业的需求，仅工科一项就已扩展到其他行业的多个工程领域。他在《创设储才学堂折》中说："古者

① 北洋大学—天津大学校史编辑室编《北洋大学—天津大学校史》第1卷，第20页。

四民并重，各有相传学业，晚近来惟士有学，若农若工若商无专门之学，遂无专门之材，不如西洋各国之事事设学，处处设学。"办学款项"亦系款由外集"。① 学堂还制定了章程、合同、学约、规条等较为详细的规定。同时，张之洞还奏请在南京陆军学堂附设铁路学堂，"今拟另延洋教习三人，招习学生九十人，别为铁路专门，附入陆军学堂，以资通贯"。②

1898 年张之洞主政湖北期间，创建农务学堂，他又在洋务局内创建工艺学堂，聘请东洋工学教习，分教理化学和机器学，课程有汽机、车床、绘图、竹器、洋脂、玻璃各项制造工艺。

1898 年 6 月开始的百日维新期间及此后，清政府要求各地重视专门学堂及实业学堂的开办。如 1898 年 8 月 10 日上谕：铁路矿务，为当今切要之图，亟应设立学堂预备人才，所有各铁路扼要地区及开矿省份，应行增设学堂。8 月 21 日，命"各省府州县，皆立农务学堂"，"工学、商学各事宜，亦著一体认真举办"。③ 各类专门学堂和实业学堂的开办有了政策依据。例如，1898 年 6 月 20 日，江南道监察御史曾宗彦奏请并获批准，在南、北洋设立矿务学堂。

同年 9 月 14 日，两江总督刘坤一请准"于陆师学堂内添设矿路学一斋"。将张之洞奏请设立的铁路学堂改设为矿务铁路学堂（鲁迅先生曾于 1899 年至 1901 年在该矿务学堂学习）。"功课以开矿为主，造铁路为副"，开设有"矿物学、地质学、化学、熔炼学、格致学（即物理）、测算学及绘图学"等。④ 刘坤一还奏请在上海制造局设工艺学堂，工艺学堂分立为化学工艺和机器工艺两科，学额五十名，四年毕业。

1898 年 9 月 10 日，路矿总局王文韶等奏陈："现在津榆既设铁路

---

① 《张文襄奏稿》卷二十六。转引自高时良编《中国近代教育史资料——洋务运动时期教育》，第 573 页。

② 高时良编《中国近代教育史资料——洋务运动时期教育》，第 504 页。

③ 李国钧、王炳照主编《中国教育制度通史》，山东教育出版社，2000，第 239 页。

④ 蒙树宏编著《鲁迅年谱稿》，广西师范大学出版社，1988，第 24 页。

学堂，山西商务局所定合同内，亦载明设立铁路学堂，经费由公司自备"① 等等。

各地绅商也纷纷开办了工商业实业学堂，例如，孙贻让1898年在浙江瑞安设立瑞光化学堂，在其后此类学堂也多发展成为专门学校。

在新旧交替时期，近代教育体系中的各类教育渐次出现，新式学堂办学领域逐步拓展，工程教育的种类和学科门类逐步增加，并且注重层次的发展。这些都为以后的各类学堂，尤其是实业学堂和专门学堂的兴办积累了经验，而京师大学堂的创办，成为近代中国大学教育发展的一个重要标志，天津中西学堂的开办成为近代本科工程教育发展的开端。自此之后，系统学制开始形成，中国教育现代化进入新的时期。

第二节　癸卯学制与工程教育的兴起

一　近代中国学制之建立

学制对于新教育的发展至关重要，教育史家苏云峰形象地把近代学制比喻为近代交通系统，"近代学制之与教育发展，一若近代交通系统之与货物运输量，假若清政府不事先建立学制，那末即令废除科举，也不会见到良好的发展"。②

在19世纪60年代开始的洋务运动中，洋务派创办新式学堂，派遣官费留学生，培养了中国第一批工程科技人才，开启了近代中国教育现代化的道路。但是由于这些先后建立的30余所洋务学堂分属不同的洋务集团，并"被各个洋务集团据为私有物"③。就整体而言，无整体规

---

① 李国钧、王炳照主编《中国教育制度通史》，第240页。
② 苏云峰：《中国新教育之萌芽与成长（1860—1928）》，台湾五南图书出版公司，2005，第115页。
③ 苑书义：《中国近代史新编》中册，人民出版社，1986，第91页。

划，互不统辖，各自为政。在传统的政治体制框架内，既无全国统一的系统的教育制度，也没有管理新式教育发展的机构，教育发展遇到了制度性的桎梏。随着形势的发展，改革教育制度、建立学制的呼声日增，无论是早期的改良派，还是之后的维新派人士均纷纷著书立说，建议设立学校制度。

图 2-1　清末第一批 30 名幼童赴美学习（1872）

洋务派办学的实践为学制的建立提供了直接的实践基础。盛宣怀创办的南洋公学，是近代中国首先建立起的小学、中学、高等专门学校相互衔接而又依次递升的三级教育体系。1896 年，张之洞担任湖广总督后，对湖南教育的改革开始触及制度方面的变革，成为清末学制改革的先导。①

1902 年 8 月 15 日，清政府正式颁布由管学大臣张百熙制订的《钦定学堂章程》（壬寅学制），这是中国近代第一个由政府公布的学制系统。在这一学制中，师范教育和实业教育列入学制，其中实业学堂分为简易、中等和高等三级。规定实业学堂与师范学堂附设于高小、中学和高等学堂中。《钦定学堂章程》制定后并未实行。1904 年 1 月《奏定学

---

① 余子侠：《综析湖北教育早期现代化的前驱地位》，《华东师范大学学报（教育科学版）》1995 年第 2 期。

堂章程》正式颁布施行。《奏定学堂章程》，亦称"癸卯学制"，它是中国近代由政府颁布并实施的第一个完整的学制系统。该学制以日本学制为蓝本，在纵向上分为 3 段 7 级，包括初等教育、中等教育和高等教育；横向上分师范教育和实业教育两个旁系。

在该学制中，有关工程教育制度的规定，分别体现在高等教育和实业教育两个部分。普通教育系列的高等教育系列中规定，大学堂以"谨遵谕旨、端正趋向，造就通才为宗旨……以各项学术艺能之人才足供任用为成效"①。大学堂分为八科，称之为分科大学堂，工科大学招收高等学堂或大学预科毕业生入学，学制 3 年。分为九门，分别为土木工学门、机器工学门、造船学门、电器学门、建筑学门、应用化学门、火药学门、采矿及冶金学门。规定分科大学由学生各自专修一门。并要求京师大学堂必须全设八科，对于各省大学堂，"若将来外省有设立大学者可不必限定全设；惟至少须置三科以符学制"。②

"癸卯学制"规定在分科大学之上设通儒院，属研究院性质，招收分科大学毕业或同等学力者，学制 5 年，通儒院"研究各科学精深义蕴"，"以中国学术日有进步，能发明新理以著成书，能制成新器以利民用为成效"。③ 与分科大学培养人才的层次有了分界。

在实业教育系列中，实业学堂分正式实业学堂、实业补习学堂和实业师范学堂三大类。正式实业学堂按程度又分初、中、高三级，按专业分为农、工、商和商船学堂。在工业实业学堂制度方面，《奏定中等农工商实业学堂章程》《奏定高等农工商实业学堂章程》规定了中等工业学堂及高等工业学堂制度，中等工业学堂"以授工业所必需之知识技能，使将来实能从事工业为宗旨"，分本科、预科，修学年限本科 3 年，预科 2 年。本科具体分为土木、金工、造船、电气、木工、矿业、染织、窑业、漆工、图稿绘画等 10 科。高等工业学堂

① 舒新成：《中国近代学制史料》中册，人民教育出版社，1961，第 578 页。
② 舒新成：《中国近代学制史料》中册，第 578、579、610 页。
③ 舒新成：《中国近代学制史料》中册，人民教育出版社，1961，第 578 页。

"以授规定工业之学理技术，使将来可经理公私工业事务，及各局厂工师，并可充各工业学堂之管理员教员为宗旨"，[①] 修业年限 3 年，分应用化学、染色、机织、建筑、窑业、机器、电器、电气化学、土木、矿业、造船、漆工、图稿绘画等 13 科。章程所列学科门类几乎涵盖了当时工业建设与工程活动的各个领域，因此，章程特意指出，"所载各种学科，系就工业中应备之科目分门罗列，听各省因地制宜，择其合于本地方情形者酌情设置，不必全备"。[②] 这就使得章程具有了相当的灵活性和可操作性。艺徒学堂属于初等的工业学堂，"可于中小学堂便宜附设，不在各学堂程度之内"，由《奏定艺徒学堂章程》规范，"以授平等程度之工业技术，使成为良善之工匠为宗旨"。[③] 这样，在癸卯学制中，艺徒学堂、中等工业学堂、高等工业学堂和工科大学组成了梯级完整的 4 类工程技术教育机构，形成了一个培养"工人→技工→技术员→高级技术人员"等不同层次人才的完整的工程教育制度。

在工科类学堂课程设置方面，《奏定大学堂章程》为工科大学的每一"学门（系）"设计了一套分学年的详细的课程安排。对于高等工业学堂，《奏定高等农工商实业学堂章程》对各学科的课程设置也有规定，但只列出了课程名称，授课情况较有弹性，"对讲堂课目、分年学级及每日教授时刻表，由学堂监督教员临时酌定"。各学科的课程都分为两类，第一类为各学科必修的公共课，第二类为各科之专门课程，各科均安排了相当数量的实习实验课程，并根据学科特点，强调应加强的实习环节，例如土木工学、机器工学、造船学、造兵器等均提出"以计画制图实习为最要"，"故钟点加多"。[④]

"癸卯学制"的颁布实施，就工程教育而言，建立起了高等工业学

①　舒新成：《中国近代学制史料》中册，第 760、769 页。
②　舒新成：《中国近代学制史料》中册，第 769 页。
③　舒新成：《中国近代学制史料》中册，第 783 页。
④　舒新成：《中国近代学制史料》中册，第 771、610～613 页。

堂、工科大学、通儒院等不同层级和形式的机构，培养从专科、本科到研究生教育的各级工程技术人才的教育制度，标志着中国近代工程教育制度体系的确立。同时，值得注意的是，在工科大学办学蓝本上，该学制完全模仿日本帝国大学，原因"一方面与日本实业教育发达有关，同时，也与主持者张之洞缺乏理工农医学知识有关"。①

二　癸卯学制之后工程教育的发展及动因分析

作为后发外源性现代化国家的中国，教育现代化是国家的目标和规划，这是包括工程教育在内的中国高等教育发展的直接动力和重要影响因素。但是在具体发展进程中，国家对教育的影响力和支配力，始终受到来自社会、市场、学术等因素的影响和制约。这在本研究的解释框架中已有说明。当然，在不同的历史时期，诸多影响因素作用的形式和力量会有不同。整体而言的高等教育如此，工程教育（实业教育）表现尤为显著。癸卯学制颁布后工程教育的发展即明显地展现了这一特性。

清政府早在新政时即多次令全国兴学以求人才，命令"各省速办学堂""建学储才，实为当今急务"，但是各省依然"观望迁延，敷衍塞责"。② 1904年癸卯学制颁布之后，各地兴学的积极性很不平衡。原因主要在于科举考试的存在，科举仍被士子视为正途。1905年废除科举制，开启了新式学堂发展的大门，正如《清史稿·选举制》称，"于是沿袭千余年之科举制度，根本铲除。嗣后学校日渐推广，学术思想因之变迁，此其大关键也"③。而此后实施的包括新式学堂奖励出身、对地方官员奖惩等措施，各类学堂开始进入迅速发展时期。1903年全国学堂769所，学生31428人，到1910年学堂达到了42696所，学生1284965人，如表2-1所示。

---

① 苏云峰：《中国新教育之萌芽与成长（1860—1928）》，第128页。
② 璩鑫圭、唐良炎：《中国近代教育史资料汇编——学制演变》，第6~8页。
③ 陈学恂：《中国近代教育史资料》，上海教育出版社，2007，第518页。

表 2-1 1903～1911 年学堂和学生数量

年 份	1903	1904	1905	1906	1907	1908	1909	1910	1911
学堂数	769	4476	8277	23862	37888	47995	59117	42696	52500
学生数	31428	99475	25873	545338	1024988	1300739	1639641	1284965	—

资料来源：王笛：《清末新政与近代学堂的兴起》，《近代史研究》1987 年第 3 期。

　　根据张亚群的统计分析，就新式学堂增长的速度来看，普通教育增长的速度远远高于高等教育。[①] 而实施工程教育的实业学堂增长速度尤其缓慢，1907 年时工业专门学堂仅有 3 所，加上农业学堂 4 所，见之于统计的实业学堂只有 7 所。[②] 按照苏云峰的研究，这种现象的改变，是在 1909 年之后，实业及法政才开始受到重视。实业教育开始有了大的发展。[③] 本研究认为 1908 年是分界点，在此之后，实业教育开始有了较快发展，见表 2-2（目前的清末统计资料仅为 1907 年以后的）。

表 2-2 清末高等实业学堂统计（1907～1909）

年 份	农 业		工 业		商 业	
	学堂数	学生数	学堂数	学生数	学堂数	学生数
1907	4	459	3	449	—	—
1908	5	493	7	1184	1	213
1909	5	530	7	1136	1	24

资料来源：璩鑫圭等编《中国近代教育史资料汇编——实业教育 师范教育》，上海教育出版社，2007，第 54～63 页数据。

　　如果再算上实业预备学堂，统计如表 2-3 所示。

[①] 张亚群：《科举革废与近代中国高等教育的转型》，华中师范大学出版社，2005，第 127 页。

[②] 璩鑫圭等编《中国近代教育史资料汇编——实业教育 师范教育》，上海教育出版社，2007，第 54 页。

[③] 苏云峰：《中国新教育之萌芽与成长（1860—1928）》，第 167 页。

表2-3　清末高等实业学堂（含实业预备学堂）统计（1907～1909）

年　份	实业学堂数	实业学堂学生数
1907	137	8693
1908	189	13616
1909	254	16649

资料来源：璩鑫圭等编《中国近代教育史资料汇编——实业教育　师范教育》，上海教育出版社，2007，第54～63页数据。

晚清直至民国建立（尤其是1908年前后），各地陆续创设或改建成10余所实施工程教育的教育机构。

在1908年之前实业教育发展缓慢的原因何在？为什么此后有了较大发展？教育史家通常认为1904年癸卯学制之后，实业教育开始受到重视，由此促进了实业教育的发展，因此实业教育快速增长。[①]

在这一时期，实业教育受到重视。在晚清教育制度改革中，发展实业教育的确不仅是政府，也是社会各界关注的重要领域。《奏定实业学堂通则》说，"实业学堂所以振兴农工商各项实业，为富国裕民之本计"，"近来各国提倡实业教育，汲汲不遑，独中国农工商各业故步自封，永无进境，则实业教育不讲故也"。[②] 作为国家管理教育的最高行政机关的学部也重申"兴办实业学堂有百利而无一弊"。[③] 罗振玉称"（奏定章程）注重实业最为扼要"。杨荫杭在1906年的《振兴实业策》中说："故凡事皆由教育始，而实业其尤甚者也。各种教育固当并举，而实业教育其尤要者也"，"（实业教育中）高等实业教育之不可一日缓，固无论矣"。[④] 但是，直到1909年学部在上奏中称"现在各处地方渐知讲求实业，设立学堂"。[⑤] 可见癸卯学制颁布之后的一段时间，实

---

① 李国钧、王炳照总主编《中国教育制度通史》第6卷，山东教育出版社，2000，第341页。诸多论著均采此观点。

② 朱有瓛主编《中国近代学制史料》第二辑下册，华东师范大学出版社，1989，第1页。

③ 璩鑫圭等编《中国近代教育史资料汇编——实业教育　师范教育》，上海教育出版社，2007，第16页。

④ 朱有瓛主编《中国近代学制史料》第二辑下册，第28、32～33页。

⑤ 璩鑫圭等编《中国近代教育史资料汇编——实业教育　师范教育》，第19页。

业教育并没有得到相应的发展。

此中原因就经济发展与教育关系可以说明。但是一般性的论述不足以阐释具体事件的诸多面相。影响晚清兴学的主要因素是经费问题，费维铠的研究表明，清末 1875 年后中央政府财政开始陷入困顿，1895 年甲午战争后，"交付赔款、支付外债利息和军费开支这三方面的压力一起破坏了收支的基本平衡，

图 2-2　洋务学堂

这种收支不平衡的状态一直保持下去"。[①] 在割地赔款和巨额外债的压力下，清政府财政入不敷出，全面支撑全国各类教育困难重重。江苏巡抚增韫曾奏称："吾国岁入一省以千万计，耗于赔款及筹还外债居其大半，军备所需又去其二，计本省行政费才十之二三耳。即此二三百万之款，而旧有之支出丝毫不可减。所余几何之举办新政，非挂一漏万，即因陋就简。"[②] 经济相对发达的江苏尚且如此，全国可想而知。举办实业教育，尤其是工程类的实业教育费用甚巨，"纯恃官款，必有不敷"。[③] 比如 1903 年设立的北京工业专门学堂，经费无以筹措，竟由慈禧的脂粉费余款项下拨充。

所以在《奏定实业学堂通则》中规定，"各省官员绅富，有能慨捐巨款报充兴办实业学堂经费者，或筹集常年的款自行创设实业学堂者，或指明报充官派出洋实业学生学费旅费者，应量其捐资之多寡，分别奏请请从优奖励，以为好义急公者劝"。[④] 清政府力图通过发动地方和绅商的办学积极性来弥补国库教育经费之亏空，由表 2-4 可以看出，1908

---

① 〔美〕费维恺：《中国早期现代化：盛宣怀（1844—1916）和官督商办企业》，中国社会科学出版社，1990，第 90 页。

② 宣统二年八月二十四日《政治官报》，折奏类。转引自张亚群《科举革废与近代中国高等教育的转型》，华中师范大学出版社，2005，第 121 页。

③ 朱有瓛主编《中国近代学制史料》第二辑下册，第 7 页。

④ 朱有瓛主编《中国近代学制史料》第二辑下册，第 3 页。

年前后，国家对于实业教育的支持力度显然是不足的，所谓对实业教育的重视也只是停留在号召倡议层面。

表 2-4　1907 年全国初、中、高学堂经费百分比

学校类别	初等学堂	师范学校	中等学校	专门学校	实业学堂	合　计
经费百分比	51	20	12	12	5	100

資料来源：苏云峰：《中国新教育之萌芽与成长（1860—1928）》，第 167 页。

但是，传统集权的制度不改革，地方实力派自治能力无法提高，也无法激发起兴学的积极性。在这个问题上，涉及地方大员（部门）和绅商与中央教育行政主管部门之间权力的分配与纠结。

教育制度包括教育行政系统和学制系统。1905 年清政府在中央设立学部，统理全国学务。清政府原来的学政系统是独立的，地方无法节制，地方兴学的积极性显然不高。1906 年停废科举，兴学堂，同时各省学政一律裁撤，"所有学政事宜，自应设法变通。着即照所请各省改设提学使一员统筹全省学务，归督抚节制"。[1] 如此一来，地方大员办学有了合法的依据。在新政之后，地方督抚逐步从中央财政中获得了一部分权力，形成外销财政，财政能力增强。[2] 在这种情况下，地方大员各省督抚办学的积极性大增。1906 年担任两江总督的端方为筹措办学经费，实施了征收学堂捐、罚没款项、官员捐助、富户报效，甚至截留关款等种种措施。1907 年为创办南洋大学竟将江南贡院拆掉变卖、场地出租来筹措经费。1909 年在上海创办南洋工科大学时，把盐厘盈余划拨学校作为常年经费。[3]

根据《第一次中国教育年鉴》统计，到 1911 年，清政府在全国先后创办工业等实业学堂 16 所。在高等工程专科学校方面，癸卯学制颁

---

① 《学部官报》第一期，第 1 页。
② 商丽浩：《政府与社会——近代公共教育经费配置研究》，河北教育出版社，2001，第 153 页。
③ 张海林：《端方与清末新政》，南京大学出版社，2007，第 272 ~ 274 页。

布后，在 1907 年前后，各地陆续创设或改建成 10 余所。工业实业学堂或工程专科学校的设立以铁道专门学校或者增设铁道科为主。例如唐文治接手邮传部高等实业学堂后 1907 年增设铁路专科，1908 年又增设电机专科。

近代铁路专科的发展，与甲午之后中国铁路建设的发展和收回路矿利权运动的兴起也有着密切关系。① 从 1903 年起，反对列强控制中国铁路、矿山，要求收回利权、不贷外资、不假洋人自办铁路的运动在各省区逐渐开展起来。创办学堂培养铁路人才势在必行。在路权问题最为尖锐、自办铁路呼声甚高的四川、浙江、湖南三省先后出现了铁道专门学校，如开办于 1906 年 3 月的四川铁道学堂。1906 年清政府增设邮传部，主管全国"路、轮、邮、电四政"，接管商部高等实业学堂（更名为邮传部高等实业学堂）、唐山路矿学堂两所设有铁道工程科的学校。其中邮传部高等实业学堂，于 1907 年由学堂监督校长唐文治提议将铁道工程班改设为铁路专科，学制三年，1908 年增设电机专科，成为事实上的工业专门学校。② 1909 年，北京创办了铁路管理传习所，这所以"养成管理人才为宗旨"的专门学校，分为铁路、邮电两科；铁路科分两部：高等班 3 年毕业，简易班 1 年毕业。

除上述以培养铁道工程人才为主的学校外，清政府商部、直隶、江宁等还创办了 5 所多科性高等工业学校。

教育的发展不仅表现在数量规模的增长上，质量、结构也是衡量指标。清末在兴学高潮中各地开办的工程教育院校，多数在办学质量和水平方面差强人意，例如，农工商部于 1904 年成立的北京高等实业学堂（1912 年改名为国立工业专门学校），"虽然已在开学初设立机器工厂，安装各种机器，但至今尚未达到能使之到能使之用的程度。现有学生一百六十人，分专科和预科两科。专科分化学、机械、电气、矿学四门，预科专门施行中学程度的普通教育。现有教员人，

---

①　史贵全：《中国近代高等工程教育研究》，上海交通大学出版社，2004，第 15 页。
②　该书编写组编《交通大学校史（1896—1949）》，上海教育出版社，1986，第 53～54 页。

皆为中国人，不用外国人。事业并无很大进展，无特别可言之事"。①
两湖矿业学堂虽名为矿业学堂，但是"惟矿业应有设备，尚付阙
如"。② 办学条件和成绩较好的多属历史较久的洋务学堂，诸如天津中
西学堂发展而来的北洋大学，尤其是 1906 年原南洋公学改建的商部
高等实业学堂，由邮传部管辖后开办铁路专科，规模逐步扩大，民初
即发展成为颇具实力的工科大学。新建的工科学校中诸如 1903 年袁
世凯开办的北洋工艺学堂，1904 年更名为直隶高等工业学堂，教学
设施及办学质量也较为突出。

第三节　资本主义现代化建设的启动与
工程教育的发展

　　1911 年辛亥革命的爆发，宣告了清朝封建统治的结束。1912 年中
华民国成立，标志着中国第一次建立起资本主义民主政体。新的政权在
政治、经济和社会发展等诸方面仿照西方资产阶级民主共和国的制度形
式，开始了以工业化、民主化、民族化为目标的现代化动员，发展资本
主义经济、振兴实业、发展现代工商业成为新政府的重要政策和目标。
变革教育制度、科技制度作为资本主义工业化、现代化的重要步骤，服
务于工业化的工程教育在制度上开始逐步建立和完善。

　　但是，从 1912 年民国建立到 1927 年南京国民政府成立的 15 年间，
政治始终动荡不定，也使得包括工程教育在内的教育发展曲折复杂，正
如教育家庄俞所言，"内政变迁，十年未已，教育方针，亦如孤舟之在
水中，飘摇无定。教育不能直进，皆政治问题使然"。③ 同时，从另一

---

① 日本东京博文馆编《北京志》，1908，该书由张宗平、吕永和翻译，以《清末北京志资
　料》之名出版，北京燕山出版社，1994，第 202～203 页。该书系当时的日本在中国的驻
　屯均司令部于 1904 年组织编写，1908 年完稿，反映的情况颇具现场感。
② 《学部官报》第 158 期（1911 年 7 月 6 日）。
③ 《1918 年庄俞记民国初年教育》，《本社十年之回顾》《教育杂志》十卷一期，转引自朱有
　瓛《中国近代学制史料》第三辑上册，华东师范大学出版社，1990，第 77 页。

方面讲，这一时期，"中国才真正开始致力于建立一种具有自治权和学术自由精神的现代大学"。① 由于缺乏统一的强有力的中央政权，即便有统一的教育制度，各地教育实施及发展各不相同，教育发展移植外来模式也呈现新的特点。探究这段特殊历史时期工程教育的发展，具有特殊的历史意义。

一　资产阶级教育制度的确立及变迁

（一）民初教育改革中的工程教育制度之建立

民国成立之初，新的资产阶级政权开始制定实施振兴实业、发展资本主义经济的政策措施，逐步激发了民众和地方政府发展经济、救亡图存的强烈愿望，在全国渐趋形成了一股振兴实业的潮流。作为临时大总统的孙中山提出："今共和初成，兴实业为救贫之药剂，为当今最重要之政策。"② 在1919年发表的《建国方略》"实业计划"中，他提出了发展中国经济的10年远景规划，指出，"此后中国存亡之关键，则在此实业发展之一事也"。③ 袁世凯继任总统后也表示："民国成立，宜以实业为先务。"④ 随之，中央及地方政府相继制定《实业计划》，推动振兴实业，发展经济。

民国建立后，逐渐兴起的工商界、民间实业团体纷纷走向前台，要求政府改革经济政策和制度，发展资本主义经济。1912年1月上海中华工学会拟定宗旨，"甲，工程营造之统一；乙，工程事业之发达；丙，工程学术之日新"。同年1月5日中华民国实业协会在南京成立，宗旨为"振兴实业，扩充国民生计，挽回利权"。⑤ 1912年11月担任工商总长的刘揆一组织召开全国工商会议，共同商讨民国经济建设问题，提出了一系列发展资本主义工商业的方案，并明确提出，首要的是提倡

---

① 〔加〕许美德：《中国大学1895—1995：一个文化冲突的世纪》，第66页。
② 《民主报》1912年4月18日。
③ 孙中山著、牧之选注《建国方略》，辽宁人民出版社，1994，第108页。
④ 转引自虞和平主编《中国现代化历程》第2卷，江苏人民出版社，2001，卷首语第2页。
⑤ 高奇主编《中国教育史研究·现代分卷》，华东师范大学出版社，1994，导言第1页。

以实业教育提高国民的生产力，拟与教育部协作设立工科、商科大学，大量开办高等、中等专业学校，优待从事实业教育之教师，聘请外国教师，奖励接受实业教育之学生。① 政府及社会各界发展资本主义经济、振兴实业的热情和主张，构成了民初教育改革的社会基础，重要的是振兴实业，必然尤为强调实业人才的培养，这就奠定了民初教育改革的基调。

南京临时政府教育部第一任教育总长蔡元培，上任之后即提出了教育改革的方案。1912 年 1 月教育部颁布《普通教育暂行办法通令》《普通教育暂行课程之标准》两个文告，作为新政府办理教育的临时依据。自此，封建教育制度被废止，开始按照建设资本主义制度的要求建立新式教育。4 月，蔡元培发表《对于教育方针之意见》，提出了以公民道德教育为核心，军国民教育、实利教育、世界观教育和美感教育在内的五育并举的教育方针，对于实利主义教育，他说："今日世界恃以竞争者，不仅在武力，而犹在财力，且武力之半，亦由财力而孳乳……实利主义之教育，以人民生计为普通教育之中坚……我国地宝不发，实业界之组织尚幼稚，人民失业者至多，而国甚贫。实利主义之教育，固亦当务之急者也。"② 可以看出，所谓实利教育，本质上是发展适应发展资本主义农工商业的知识技能教育。实利主义教育的倡导，对服务和促进工业生产和经济建设工程教育而言，无疑会起到积极的推动作用。1912 年 9 月 2 日，教育部公布了反映蔡元培教育思想的教育宗旨，"注重道德教育，以实利教育、军国民教育辅之，更以美感教育完成其道德"。③

1912 年 9 月 3 日，教育部颁布《学校系统令》（壬子学制），此后至 1913 年，又陆续颁布《小学校令》《中学校令》《专门学校令》《工业专门学校规程》《大学令》《大学规程》等，这些法令与前项系统略

---

① 虞和平主编《中国现代化历程》第 2 卷，第 386 页。
② 朱有瓛主编《中国近代学制史料》第三辑上册，第 92 页。
③ 朱有瓛主编《中国近代学制史料》第三辑上册，第 90 页。

有损益，综合成为一个系统，于 1913 年公布实施，称为壬子·癸丑学制。

在纵向结构上，该学制将整个学程分为三段四级，教育期限为 18 年。初等教育分为两级，初等小学 4 年和高等小学 3 年，共计 7 年；中等教育一级，4 年或者 5 年；高等教育一级，分本科和预科，预科 3 年，本科 3 ~ 4 年，共计 6 年或 7 年。此外，上有大学院，下有蒙养院。从纵向来看，该学制分为三个系统，直系各学校、师范教育和实业教育系统。直系各学校系统，由小学至中学，再由中学到大学或专门学校，师范教育系统分师范学校和高等师范学校，实业学校分为甲、乙两种实业学校。

与工程教育有关的制度主要是大学和专门学校及实业学校系统，相关法令主要在大学制度中有《大学令》《大学规程》和《私立大学规程》。《大学令》规定，大学以教授高深学术，养成硕学闳材，应国家需要为宗旨。大学分为文科、理科、法科、商科、医科、农科、工科等 7 科，以文、理二科为主。设置大学必须符合下列资格之一：文、理二科并设者；文科兼法、商二科者或理科兼医、农、工三科之二科或一科者，方得名为大学。

1913 年 1 月颁布的《大学规程》规定，工科分为土木工学、机械工学、船用机关学、造船学、造兵学、电气工学、建筑学、应用化学、火药学、采矿学、冶金学 11 门，课目设 282 个。较之清末癸卯学制的工科学科设置，本学制增设船用机关学，并将采矿与冶金分为两学门。《大学规程》还详细地规定了各学科必修科目，同时，对于各学校教学过程中学时分配和科目设置留有一定灵活性，规定"大学各科目授业时间，及学生应选修之科目，由校长订定呈报教育总长"。[①]

在专科层次的高等教育方面，教育部于 1912 年颁布《专门学校令》《公立私立专门学校规程》予以规范，专门学校由清末的高等学堂

---

① 朱有瓛主编《中国近代学制史料》第三辑下册，第 3 ~ 15 页。

改造而来，《专门学校令》规定："专门学校以教授高等学术、养成专门人才为宗旨"，① 分为法政、医学、药学、农业、工业、商业、美术、音乐、商船、外国语等10类。根据设立主体的不同，专门学校分为国立、公立和私立三类。1912年11月开始，教育部陆续颁布各专门学校规程，具体规定专门学校的教育宗旨、修业年限、学科和课程等。其中《工业专门学校规程》规定，"工业专门学校以养成工业专门人才为宗旨"，分为土木、机械、造船、电子机械、建筑、机织、应用化学、采矿冶金、电气化学、染色、窑业、酿造及图案等13科，规程还对开办工业专门学校所要求的设备实施予以规范。②

工程类实业教育作为中国工程教育的重要源头，在壬子·癸丑学制中有了新的变革和发展。1913年8月，教育部颁布《实业学校令》和《实业学校规程》，规定："实业学校以教授农工商业必需之知识技能为目的；实业学校分为甲乙两种：甲种实业学校施完全之普通实业教育，乙种实业学校施简易之普通实业教育，亦得应地方需要授特殊之技术。"③ 在《实业学校规程》中，规定甲种工业学校分为金工科、木工科、土木工科、电气科、染织科、应用化学科、窑业科、矿业科、漆工科、图案绘画科等，乙种工业学校分为金工科、木工科、藤竹工科、染织科、窑业科、漆工科等。甲种工业学校修业期，预科一年，本科三年，乙种工业学校修业期三年。甲种工业学校以省立为原则，乙种由县级城镇乡或者农工商会设立。④ 清末的高等实业学堂则改为专门学校。对于壬子·癸丑学制规定的实业教育制度，时人也有不同意见，庄启于1916年发表的《实业学校改制论》中称，"实业学校与专门学校，不应强分"，"所谓实业学校者，既非专门学校，亦非职业学校"，"怪怪奇

① 舒新城：《中国近代教育史资料》，第646页。
② 潘懋元、刘海峰主编《中国近代教育史资料汇编·高等教育》，上海教育出版社，1993，第576页。
③ 于述胜：《中国教育制度通史》（第7卷），山东教育出版社，2000，第28页。
④ 朱有瓛主编《中国近代学制史料》第三辑下册，第183~188页。

奇，非驴非马"。① 此后在发展过程中，有条件的甲种实业学校升格为专门学校，例如 1913 年更名的浙江公立甲种工业学校，1920 年升格为工业专门学校，此后改组为浙江大学工学院。实业教育在 1922 年壬戌学制颁布后为职业教育所取代。

（二）学制变革中的工程教育制度之完善

民初的教育改革和学制制订是在政体急剧变革中完成的，而且清末教育改革实践留下的遗产也远远不足以满足为新学制借鉴之需要，故壬子·癸丑学制表现出以借鉴日本学制为主，兼采欧美的特点。自实施以来，在办学实践中暴露了诸多不适应国情实际的问题，招致社会各界的批评责难，对此，参与学制起草的蒋维乔后来曾解释说："当余之计画学制草案时，理想殊高，至中等教育并未发达，经验殊少，于专门大学，更属茫然。"② 如此"茫然"地办理专门以上大学，自然在办学实践中会出现一系列问题。其中对于工程教育而言，主要是大学采取的综合制和工业专门学校培养目标及科目设置问题。

因为在原《大学令》中设置大学必须要文科理科兼具，或文科兼法、商二科者或理科兼医、农、工三科之二科或一科者，方得名为大学。在政策导向上不利于投资额巨大的工科大学的创办及发展。为此教育部在 1914 年制定整理教育方案草案，对于大学制度改革，指出，"吾国大学专采综合制，故每办一校必设各科，博而不专，斯力难兼及；今宜略为变通，兼用单科制度，凡大学令中所举文理法医农工各科，办其一者准称大学……国家择其需费较巨之科力求设备完美，如文科法科等则听民间之私立而严格监督之"。③ 这一措施，适应当时社会经济发展实际，促进了理工类大学的发展。

在专门实业教育方面，草案指出："专门实业教育，具体言之，受农业教育者不适用于国中之农业界，受工商教育者不适用于国中之工商

---

① 璩鑫圭等编《中国近代教育史资料汇编——实业教育　师范教育》，第 228、233 页。
② 璩鑫圭：《学制演变》，上海教育出版社，1991，第 629~630 页。
③ 朱有瓛主编《中国近代学制史料》第三辑上册，第 40 页。

界，受医业教育者不能使一国医学之进步改良，其他特种专门教育亦复类是"，具体而言，"今日专门实业学校，无论为农为工为商，其能相地方之要需设置科目者盖寡；病在应有尽有，不顾社会之所求者如何，致其养成学生亦竟见弃于社会"，要求"实事求是，在于兴办切要之科，不必各科咸备……（专门实业教育）皆求适应社会之所需，栽培有用人才，不可学成而转形无用"。① 之后，在1917年9月公布的《修正大学令》，规定："设二科以上者得称大学，其但设一科者称为某科大学"，② 放宽了大学设置的限制，对于理工类大学的发展创造了有利条件，促使工科专门学校在内的实业专门学校升格为大学。该时期也成为中国大学跃进式发展的一个重要时期。

1920年后，随着民初社会经济结构的变化，新文化运动的影响，社会各界呼吁改革学制之风日盛，在前期充分酝酿的基础上，1922年新学制制定出台，称"壬戌学制"。新学制的制定由在教育界占据主要位置、影响越来越大的欧美留学生主导，表现出鲜明的美国模式的特点；同时又是对清末以来学制改革实践的深刻检省，所以该学制在近代教育发展史上具有划时代的重要意义，一直被沿用至1949年。

新学制对于高等教育规定主要有以下特点：一是放宽大学设置，规定，"大学校设数科，或一科，均可。其设一科者称某科大学校，如医科大学校、法科大学校"；二是取消大学中的预科，大学校及专门学校得附设专修科；三是大学采取学系和选科制，并不再统一规定各专业的课程设置，为大学办学适应社会发展需要奠定基础；四是规定"因学科及地方特别情形，得设专门学校"，"修业年限三年以上，年限与大学校同者待遇亦同"。③ 1922年新学制的制定施行，中国近代工程教育发展呈现出新的面貌。

---

① 朱有瓛主编《中国近代学制史料》第三辑上册，第41页。
② 朱有瓛主编《中国近代学制史料》第三辑下册，第21页。
③ 于述胜：《中国教育制度通史》第7卷，山东教育出版社，2000，第52～53页。

二　民初工程教育的发展变迁及其动因

1912 年至 1927 年的民国初年，政治动荡不定，教育不能直进；与此同时，民初军阀割据，中央政府对地方控制减弱，弱干强枝，出现了资本主义经济自由发展的新气象，被视为中国民族资本主义经济发展的"黄金时代"。诸多因素塑造了民初工程教育发展的独特面貌。

民初工程教育发展变迁的复杂状况，可以自其发展速度、规模、结构等变化来分析。从发展的阶段来看，1920 年前后有着比较大的不同，尤以 1922 年新学制颁布之后为显著。[①] 1912 年至 1920 年之间，高等教育发展在总体上，无论是学校数量还是学生总数均呈现逐年递减趋势，1922 年新学制颁布之后，专科以上学校总数及学生总数均显著上扬，如表 2-5 所示。

表 2-5　公私立高等教育统计（1912～1927）

年份	大专以上学校合计（所）	在学学生合计（人）	经费合计（元）
1912	115	40114	3971361
1913	116	38373	4171372
1914	102	32079	5728476
1915	104	25242	4682963
1916	86	17241	3673155
1917	84	19821	—
1918	89	—	—
1919	—	—	—
1920	87	—	—
1921	—	—	—
1922	—	—	估 9349000

---

① 史贵全在其《中国近代高等工程教育研究》一书中，提出 1920 年为高等工程教育发展变化的分界点。见史贵全《中国近代高等工程教育研究》，第 65 页。苏云峰以 1922 年为民初高等教育变化的节点。见苏云峰《中国新教育之萌芽与成长（1860—1928）》，第 192～193 页。

续表

年份	大专以上学校合计（所）	在学学生合计（人）	经费合计（元）
1923	125	34880	—
1924	—	—	—
1925	108	36321	15446338
1926	—	—	—
1927	—	—	—

资料来源：苏云峰：《中国新教育之萌芽与成长（1860—1928）》，第193页。

清末留给民国的工程教育遗产极为有限，各类工程教育院校仅14所，就大学本科层面的教育而言，国立大学1所，省立大学2所，北洋大学堂至1911年工科、法科毕业生共48人，京师大学堂仅有预科生120名，山西大学堂工科、法科、理科三科毕业生共44人。[①] 大学本科层面的工程教育院校1912年至1922年间仅增加了1所，即1921年交通部合并上海工业专门学校（南洋大学）、唐山工业专门学校及北京邮、电两校、北京交通传习所，名为交通大学。[②]

1920年之前，高等教育发展的重心是专科层次的专门学校，而专门学校科类结构中又以法政学校占主体。以1912年为例，全国公私立专门学校共有111所，但是结构极端不合理，在专门学校中，法政类学校64所，占58%，工业专门学校10所，仅占9%（如表2-6所示）。同年政法类在校生30808人，占77%；而工业专门学校在校生只有2312人，占5.8%（如表2-7所示）。[③] 专科以下的甲种工业实业学堂全国也仅有22所。在振兴实业的潮流中，工科院校无论是学校数，还是工科学生总数都严重不足。虽然在1922年前后工业学校数量有所增加，专门学校的科类结构也逐步有了改进，但总体上变化不大。

① 高奇：《中国教育史研究·现代分卷》，华东师范大学出版社，1994，第44页。
② 朱有瓛主编《中国近代学制史料》第三辑下册，第182页。
③ 教育部编《第一次中国教育年鉴》丙编，第145~146页。

表 2-6　1912～1920 年专科学校概况

年份	专科学校数								
	合计	高师	法政	医药	农业	工业	商业	外国语	其他
1912	111	12	64	5	5	10	5	5	5
1913	109	12	56	5	7	10	6	5	8
1914	95	11	44	7	7	13	5	2	6
1915	94	10	42	9	7	13	5	2	6
1916	78	7	32	9	6	11	5	2	6
1917	—	7	—	—	—	—	—	—	4
1918	?	7	35	10	7	10	6	4	?
1919	—	—	—	—	—	—	—	—	—
1920	?	6	34	10	7	10	6	3	?

资料来源:《第一次中国教育年鉴》丙编《第一,学校教育概况》,第 145～146 页。

表 2-7　1912～1920 年专科学校各科学生百分比例数统计

年份 \ 科别	高师	法政	医药	农业	工业	商业	外国语	其他
1912	5.8	77.7	0.6	3.4	5.8	3.1	1.4	2.1
1913	6.2	75.2	1.0	4.2	6.5	2.8	1.7	2.4
1914	6.6	73.4	2.0	4.1	7.9	3.1	1.0	1.8
1915	8.8	64.1	3.7	5.4	10.6	3.9	0.8	2.5
1916	9.4	55.7	6.0	6.2	11.4	4.3	1.8	5.1
1917	—	—	—	—	—	—	—	—
1918	22.3	41.0	9.1	5.6	11.9	5.0	5.1	?
1919	—	—	—	—	—	—	—	—
1920	?	62.0	8.2	8.4	1.1	5.5	3.6	?

资料来源:《第一次中国教育年鉴》丙编,第 145～146 页。

民初最初的工业专门学校由清末工业学堂或工业高等实业学堂改设而来,有北京、上海、直隶、湖南、唐山、奉天、江西等 7 所工业专门学校,是陆续由原中等工业学堂及民国的甲种工业实业学堂升格改建的,如四川、浙江、福建、山西等 4 所工业专门学校和福州矿务专门学校。新建或增设山东工业专门学校、南通纺织专门学校、同济医工专门学校、河海工程专门学校等 4 所工业专门学校。学校之间设施、设备及师资等办学条件差异很大，清末大办洋务中兴建的工业学堂在办学条件上相对完善优良，改建和新建学校办学条件则较简陋。例如，创办于1903年的直隶专业专门学校，拥有设备比较完善的机械厂、化学工厂两个实习工厂，还有理化实验室。而福建工业专门学校在1917年至1918年度报告中称，除"本校教室、宿舍以及办公室等一时尚可敷用……土木科、金工科之材料试验室，各科成绩品陈列室，以及病室等均属阙如"。实习、实验所需的机械及药品也时有缺乏。[①] 民国前期工业专门学校的发展状况如表2-8所示。

表2-8　民国前期工业专门学校一览

校　名	认可或立案备案年月（民）	备　注
北京国立工业专门学校		由前清农商部高等实业学堂改名，十三年二月改大学
直隶公立工业专门学校	二年三月备案	由前清高等工业学堂改名
奉天公立工业专门学校		四年六月毕业生经部核准，七年八月停办
山东公立工业专门学校		自五年十月始，毕业生核准；十五年秋，并入山东大学
四川公立工业专门学校	四年十一月备案	
湖南公立工业专门学校	四年五月送学则准照办	由前清实业学堂改名。自二年五月始，毕业生核准，十年后无卷
福建公立工业专门学校		自四年五月始，毕业生核准
山西公立工业专门学校	十二年二月备案	初名甲种工业学堂，民国八年改为专门学校
浙江公立工业专门学校	十一年十一月准先行备案	
江西公立工业专门学校	十四年五月准备案	民国前一年为工业学堂，后中等工业学堂，二年呈准开办

---

① 参见朱有瓛主编《中国近代学制史料》第三辑上册，第694页；潘懋元、刘海峰主编《中国近代教育史资料汇编·高等教育》，第597页；史贵全《中国近代高等工程教育研究》，第63页。

续表

校　　名	认可或立案备案年月（民）	备　　注
江苏公立苏州工业专门学校	十四年五月准备案	
交通部部立上海工业专门学校	四年一月备案	由前清上海高等实业学堂改名，十一年改名南洋大学
交通部部立唐山工业专门学校	三年十一月备案	由前清唐山路矿学堂改名唐山路矿学校。二年改名唐山工业专门学校。十一年改名交通部唐山大学
交通部吴淞商船学校	三年八月备案	四年送员生表，经部分别准驳，五年后无卷
中法工业专门学校	十年六月备案	十二年十一月由中法工商专门学校改名
中法工商专门学校	十年六月备案	十二年十一月改名中法工商专门学校
水利局立河海工程专门学校	四年三月特为备案，八年三月准备案	十四年后改河海工科大学
山东公立矿业专门学校	十一年十一月先行备案	十五年秋并入山东大学
南通私立纺织专门学校	六年九月准以专门同等学校先行备案	

资料来源：《第一次中国教育年鉴》丙编《教育概况》，第150～151页；丁编《教育统计》，第47页。

1917年9月《修正大学令》及1922年新学制的实施，放宽了大学设置的限制，允许单科大学的设置，降低了大学设置的门槛，为大学发展提供了制度保障，大学数量开始逐步增加。"于是引起专门学校升格运动，而产生许多大学"，"十二年以后国立大学既有增加，私立大学也增加不少，而各省各设一省立大学的趋势，所以大学教育较前大为发达"。[①]

同时，大学数量的扩张也与民国元年以来普通中等教育的快速发展有关，1920年前后，中学毕业生人数增加，客观上也要求扩充高等教

[①]　陈翊林：《最近三十年中国教育史》，上海太平洋书店，1931，第268、279页。

育的数量和规模，1912 年全国中等学校学生共计 111078 人，到 1920 年增加到 514609 人，增长 3.6 倍之多。[1] 与此相关，1920 年前后各类公私立大学的数量均有很大增长，1921 年新增公立大学 2 所，由原来的 3 所增加到 5 所。1922 年发展为 22 所，到 1927 年时全国公、私立大学已有 52 所，其中公立大学 34 所，私立大学由 1920 年的 7 所增加到 18 所。另有教育部准予试办，尚未立案，已开始招生的 15 所，全国大学已经有 67 所。[2]

就工程教育而言，这段时期被北洋大学校长李书田誉为"工专改大时期"，工科专门学校在内的实业专门学校纷纷升格为大学，我国许多著名的工科大学即成立于此时。例如 1920 年 12 月，上海工业专门学校、唐山工业专门学校、北京铁路管理学校和北京邮电学校合并成组建为交通大学。1921 年 8 月，上海工业专门学校改名为交通大学上海学校，随后，南洋大学、唐山大学和京校分别改名为第一、第二、第三交通大学。1921 年福中矿务专门学校升格为福中矿务大学（1931 年更名私立焦作工学院），1923 年北京工业专门学校升格为北京工业大学，1924 年 5 月，同济医工专门学校改为同济大学，河海工程专门学校于 1924 年与东南大学工科合并成立河海工科大学等。[3]

与此同时，在这一时期，工程教育发展的另一个趋势就是综合性大学增设或扩充工程类专业系科以及专门类学校合并改组综合性大学，这使得工程类大学的数量及在校学生的数量有显著提升。新建综合性大学增设工科的包括：1921 年批准成立的东南大学，设置工科 3 系，包括机械工程系、土木工程系和电机工程系。1921 年金陵大学改文科为文理科，化学系附设工业化学科，培养化工专门人才。1921 年厦门大学

---

① 教育部编《第一次中国教育年鉴》丁编，第 138～139 页。
② 教育部编《第一次中国教育年鉴》丙编，第 22～23 页。
③ 交通大学、福中矿务大学、河海大学资料分别见上海交通大学、河南理工大学、河海大学官网；北京工业专门学校资料见李书田《四十年来之中国工程教育》，《教育杂志》第 26 卷第 1 期；同济大学资料见翁智远等主编《同济大学史》，同济大学出版社，2007，第 23～24 页。

成立，设置工学部，开设采矿冶金科、化学工科、电气工科、机械工科、建筑工科、土木工科等系科。1922 年东北大学成立，设置理工科，清华学校 1926 年设置包括工程系在内的 17 个学系。1924 年中山大学成立，设置理工科。①

工程类专门学校合并改组综合性大学，包括 1926 年湖南省改组湖南工、商、法三所专门学校成立省立湖南大学，同年，四川省工业专门学校与其他五个专门学校合并组建四川大学。1927 年 6 月由国立东南大学改组合并河海工程（科）大学、江苏法政大学、江苏医科大学、上海商科大学、南京工业、苏州工业、南京农业、上海商业等专门学校组建第四中山大学（1928 年 4 月更名为国立中央大学），同年，在浙江杭州建立国立第三中山大学，将浙江公立工业专门学校改组为第三中山大学工学院，浙江公立农业专门学校改组为第三中山大学的劳农学院。1928 年 4 月 1 日国立第三中山大学改名为浙江大学，1928 年 7 月 1 日起，冠以"国立"二字，称国立浙江大学，下设工、农、文理三个学院。②

推动民初工程教育的发展的原因，《修正大学令》和新学制的颁布是制度方面的影响因素，但更重要的影响因素是在这一时期中国民族工业的兴起和发展。工业化与工程教育的发展存在紧密的关系，尤其与国家的产业结构演进变迁相互关联。1914 年至 1919 年第一次世界大战期间及战后几年中，中国民族工商业有了很大发展，被称为中国民族资本主义发展的"黄金时期"，在工业发展方面，不仅是传统工业大发展，新式工业也风起云涌。以传统工业中的机器制造业为例，上海机器工业的设厂和分业情况 1913 年与 1920 年相比，变化显著，如表 2-9 所示。

---

① 金陵大学资料见张宪文《金陵大学史》，南京大学出版社，2002，第 192 页；厦门大学资料见《1921 年厦门大学大纲》，潘懋元、刘海峰主编《中国近代教育史资料汇编·高等教育》，第 449 页。其他见其校官网。

② 教育部编《第二次中国教育年鉴》，总第 588～625 页。

表 2-9   上海机器工业的设厂和分业发展情况

设厂及分业类别	年份	
	1913	1920
机床制造	1	8
内燃机及产品加工机器修造	16	44
纺织印染缫丝机器制造	3	32
针织机器制造	3	30
印刷机器制造	7	16
船舶修理和小火轮制造	14	28
其他	37	64
合计	81	222

资料来源：王相钦主编《中国民族工商业发展史》，河北人民出版社，1997，第 358~359 页。

中国近代新式工业也是在这一时期崛起的，包括制碱、味精、制药、橡胶、肥皂、搪瓷等化工部门以及电力、电器制造等部门都是在此阶段从无到有，逐步发展起来的。以电力工业为例，电力工业是国民经济现代化的重要标志，19 世纪 20 年代，中国电力工业获得了空前的发展（如表 2-10 所示），1911 年全国发电设备总容量 12275 千瓦，1921 年为 54022 千瓦，1927 年达到了 151354 千瓦。

表 2-10   全国华商发电厂发电容量增长状况

单位：千瓦,%

年份	增长总量	年均增长率	年均增长量	指数
1911~1921	41747	15.97	4175	100.00
1921~1927	97332	18.73	16222	388.55

资料来源：王相钦主编《中国民族工商业发展史》，河北人民出版社，1997，第 382~384 页。

与传统工业相比，包括化工、电力、电器制造部门的新式工业技术水平较高，对中高级工程技术专门人才的需求尤为迫切。工业化进程的加速一方面为工程教育的发展提供了物质基础，另一方面也必然对工程教育人才的质量规模提出更高要求。这是民国初年工程教育发展的根本动力。

　　中华民国的建立，是中国资本主义现代化启动阶段，制度体制和社会内部诸要素均具备了向资本主义工业化、现代化发展的条件，包括工程教育在内的教育事业有了新的发展，特别是五四运动之后，中国新式教育和科技事业发生了崭新的变化。但是，自民国建立直至 1927 年，政局不稳，军阀混战，中央政府的领导权威式微，自我削弱了对社会的控制力，难以对包括教育事业在内的社会发展作出系统全面的规划和建设，对于发展教育最基本的经费都难以保障，使得教育发展始终起伏不定。

第三章
南京国民政府抗战前十年
工程教育发展

　　1927 年南京国民政府成立后，随着北伐的胜利，国民党政权在形式上统一了全国，为建立新的统治秩序，在政治、经济、军事、教育等各方面都进行了改革和建设，强化社会各个领域的整合力度。"进入到国家重建的新阶段"。[①] 教育作为国家建设的重要组成部分，国民党政权从巩固自身统治出发，重视教育发展，提出"教育为立国之大本"，"国民革命之基础，若不充实以教育的建设，则三民主义亦将无彻底无实现之期"[②]。通过重新确立教育宗旨，对 1922 年的新学制进行了大规模的整顿调整，改进教育发展方针，使各级各类教育及教育管理体制走向统一化和规范化，各项教育事业取得新的发展，"可谓为中国实施新教育以来最有成效之时期，各级教育俱有进步"。[③] 抗日战争前的十年，也是所谓的国民政府经济建设的黄金十年，高等教育尤其是与工业密切相关的工程教育受到比较大的重视，注重实科、限制文法科政策的逐步推行，为工程教育的发展提供了充足的空间。工程教育在这十年间取得较大发展，形成了新的格局。

---

① 何廉：《何廉回忆录》，朱佑慈等译，中国文史出版社，1988，第 42 页。
② 《确定教育宗旨及其实施方针案》，载《中华教育界》第十八卷第五期（1930 年 5 月）。
③ 教育部教育年鉴编纂委会员编《第二次中国教育年鉴》第一编，商务印书馆，1948，综述第 1 页。

第一节　教育宗旨的确定与教育制度的变革

南京国民政府成立之后，国家呈现相对稳定的局面。为巩固政权，国民政府开始全面筹划国民经济建设。如何适应"国家建设之需要"成为新政权以及教育界关注的重要问题。以此为出发点，厘定教育宗旨，制定新的教育方针。

1926 年 8 月，由国民政府教育行政委员会委员兼广东省教育厅厅长许崇清起草的《党化教育之方针——教育方针草案》提出，现代教育应把重点放在满足以科学技术为基础的经济活动的需要上，并在这一基础上发挥教育的传统功能。在关于"生产教育组织的建设"中，他说："中国从来的教育，只是支配行动的教育，惯于生产行动的教育在中国是从来所无的"，因此，"当前的第一个紧急问题应该是产业教育问题"，这种生产教育，"是全然以现代科学技术为基础"的。[1] 1927 年 6 月，教育行政委员会委员韦悫又起草了《国民政府教育方针草案》，经国民政府教育行政委员会大会通过，提出"教育应增进生活的效能"，"科学教育应特别注意"，主张教育的社会化、生活化、实用性。

1928 年 5 月大学院召开第一次全国教育会议，会议通过了《废止党化教育名称代以三民主义教育案》，以"三民主义"取代"党化教育"。"所谓三民主义的教育，就是实现三民主义的教育"，包括"恢复民族精神，发挥固有文化，提高国民道德，锻炼国民体格，普及科学知识，培养艺术兴趣，以实现民族主义"；"灌输政治智识，养成运用四权之能力；阐明自由界限，养成服从法律之习惯；宣扬平等精义，增进服务社会之道德；训练组织能力，增进团体协作之精神；以实现民权主义"；"养成劳动习惯，增高生产技能，推广科学之应用，提倡经济利

---

[1]　许崇清：《党化教育之方针——教育方针草案》，见舒新城编《近代中国教育史料·补编》，中华书局，1928，第 8 页。

益之调和，以实现民生主义"。①

对于国民党领导层来讲，教育宗旨必须要"足以适应国家之需要"，"教育与党之关系"要有"实际联络"。② 1929 年 3 月中国国民党第三次全国代表大会召开，中央宣传部提出"教育方针及其实施原则案"，指出了教育存在的四种"弊害"："（一）为学校教育与人民之实际生活分离。教育之设计，不为大多数不能升学之青年着想，徒提高其生活之欲望，而无实际能力以应之，结果使受教育之国民增加个人生活之苦痛，以酿社会之不安。（二）为教育之功用，不能养成身心健全之份子，使在国家社会之集合体中，发生健全份子之功用，以扶植社会之生存。（三）为各级教育偏重于高玄浅薄之理论，未能之实用科学，促生产之发展，以裕国民之生计。（四）为教育制度与设施缺乏中心主义，只模袭流行之学说，随人流转，不知教育之真义应为绵延民族之生命"。因此，该案提出教育宗旨："中华民国之教育，根据三民主义，以充实人民生活，扶植社会生存，发展国民生计，延续民主生命为目的；务期民族独立，民权普遍，民生发展，以促进世界大同"。③ 该案提出各级各类教育实施方针中，对于高等教育，要求"大学及专门教育，必须注重实用科学，充实学科内容，养成专门智识、技能，并切实陶融为国家社会服务之健全品格"。④ 这份提案获得通过之后，1929 年 4 月，国民政府予以公布实施。新的教育宗旨在明确了国家所办教育的性质，同时将教育的直接目的予以明确，强调了大学及专门学校应注重与国家建设密切相关的实用科学，培养具有专门知识技能的人才。这些规定实际上确定了国民政府整顿大学教育，推行"抑文重实"的高等教育改革的基调。

---

① 蔡元培：《中华民国教育宗旨》，载《蔡元培全集》第六卷，浙江教育出版社，1997，第286 页。
② 《确定教育宗旨及其实施方针案》，载《中华教育界》十八卷第五期（1930 年 5 月）；《第一次中国教育年鉴》，第 10 页。
③ 《确定教育宗旨及其实施方针案》，载《中华教育界》十八卷第五期（1930 年 5 月）。
④ 《确定教育宗旨及其实施方针案》，载《中华教育界》十八卷第五期（1930 年 5 月）。

国民政府的教育方针和宗旨很快就落实到教育立法中,进入实际操作层面。1929 年 7 月 26 日,国民政府颁布的《大学组织法》规定,"大学应遵照十八年四月二十六日国民政府公布之中华民国教育宗旨及实施方针,研究高深学术养成专门人才","大学分文、理、法、教育、农、工、商、医各学院","凡具备三学院以上者始称大学,不合上项条件者为独立学院,得分两科"。① 同时,该法明确规定,无论何种类型的大学,其设立、变更及停办,均需要经教育部批准,这就从法律上授予教育部对全国大学的领导权,加强了国家对大学的统一控制权。

同年 8 月教育部公布了规范大学标准、条件等具体事项的《大学规程》,规定,"大学至少须具备三学院,并遵照中华民国教育宗旨及其实施方针,大学教育注重实用科学之原则,必须包含理学院或农、工、商、医各学院之一",② 在法规层面进一步明确了大学注重实科建设的指导方针。同时颁布的《专科学校组织法》,明确规定了专科学校的目的,"专科学校应遵照民国十八年四月廿六日国民政府公布之中华民国教育宗旨及其实施方针,以教授应用科学养成技术人才"。③ 在专科层面上,明示了培养重点是应用型、技能型技术人才。可以看出,高等教育培养人才的规格、类型在本科、专科等不同层次有了明确的区分。

《大学组织法》及相关法律法规大学研究院及相关机关的设置也作了明确规定。1929 年教育部公布的《改进高等教育计划》,对国立大学设立研究机关规定了四项条件。研究机关有研究学部、研究所和研究院,三个以上的研究学部,称研究所,有两个以上的研究所的称为研究院。《大学组织法》规定,"大学得设研究院"。1934 年教育部颁布《大学研究院暂行组织规程》(1939 年修订),对研究院的设立条件、组织运行、研究生的招生资格、培养等方面作出了系统的规定:研究院旨在为大学本科毕业生研究高深学术及大学教员从事研究活动提供方

---

① 《行政院公报》第六十九号(1929 年 7 月 31 日)。
② 《教育部公报》第一卷第九期,1929 年 9 月,第 87 页。
③ 《行政院公报》第六十九号(1929 年 7 月 31 日)。

便，研究院分为文、理、法、教育、农、工、商、医各研究所，分别称"文科研究所"和"理科研究所"。独立学院依照规定设立研究所。1935 年国民政府发布《学位授予法》，教育部发布《学位分级细则》，学位分为学士、硕士和博士三级，对学位授予标准进行规范。通过这些法律法规的颁布实施，中国研究生及学位制度初步成型。

通过厘定教育宗旨，变革教育制度，使得包括工程教育在内的高等教育体系趋于完备。与此同时，在实践方面，南京国民政府教育部对高等教育的规模结构等方面采取一系列具体改进措施，尤其在 1931 年"九一八"事变之后，民族危机日益深重，教育改革更加围绕国防建设需要展开。自此"各项制度，以此为标准，有不合者，皆予以整顿，同时，并提倡实用科学，积极培养各种专门人才，以应国家建设之需要，高等教育之发展乃完全转一方向，迄于抗战，未有变更。"① 贯穿这些制度变革的内在的精神是强化政府对教育的管制，谋求高等教育的规范化和统一化，改革教育体制，培养国家建设需要的各类专门技术人才。由此开始，高等教育的发展由民初的自由放任一变而进入国家控制的轨道。

第二节　整顿高等教育推行"抑文重实"政策

20 世纪 20 年代，尤其是 1922 年新学制颁布之后，出现了"大学热"现象，"一时大学之发达，有如经济兴旺时期之股份公司"。② 对于工程教育而言，众多工专也在此间升格为大学，大学的数量有较大幅度的增加，由此也出现了滥设大学导致大学质量参差不齐的弊端，同时在结构及分布方面愈发不合理。"十八年以后，教育部锐意从事高等教育之调整，先由安定及于整顿，再由整顿近于充实，五六年来，中国之工

---

① 教育部主编《中华民国建国史》第三篇《统一与建设（一）》，台北国立编译馆，1989，第 1069 页。
② 《国联教育考察团报告书》（《中国教育之改进》），文海出版社印行，1980，第 159 页。

程教育，已入于‘完整时期’”。①

对于民初大学发展过程中的弊端，社会各界均有措辞激烈的批评，国民政府成立后，在改革完善制度的过程中，采取了一系列整顿措施，贯穿整个整顿过程最显著的特点，即抑制文科类大学及专业的发展，实施积极发展和充实包括理、工、农、医等实科类大学教育。

1930 年 4 月，教育部召开了第二次全国教育会议。会议讨论通过了《改进全国教育方案》，关于改进高等教育计划中，"规定在训政 6 年时期内的高等教育的重心，用全力使现在的大学内容充实，程度提高，但作质量的改进，不再作数量上的扩充"，并表示"分十年筹足奖励学术研究的基金"。

在增派国外留学生办法中，明确要改变"以前派遣外国留学生漫无标准"的弊端，具体提出了如下选派标准，其中包括：（甲）应注重自然科学及应用科学等，以应国内建设需要，并储备专科学校及大学理农工医学院之师资；（乙）公费生应视国内建设上特殊需要，斟酌派遣，每次属于理农工（包括建筑）医药者教育者，至少占全额十分之七，自费生，得依本人志愿，肄习任何学科，但学理工农医药教育者，应储先叙补公费或津贴。

关于筹设专科学校，方案提出，"国立专科学校要设于产业发达的中心地点，省立者视各省需要与产业情形而定"；"凡设专科学校，应先注重设备，然有充分的实习设备，不得开设"。"设有大学的地方可在大学内设专修科，不必另设专科学校"。②

在 1931 年 5 月召开的国民会议上，讨论了全国教育会议的改革方案，通过了《确定教育设施之趋向案》，明确指出教育发展必须适应国家发展的需要，指出："中国目前之教育，无论在数量与质量上，均不足以适应国家之需要，而弊害之最显者，尤莫如教育设施，与国民实际生活不相应"，"唯默察国家之需要，与过去教育上已著之弊，深觉确

---

① 李书田：《中国工程教育之纵横观》，见《北洋理工季刊》第三卷，1935 年第 3 期。
② 《安徽教育行政周刊》第 3 卷第 17 期，1930 年 5 月。

立教育设施之趋向，尤其建设时期所必要，必需明定我国此时所需要者为何种之教育，而后教育推广之工作，方不致蹈于空虚；必需确知国家此时所需要，而希望由教育以养成之者为何种之国民，而后教育方足以救国，而不致于祸国"，并提出六项改进措施，其中关于大学及专科教育，"尽量增设各种有关产业民生生计之专科学校；大学教育，以注重自然科学及实用科学为原则"。①

在大学整顿及推行实科教育的政策制定实施中，有两个方案影响最大：一是国联教育考察团提出的"中国教育之改造"，二是陈果夫提出的"彻底改造教育之新动议"案。

1931 年 9 月，国联应国民政府的邀请，派遣"中国教育考察团"来华考察教育，1932 年 9 月，发表《中国教育之改造》报告书。该报告书深入探讨近代以来中国的教育，详细地分析各级学制、方针、内容，并提出具体的改进措施，使得当时社会各界深受震动，引起彻底改造中国教育的呼声。国联教育考察团的报告中，关于中国高等教育发展的批评及相关改进建议如下：

1. 大学扩张速度过快。"大学热"，其"发达之速度，超过其组织，无稳定基础之大学，遂相继以起，因而高等教育所必要之经费及合格教师之供给，均感不足"，"其所需要，不在大学之扩充而在大学之合并"。

2. 在区域分布上不合理。"高等学府之任意分布"，"皆集中于少数地，如北平、上海等地"。1930 年至 1931 年，"十五所国立大学，有十一所设于三个城市中；省立大学十七校中，有九校设于另外三个城市中；又有三个城市，除国立大学外，复有二十七个私立大学中之十九校"。1930 年中国的大学生 33847 人中，有 20463 人（占 60%）分布于两个城市，即北平与上海。建议教育部应就高等学府设置之地点及专科学校的分配予以关注。

3. 大学之间无合理分工，忽视理工科，偏重文法科。在校学生

---

① 中国国民党陕西省党务指导委员会印：《国民会议特刊》第二集（1931 年 7 月）。

"三分之一以上之学生，皆习法律（其中包括政治学），五分之一以上学生习文科，其习工科者，不过十分之一强，习自然科学者，十分之一弱，至于习农科者，不过总数百分之三"，"自然科学与工科萎缩过度，文法学科发展过度，则不论由学生个人或国家全体的观点来说，皆为不幸的现象。影响所及，必致对法学文学本无天才之青年，尽其学术生活于此科目；而聪明才智之士，本应使之为大众谋福利者，又往往钻营苟且，期插足于人浮于事之场，遂使公私事业，皆失去教育力量所能赋予之激发作用"。

报告还指出，高等教育经费分配无标准原则；高校教师的职位待遇保障制度措施不健全；大学入学考试没有统一的标准，造成严重的数量增加而素质降低的现象。①

针对存在的问题，考察团建议，一是要统一国家对高等教育的领导权，对于大学的改进整顿要循序渐进，始终不懈；二是要根据区域及大学办学情况予以"归并"或"重组"；三是进行大学教育科系整合，增设自然科学及工科。"仅注意于普通科目（包括法科政治科学及文科）之大学，应设法裁减，而重视自然科学及工科者，应即增设"。同时要加强教师资格审查，改进讲授方法，应致力于提升质量与效率等。②

国联的教育报告对此后的中国教育改革产生了很大影响。有论者称，1932 年至 1933 年的教育改革与报告书两者之间，有惊人的相似。③

1931 年"九一八"事变之后，民族危亡的形势日益加剧，国防工业建设尤为急迫，在教育方面，南京国民政府整顿大学，推行以工程教育为主的实科教育的政策更加明确，力度进一步加大。"九一八以还，举国上下忧于民族之不竞，危亡之无日，共以培养国力复兴民族为职

---

① 《国联教育考察团报告书》（《中国教育之改进》），文海出版社印行，1980，第 158、55、161～174 页。
② 《国联教育考察团报告书》（《中国教育之改进》），第 193、197～213 页。
③ 林正珍、林鸿钧：《国联中国教育考察团与一九三〇年代中国教育制度的变迁》，《兴大人文学报》2002 年第 32 期。

志，国防方面、经济方面，需要科学人材尤亟，而高等教育几亦完全转一方向"，① 其间标志性事件，即陈果夫提出的"彻底改造教育之新动议"案。

1932 年 5 月，陈果夫向国民党中央政治会议提出"彻底改造教育之新动议"。他认为，中国近二三十年来学校课程偏重文法，忽视农、工、医，导致文、实比例严重失调，"其结果不外形成文法人才过剩，与农工医人材之缺乏，因其过剩，故失业者逐年增加，造成社会上种种不安状态，因其缺乏，故有若干建设事业，不能得专门人材为之推进"，这是一种教育上的病态、畸形发展。因此，在"训政建设"和"国家多难"时期，应"重订教育方针，造就若干适用之人材，以应对此非常环境"。

该提案提出的具体措施包括："（1）中央应即依照十年内之建设计划，规定造就农工医各项专门人才之数目，分别指定各专门以上学校切实训练，以便应用。（2）自本年度起，全国各大学及专门学院，一律停止招收文法艺术等科学生，暂定以十年为限。（3）各大学中如有农工医等科，即将其文法等科之经费移作扩充工医科之用，其无农工等科者，则斟酌地方需要，分别改办农、工、医等科，就原有经费，尽量划拨应用。"对于派遣留学生，提议"在十年之内，中央及各省派遣留学生，以农工医等实用科学为限"。② 该案提交中央政治会议审议，于 1932 年 5 月 30 日经议决交教育组审核。

陈果夫的提案被认为"显然是国民党已形成共识的教育方针的极端表示"。③ 在此之后，教育部很快就推出了一系列整理大学的措施，整顿大学及院系设置，鼓励支持实科教育。主要措施包括一是鼓励增设实科科系，限设文法科学校；二是规定文实招生比率；三是增加实科留学生名额等。教育部部长朱家骅对此进行说明："国难之后（各界）对教育现状不能满意，……集中之点于高等教育，则多主张求充实，勿事

---

① 中国文化建设协会编《抗战前十年之中国》，龙田出版社，1948，第 503 页。
② 《陈果夫氏改革教育方案》，《教育周刊》1932 年第 124 期。
③ 张太原：《20 世纪 30 年代的文实之争》，《近代史研究》2005 年第 6 期。

铺张，必须提高研究学术之程度，并注意实用人材之培植，毋尚量多，只贵质精……就国立及省立大学与独立学院而言，毕业生成绩之不良，程度之低劣，设备之欠缺，研究学术风气之不竞，几为普通之现象。然最觉引以为遗憾者，即办学之无方针，无计划。设大学，立院系，每忽略客观之环境，极其具备之基础，相互仿效，企慕虚荣，从事铺张，专务粉饰"，而需要设备费巨大的工学院之设立，"土木、电气、机械、化学、建筑、采矿、冶金各科，则必使一无遗漏，究竟设备能力如何，地方需要如何，皆不论矣"。①

1932 年 7 月教育部召集国立大学校长会议，提出"注重农工医学院，在同一区域之国立大学应避免院系之重复"议案。1932 年 12 月，国民政府颁布《改进大学文法等科设置办法》，决议称"案奉行政院第三六八〇号训令，以奉国民政府训令，以准中央政治会议函准陈委员果夫拟订改革教育初步方案，经教育组审查，决议'照审查意见通过'……全国各大学及专门学校之文法等科，可由教育部派员视察，如有办理不善者，限令停止招生或取消立案分年结束，嗣后遇有请设文法等科者，除边远省份为养成法官及教师，准设文法科外，一律饬令暂不设置。又在大学中有停招文法等科学生者，其结余之费，应移作扩充或设理农工医等科之用"。②

自 1933 年 7 月，教育部着手整理院系，通过裁撤、归并、停办等方式，控制文科类院系发展，据 1935 年初的统计，全国共裁撤、归并和停办三十三个学系，其中属于实科的仅三系，其余三十系均属文法科。③

在大学招生方面，采取限制文法科招生的措施，1933 年 5 月，教育部颁发《二十二年度各大学及独立学院招生办法》，规定各大学兼办甲类（包括文法、商、教育、艺术）学院及乙类（包括理、工、农、

①　朱家骅：《整理大学办法之说明》，《革命文献》第 55 辑，第 105 页。
②　教育部参事处编《教育法令汇编》第 1 册，商务印书馆，1936，第 141～142 页。
③　金以林：《近代中国大学研究》，中央文献出版社，2000，第 200～201 页。

医）学院者，如甲类学院所设学系与乙类学院所设学系不同，则任何甲类学院各系所招新生及转学生之平均数，不得超过任何乙类学院各系所招新生之平均数。各独立学院兼办有甲乙两类学科者，其招生办法同。1934 年 4 月颁布该年度招生办法，作了进一步的限制。此后直到1936 年度在招生方面一直贯彻限制文法科的方针。对于违反该规定的学校，"其新生及转学生资格，教育部不予核定"。①

限制文科的同时，鼓励发展包括工科在内的实科教育。大学本科教育方面，除要求大学必须包括理、农、工、医各学院之一外，还鼓励开办实科科系。到 1935 年度，全国大专院校，实科系组共 417 个，文科系组共 547 个。② 在专科教育方面，除规定专科学校限于教授应用科学外，对设立包括工程专科在内的实科类学校作了专门规定。1931 年 8月，教育部颁发《各省市普设农医工三种专科学校实施办法》，要求"行政院直辖各市应设医学专科学校、工业专科学校一所"，"行政院直辖各市应于二十年度，各筹建设费五十万元至七十万元，以充开办医、工两种专科学校之用"。③

在派遣留学生方面，除了按照 1930 年颁布的《改进全国教育方案》，关于增派国外留学生办法提出的三项标准外，1933 年 4 月教育部颁布的《国外留学规程》明确规定，"各省市选派赴国外研究专门学术者应注重理农工医等专科"。④

为保证教育质量，提高教学效能，教育部陆续制定关于大学课程标准、教师任职资格、设施设备等规范措施，其中设施设备的扩充、经费的保障方面，规定了大学各学院或代理学院各科开办费及经常费之最低限度，对大学尤其是工科院校办学起到了良好的促进作用。

---

① 教育部教育年鉴编纂委员会编《第二次中国教育统计年鉴》第五编《高等教育》，总第42、530 页。

② 张玉法：《中国现代史》（下册），台湾东华书局，1977，第 487 页。

③ 教育部中国教育年鉴编审委员会编《第一次中国教育统计年鉴》丙编《教育概况》，开明书店，1934，总第 158～159 页。

④ 《法令周刊》1933 年 7 月第 160 期。

整顿大学院系，严厉推行"抑文重实"政策，使得"高等教育之发展乃完全转一方向"，为包括工程教育在内的实科高等教育的发展提供了有利的契机，工程教育在总体上有了新的发展。

第三节　抗战前十年工程教育的发展及其动因分析

抗战前十年是中国高等教育发展的特殊的历史时期，面临日本帝国主义侵略以及复杂的国际环境，国民党政府为强化自身的统治，采取了一系列经济社会改革措施，谋求推动国家现代化进程。教育作为其政治和社会建设的重要环节，受到重视，特别是高等教育；而国防及经济建设的需求，使得工程教育成为其改革发展的重点所在。在这期间，工程教育在发展的规模、速度等方面都取得了较大的进展，很大程度上扭转了民初以来高等教育畸形发展的局面，逐步形成高等教育发展的新格局。

一　工程教育的发展状况

1927 年至 1937 年的十年间，就高等教育总体而言，在规模上，由于 1922 年之后的"大学热"，大学数量激增，1924 年各类大学达到 125 所，但是结构极不合理，法政学校始终占主体。[①] 而且各大学教育经费不足，设施设备不完备，乃至匮乏，教学质量难以保障。其特点一言以蔽之，"过去之高等教育重量不重质，崇文不崇实，设备空虚，程度低浅，遂致造就之人材，不能与国家社会之需要相适应"。[②] 通过对滥设大学问题进行整顿，1928 年全国专科以上大学数量降至 74 所，此后稳步上升，1931 年后保持在 100 余所，1936 年增至 108 所（如表 3-1 所示）。在《第二次教育统计年鉴》中，总结了该时期的教育成就，"十年间全国专科以上学校自七十余所增至一百零八所。各校建筑以及图书

---

① 周予同：《中国现代教育史》，上海良友图书印刷公司，1934，第 225 页。
② 中国文化建设协会编《抗战前十年之中国》，龙田出版社，1948，第 503 页。

仪器实验设备逐渐充实，规模已立。学科方面，自然科学及实用科学，理、工、农、医等进步尤速。一面复加强学术研究，创设研究院两所，继此而起者即有十二大学陆续附设研究院……社会上学术团体，亦风起云涌……留学生人数亦逐年增多"。[1]

表 3-1　1928～1936 年度全国专科以上学校概况

年　份	校　　数			教职员数	在校学生数	支出经费数（国币元）
	小计	大学	专科			
1928	74	49	25	5214	25198	17909810
1929	76	50	26	6218	29123	25533343
1930	83	56	27	6985	37566	29867474
1931	103	73	30	7053	44167	33619237
1932	103	76	27	6709	42710	33203821
1933	108	79	29	7209	42936	33564921
1934	110	79	31	7205	41768	35196501
1935	108	80	28	7234	41128	37126870
1936	108	78	30	7560	41922	39275386

注："大学"含独立学院。

资料来源：《第二次中国教育年鉴》（二），总第 508、529 页；（四），总第 1400 页。

　　在高等教育稳步发展中，工程教育的发展显得尤为突出。在国立大学增设工科院系、扩大招生人数、鼓励私立大学增设工科院系等方面，均有进步；工科院系和工科大学的办学规模获得较快发展，办学实力显著增强。根据 1936 年统计，在全国 108 所专科以上学校中，设工学院的有 36 所，占 33.3%；36 所院校共设工科系 91 个[2]。在这一过程中，本科层次的工程教育发展最为显著。

　　以同济大学为例，1927 年 8 月，同济大学正式被命名为国立同济大学，1930 年将医科、工科改建为医学院和工学院，工学院设电工机械和土木工程两系，同时筹设理学院。1933 年，工学院设立高等测量

① 教育部教育年鉴编纂委员会编《第二次中国教育统计年鉴》（一），总第 3 页。
② 史贵全：《中国近代高等工程教育研究》，上海交通大学出版社，2004，第 50 页。

系，1934 年筹备建立造船飞机机械系，1936 年 8 月电工机械系设造船组。1937 年理学院成立。同济改国立前学费昂贵，学生人数很少，1927 年工科学生仅 60 人；同年改国立后，学费减半，自 1929 学年度起，工科学费每年 60 元，工科学生不断增加，1930 年为 66 人，1933 年 110 人，1937 年增加到 291 人，1940 年迁到昆明时达到 478 人。[①]

交通大学于 1928 年移归铁道部管辖后，将设在上海、唐山、北平三地的交通大学各学院合并，分上海本部、北平铁道管理学院和唐山土木工程学院，制订实施建设交通大学的十年计划，增加投入，扩充规模，实力大为提升。以经费为例，1928 年每月经常费 15000 元左右，教员工资都不能保证。铁道部管辖之后，经费较大幅度提高，每月经常费提高到 25000 至 30000 元。十年间新增设设施齐全的重要实验室 25 个。院系设置方面，1928 年之后，将原来的土木科、机械科、电机科，扩充为土木工程学院、机械工程学院、电机工程学院，增设了交通、铁路建设所需要的各种工程学科。到 30 年代初期，交通大学已经拥有科学学院、管理学院、土木工程学院、机械工程学院、电机工程学院和中国文学系、外国文学系，成为以工科为主、理为基础、兼重管理的综合性大学。1931 年全校教师 128 人，教授 33 人，到 1936 年全校教师 180 人，教授 66 人，在校本科生 1928 年 450 人，到 1936 年增加到 710 人，1927 至 1937 年 10 年间共有毕业生 1407 人，约相当于前 30 年毕业人数的两倍。[②]

北洋大学是更为典型的例子。1920 年北洋大学专办工科，设有土木、采矿、冶金三个学门，学生 215 人。1925 年将采矿、冶金两学门合并为采矿冶金学门，恢复机械工程学门，教师 23 人，1928 年教师增加到 28 人。1929 年改门为学系。1933 年筹建水利工程学系，添设电机工程学系，增设矿冶工程研究所、工程材料研究所，教师增加到 35 人。

① 《同济大学土木工程学院建筑工程系简志（1914—2006）》，同济大学出版社，2007，第 17～19 页。

② 交通大学校史编写组编《交通大学校史（1896—1949 年）》，上海教育出版社，1986，第 221～222、231～232 页。

1934 年，土木工程学系四年级分为普通土木工程组和水利卫生工程组，矿冶工程系分为采矿工程组、冶金工程组，该年 12 月，合并矿冶工程研究所和工程材料研究所为工科研究所。1935 年机械工程学系分为机械工程组和航空工程组。发展成为四系（内设七个工程组）、一个工科研究所的规模。在经费方面，1917 年 11 月起至 1927 年 10 年间，维持国拨每年常年经费定额 226040 元，1932 年度为 188929 元，1933 年度增加到 276000 元，自 1934 年起常年经费增加至 296000 元。①

"九一八"事变之后工程教育的发展速度加快，有了新的特点。"九一八以后，鉴于实用人才之需要尤迫，实科教育自须更加提倡"。② 自 1931 年至 1933 年的三年间，增设的工程教育院校计有：省立勷勤工学院、四川工学院、河南省水利工程专科学校。私立大学也开始注重工科院系设置，私立核准立案的震旦大学设立工学院，天津工商学院、焦作工学院等六所工科院校。增设工科院系的大学，除同济大学等学校外，清华大学设立工学院，中山大学、岭南大学添设工学院，大夏大学设置土木工程系。

在增设的科系中，以国家最为需要的、服务于国防工业所需的专业为多。例如，清华大学在新成立的工学院机械系设立飞机及汽车组，1934 年改为航空工程组；上海交通大学于 1934 年在机械系成立自动机门，后分为甲乙两组，乙组专为航空委员会培养飞机修理工程师；北洋工学院于 1935 年设立航空专业，称特别机械组；中央大学、武汉大学等添设航空专业系；同济大学设置公共卫生讲座，北京、中央、中山、清华、武汉等大学增设国防化学讲座等。③ 金通尹在 1935 年对全国工程教育院校及其院系设置情况进行统计，概况如表 3-2 所示：（未列上海圣约翰大学）：

---

① 北洋大学—天津大学校史编写室：《北洋大学—天津大学校史》（第一卷），天津大学出版社，1990，第 141～151 页。
② 《革命文献》第 55 辑，第 79 页。
③ 魏励勇：《记北洋工学院机械系特别机械系》，《航空史研究》1994 年第 3 期；《革命文献》第 55 辑，第 79～80 页。

表 3-2　全国工程学校分类（1935 年）

校名/分类	土木	机械	电机	采煤冶金	化学	建筑	纺织	测量	市政水利	水利	总计	附注
同济大学	有		有					有			3	
清华大学	有	有	有								3	
交通大学	有	有	有								3	
武汉大学	有										1	
中央大学	有	有	有		有	有					5	
中山大学	有	有	有		有						4	
山东大学	有	有									2	
北平大学		有	有		有		有				4	
浙江大学	有	有	有		有			有			5	
山西大学	有	有	有	有							5	
湖南大学	有		有	有							3	
东北大学	有	有	有			有	有				5	
河南大学	有										1	
东陆大学	有		有								2	
广西大学	有										1	
震旦大学	有		有		有						3	
复旦大学	有										1	
金陵大学			有								1	
岭南大学	有										1	
南开大学			有								1	
大夏大学	有										1	
广东国民大学	有										1	
北洋工学院	有	有		有							3	
中法工学院	有	有									2	
河北工业学院			有		有				有		3	
之江文理学院	有										1	
焦作工学院	有			有							2	
南通学院							有				1	
广东工业专科	有	有			有						3	
江西工业专科	有				有						2	
山西工业专科		有	有		有						3	
河南水利专科										有	1	
总　　　计	25	13	15	6	8	2	3	2	1	1		

资料来源：金通尹：《近年来之中国工程教育》，《江苏教育》1935 年第 4 卷第 4 期。

在招生方面，由于采取了严格的限制文法科招生的措施，文科类招生数量逐年下降，而实科类招生数量则逐年上升。1931 年文科类新生占 69.3%，实科类 30.7%，1933 年文科类为 60.2%，实科类占 39.8%，到 1935 年文科类降至 48.8%，实科类升至 51.2%，到 1936 年时，以前招收新生最多的法科，已由第一位降至第四位，文科已降至第三位，相反，工科已经跃升到第一位，理科升至第二位。[①] 大学内部科类结构发生明显变化，如表 3-3、表 3-4 所示。

表 3-3　1928～1937 年专科以上学校实科文科招生人数统计

年　度	实科类学生数	文科类学生数	未分院系学生数	共　　计
1928	6749	18286	163	25198
1929	7797	21254	—	29121
1930	7375	28191	—	37566
1931	11227	32940	—	44167
1932	12007	30070	633	42710
1933	14133	28787	16	42936
1934	15698	26042	30	41768
1935	16990	24082	50	41128
1936	18459	23152	311	41922
1937	15280	15227	681	31188

资料来源：《第二次中国教育年鉴》（二），总第 530、531 页。

表 3-4　1928～1937 年专科以上学校在校生人数及比例[②]

年度	文	法	商	数	理	工	农	医	其他
1928	21.7	37.6	6.7	6.6	7.6	11.0	4.1	3.9	0.6
1929	21.2	39.3	5.7	7.1	7.5	10.8	4.4	3.9	0
1930	20.5	42.3	5.4	6.8	7.6	9.9	3.8	3.6	0
1931	22.8	37.3	4.9	9.6	8.0	9.2	3.2	4.1	0.9

① 中国文化建设协会编《抗战前十年之中国》，龙田出版社，1948，第 523 页。
② 教育部中国教育年鉴编纂委员会编《第二次中国教育年鉴》，第 525～526 页。金以林在《近代中国大学研究》（中央文献出版社，2000，第 202 页）对该表作了校核，本表采用之。

续表

年度	文	法	商	数	理	工	农	医	其他
1932	21.9	34.0	6.7	7.9	9.7	10.4	3.6	4.3	1.5
1933	20.3	30.1	7.4	9.3	11.0	12.3	3.9	5.7	0
1934	19.0	26.4	7.3	9.7	12.7	14.1	4.4	6.3	0.1
1935	23.3	21.4	7.2	6.7	15.2	13.4	5.3	7.4	0.1
1936	20.0	19.7	7.7	7.9	13.1	16.7	6.2	8.1	0.7
1937	13.3	22.8	5.9	7.9	14.3	18.5	5.8	10.8	0.7

资料来源：《第二次中国教育年鉴》（二），总第530、531页。

从毕业生总数来看，根据教育部的统计，1930年，全国有17000名文科毕业生，而农业、工程技术、医学和自然科学专业毕业的学生总数仅8000多名，到1937年时理工科毕业生达到了15200人，与文科的15227人旗鼓相当。[①]

在整顿大学的过程中，教育质量问题受到重点关注。教育部于1927年颁布《大学教员资格条例》，对教师任职资格进行严格限制。对办学的设施设备制定了统一的标准，尤其是对工科院校予以特别关注，《大学规程》大学各学院或代理学院各科开办费及经常费之最低限度作了明确规定，其中在"十二条"中专门规定，"大学或独立学院每年扩充设备费，至少应占经常费百分之十五"，这项规定对于保障和提升工科办学质量影响显著。见表3-5所示。

表3-5　大学各学院或代理学院各科开办费及经常费之最低标准

院别或系别	开办费（元）	每年经常费（元）
文学院或文科	100000	80000
理学院或理科	200000	150000
法学院或法科	100000	80000
教育学院或教育科	100000	80000
农学院或农科	150000	150000

[①]　费正清主编《剑桥中华民国史》，上海人民出版社，1991，第423页。

续表

院别或系别	开办费（元）	每年经常费（元）
工学院或工科	300000	200000
商学院或商科	100000	80000
医学院或医科	200000	150000

资料来源：《教育部公报》第一卷第九期，1929 年 9 月，第 87、88 页。

为保证各项制度措施的落实，教育部定期派员视察所属大学，对不合标准和要求的学校通令改正，其中设施设备及经费使用情况是视察的重要方面。例如，中央大学在整顿中设备、建筑等均改善，但是"各院系加添设备，分割太甚……嗣后各种仪器自应由校统筹购置"，"工学院土木系之水力试验，机械系之气机试验等设备，尚须添置"。1934 年 6 月训令北平大学，"查该校各院经费，分配殊不合理"，要求按照《大学规程》等"重行分配，呈部候核"，"该校预算，设备费仅占百分之八、九，而实际支出，尚不足此数，以致各院设备，大都因陋就简，不敷应用"，该校工学院"该院各部分设备多属旧置，大致勉强敷用，惟关于热机试验设备，及物理实验室仪器设备甚为简陋，图书甚少，整套杂志，尤属缺乏，亟应添置，更求充实"。对提出的问题，督促该校限期整改。1935 年 8 月经教育部复查，明确指出"一年以来，对于部令所示各点，唯院系业经整理，此外殊少切实进步"，再次要求整改。1934 年 6 月训令北洋工学院，"土木机械两系设备，及基本物理实验设备，均不敷应用"，"电机工程及建筑工程两系，前据呈准添设，兹查电机系大部分设备尚未购置，建筑系且无何种筹备"，对此，训令提出具体建议，要求限期办理。[①]

十年间，各校设施设备及图书资料均有显著增加，1928 年各大学新添设备价值为 2557296 元，到 1935 年增加至 6812185 元，总藏书量

---

① 《教育部改进专科以上学校训令丛编》，商务印书馆，1935 年 10 月，中央大学系第 5997 号训令，1935 年 5 月，本书第 1、2 页；北平大学系 7977 号训令，1934 年 6 月，本书第 4、6、7 页；北洋工学院系训令第 6987 号，第 87 页。

由 2000445 册增加到 5181125 册。①

政府对教育经费的投入是教育发展的最重要的保障，同时也是考察教育发展的重要指标。1915 年全国高校 104 所，教育经费支出 4682963 元，1931 年全国高校 103 所，经费升至 33619237 元。② 民初教育经费不足，教师因欠薪发生的风潮不断。20 世纪 30 年代后国民政府在保障原有教育经费投入外，逐年增加，1930 年度教育经费占全国总预算的 1.46%，1935 年度，教育经费达到了全国总预算的 4.80%，增长 2 倍多。③

二　工程教育发展的动因

1927～1937 年的十年间，是中国高等教育发展的重要时期，史学家郭廷以称，"1937 年前五年，可说是民国以来教育学术的黄金时代"。④ 这十年间，也是工程教育迅速发展的时期，发展的原因是多方面的，本研究在导论中将影响百年中国工程教育发展进程的因素，概括为国家、知识、市场、社会四个基本要素，其中国家始终处于绝对支配地位，中国工程教育就是在诸因素的角力中，展现了独特的发展道路。

抗战前十年，国家对工程教育高度重视，严格推行注重实科教育的政策，为工程教育发展提供了良好的政策和制度环境，这是国家因素的作用方式。"九一八"事变之后，日本军国主义侵华的步伐加快，中华民族的生存遭受到空前威胁，国防建设急需大量高质量工程教育人才。这是这一时期特殊的外部影响因素，这在前文有所论述。另有如下两个方面是这一特殊历史时期值得关注的：一是从国内而言，南京国民政府成立以来，尤其是初期，社会处于相对稳定的局面，社会

---

① 金以林：《近代中国大学研究》，中央文献出版社，2000，第 210 页。
② 教育部中国教育年鉴编审委员会编《第一次中国教育年鉴》丁编，第 1512 页。
③ 金以林：《近代中国大学研究》，中央文献出版社，2000，第 219 页。
④ 郭廷以：《近代中国史纲》下册，香港中文大学出版社，1980，第 670 页。

各界对国家重建充满了期待，① 吸引了众多有志青年选习理工科。二是在这十年间国家工业化进展有了较大发展，客观上对工程科技人才的需求加大。现就这两个因素略加分析，以探究历史发展众多面相的特殊之处。

南京国民政府成立后，结束了连年的军阀混战，"这是国内大多数人长期渴望的事情"②，国家进入相对稳定时期。在南京国民政府成立的最初两年内，国家工业商业等各项事业呈现明显发展的态势，社会各界对于国民党政权的本质尚未看清楚，充满了对这个新政权的期望。既有国民党人蒋梦麟"国民革命军进入南京以后，一种新精神随之诞生——一种改革和建设的精神。大家要拿现代科学来复兴往昔的艺术"的诗意表达，③ 也有经济学家何廉"中国进入国家重建的新阶段"的热切期待。在大学校园中，许多学生也对新政权充满希望。1929 年 10 月的《清华周刊》载文《今年国庆应有的认识》，满怀豪情地说："（1929年）是中华民国统一后的第一年，是训政实施的第一年，是东方一个古国彻底重新建设的第一年，是世界最大的一个民族踏上他们争求自由平等的正轨的第一年。"④ 对于理工科大学生而言，建设的时代，是其大有作为的时代。1928 年 6 月，由复旦大学理工学会创办的《复旦大学理工学报》出版发行，在发刊词中宣称："……那我们要建设灿烂的中国，要造成科学化的社会，我们当提高国民的科学智识，当格外注重理工，因为一切的建设，都要根据于他。（出版学报）至少代表我们理工科的精神，来向社会表示我们对于建设的一种热望和小小的贡献……同时我希望诸位对于下期的出版，更加努力，鼓起我们的热望，向前猛进！使我们复旦的理工之光，在建设新时代的中国，永久灿烂吧！"⑤ 理工科大学生对自身专业及未来发展的热切期望，某种程度上也折射出

---

① 金冲及：《二十世纪中国史纲》第一卷，社会科学文献出版社，2009，第 278 页。
② 金冲及：《二十世纪中国史纲》第一卷，第 280 页。
③ 蒋梦麟：《西潮·新潮》，岳麓出版社，2000，第 154 页。
④ 朱幼卿：《今年国庆应有的认识》，《清华周刊》第三十二卷第一期（1929 年 10 月 19 日）。
⑤ 《复旦大学理工学报》1928 年 6 月第 1 期。

社会对工程教育观念的变迁。

同时，在这十年间南京国民政府采取措施，发展国民经济，促进工业化的发展，也为工科人才提供了发展空间。1929 年国民党三大通过《训政时期经济建设纲要方针案》，提出国家物质建设的主要顺序，一是铁道、国道及其他交通事业；二是煤铁及基本工业；三是治河、开港、水利等事项。对铁路、公路、水利、矿产资源实行垄断经营。1935 年资源委员会，拟订"重工业五年建设计划"，规定在 5 年内投资 2.7 亿，兴建冶金、化工、燃料、机械、电气等行业 30 余个大中型厂矿。其后，资源委员会陆续建设了 25 家企事业单位。[①] 同期，民族工商业也有了较大发展，据中央统计处调查，设于 1928 至 1936 年的工厂共 2826 家，其情况如表 3-6 所示。

表 3-6　1928~1936 年全国工厂设立类别及总数概况

类别/额度/项目	工厂数	资本（百万元）	工人数
机　　械	377	87	17065
化　　学	434	439	54512
纺　　织	1160	2022	293706
农产加工	855	581	40226
总　　计	2826	3129	405509

资料来源：张玉法：《中国现代史》下册，台湾东华书局，1997，第 503~504 页。

在这一时期，工业化发展较为显著进步的表现一是工业技术的改进，1935 年由实业部核准专利的产品有 25 种，1936 年则有 31 种；二是重工业大工厂的增加。[②]

建设事业发展迅速，对工程专门人才的需求加大。"三四年来工程人才需要之众多与急迫，实为举国皆知的事实，尤其是在工程监管和工程学校服务的人，常感觉到人少事多，不敷分配"，[③] 李仪祉在《十年

①　王相钦主编《中国民族工商业发展史》，河北人民出版社，1997，第 495、500、501 页。
②　张玉法：《中国现代史》下册，台湾东华书局，1997，第 504 页．
③　金通尹：《近年来之中国工程教育》，《江苏教育》1935 年第 4 卷第 4 期。

来的中国水利建设》中说：虽然自南京国民政府成立后，"首先注意于各项建设人才之教育"，中央大学等学校增设工学院土木工程系，"注重于水利工程"，"各地方所设学院，或专科学校，培植水利工程人才的也有多处。及近十年，水利工程界仍感觉专门人才的非常缺乏，由此可见这十年中水利建设进步的一般"。[①]

社会对工程人才的重视及旺盛的需求，使得工程教育的吸引力上升，报考工科的学生大幅度增多。以上海交通大学为例，如表 3-7 所示。

表 3-7　交通大学 1930~1936 年投考与录取人数比较

年份	投考人数	正取人数	备取人数	正取人数与投考人数的%
1930	617	92	16	14.9
1931	641	125	23	19.5
1932	750	176	14	23.46
1933	866	171	—	19.75
1934	783	121	—	15.45
1935	1472	181	31	12.3
1936	1778	181	34	10.18

资料来源：交通大学校史编写组编《交通大学校史（1896—1949 年）》，上海教育出版社，1986，第 227 页。

罗家伦在 1934 年中央纪念周演讲中指出，"这一二年来，有一个可注意的现象，就是大学农工理三科的毕业生出路较好，而政治经济法律等系的毕业生，则特别感到就业的困难。因此这几年来，青年升学的趋向也有改变，投考理工农三科的人，比较考文法的人来得多。北方的大学有此现象，南方的大学也有此现象，这是一个健康的征兆，这还是因为近年政府东设农场，西设农场，南造公路，北造公路的原故。专靠政府，总是有限的，若是社会各种事业一齐发达起来，就前途更可乐

---

① 中国文化建设协会编《抗战前十年之中国》，龙田出版社，1948，第 317 页。

观了。"①

　　但是，南京国民政府时期，国民党政治上实施专制统治，经济上实行垄断资本主义，压制民族工商业的发展。罗家伦设想的乐观局面，并没有真正出现。随着日本军国主义侵华战争的全面爆发，中国高等教育又开始了战时的特殊发展时期，工程教育呈现出别样的发展情势。

第四节　清华大学工程教育的早期发展
（1926 年～1937 年）

　　在中国工程教育发展进程中，清华大学工科教育的创办，与清末成立北洋大学（天津中西学堂）、山西大学堂相比，显然并不是最早的一批。自 1910 年前后，学校在校内搭建了简易"手工教室"作为学生工科实习之所，1923 年工艺馆建成，在课程中增加了木工、金工等训练手工的课程，这是清华工科教育的启蒙阶段。1925 年清华学校成立大学部后，第二年经学校第一次评议会议决，设立 17 个学系，其中 11 个先行设立专修课程的学系，即包括工程系——这是清华工科教育建制化的开端。工程系创办之初，暂设三科：机械工程、电机工程和土木工程。1932 年清华大学成立工学院，可谓清华大学工程教育"完整发展"的阶段。

　　清华开办工程教育虽然晚于北洋大学等院校，开办过程也是一波三折，然而"其作始也简，其将毕也钜"。由于清华的特殊背景，在经费、师资、学术制度、管理体制等方面，较同时期工科大学均有优越之处，使得其发展后来居上，成为民国时期工程教育之翘楚。

　　历史不仅要宏大叙事，还需具体而微，将清华大学工程教育的兴起与发展作为一个研究个案，具有相当的典型意义，不仅可以理清清华大学工程教育的发展脉络，把握工程教育的发展与制度环境活动的关系，

---

　　① 《革命文献》第 55 辑，第 130 页。

从而可以看到中国近代工程教育创始阶段所展现的不同发展路径及其特性。尤为重要的是，可以窥见在中国教育现代化进程中，近代工程教育与社会经济政治的互动关系及其实现方式，进而以此理解近代中国高等教育发展的历史特性。

一 历史的起点与传统的形塑

清华大学正式开办工科教育的历史不长，却有着根深蒂固的传统。1935 年顾毓琇在纪念清华建校 24 年时说，"清华的生命，实在应该从 1909 年派遣学生赴美留学算起，至今已经有二十六年。而这第一批留学生里，便有学工程的（现在本校的梅校长，便是其中的一位），所以清华的工程人才，亦可以追溯到二十六年以前"。[1] 此语道出了清华工程教育的谱系和源流。

1908 年清政府外务部签署的《派遣游美学生规程（草案）》中规定：派出的留学生中有 80% 专修工业技术、农学、机械工程、采矿、物理化学、铁路工程、建筑、银行、铁路管理以及类似学科，另外 20% 专修法律及政治学。早期直接选派留美学生时，大多符合此比例。通过 1910 年庚款留学第二次考试赴美的竺可桢后来回忆说："我们这批七十人中，学自然科学、工、农的最多，约占百分之七十以上……不仅我们这批如此，恐怕全部庚款留学生中学工农理科的都要占百分之七八十。"[2] 这与清末以来留日学生普遍选学法政学科不同。

1911 年作为留美预备学校的清华学堂成立，其教育目的和方针，曾任清华学校校长的曹云祥曾言，"以清华之历史言之，学生赴美，旨在求得知识技术，以裨于国计民生"。[3] 以学习实用知识为目的派遣留学，使得多数留美学生选学理工等专业。据马祖圣先生的统计，截至

① 顾毓琇：《清华的工程人才——为清华二十四周年纪念作》，《清华大学史料选编》第二卷（上），清华大学出版社，1991，第 243 页。
② 转引自李喜所《近代留学生与中外文化》，天津教育出版社，2006，第 245 页。
③ 曹云祥：《清华学校之过去现在及将来》，《清华大学史料选编》第一卷，第 39 页。

1929 年清华（包括"史前期"）共向美国派遣约 1300 位留学生。早期直接选派出国留学美国的学生，选学的专业大多符合章程规定，虽由预备学校毕业后留美的多以自己的志趣选择专业，大多依自己在校的志趣选读科系，学自然科学及应用科学者仅占百分之五十二，学人文社会科学者占百分之四十八。在理工方面以工程为最多，理科次之。在人文社会方面，则以经济为最多，人文次之（见表 3-8）。[①]

表 3-8　清华留美预备学校赴美留学生所学专业人数统计（1912～1928）

年份	理学	工学	农学	医学
1912	2	6	2	0
1913	4	17	1	1
1914	5	13	4	2
1915	5	12	0	3
1916	1	10	3	3
1917	1	13	2	1
1918	12	20	7	3
1919	3	24	5	4
1920	11	26	2	4
1921	1	15	0	0
1922	13	24	5	1
1923	6	25	9	1
1924	7	21	2	2
1925	10	19	5	4
1926	6	13	0	0
1927	5	8	2	0
1928	8	10	2	2
合计	100	276	51	31

数据来源：根据〔美〕马祖圣：《历年出国/回国科技人员总览（1840—1949）》，第 179～182 页资料整理。

[①] 苏云峰：《抗战前的清华大学（1928—1937）》，中央研究院近代史研究所，2000，第 13 页。

　　表 3-8 说明，历年由预备学校留美的留学生选学工科的占绝大多数。根据 1933 年清华同学录的统计，从 1909 年到 1932 年，工科同学共计 481 人，加上 1933 年和 1934 年两个班土木系毕业的学生 52 人，总数 533 人。其中大约 450 人曾赴美留学。① 从清华留美预备部留美的学生，主要集中在美国东部、中部各州的名校，以哥伦比亚大学、哈佛大学和麻省理工学院为最多（见表 3-9）。

表 3-9　留美预备部学生进入美国大学的分布情况（前十位）

学　校	人　数	学　校	人　数
哥伦比亚大学	179	哈佛大学	113
麻省理工学院	112	威斯康星大学	95
芝加哥大学	92	康奈尔大学	71
密歇根大学	62	斯坦福大学	58
普渡大学	44	俄亥俄州立大学	41

　　资料来源：沈希珍：《清华留学生之研究：以留美预备部学生为例》，中兴大学历史研究所硕士论文，1994 年 6 月。

　　1920 年前后，庚款留美学生陆续回国。虽然外交部、教育部制定了《清华游美毕业生回国安置办法》，但是在动荡的政治局势下，加之工农业相对发展落后，对于掌握先进国家工程技术的人才需求不旺盛。因此，生活相对安定、能发挥专业特长的大学成为多数人的首选。截至 1925 年为止，清华留美归国学生约 620 人，就业分布在教育界的占 33.7%，工程实业界占 15.8%，政界占 14.28%，商界占 11.09%，医界占 2.24%，新闻界占 0.96%，军界占 0.64%，其他各界占 1.7%，无职业的占 4.66%。② 选择教育界就业的清华归国留学生，多数首选母

① 顾毓琇：《清华的工程人才——为清华二十四周年纪念作》，《清华大学史料选编》第二卷（上），第 243 页。
② 其余的 14.93% 系当时统计时已故或不知去向。清华大学校史编写组编著《清华大学校史稿》，中华书局，1981，第 70 页。

校作为安身立命之所。据 1936 年的统计，全校有教师二百一十余人，其中教授几乎占全校教师的一半，他们绝大多数是留学美国的，三分之二以上又是清华的留美生。[①] 清华大学优良的师资条件，是当时国内其他工科院校不具备的优势。

20 世纪 20 年代初期，是清华办学方向转型的关键时期。在这一时期，清华由偏重人文科向应用和学术并重的理工教育转变。这种变化是内外压力作用下的结果。从外部制度环境上讲，1917 年民国政府颁布的《修正大学令》、1922 年颁布的新学制"壬戌学制"，设置大学的条件较之此前有了很大改变，允许单设一科者称为某科大学。于是新的大学纷纷建立，原来的专门学校也纷纷升格。而由于清华创办之初，其目的是为留美学生进入美国大学学习做好语言和文化准备的，教学偏重文科，尤其是西方文化。民初以来，屡遭外界舆论所诟病，被冠之"贵族学校"、"买办学校"、"游民制造所"等，[②] 外部舆论的压力，也使得清华要思考如何变革的问题。

清华学校如何改革和发展？时任校长的曹云祥说："迩来中国学潮变迁，提高程度，各处中学专门学校，纷纷改为大学，于是清华不改大学，则落于人后，不得并驾齐驱。再者，其他各校，虽受经济束缚，尚且改办大学，清华经费较为稳定，更当有此一举。"[③]

从学校自身来讲，清华的开办和发展完全依赖庚款资金，"清华经费，至民国二十九年庚子赔款摊还清结后，亦将无以为继，届时更恐维持之不暇，势难更求增进之要图"，[④] 这种担忧无疑是萦绕在历任清华学校校长脑海中挥之不去的焦虑。1922 年曹云祥担任清华校长后，筹备大学事宜开始紧锣密鼓地展开。曹云祥提出清华学校应"别谋远大

---

① 清华大学校史编写组编著《清华大学校史稿》，第 70、144 页。
② 邱椿：《清华教育政策的讨论》，《清华周刊》第二十六卷第八号，第三百九十一期，1926年 11 月 26 日。
③ 曹云祥：《改良清华学校之办法》，《清华大学史料选编》第一卷，第 412 页。
④ 周诒春：《详外交部文为逐渐扩充学程预备设立大学事》（1916 年 7 月 27 日），《清华大学史料选编》第一卷，第 277 页。

而有利益的计划"，一是要于 1925 年设立"清华大学部"；二是筹备大学基金；三是设研究院。10 月成立筹备大学委员会。曹云祥聘请张彭春担任教务长，开始着手对清华的学制和课程进行改革。这被认为是清华体制改革的转折点，当时清华进行的新课程改革体现了实用化的趋势。①

1925 年 4 月，外交部批准清华学校大学筹备委员会提出的《清华大学工作及组织纲要（草案）》和《北京清华学校大学部暂行章程》规定，大学部设普通科、专门科两级。普通科为大学前二至三年，以"使学生知中国之以往与世界之现状，借以明了中国在此过渡时代之意义，并鼓励学生使为择业之考虑为宗旨"；专门科为大学之后二年（或数年），目标是"为已选就终身职业或学科之学生作专精之预备而设"。专门科的课程分为三类：甲、文理类；乙、应用社会科学类；丙、应用自然科学类。②

怀着对新成立的大学的憧憬和责任心，校内师生纷纷发表对未来清华大学发展的意见和建议。此时回国服务母校的同学，已渐渐成为主导学校前途的重要力量。1924 年起任教清华研究院的梁启超，1925 年 9 月在《清华周刊》发表了《学问独立与清华第二期事业》一文，阐述对清华大学部的前途和办学方针的思想，"一国之学问独立，须全国各部分人共同努力，并不望清华独占。但为事势便利计，吾希望清华最少以下三种学问之独立自任：一、自然科学——尤注重生物学与矿物学。二、工学。三、史学与考古学"；并且他认为，"前二项由学校经济观察，清华有完全设备制可能，故可将设备费较简之学科让诸他校，而清华任其最繁难者"。清华建设美好未来的重任就落在回国同学的肩上，"今之清华，渐已为本校毕业回国同学所支配；今后此种趋势，当益加强烈，此无庸为讳者……吾侪对于此种趋势，不惟不反对，且热烈欢迎

---

① 苏云峰：《从清华学堂到清华大学（1911—1929）》，北京三联书店，2001，第 170~171 页。
② 《北京清华学校大学部暂行章程》，《清华周刊》第二十四卷第九号，第三百五十八期，1925 年。

焉。质而言之，则清华前途之使命。由现在在校及留学同学所负者什而八九也"。① 梁启超在清华前后 4 年许，虽未担任行政要职，但在学生和教职员威望甚隆，② 虽未有史料证明清华当局采纳他的建议，但清华后来的发展却验证了这位思想家的设想。

1931 年开始担任清华大学校长的梅贻琦，于 1909 年通过首批庚款留美考试，赴美后入吴士脱工业学院攻读电机工程专业。1914 年回清华任教，担任校长达 17 年的时间，对于清华大学办学传统的塑造起到了关键作用。

传统是"社会的文化遗产，是人类过去所创造的种种制度、信仰、价值观念和行为方式等构成的表意象征，它使得代与代之间、一个历史阶段与另一个历史阶段之间保持了某种连续性和同一性"。③ 清华有着特殊的历史，学生有着共同的目标、信念和利害关系，经过八年或五年留学经历，形成了共同的价值观，建立了深厚感情。④ 这都对清华大学的发展方向有着建构和导向作用。

这种影响在清华是组织化进行的，1913 年夏天发起成立的清华同学会（校友会），其宗旨为振作校风、联络情谊二事。1920 年后，同学会在国内建立支会。1920 年冬又组织了一个与母校更密切的清华幸福委员会，委员长是薛桂轮，其他成员包括梅贻琦、蔡正、张福运、黄凤华。委员会有三大目的：①要将清华改成一个与欧美大学并驾齐驱的大学；②要从清华常年经费中减省一部分，积蓄为大学基本金；③清华董事会，要有清华同学会的代表。⑤ 可以看出，同学会的成立就表现出要参与校政，维护母校利益，影响母校发展的姿态，成为

---

① 梁启超：《学问独立与清华第二期事业》，《清华周刊》第二十四卷第一号，第三百五十期，1925 年 9 月 11 日。

② 参见苏云峰《从清华学堂到清华大学（1911—1929）》，北京三联书店，2001，第 84 ~ 85 页。

③ 〔美〕E. 希尔斯：《论传统》，上海人民出版社，1991，第 3 页。

④ 苏云峰对清华同学的小群意识有详细论述，见《从清华学堂到清华大学（1928—1937）》，北京三联书店，2001，第 8、33 页。

⑤ 《清华大学史料选编》第一卷，清华大学出版社，1991，第 233 页。《清华周刊》第二百三十五期至第二百四十九期，无卷号，1922 年双十节特刊。

决定清华发展的重要力量。这也就如前文所引梁任公所言，清华建设美好未来的重任就落在回国同学的肩上。此后的诸多关乎清华发展的重大事件中，都能看到他们参与的身影。在民国初年军阀政治势力侵入校园的复杂情势下，同学会的参与，起到了很好的制约作用。而他们之中大多数人有工科留学教育的背景，这些都是影响清华办学方向的或潜在或显性的因素。

二 工程系的创办与裁撤风波

大学部成立后，曾任大学部筹备委员会委员的教务长梅贻琦发表"清华学校的教育方针"，他对于清华办学的指导方针是这样表述的，"清华大学之教育方针，概括言之，可谓为造就专门人才，以供社会建设之用"。[①] 1926 年 4 月 26 日，经学校第一次评议会议决设立 17 个学系，工程系成立并成为其先行设立专修课程的 11 个系之一，经教授会选举产生各系系主任，周永德担任工程系主任。对于新设立的工程系办学，梅贻琦提出："今日社会上所需要之工程人才，不贵乎有专技之长，而以普通工程训练为最有用。是以本校设立工程系之始，即以此为原则。"[②] 对于工程教育办学方针，其来源显然是受美国教育的影响。《清华周刊》刊载清华的工科一文，分析工程系办学方针的来源，"甲：中国的需要；乙：补他校的缺点；丙：美国有普通科；丁：学生出路问题"。[③]

新设立的工程系初设土木工程科、机械工程科和机电工程科三科。学生入学前两年课程为各科必修科目，后两年分科教学（电机工程科只出现在大学三、四两年）。系主任周永德负责制订本系学程大纲，并筹备秋季招生入学事宜。工程系学程大纲以英文拟定，刊布在《清华

---

① 梅贻琦：《清华学校的教育方针》，《清华周刊》第二十八卷第十四号，第四百二十六期，1927 年 12 月。
② 梅贻琦：《清华学校的教育方针》，《清华周刊》第二十八卷第十四号，第四百二十六期，1927 年 12 月。
③ 《清华的工科》，《清华周刊》第二十九卷第五号，第四百三十二期，1928 年 3 月。

周刊》第 382 期（见表 3-10）。

表 3-10　工程系教学大纲①

ENGINEERING

First Year

1st Term

	Hour	Credit
Chinese	3	3
English	3	3
Ad. Math	4	4
Chemistry	6	4
Mech Drnwing	6	3
Shop Work	6	3
	28	22
2nd Term		
Chinese	3	3
English	3	3
Ad. Math	4	4
Chemistry	6	4
Degeriptive Geo.	6	3
Shop Work	6	3
	28	20

Mechaniest & Electrical Engineering

Second Year

1st Term

Specifications

Contracts	4	4
Calculus	4	4
Mechanism	3	3
Physics	6	4
Surveying	4	2

---

① 《与工程系主任周永德谈开办工科计划记》，《清华周刊》第二十五卷第十五号，第三百八十二期，1926 年 6 月 4 日。

	Hour	Credit
Shop work	6	3
	27	20
2nd Term		
Engineering		
Materials	4	4
Caleulus	4	4
Mechanism	3	3
Physics	6	4
Surveying	4	2
Shop work	6	3
	27	20
Mechanist & Electrical Engineering		
Third Year		
1st Term		
General Leon	3	3
Mech Lab. I	6	3
Heat Hug. I	4	4
Applied Mechanics I	4	4
Elec. Eng. I	3	3
Mach Desgn（For M. E）		
Or Differ. Equa. （E. E）	6	3
	26	20
2nd Term		
General Leon	3	3
Mech Lab. II	6	3
Heat Hug. II	4	4
Applied Mechanics II	4	4
Elec. Eng. II	3	3
Materisl Testing	6	3
	26	20
Mechanical Engineering		
Fourth Year		

续表

	Hour	Credit
1st Term		
Heat Hug. Ⅲ	4	4
Mech Lab. Ⅲ	6	3
AD. Mach. Des	6	3
Indus. Plants	3	3
Elec. Eng. Lab.	6	8
Eydralies	3	8
	28	29
2nd Term		
Mech Lab. Ⅶ	6	3
Indus. Plants	6	3
Power Plant Des	6	3
Electives		11
		20

Elective Subjects:

Autonrotive Eng. 3, Loenmntive Eng. 2, Electrical Measurements. 3, Heat treatment 3, Safety Eng. 2, Industrial Nangement 2, Heat & Ventilation 2, Cast Aecounting 2.

Electrical Engineering

Fourth Year		
1st Term		
Theory of A. C. Cir.	3	3
E. E. Lab	6	3
Hydraulics	3	3
Electric Design	3	3
Electric Measurements	6	3
Elictrc. Eng Abstracts	2	2
Electives		2—3
2nd Term		
Theory of A. C. Cir.	3	3
E. E. Lab	6	3
Elect, Transmission & Distribution	3	3

续表

Electives		8—11/17—20
	25	19—20
Electives Subects：		
Electric Rai ways	5	3
Electric Communioation	5	3
Electricliemistry	5	3
Electrion Theory	4	4
Cost Accounting	2	2
Industrial Managenment	2	2
Research or other Thesis	6	6

在文后所附说明中言明，（一）因本校经济关系，暂时开办土木工程科、机械工程科和机电工程科三科。但内容不求其广，只求其精；以致现在本校所有之设备只可供第一年之用。第二年以后至设备，即须添设。大约第二年三万，第三年五万五千，第四年五万；加其他费用开办四年之工科约需要十五万……（二）本校工科所设各科科目极为完全。凡读毕此科者，将来必可出而应社会之要求，因所拟定各科皆首重实在，不重形式；如他校有毕业论文，本校毕业并不须次，所以专重实在方面也。周永德坦陈这份学程计划是"仿美国大学之办法"。

虽然从组织上成立了工程系，但是其发展却一波三折。1927年，原拟定的三科"因限于经济未能发展，故将三科并作'实用工程科'"，工程系被缩编。1928年1月，严鹤龄任清华学校代理校长，关于如何办理工程系、工程专业在清华存在的合理性的争论又起风波，同样也因为经费问题，"自严校长履新以来，全校的空气都紧张了，因为要节省经费，各系都有'危危乎'，不能保持原状的趋势。在这个空气里，工程系第一个改变他原来的计划"。[①]

1928年6月，南京国民政府控制了北京，罗家伦就任清华大学校

---

① 《清华的工科》，《清华周刊》第二十九卷第五号，第四百三十二期，1928年3月3日。

长。9月5日大学院会同外交部订定《国立清华大学条例》，建立起新的学校管理体制。《条例》规定，"国立清华大学设董事会"，其职权主要包括：1. 推举校长候选人；2. 议决学校重要章制、教育方针、预算、派遣及管理留学生之方针与留学经费之支配；3. 其他关于设备或财政上之重要计划。审查决算、校长之校务报告等。①

1928年11月29日至12月3日在南京召开清华大学董事会第一次会议。会议期间校长罗家伦给北平发回消息，告知经董事会议决，决议裁撤市政工程系。因为此前并无任何征兆，故此在清华大学校内顿时引起轩然大波。

在罗家伦呈交本次董事会会议的报告中，关于整顿各学系问题，他提出，"凡有名无实的学系，如农学系、音乐系、体育系，均无一个正式学生，空有几个教员，本期一律取消"。对于工程系，他的计划是，"工程系原为普通工程系，将来拟改为市政工程系"。而"工程系改为市政工程系，一以清华的财力人才设备，办理普通工程，均不易与上海、唐山交通大学、北洋大学及北平大学竞争。再者市政工程人材，确为目今新中国的建设期所急需。将来对于市政工程系学生，除工程学科外，同时并授以实际的地方知识，养成市长兼工程师的人材以备小城市的需要"。②

罗家伦的这份报告，是通过了学校教授会、评议会的审议，并得到支持的。在罗家伦行将出发之际，11月13日，学生会召开会议，邀请罗家伦讲述拟汇报董事会的报告内容。与会学会代表深表赞同，还进一步提出了发展清华的建议。可以说，报告内容既是罗家伦个人的意见，也基本上代表了清华师生的共识。

但是，本次董事会会议议决的结果，完全出乎大家的意料之外。工程系的存留问题本不在本次会议的议程之列，但是董事会却议决要裁撤

① 《国立清华大学条例》，《清华大学校史选编》第二卷（上），第139~140页。
② 罗家伦：《整理校务之计划（上董事会之报告）》，原载《国立清华大学校刊》第12期，1928年11月23日。《清华大学校史选编》第二卷（上），第11、12页。

工程系。而当时工程系在学的学生已经占清华全体学生八分之一，招生人数逐年增加，"本年尤为踊跃"，显然不属于"不合需要和无学生"、"有名无实"的系。这令清华师生尤其是作为利益直接相关者的工程系师生感到震惊和不解。清华大学内一场保卫工程系的大幕就此拉开。因议决案由董事会会议作出，因此反对工程系裁撤的斗争首先指向董事会。

12月10日，市政工程系全体教职员率先发出声明书："清华大学工程学系成立业已三载，其间虽经种种变故，从未有如此次董事会之议决自下学期起裁撤工程学系之出人意外者。"① 声明书中声言，"最初在建系之初，工程系之设置是大多数人所反对的。因为这一系的设备，不得不大；而且别的学校如唐山，如南洋，如北洋，都已有相当的成绩，清华虽不设工程系，有志学工程的，并不是没有更好的学校去学"②，在声明书中，教职员恳请董事会诸先生不要以环境和经费为借口，"本此爱校之真诚，从速自动复议取消此案，俾市政工程系得以继续进行"。③

12月12日，《国立清华大学校刊》刊发了该声明书并加了编者按，号召"无论其理由如何，吾人有更充足之理由，以与其力争；而本校各方面，及必能予市政工程学系以同情及援助"；④ 同日，校评议会开会议决，以教授会名义具正式公函致董事会请复议取消工程系案，推叶企孙、冯友兰起草交教授会通过。12月14日，清华大学教授会发出致董事会书，陈述市政工程系存在的理由，并请"贵会依本大学条例第十条之规定，速行召集临时会议，或以通信办法将裁撤市政工程系一案复议取消"。与此同时全体教职员上书董事会，恳请"即日提出复议，

---

① 《清华大学市政工程学系不应取消之理由（1928年12月10日）》，原载《国立清华大学校刊》第21号，1928年12月14日。《清华大学校史选编》第二卷（上），第146页。

② 某人：《罪言》，《国立清华大学校刊》第22号，1928年12月17日。

③ 《清华大学市政工程学系不应取消之理由（1928年12月10日）》，原载《国立清华大学校刊》第21号，1928年12月14日。《清华大学校史选编》第二卷（上），第150页。

④ 《市政工程学系教职员昨发出声明书》，《国立清华大学校刊》第20号第12期，1928年12月12日。

收回成案"。①

市政工程系学生对此情绪则更为强烈。该系学生除了分头进行呼吁外，在 12 月 16 日罗家伦自南京返校后，又召开全体大会，请罗家伦报告董事会议决裁撤工程系的经过，质询其本人对于工程系的意见。会上，大家讨论应对的办法，形成议决案，主要有两点：一、清华工程系应永久存在；办法包括，①联合本校教职员同学作大规模的拥护本系运动；②发表宣言反驳董事会撤销工系之理由。二、于最短期间内分头与各教授接洽，请主持本系永久之存在。② 第二天，以全体同学的名义发表了宣言，申述该系存在的七大理由，要求董事会"本其维护本校之热忱，对于此案慎加考虑，从速复议，取消此案"。宣言最后宣称"同人等爱国爱校，一秉至诚，不达目的，誓不中止，师长同学，邦人君子，其共鉴之"。③ 为此该系同学专门成立特别委员会，负责护系运动。此后，工程系学生根据特别委员会的统一部署，分别接洽评议会成员、校长和有关教授，寻求支持。1929 年新学期开始后，学校却按照第一次董事会的议决案，开始办理工程系裁撤事宜。部分先期被转学的同学也期冀"如清华工程系能复活，彼等情愿负笈而返"。④ 在校的工程系学生一方面观望结果，另一方面又开始讨论新的对策，酝酿新的行动，并逐渐将斗争的矛头直指校长罗家伦。学生会在 23 日晚召开紧急代表大会，将 21 日的"请求外教两部撤换罗家伦"的议案，修正为"提出具体意见请校长尽力办到否则请其自动辞职"案，并获得通过。⑤

何以裁撤工程系之责转向了罗家伦呢？在 3 月 22 日工程系全体同学直接呈送董事会的报告中，称"蒙示工系裁撤，全因动用基金问题，

① 《国立清华大学校刊》第 22 号，1928 年 12 月 17 日。
② 《工程学系全体学生大会纪事》，《清华周刊》第三十卷第四四八号，第七期，1928 年 12 月 19 日。
③ 《国立清华大学校刊》第 23 号，1928 年 12 月 19 日。《清华大学校史选编》第二卷（上），第 159、160 页。
④ 《工程系同学消息》，《国立清华大学校刊》第 54 期，1929 年 4 月 3 日。
⑤ 《风云后记》，《清华周刊》第三十卷第四五四号，1929 年 3 月 29 日。苏云峰：《从清华学堂到清华大学（1928—1937）》，北京三联书店，2001，第 23 页。

钧会根据罗校长之报告，谓工程系非动用基金无法维持，迨不准动用基金，始有裁撤工系之决议，证之以往，律以现状，皆无动用基金之必要"，对于工程系的经费问题，"（原来）逐年均列入经常费中，从未见拮据困难，去秋罗校长来校，强改工科为市政工程，复因添办史地各系，致使经费不足，而将工系经费，划入特别费内，措置失当，责在校长"。① 因此，校长罗家伦要为裁撤工程系承担责任。

1929 年 4 月 1 日，董事会召开第二次会议。会议结果仍然议决不准动用基金和基金利息，对于罗家伦提出"先由建筑公司或银行垫款建筑，以后由逐年预算中节款拨还"② 的变通办法，也予以否决。这样一来，罗家伦不仅无法实现办学改革的目标，也无法给苦等恢复工程系的学生以合理的说法。

在本次董事会会议上，董事会对一同参会的教授会代表冯友兰亦甚不客气，这让罗家伦和冯友兰感觉受到屈辱。罗家伦以电报形式向学校报告此次董事会会议情况，并致电主持校务的吴之椿等人，表达自己决议辞职以示抗议的决心。《校刊》迅即以"号外"予以刊发，"校内空气，陡然紧张"，学生首先行动起来，4 月 6 日晚，召开学生会代表大会，议决通过：1. 不承认此次董事会一切议案。2. 请求国民政府，取消清华董事会，并撤销其一切决议。3. 请求国民政府将清华大学改归教育部直辖。4. 校内事务暂请教务长及评议会维持。7 日上午 11 时，《清华周刊》记者访时代理校长吴之椿于家中。吴之椿表示学生代表大会的意见，赞成："一，取消董事会；二，本校改归教育部直辖"。政治学出身的吴之椿从理论和事实上阐述了对董事会的看法，理论上有三不妥：一是"权力与责任分开"；二是"董事会为叠床架屋之机关"。三是"清华有两个主人。清华除受董事会之牵制外尚须受外交教育两

---

① 《工程系全体同学呈清华董事会文》，《清华周刊》第三十卷第四五四号，1929 年 3 月 29 日。

② 《罗校长与上海记者谈话》，《国立清华大学校刊》第 61 号，《清华大学校史选编》第二卷（上），第 74 页。

部同等之管辖。往往一方赞成者即他方所反对者"。事实上"现在之董事会可谓贻误大局罪不容辞"。进而他提出对董事会如果仅仅加以改良，无论是扩大还是缩小其权力，"学校前途，仍是黑暗"。所以，他表示同意学生代表大会改隶废董的决议。[①]

吴之椿的一番话客观上把裁撤工程系的责任，由罗家伦转回到董事会身上。这样一来，对于急切要恢复工程系的学生而言，首要的问题是废除董事会制度。

在学生代表大会召开后，4月8日，教授会召开全体会议，表达了对教授会推选代表，受到董事会会议冷遇的愤慨。会议通过了反对本届董事会之议决案和改组董事会等三项决议。9日，评议会召开第七次会议，向教授会建议："呈请国民政府取消董事会制度，实行教授治校，校长由教授推举，呈请国民政府任命之。"[②] 教授会达成四项决议，直接呈交国民政府：1. 撤销清华董事会和基金会。2. 将清华纳入教育系统，归教育部管辖，外交部不得干涉清华事务。3. 批准动用基金四十万元。4. 批准清华改制，正式成立清华大学。[③] 第二次董事会会议上，董事会成员的所作所为，使得清华校内反对董事会的力量逐渐汇聚起来。

4月24日学生会推举学生代表曹盛德等三人赴南京请愿，直接向国民政府递交呈文，提出包括"改隶废董"和撤销董事会两次会议议决案在内的四项请愿，痛斥董事会之议决案"除少数之无关大计者外，多足以阻碍学校之发展……复裁撤工程学系，使数十学生流离失所"。随即清华学生会代表全体学生电致"南京蒋主席"，"望主席一体革命精神，彻查实况，革新弊政，庶使生等可以早日安心读书"。[④]

---

① 《与吴教务长谈话记》，《清华周刊》第三十卷第四五六号，1929年4月13日。

② 《评议会第七次会议纪事》，《国立清华大学校刊》第56号，《清华大学校史选编》第二卷（上），第61~62页。

③ 冯友兰：《三松堂自序》，人民出版社，1998，第320~321页。

④ 清大学生代表曹盛德等呈：《请改订"清华组织条例"并设法"巩固经济基础"一案》，转引自苏云峰《从清华学堂到清华大学（1928—1937）》，北京三联书店，2001，第25页。

罗家伦在 4 月 11 日以"办学政策不行，设施诸感困难"为由正式向国民政府提出辞职。当天，他在上海各大媒体发表长篇谈话，公开了汤姆生会计师事务所对清华基金的查账报告，痛陈清华基金的积弊。[①] 至此，原本看似是清华校内之事务，在传媒的推波助澜下，扩展为社会关注的问题，这就是在清华大学发展史上有重大意义的"改隶废董"运动。在这场运动中，清华各派势力的吁求达成一致，对校长和教授而言，董事会的存在阻碍了清华前进的步伐；对学生来讲，裁撤工程系是董事会干预校政、置学生命运前途于不顾的罪责。因此废除董事会制度，重新理顺隶属关系，已成为解决包括工程系等所有问题的根本前提。

在工程系裁撤问题上，评议会、教授会坚定地站在学生一边，与学生一道成为这场运动坚实的群众基础。最终在罗家伦采取了"有点非常"的办法，于 1929 年 5 月 10 日举行的国民政府第二十八次国务会议上通过了关于国立清华大学改由教育部专辖的提案，5 月 15 日，行政院训令外交部和教育部遵照办理，20 日，教育部令清华大学遵照办理，6 月 29 日，教育部下令取消清华大学董事会。[②] 随着董事会的风流云散，工程系随之正式复兴。

这次裁撤工程系风波出现的原因很是复杂，既涉及对清华发展的主导权问题，也关涉发展理念之争。

裁撤工程系案是谁提出的呢？该案是董事会议决的，这是不争的事实，但是问题的关键是由董事会方还是校长罗家伦提议的，这似乎是个谜。苏云峰断言"裁撤之议出于罗氏，而非董事会"。[③] 但是罗家伦本

---

① 《罗校长辞职原呈》，《国立清华大学校刊》第 56 号，《清华大学校史选编》二（上），第 67 页。《罗家伦在贵阳清华同学会集会上的谈话》，转引自《清华大学校史选编》二（上），第 80 页。

② 清华大学校史研究室编《清华大学九十年》，清华大学出版社，2001，第 48～49 页；《罗家伦在贵阳清华同学会集会上的谈话》，转引自《清华大学校史选编》第二卷（上），第 81 页。

③ 苏云峰：《从清华学堂到清华大学（1928—1937）》，生活·读书·新知三联书店，2001，第 25 页。但是，苏著在述罗家伦在第一次董事会会议的报告时称，"关于各系及课程：1. 裁撤学生不足的工程、农学、音乐与体育四系"，在现有史料中未见此提法，不知其引出处何在。

人在当时即断然否认，在罗家伦回答工程系学生质询时，他"表示改清华普通工程系为市政工程系为本人办学计划之一，当然不会赞成取消"，"此次开会，并带聘书数份，预备在南方物色市政工程专家，以发展工科之准备，惜时已晚，未能聘到。在本人未走之前，清华经费尚未领到，校内存款，不过万五千元，而为购买工系仪器，竟肯指拨七千元为定洋，足可证明本人对工系极表赞成也"。① 但是，校内人士对罗家伦主张裁撤工程系的怀疑自始即有，在第一次董事会召开期间，传来裁撤工程系的消息时，校内便议论纷纷，"……因为有取消工程系的议案，人们就瞎猜，有的说罗氏弄把戏，有的说各系想分润工程系预算。这些都是瞎猜想，瞎疑心……"② 现有资料也尚未发现罗家伦主张裁撤工程系的直接证据。

董事会对于裁撤的理由有相应的阐述。工程系学生会代表拜见董事会成员时，董事会成员并未回答谁提议的该案，而对裁撤理由进行阐述。朱胡彬夏如是说："至于董事会裁撤工科不外以下诸因：（一）清华经费有限；（二）清华环境极佳，似对于文人哲士特别相宜，故不宜于办工科；（三）国内以唐山、北洋、南洋皆已创办甚久，设备甚完，清华工科必难与之颉颃，亦无再办之必要，故以前北大、南开等校之工系皆已取消，亦为此故；（四）清华工科历史较浅，欲谋清华整个之发达是以为取消工系之议。"在学生根据工程系办学情况逐条进行解释后，朱胡彬夏答复说："理论上工科诚有存在之价值与必要，惟董事会从全校之发展上着想，如清华工科须动用大笔款项，清华实难办到，故有取消之议。"但是，"倘工系能不动用基金而校长能在经常费内设法，想各董事乐与工系存在也"。余同甲的答复直截了当，"（因清华基金仅存四百余万再动用基金危及清华前途）惟罗校长表示如不动用基金则不能办工科，则惟有撤销工科而已，于是仓卒遂有'即刻裁撤工程学

---

① 《工程系全体学生大会纪事》，《清华周刊》第三十卷第四四八号，第七期，1928 年 12 月 19 日。

② 某人：《罪言》，《国立清华大学校刊》第 22 号，1928 年 12 月 17 日。

系'之议决案"。① 事情似乎已经明确，董事会之所以要裁撤工程系，关键点在于发展工程系就需要动用基金，而基金在董事会看来，绝对不可以动用，因此裁撤工程系成为解决问题的办法。

但是这个理由也不是很有说服力，对于裁撤工程系的原因，清华同人分析，"董事会所以议决裁撤工系之理由，现尚不知其详；但以情理度之，似非因工系预算动用基金之故。化学系须建筑化学馆，生物学系须建筑自然历史馆，均须动用基金，董事会皆未通过，然并未因此即裁撤化学及生物学系"。② 也就是说，若果是动用基金之故，化学系、生物系也会一并裁撤，为何仅仅裁撤工程系？

同年12月20日前，工程系学生代表拜见回北平的任鸿隽，任鸿隽对裁撤工程系作如下解释："（一）清华之经费不足以设定完全工程学系；（二）清华之环境不宜设立工程学系；（三）工程人才应集中专门学校。清华应发展文理各科。"董事会"当时以不明清华工程学系已有之成绩，历史及目前情形，遂仓卒通过撤裁"。③

如果任鸿隽所言属实，参加会议的董事会成员对工程系的基本情况并不了解，可以想见罗家伦所谓在董事会会议上，为工程系免于裁撤"据理力争"的话语存在水分。因此，在答复学生关于裁撤工程系问题的质询时，罗家伦的辩解显得缺乏力度，显然有些不便言明的苦衷。

那么罗家伦为何在裁撤工程系问题上有如此表现呢？罗家伦携北伐胜利之余威入主清华，他对清华的发展有着雄心勃勃的规划，"原期扫除积弊，力事建设，俾将清华大学造就一完善之学府"，为实现办学目标，他"以革命精神，力除积弊"，④ 实施革命性的改革措施。那么罗家伦规划的"完善之学府"的清华大学是什么样的大学呢？罗家伦在

---

① 《工程系同学谒见清华董事谈话记录》，《清华周刊》第三十一卷第四五四号，1929年3月29日。
② 《市政工程系教职员昨发出声明书》，《国立清华大学校刊》，1928年12月12日第12期。
③ 《清华周刊》第三十卷第四四九号，第八期，1928年12月26日。
④ 《罗校长辞职原呈》，《国立清华大学校刊》第56号，《清华大学校史选编》第二卷（上），第62、63页。

晚年回忆文章《我与清华大学》中说，"我认为大学的重心，应当以文、理两院为主体，因为这是一切社会科学、自然科学的基础。清华的环境远在郊外，对于发展文、理两院格外适当。因为大学的组织法规定要有三院，因此先设立一个法学院，将原来的土木工程系暂归理学院，以后再把工学院建立起来。"罗家伦坦言，"我以文、理两院为大学教育的核心，这种观念，多少受蔡元培先生的影响；我自己在德国读书的时候，更使我相信这种观念是正确的"。[①] 事实上，罗家伦任职清华也是蔡元培举荐的结果。对于办学方针，罗家伦除却在精神上承继业师蔡元培的思想之外，蔡元培也直接对新成立的清华大学提出了指导意见。1928 年 9 月 13 日，就在罗家伦即将赴任之前，蔡元培致函罗家伦，"鄙意清华最好逐渐改为研究院，必不得已而保存大学，亦当以文理两科为限，若遍设各科，不特每年经费不敷开支，而且北平已有较完备之大学，决无需重复也。惟收束自当以渐耳"。[②] 纵观罗家伦在清华的改革及其办学理念，其与蔡元培思想内在的精神是一脉相承的。在罗家伦的办学理念中，工程专业是应该发展，工学院也要办，但是应有轻重缓急，清华大学办学要优先发展文理专业。

但是发展的主导权却在董事会手中，因此反对董事会制度成为解决清华发展道路上的关键。正如《清华大学校史稿》中所言，"'专隶废董'的斗争，不仅是反对董事会专权，阻碍清华发展计划，而且是反对董事会这种官僚主义制度"。[③]

新的董事会是大学院与外交部妥协的产物，从建立董事会的目的来看，更多的是政治利益的考量而不是出于办理教育的需求。南京国民政府成立后，以蔡元培为院长的大学院主张改变清华大学的隶属关系，收归大学院统一管辖，当时担任外交部部长的王正廷以影响与美国的关系为由，对此举表示反对。最后达成共管协议。随后，王正廷提议组建董事会代表教外

① 《我与清华大学》，见《罗家伦先生文存》第七册，第 439、400 页。
② 《蔡元培书信集》上册，浙江教育出版社，2000，第 904 页。
③ 清华大学校史编写组编著《清华大学校史稿》，第 98 页。

两部行使职权。在罗家伦看来，外交部不肯放手的原因，在于王正廷的外交部"深知清华是外交部长的一个财源，也是外交部的禁脔"；董事会制度的建立，"不是为了清华的教育，乃是为了清华的基金"。①

清华基金原由北京政府的外交部成立的"清华基金保管委员会"负责管理和使用，在当时的历史背景下，有其历史贡献。民国初期，各大学均为了办学经费问题而风潮四起，清华因为有较充足的经费，加之相对规范的管理而一枝独秀，清华也一直被教育界视为"肥肉"，各派政治势力和社会团体、个人都想插手清华。正是"想染指者实在太多"②，在动荡的政治环境中，基金的管理逐渐出现积重难返之弊。南京国民政府成立后，基金依然由外交部主导，在罗家伦看来，这是"王正廷要管清华为了要染指基金"，③同时也有捂住基金问题上腐败的盖子的意图。从董事会组成上看，成员虽有大学院院长蔡元培、副院长杨铨与罗家伦是一线上的人，但是财权——清华基金仍由外交部主导。

罗家伦虽然被任命为清华大学的校长，但实际上并没有享有1929年7月国民政府颁布的《大学组织法》所赋予校长的权利，"清华为教育、外交两部所共管，已有两姑之间于难于为妇之苦，今更加董事会，则一国三公，更有吾谁适从之叹矣"。④罗家伦急需在学校发展上做出成绩，这既反映了清华师生的呼声，也是巩固其校长地位的迫切需要。但是制约其发展规划和设想的瓶颈是经费，要求动用清华基金以谋求发展成为他的主要目标。

而正是工程系裁撤问题成为清华校内师生反对董事会的触媒，只是董事会制度废除后，罗家伦也很快离职清华。其中的原因也是错综复杂。但是，罗家伦以德国大学制度和理念来改造清华大学，对清华大学自身

---

① 《我与清华大学》，见《罗家伦先生文存》第七册，台北国史馆，1978，第397、409页。
② 苏云峰：《从清华学堂到清华大学（1911—1929）》，第31页。《从清华学堂到清华大学（1928—1937）》，第21页。
③ 《我与清华大学》，见《罗家伦先生文存》第七册，第409页。
④ 《上国民政府呈为办学政策不能实行请辞清华大学校长职务》，见《罗家伦先生文存》第七册，台北国史馆，1978，第78页。

的传统和个性显然重视不够。张伯苓对以德国和美国为代表的两种大学制度有精辟的认识,"一则英美法之制度,一则日德之制度。前者专为计划个人之发达,后者性近专制,为造成领袖及训练服从者之用(是即服从纪律)"。① 裁撤工程系办文理大学固然不错,但是在当时社会日益重视实科教育,社会发展需要工程人才的当时,显然显得不合时宜。

究其原因,正如舒新城所言:"教育底本身是温和的改良,无论何时都得顾及一般民众底现实利益,尊重一般民众底习惯,不使改良的进程发生障碍。所谓'因势利导'、'潜移默化',都是形容教育功能的良好字面,也就是教育不能革命的见证。"②

三　清华工学院的创办及其办学特色

工学院成立的经过　经历了裁撤风波后,工程系得以恢复,1929年6月12日教育部呈准行政院颁布新的《国立清华大学规程》,正式批准清华大学本科设立文理法三学院,停办市政工程系,工程系专办土木工程系,系主任由卢恩绪担任,暂附属于理学院。土木工程系内按照专业方向,分两组:①铁路及道路工程组;②水利及卫生工程组。当年学生已近百人,占到全学校(大学本部)总人数的五分之一。

由于清华有着稳定的资金来源,当时的工程系设备师资较之国内其他工科院校已逐渐取得优势。1929年1月该系教师庄秉钧曾撰文详细介绍工程系设施设备状况,并对国内其他著名工科院校进行了对比分析。"(工程系)创办以来,行将四载,惨淡经营,规模初具,其间计划虽屡有更改,然循序进展,固始终一贯,逐年所添设备不无可观。而来学工程者亦与岁俱增,迥非昔比(计有四级五十二人占全大学的八分之一强)足证青年志趣趋向建设是诚可庆。"

其设施如下:一、工艺馆:1.制模工场;2.锯木工场;3.金工工场;4.材料实验室;5.电机实验室;6.机械及水利实验室。二、锻铸工

---

① 段茂澜:《译张伯苓校长在美演说记》,《南开思潮》1918年6月第2期。
② 舒新城:《近代中国教育思想史》,福建教育出版社,2006,第4~5页。

厂：1. 锻工部；2. 铸工部。三、原动力厂：1. 锅炉房；2. 电机房。该文还详述了各工场设备的具体情况。以上固定资产及设备如表 3-11 所示。

表 3-11　1929 年工程系资产明细

单位：万元

资产明细	金　额	备　注
工艺馆及工厂建筑费	10	
金工工厂	3.3	
锻，铸木工设备	3	
材料仪器	2.2	
测量仪器	1	
绘图教室设备费	2	
图书设备费	3	
总　计	24.5	

该统计因原动力厂与学校合用，故未将其计入。如果计入原动力厂机器设备及建筑费 11.35 万余元，则清华工程系现有设备及建筑费价值在 30 万元以上。再加上当年应购入电机、机械、水利设备，约 4 万元，则当时清华工程系设备及建筑共有 34 万元以上。

对比国内较著名的工科院校工程设备情况，如表 3-12、表 3-13、表 3-14 所示。

表 3-12　1929 年唐山大学工程资产明细

单位：万元

资产明细	金　额	备　注
原动力厂	1.8	
金工工厂	1.7	
制模工厂	0.28	
机械实验	0.9	
电机实验	0.93	
水利实验	0.67	
材料实验	0.87	
测量仪器	数千元	
总计（约值）	8	若新购置在估值基础上加 3%

表 3-13　1925 年南洋大学工程设备明细

单位：万元

资产明细	金　额	备　注
原动力	1.78	
材料试验及水利试验	1.1	
上项实验室器具	0.4	
金　工	1.75	
木　工	0.85	
锻　工	0.28	
铸　工	0.18	
绘图教室	0.15	
总　计	6.49	

表 3-14　1929 年南洋大学固定资产明细

单位：万元

资产明细	金　额	备　注
机械与金工	7.00	
木工工场	1.00	
锻工工场	0.20	
铸工工场	0.35	
原动力厂	0.50	
总　计	9.05	

资料来源：庄秉钧：《清华市政工程系工场概况》，《清华周刊》第三十卷第十一、十二合期，第四五二、四五三号。

庄秉钧在文中不无自豪地说："（清华）较之国内著名之各工科大学如南洋，北洋唐山，及中央大学工学院，均无逊色，是清华设备虽不能与美国之麻省理工及康奈尔式英国之曼却斯特及德国之古廷根大学可比，亦国内各大学中之少有者矣。"[①] 可以看出，从设施设备上清华虽后起，但在国内工科院校中已占优。

20 世纪 30 年代国民党政府为加强国防和推进工业化国家建设，大力

[①] 庄秉钧：《清华市政工程系工场概况》，《清华周刊》第三十卷第十一、十二合期，第四五二、四五三号合集，1929 年 1 月 9 日。

推行注重实科的教育政策。而大规模的国民经济建设，也为工程技术人才提供了广阔的就业前景。选择工程专业学习的学生日益增长。各大学纷纷增设工程专业，原有工程专业的学校也都在增设专业，扩招人数。对于清华大学而言，附设于理学院的工程系遇到制约发展的制度瓶颈。30 年代初也是清华大学大发展的时期，教育部 1929 年 6 月批准《国立清华大学校务进行计划大纲》，经费固定由中基会每年拨付一百二十万，经费稳定，加之与美国的关系，也易得到国外财团的资助。这一时期成为清华大学既是"大师"不断涌现，也是"大楼"大规模扩充的时期。按照《国立清华大学校务进行计划大纲》规定，图书仪器购置费至少占总预算的百分之二十，建筑费至少占百分之十。实际上，这两项费用基本上都要超出预算。以 1931 年为例，建筑费就占到百分之二十。由于工程系是附设于理学院，"在经费等方面争不过理学院，几个系馆都局促于校园南隅，规模也较小"。① 而当时北方几所较有名气的工科院校除唐山交大外，办学都面临严重困难。工科大学中最有名的北洋大学在 1929 年突遭大火，教学大楼遭焚毁，连同图书室、水利实验室、材料实验室、地质标本室、矿石陈列室、图画讲室等重要设施均付之一炬，元气大伤。校方几经努力，也仅仅争取到教育部划拨的"中比庚款"10 万元，重建原教学楼的资金尚短缺一半。学校经费拮据，学生用的教材都无法保障。② "况最近北洋被火，东北停顿，华北各工程学校，除唐山外，渐次凋零，而清华经费稳固，读书适宜，似应设一完美之工学院，以挽救华北工学之厄运。"③

　　1931 年 10 月梅贻琦就任校长，工程院建院事宜开始正式启动。1932 年 1 月工程系学生发起了"改院促进会"，推动学校扩大工程系规模，改系建制为学院。原因是"自建立工程系以来，每年新生，十之

① 清华大学校史编写组编《清华大学校史稿》，第 140～142 页。
② 北洋大学—天津大学校史编写室：《北洋大学—天津大学校史》（第一卷），第 136～137 页。
③ 炎焱：《土木工程系改院运动之经过》，《清华周刊》第三十七卷第一期，第五二八号，1932 年 2 月 27 日。

三四均进入该系,因之该系同学,日益增多,占全校五分之一强,同学既多,而该系所有教授及设施,遂以附属理学院不能自由充分发展之故,而感不敷,且该系附属理学院,毕业为理学士,似乎名有不正也"。①

1932 年 1 月 28 日,评议会议决动用庚款余款,于下学期呈请教育部开办工学院。随即成立改院筹备委员会,筹设机械工程系、电机工程系两系,开办费约六七十万元。6 月教育部指令清华大学筹建工学院,当年暑假开始招收新生和插班生。工学院宣告成立。梅贻琦在报告组建工学院等有关问题时,对开办原因作了说明,"成立工学院的理由,一方面是逆奉教育当局明令,特别主张发展理工学科;一方面是应社会的需要"。"此次改院,固然工程学系同学有很热心的表示,但亦因所请求者与学校政策相合,所以大家似都满意"。②

工学院设置三系七组,包括土木工程系,有铁路及道路工程组、水利卫生工程组;机械工程学系,有原动力工程组、航空工程组、机械制造组(1936 年正式成立);电机工程学系,有电力组、电讯组。从专业设置来看,清华大学工学院设置既考虑原有的师资设备和传统因素,又具有前瞻性,水利、电讯、航空等专业在当时是较新的工程技术,这就为以后清华工学院在新兴工程技术学科方面的进一步发展打下了良好的基础。③

梅贻琦兼任工学院院长,顾毓琇、庄前鼎、施嘉炀分别担任电机系、机械系、土木系系主任。

办学理念和思想 论者往往把稳定经费作为清华发展的重要原因,甚至是决定性因素。诚然办好大学经费充足不可或缺,但是这仅仅是必

---

① 炎焱:《土木工程系改院运动之经过》,《清华周刊》第三十七卷第一期,第五二八号,1932 年 2 月 27 日。
② 梅贻琦:《关于组建工学院等问题》,刘述礼、黄延复编《梅贻琦教育论著选》,人民教育出版社,1993,第 14 页。
③ 方惠坚、张思敬主编《清华大学志》(下),清华大学出版社,2001,第 279 页。

要条件而不是充分条件。大学成功的原因很多，学校主事者的理念和思想对大学的发展有着至关重要的作用。就工学院管理层的教育背景来看，梅贻琦等人均于美国接受工科教育，在美国留学的直接经验，无疑是其开办工科的理论资源。而除了梅贻琦外三个系的主任均为麻省理工学院毕业生，可以说麻省理工学院的办学模式为清华大学工程教育提供了直接的样本（如表3-15所示）。

表3-15　清华工学院创办时期院系负责人情况简介

姓　名	入校时间	系别职务	留学国别及学历
梅贻琦			美国吴士脱理工学院；芝加哥大学硕士
顾毓琇	1931	电机系教授、主任	麻省理工学院电机学，科学博士
施嘉炀	1928	土木系教授、主任	1927年康奈尔大学土木工程硕士；1928麻省理工学院机械工程硕士
庄前鼎	1932	机械系教授、主任	1926年康奈尔大学机械工程硕士；1929年麻省理工学院化学工程硕士

资料来源：根据陈超群《清华大学工学院的创建》，清华大学理学硕士论文，2005年，第13页等有关资料整理。

兼任工学院院长的梅贻琦，正如潘光旦所言"月涵先生是一位电机工程专家，同时也是一位自由教育论者"。[①] 看来大学的工程教育更要坚持通才观，而不是培养技术匠人。在工学院成立时，他就提出，"工学院各系的政策，我们应当注重基本知识。训练不可太狭太专，应当使学生有基本技能，而刻意随机应用。此类人才，亦就是最近我国工业界所需要的"。[②] 发表于1948年的《工业化的前途与人才问题》是其工程教育思想的集中展现，他认为，大学教育培养人才的目标，"原在培植通才；文、理、法、工、农等等学院所要培植的是这几个方面的通才，甚至两个方面以上的综合的通才"，而其"最大的效用，确乎是不

---

① 潘乃谷、潘乃和编《潘光旦教育文存》，人民教育出版社，2002，236页。
② 梅贻琦：《关于组建工学院等问题》，刘述礼、黄延复编《梅贻琦教育论著选》，第15页。

在养成一批限于一种专门学术的专家或高等匠人"，只有这样"才能成为国家目前最迫切需要的工业建设的领袖"。① 就工学院办学理念而言，清华与美国工科大学一脉相承，尤其有着鲜明 MIT 办学理念的痕迹。MIT 第十任院长基利安在回忆录中说："MIT 一开始就给自己定下了一个教育水准，一个标准大学的水准：它意识到用多学科教育培养管理者和其他专业人才——决不仅是"手艺工匠"——的重要性。MIT 为什么能在进入本世纪（作者注：20 世纪）以前就培养出这么多重要的工业界领导人，这也许是一个说明。"②

作为校长的梅贻琦，更多的是在办学理念和思路上提出高屋建瓴的认识，虽说他曾兼任工学院院长，但也不可能在具体的系科建设问题上投入过多的精力和时间。因此，考察工学院主持人的办学思想，就显得非常重要。具体到各系科主办人的办学理念，同样体现了通才教育观。电机系主任顾毓琇认为，学校的教育只是基础训练，犹如指南和地图，不会也不可能教给学生所有的专门知识，"因为专门的农工等等事业，都是千头万绪，详细的部分，学校教育无从教起来，并且教了也未必有益处。等到毕业的时候，这些未来的人才啊，才正式踏进专门事业的境域去。学校教育犹如旅行的指南，加了插图或是风景片的，而毕业才真正亲临其境"。③ 机械系主任庄前鼎提出"健全的工程师"应具有四项标准：①健全的体格与精神；②健全的学识与经验；③健全的道德与信守；④健全的思想与行为。"我们所需要的工程师，不单是仅仅一个工程专家，而希望他对于一般的常识，都有相当的认识……我们不能脱离社会来办工程，所以对政治、经济、历史、地理、社会学等都要知道一点。"④

顾毓琇、庄前鼎的办学理念与梅贻琦在本质上是一致的。这种一致更多的是因为有着相同或相似的教育背景的缘故。顾毓琇与庄前鼎均是

---

① 梅贻琦：《关于组建工学院等问题》，刘述礼、黄延复编《梅贻琦教育论著选》，第 15 页。
② 张成林、曾晓萱：《MIT 工程教育思想初探》，《高等工程教育研究》1988 年第 1 期。
③ 顾毓琇：《专门人才的培养》，见《清华大学校史选编》第二卷（上），第 224 页。
④ 庄前鼎：《健全的工程师》，《清华大学校史选编》第二卷（上），1936，第 279～281 页。

麻省理工学院的毕业生。前文可以看出，当时工学院的教师几乎都是留美回国学生，有相同的背景和学术理念，而且工学院的师资长期保持相对稳定。从领导层看，顾毓琇1932年担任系主任（后担任院长），一直到1938年方离开。庄前鼎1932~1937年担任系主任，此后长期在本系工作。担任土木系系主任的施嘉炀连续担任系主任，终身服务清华。当时的兼任教授张任也是在清华工作到退休。稳定的学术队伍呈现了代际间传承的事实。这在新中国成立前的高校是不多见的，这为清华工程教育自家的学术传统的形成提供了条件。

教学及课程设置 清华早期工程教育的发展及其办学模式的形成体现了美国工程教育的影响，尤其具有 MIT 特色。查阅该时期相关文献，并没有证据表明清华有意识追慕 MIT 之言行，但是考察其教学及课程设置可见麻省理工学院对清华早期工程教育发展的影响。

工学院成立之后教学与课程设置如何办理？梅贻琦认为，"大学工学院必须添设有关通识的课程，而减少专攻技术的课程。工业的建设靠技术，靠机器，不过他并不单靠这些；没有财力，没有原料，机器是徒然的。因此他至少对于经济地理、经济地质，以至于一般的经济科学要有充分的认识⋯⋯真正工业的组织人才，对于心理学、社会学、伦理学，以至于一切的人文科学、文化背景，都应当有充分的了解"。[1] 课程设置要依照通才培养目标进行。因此，工学院各系一、二年级以通识课为主，主要是工程学基础课程，三年级主要是本系的基础理论课，四年级开始分组，开始学习带有专门性质的技术课程。对照同时期 MIT 的课程设置，《1932~1933 年度的麻省理工学院校长报告》指出，"人文学科、必要的语言学科和基础科学，构成了有代表性的学生计划中非常重要的一部分。语言和基础科学方面的学习被认为是广泛的通才教育中最被强调的一部分。"[2] 以下具体考察工学院三系的课程（如表 3-16、表 3-17、表 3-18 所示）。

---

[1] 刘述礼、黄延复编《梅贻琦教育论著选》，人民教育出版社，1993，第 183~187 页。
[2] 清华大学教育研究所译《1932—1933 年度麻省理工学院校长报告》。

表 3-16　清华大学 1937 年工学院土木工程系课程（一年级）

上学期			下学期		
课　目	周时数	学分	课　目	周时数	学分
国　文	3	3	国　文	3	3
第一年英文	4	3	第一年英文	4	3
普通物理	7	4	普通物理	7	4
微积分	4	4	微积分	4	4
经济学概论	3	3	经济学概论	3	3
画法几何	5	2	工程画	5	2
锻铸实习	3	1	制模实习	3	1
总　计	29	20		29	20

表 3-17　清华大学 1937 年工学院机械工程系课程（一年级）

上学期			下学期		
课　目	周时数	学分	课　目	周时数	学分
国　文	3	3	国　文	3	3
第一年英文	5	4	第一年英文	5	4
普通物理	6	4	普通物理	7	4
微积分	4	4	微积分	4	4
经济学概论	3	3	经济学概论	3	3
画法几何	5	2	工程画	5	2
制模实习	3	1	锻铸实习	3	1
总　计	29	21		30	21

表 3-18　清华大学 1937 年工学院电机工程系课程（一年级）

上学期			下学期		
课　目	周时数	学分	课　目	周时数	学分
国　文	3	3	国　文	3	3
第一年英文	4	3	第一年英文	4	3
普通物理	7	5	普通物理	7	5
微积分	4	4	微积分	4	4
经济学概论	3	3	经济学概论	3	3
画法几何	6	2	工程画	6	2
制模实习	3	1	锻铸实习	3	1
总　计	30	21		30	21

全部课程中，属于本系的课程仅占总学分的 41.5%，即使加上全部选修学分（均作选修本系课程），总共也只占 50.5%，其中属于本组的技术课程则占全部课程的 15.7%，加上选修学分也只占到 24.7%。这直接体现主持人的办学理念。当我们选取同期北洋大学一年级课程设置（见表 3-19 所示），与清华大学机械工程系相比就可以看出差别。

表 3-19　北洋大学 1934~1935 年度各系一年级课程

课　目	上学期		下学期	
	每周时数	学　分	每周时数	学　分
英　文	5	5	5	5
微积分	5	5	5	5
高等物理	4	4	4	4
物理实验	3	1.5	3	1.5
高等化学	3	3	3	3
化学实验	2	1.5	3	1.5
平面测量学	2	2	2	2
平面测量实习	3	1.5	3	1.5
工程图画	3	1.5	3	1.5
军事训练	3	2	3	2
党　义	1	1	1	1
总　计	34	28	35	28

资料来源：清华大学资料来自"清华一览"，清华大学档案馆：1937 年案号 002，转引自陈超群《清华大学工学院的创建》，清华大学理学硕士论文 2005 年，第 21~26 页。北洋大学资料来自北洋大学—天津大学校史编写室：《北洋大学—天津大学校史》（第一卷），第 159 页。

北洋大学一年级不分专业，但是可以看出专业教育色彩浓厚，学生入学后即开始学习的主要是普通自然科学理论基础课和一般工程技术理论课。在此基础上再根据学生对专业的兴趣进行分专业分系教学。而清华大学一年级课程基本相同，但既有上述基础课程又有国文和经济类课程，看似与本专业无关的课程。而三个系在课程上互有交叉，正如土木系系主任施嘉炀解释的，"在现代讲究分工的时候，土木工程，绝不能离开其它工程而独立。……总之，各种工程的知识技术，须互相联络，方能收到增加生产，完成建造之效。故学土木工程的人，也要对其他工程有相当的认识"。[1]

在选择教材方面，清华工科均以麻省理工学院、加州理工学院和密执安大学为蓝本。[2] 以 1937 年土木工程系所用教材为例，除了自编讲义，外文教材占 95% 以上，其中的"自编讲义"、"本系特编讲义"，以及"各项参考书"也多为外文书籍或从西方著名工程刊物上摘录编译。1934 年何炳棣就读清华时，定性分析教材使用的即是麻省理工学院教授 A. A. Noyes 的课本。[3]

清华工学院在教师组成上，主要是以麻省理工学院为主体的留美学生，1937 年前任职教授的 26 人中有 14 名麻省理工学院毕业生（见表 3-20）。

表 3-20　清华大学工学院初建时期教授情况一览

姓　名	入校时间	系别职务	留学国别及学历
施嘉炀	1928	土木系教授、主任	1927 年康奈尔大学土木工程硕士；1928 麻省理工机械工程硕士
王裕光	1930	土木系教授	康奈尔大学
张泽熙	1931	土木系教授	康奈尔大学
蔡方荫	1932	土木系教授	麻省理工学院
陶葆楷	1931	土木系教授	麻省理工学院
顾毓琇	1931	电机系教授	麻省理工学院
刘仙洲	1932	机械系教授	香港大学
王士倬	1932	机械系教授	麻省理工学院
章名涛	1932	电机系教授	英国纽卡索大学
庄前鼎	1932	机械系教授、主任	1926 年康奈尔大学机械工程硕士；1929 年麻省理工学院化学工程硕士
张乙铭	1932	土木系教授	耶鲁大学
倪　俊	1931	电机系教授	康奈尔大学
张　任	1934	土木系教授	麻省理工学院

---

[1]　施嘉炀：《土木工程系》，《清华大学校史选编》第二卷（下），第 470 页。

[2]　清华大学校史编写组编《清华大学校史稿》，第 226 页。

[3]　何炳棣：《读史阅世六十年》，广西师范大学出版社，2005，第 59 页。

续表

姓　名	入校时间	系别职务	留学国别及学历
李辑祥	1934	机械系教授	麻省理工学院
李郁荣	1934	电机系教授	麻省理工学院
殷祖澜	1935	机械系教授	麻省理工学院
史久荣	1935	机械系教授	密歇根大学
殷文友	1935	机械系教授	康奈尔大学
赵友民	不详	电机系	密歇根大学
张润田	1935	土木系教授	思理尔理工大学
维　纳	1936	电机系与算学系教授	麻省理工学院
吴柳生	1936	土木系教授	麻省理工学院
李谟炽	1936	土木系教授	普渡大学
汪一彪	1936	机械系教授	麻省理工学院
冯桂莲	1935	机械系教授	麻省理工学院
华敦德（外籍）	1936	机械系教授	哈佛大学

资料来源：转引自陈超群《清华大学工学院的创建》，清华大学理学硕士论文，2005，第13页。

众多的麻省理工学院毕业归国的留学生不仅带来 MIT 的办学理念、教材、教学方法，同时也拥有与 MIT 联系交流的丰富的人脉资源。工学院成立之后的 1935 年，在电机系教授李郁荣推介和具体联系下，清华大学正式聘请麻省理工学院（MIT）数学系教授、数学家诺伯特·维纳（Norbert Wiener）访问讲学。维纳到清华后，为数学系师生系统讲解傅立叶积分、傅立叶级数和勒贝格积分的理论，此后清华数学系将傅立叶级数论和近代三角级数论正式列入清华研究院理科研究所算学部的选修科目。[①] 在此期间，维纳与李郁荣联合研究电路设计问题，试图制造模拟计算机。作为 MIT 科学博士、电机系主任的顾毓琇敏锐地感觉到这项研究的广阔前景，积极通过维纳与当时在 MIT 的负责全校实验室管理和发展的布什联系，购置一台小型的积分器，得到了布什的积极

---

① 李旭辉：《30 年代 N. 维纳访问清华大学函电始末》，《中国科技史料》第 19 卷，1998 年第 1 期。

响应。由此可见，当时的清华工科的发展力图密切紧跟 MIT 的步伐。维纳在清华一年的时间，为数学系和电机系的人才培养和科学研究起到了重要的促进作用，清华良好的研究环境和设施，也极大地促进了维纳的学术发展。他在回忆录中深情地说："如果我要为我的生涯确定一个特定的分界点，即作为科学的一个刚满师的工匠和在某种程度上成为这一行的一个独当一面的师傅，那么我应当选择一九三五年，即我在中国的那一年作为这个分界点。"①

四　工学院的发展成就

1927 年到 1937 年是全国高等教育快速发展的十年，也是清华大学工程教育飞速发展的阶段。表现在设施扩充设备完善、学生数量急剧扩大、教学科研实力迅速提升。清华大学工学院跃升为全国著名的工学院。1935 年 4 月北洋工学院院长李书田感慨道："以具有四十年历史之北洋工学院，与现在之清华大学工学院相较，不啻天渊之别。"②

（一）设施设备③

建院之后，首先扩建的是原来的工艺馆，改作土木工程系的工程馆，1933 年完工。随即于 1934 年 3 月动工兴建机械工程馆，第二年 4 月完成，共费 456000 元，其中，建筑费 109000 元，设备费 347000 元，为清华投资最多的一个系。电机工程馆几乎与机械工程馆同时开工，同时完工，建筑费 9 万余元，设备费 20 万元。

在实验室及设备方面，全校每年有至少 14 万元的仪器设备费，特殊需要还有特别设备费供开支。工学院初期，三系共有实验室 14 个，几乎所有重要设备均自英国、美国、德国等西方工业化发达国家采购，与当时美国一般大学相比，也有过之无不及。略述如下：

---

① 〔美〕诺伯特·维纳：《我是一个数学家》，上海科学技术出版社，1987，第 171 页。
② 天津《大公报》1935 年 4 月 29 日，第四版。
③ 设施设备情况除注明出处外，主要参考《清华大学校史选编》第二卷（下），第 467～496 页；《清华大学校史稿》，第 141～144、225～250 页；苏云峰：《从清华学堂到清华大学（1928—1937）》，第 94～102 页。

1. 土木工程系。拥有实验室 4 个，分别为水利实验室、材料实验室、道路工程实验室和卫生工程实验室。其中水力实验室是由系主任施嘉炀及教授蔡方之、王裕光仿德国大学类似实验室自行设计建造，设备较先进，被称为当时"中国第一水工实验室"。各试验室均有完善之设备，有关机械工程方面，设有锻铸工场、制模工厂、金工工厂及电机实验室。在土木工程方面，则有普通及精确测量仪器 40 余具。

2. 电机系。电机系工程馆分为三层建筑，底层为电力部分的各种实验室及研究室；二层为教室、教师自修室、办公室及图书室；三层为电讯部分之各实验室及研究室。实验室 10 个，分别为电机实验室、高压实验室、电机制造实验室、电车实验室、电梯实验室、电灯实验室、电话实验室、自动电话实验室、真空管制造实验室等。实验设备完善。以 1934 年时为例，新添设备价值约 10 万元。其中直流实验室新添设备与电气铁道实验室的设备仪器综合，"关于直流方面，可称尽有矣"。交流实验室增加的设备，"足够一切交流实验之用"。高压实验室的配置，"以作完善之高压试验"。无线电实验室也在定购二万五千元设备，加上将物理系的无线电实验室划归电机系，再增加五万元的设备。①

3. 机械系。机械系工程馆位置与工艺馆并行，分为二层，上层为课堂、绘图室、办公室、图书室及会议室等。下层为机器引擎实验场所（热力工程实验室），内部设备有汽轮机、蒸汽机、柴油机、汽油机、煤气机及飞机引擎等，上面有 3 吨重吊车 1 架，供移动较重机器之用，另于馆东连接新电厂，为学校装置 200 千瓦汽轮发电机 1 组，连原有之机组，共可发电 500 千瓦。该实验室之设备，"凡热力工程所包括者，已应有尽有，比之欧美各大学之机械实验室设备，实不相上下，堪称国内最完备之机械实验室"。②

航空风洞实验室，该风洞由王士倬设计，张捷迁绘图，是中国人自

---

① 《工学院院长顾毓琇转报机械系、电机系的工作报告》，1934 年 7 月，清华大学档案馆：1-2：1-018。

② 庄前鼎：《机械工程系概况》，《清华大学校史选编》二（上），第 467～496 页。

图 3-1 1936 年清华大学电机系教师合影

前排左起：赵友民、李郁荣、顾毓琇、维纳、任之恭、章名涛；后排左起：张思侯、范崇武、沈尚贤、徐范、娄尔康、朱曾赏、严睃。

行设计之第一个航空风动实验室。该实验室于 1936 年 4 月 24 日试验成功，口径 5 英尺。该风洞测试成功之后，顾毓琇与庄前鼎复于 1936 年 5 月起设计 15 英尺口径的航空风洞，当年 9 月提出在江西南昌建造航空风洞的建议，获得航空委员会的同意和补助。11 月于南昌设立航空工程研究所，顾、庄二氏分别为正、副所长，并着手建造风洞，由美国教授华敦德（Dr. Frank Wattendorf）与中国教授冯桂连、助教张捷迁负责监造，于第二年 4 月 15 日完成内外工程。同时还在清华工程季刊上发表了有关此风洞之论文 3 篇。

飞机实验室，系仿机场飞机库房的高架半圆顶铁架建筑物，巨型飞机可径行驶入，建筑费 7 千元。可存放双座单翼教练机 1 架，双翼飞机 1 架，及滑翔机 1 架。双座单翼机系德国 Bew-M-236 型，80 匹马力，机长 20 余尺，翼宽 40 尺，重 1 千余磅，最高时速每小时 160 公里，系 1930 年出品，运华两年，因无主顾，以半价 4000 元售给清华。双翼飞机系航空署所拨，德国 Fucke Wolf 厂出品，与前述单翼机一样用西门子五汽缸星型气冷式引擎。二机均供学生拆装修理及设计之用。滑翔机乃由冯桂连教授仿德标准教练机式样自行设计制造，取用本国材料，训练本国技术工人，亲自制造，用费仅数百元。此外，还备有木、金工必需工具及氢氧气焊等全套设备。

另有发电厂和原有经扩充的金工场、锻铸工场、木工厂，设备均以美国、德国的为主。

（二）科研方面

根据苏云峰的整理和统计，工学院在科研论著的产出方面，相对于理学院弱一些，这是工科的性质决定的。但相比较国内其他工科院校，工学院的学术研究则毫不逊色，1937 年前工学院共计出版专著 11 部，论文 53 篇，编译著作 15 部（篇）。科研应用方面也有开创性进步，以机械系为例，主要完成了下列工作：

1. 为北平军分会制造近两万具防毒面具；
2. 完成清华大学新电厂之装置；
3. 装妥机械工程馆之设备与布置；
4. 国内第一个航空风洞之设计与建造（在清华）；
5. 完成第二个大口径风洞之设计与建造（在南昌）；
6. 离心力打水机之设计及制造；
7. 2 吨载重汽车之配制；
8. 滑翔机之设计及制造；
9. 单翼教练飞机之设计；
10. 脚踏三轮车之设计及制造；
11. 机械工具之制造。

（三）人才培养方面

1. 土木工程系。1932 年成立工学院后，土木系由刚成立的两个年级 64 人，增加至四个年级 160 人，全系在系学生一般 120 人左右，毕业生七届（含工程系毕业生 8 人）共 182 人。由于教学严格，课程压力很大，该系学生淘汰率一般均在 50% 以上。1934 年度录取新生 62 人，仅有 27 人毕业，淘汰率达到 56.5%。

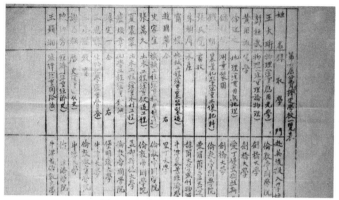

图 3-2　中英庚款留学清单

图 3-3　中英庚款留学照片

2. 机械工程系。1932 年开办时，全系学生仅有 22 人，1937 年时也仅有 95 人。毕业仅两届，共有 52 人合格毕业，淘汰率较之土木系略逊，在 41% 左右。

3. 电机系。全系学生数最多时，1936 年有 106 人，毕业学生共三届 27 人。电机系培养上贯彻了顾毓琇提出的"科学研究同科学发明不是人人可以强求的，我们大部分学科学的青年，恐怕仍须向实业界去找正当的出路"① 的理念，坚持严格培养，层层把关。学生淘汰率居全校

---

① 顾毓琇：《科学研究与中国前途》，《清华大学校史选编》二（上），第 251 页。

之冠。1932 年的一年级学生为 31 人，至 1936 年毕业时仅有 10 人，淘汰率达 67.8%，1933 年度的一年级为 36 人，1937 年毕业仅 13 人，淘汰率 63.9%。[①]

清华大学工学院正是靠这种严格的选拔淘汰制度，加之师资队伍优良，设备先进，学生成才率很高。据苏云峰的统计，1929～1947 年间，工学院毕业生共 640 人，有资料者 399 人，其中土木系 308 人，为全校人数最多的一个系。在大陆的有 5 位校友被评为院士，大多从事国家重要的基础工程建设工作。航空系毕业生 32 人，有资料者 19 人，在大陆的 7 人中产生了 3 位院士。机械系 1936 年至 1947 年共毕业 12 届 188 人，有资料者 96 人，在大陆的产生了 4 位院士，机械系毕业生成为我国航空航天事业的主干力量。电机系毕业生 112 人，有资料者 69 人，在大陆 49 人，产生了 5 位院士。[②]

这一时期清华工程教育可谓实现了"跨越式"发展，在推动其发展的诸多的因素中，瞄准高目标、高起点，扎实而持续地学习西方一流大学的办学模式和思想是重要的因素。学习和模仿是为了自身的发展，最终要实现的是超越。这是中国教育现代化的本质特征所决定的，直至今天依然值得反思和回味。

---

① 清华大学校史编写组编《清华大学校史稿》，第 233～246 页。
② 苏云峰：《从清华学堂到清华大学（1928—1937）》，生活·读书·新知三联书店，2001，第 228～236 页。

第四章
抗战时期工程教育的
变革与发展

　　1937年"七七事变"爆发后，日本帝国主义发动全面侵华战争，阻断了中国现代化、工业化的正常进程，极大地摧残了处于上升期的中国高等教育良好的发展态势。中国的国家建设和发展遭到巨大破坏。但是，中华民族面对外侮，团结抗战，教育界爱国师生，奋发努力，在艰难困苦中，继承和绵续了中国教育文化发展的血脉。因此，在八年抗战期间，中国高等教育仍然取得了很大的进步和发展。抗战胜利后，国民政府教育行政当局不无自豪地说："八年之间，我国教育文化，虽备受敌人之摧残，然我政府及教育界人士，坚忍奋发，辛苦维持。各级教育，仍能逐渐发展并未停止进步。"[①] 在各项发展的教育事业中，工程教育由于战争的特殊背景，受到国家的特别重视而有了显著的进步。

第一节　战时教育政策的转向与工程
教育制度的改进

　　抗日战争爆发前的10年，中国高等教育制度逐渐定型，教育事业

---

① 教育部教育年鉴编纂委员会编《第二次中国教育年鉴》，第11页。

发展迅速。但是对于国民政府而言，在高等教育领域始终存在三个久而
未决的难题，一是如何加强国家对高等教育的全面控制；二是如何使大
学的课程和内容符合国家建设的实际需要；三是如何使全国高等学校的
地理分布更为合理。抗日战争的爆发，为国民政权控制教育提供了历史
契机，国民政府通过实施"战时教育政策"等一系列政策措施，逐步
将高等教育全面纳入国家掌控之中。

一　战时教育政策的制定与实施

抗战初期，教育界出现了关于是否废弃正规教育制度、实施战时教
育的激烈争论。许多人鉴于"国难日亟"，主张学校应彻底改造以服务
于抗战，培养抗战人才。有人提议教育"以民众为对象，以本地社会
情形为教材，以国家民族复兴为目标，如化学系师生可以从事军事制
造"；或提出"高中以上学校与战事无关者，应予以改组或停办；俾员
生应征服役，捍卫祖国；初中以下学生未及兵役年龄，也可变更课程，
缩短年限"。[①] 这种呼声在 1937 年 12 月南京失守之后尤为强烈。反对者
则认为，战争总有终结的一天，将来的建设仍需要人才，即使抗战时
期，也需要大量的专门人才，教育为百年大计，只应对于战时需要，作
若干临时适应的措施，不应全盘改弦更张，使有关百年大计的正规教育
中断。[②] 面对纷纷扰扰的各派主张和建议，国民政府认为："抗战既属
长期，各方面人才直接间接均为战时所需要。我国大学教育本不发达，
每一万国民中仅有大学生一人，与英美教育发达国家相差甚远。为自力
更生抗战建国之计，原有教育必得维持，否则后果将更不堪。至就兵源
而言，我国人口之众，尚无立即征调此类大学生之必要。故决定以
'战时需作平时看'为办理方针，适应抗战需要，故不能不有各种临时

---

① 教育部教育年鉴编纂委员会编《第二次中国教育年鉴》，第 10 页。
② 庄焜明：《抗战时期中国高等教育之研究》，中国文化大学博士论文，1979 年 7 月，
第 80~83 页。

措施，但一切仍以维持正常教育为主旨。"① 事实证明，这种认识及相应出台的政策措施，确保了高等教育在抗战时期的良性发展，并对后来中国教育的发展影响深远。

1938 年 1 月，陈立夫就任国民政府教育部长，他在《告全国学生书》中明确指出，"青年之入校修业，自国家立场观之，读书实为其应尽之义务，使青年而有废学之现象，实为国家衰亡之危机"。② 1938 年 4 月，中国国民党临时全国代表大会召开，提出抗战分为两个阶段，目前已经进入第二阶段，即"抗战建国"阶段。大会通过了《中国国民党抗战建国纲领》，确定了教育的基本原则。关于抗战期间教育的纲领列四款：1. 修订教育制度及教材，推行战时课程，注重国民道德之修养，提高科学之研究与扩充其设备；2. 训练各种专门技术人员，予以适当之分配，以应抗战的需要；3. 训练青年，俾能服务于战区及农村；4. 训练妇女，俾能服务于社会事业，以增加抗战力量。

这次大会颁布的《战时各级教育实施方案纲要》详细阐述了战时各级教育发展的方针措施，指出，"教育为立国之本，整个国力之构成，有赖于教育，在平时然，在战时亦然。国家教育在平时若健全充实，在战时即应著其功能；其有缺点，则一至战时，所有缺点即会显露，而有待于急速之补救与改正，此贯乎战时教育之设施者，即针对教育上之缺点，以谋求根本之挽救"。

该纲要提出"九大方针"和"十七条要点"，"九大方针"包括"一曰三育并进；二曰文武合一；三曰农业需要与工业需要并重；四曰教育目的与政治目的一贯；五曰家庭教育与学校教育密切联系；六曰对于吾国固有文化精粹所寄之文史哲艺，以科学方法加以整理发扬，以立民族之自信；七曰对于自然科学，依据需要，迎头赶上，以应国防与生产之急需；八曰对于社会科学，取人之长，补己之短，对其原则应加以整理，对于制度应谋创造，以求一切适合国情；九曰对于各级学校教

---

① 教育部教育年鉴编纂委员会编《第二次中国教育年鉴》，第 10 页。
② 陈立夫：《告全国学生书》，《教育通讯》1938 年 3 月 26 日创刊号。

育，力求目标之明显，并谋各地平均之发展；对于义务教育，依照原定期限，以达普及；对于社会教育与家庭教育，力求有计划之实施"。①"十七条要点"中对战时学制、各地各级学校的迁移设置、教材、教育行政等教育的诸方面做了具体的规定。

教育部按照该纲要规定，制订了实施方案，对于高等教育的培养目标及要求规定，对不同层次和类别的高校提出了相应的要求："专科学校教育应为培养各业专门人才之教育，应由省市视需要在企业之附近地区设立各种专科学校，以造就各项应用之专门人才"，"大学教育应为研究高深学术，培养能治学治事治人创业之通才与专才之教育。其学院之设施，应以国家需要为对象"。②

1939年3月，国民政府在重庆召开第三次全国教育会议。会议讨论了《抗战建国时期教育实施方案》。在大会上，蒋介石发表"训词"，指出战时教育有两个主要的目的，一是满足民族救亡的需要，二是着眼于战后建国的需要。他说："目前教育上，一般争论最激烈的问题，就是战时教育和正常教育的问题，亦就是说我们应该一概打破所有的正规教育制度呢？还是保持着正常的教育系统而参用非常时期教育的方法呢？……我们决不能说所有的教育都可以遗世独立于国家需要之外，关起门户，不管外面的环境、甚至外敌压境了，还可以安常蹈故，一些不紧张起来。但我们也不能说因在战时，所有一切的学制课程和教育方法全部可以摆在一边，因为在战时了，我们就把所有现代的青年无条件地都从课室、实验室、研究室赶出来，送到另一种环境里无选择无目的地去做应急的工作。……总而言之，我们切不可忘记战时应作平时看，切勿为应急之故就丢失了基本。我们这一战，一方面是争取生存，一方面就要在此时期中改造我们的民族，复兴我们的国家。所以，我们教育上的着眼点，不仅在战时，还应看到战后。"建设现代国家，需要"国民知识能力"的提高，"需要若干

① 教育部教育年鉴编纂委员会编《第二次中国教育年鉴》，第10~11页。
② 教育部教育年鉴编纂委员会编《第二次中国教育年鉴》，第12页。

万专门学者，几十万乃至几百万技工和技师"。①

蒋介石的讲话与陈立夫代表教育部提出的战时教育政策相表里，这就为实施战时教育政策提供了保障。

纵观国民政府抗战期间的教育政策及其实施过程，集中体现了以"战时需作平时看"的原则，贯彻"抗战与建国"并重的方针。对此，陈立夫在回忆录中说："我当时根据抗战与建国双管齐下的国策，认为建国需要人才，教育不可中断。并且即在战时，亦需要各种专技人才的供应，有赖学校的训练……遂决定学校的数量不仅不应该减缩，并且依据需要，还需相当扩展。此为对于量之问题之解答。关于质的问题，我认为正常教育仍应维持，为建国预储人才，但为适应战时需要，应加特殊训练以备随时征召。"②

战争的爆发摧毁了原有的教育秩序的同时，也打破了阻碍教育整顿和改革的障碍，正如 1938 年 4 月《大公报》载文《计划教育》所言，教育与建国关系密切，要利用大战打破一切现状的机会，改进教育革新教育，依据抗战需要与远大的建国大计，实施计划教育，树立教育制度，培养抗战建国的人才。③ 国民党政权以"抗战与建国"为号召，着力对包括工程院校在内的大学体系进行再调整与改革，变革大学组织及行政体制，改革招生考试制度，整理与改革课程和教材，改革资助政策，审查师资等，这些措施的实施，确保了高等教育在艰难困苦中得以持续发展，最重要的是国家对大学的控制能力进一步得到强化。对于工程教育而言，战争的爆发客观上进一步激发了现实对工程科技人才的需求；国民政府对直接服务抗战的工程教育实施了显著的倾斜措施，加大对工程教育的支持力度，促进了工程教育的发展。

---

① 蒋中正：《今后教育的基本方针》，秦孝仪编《总统蒋公思想言论总集》（16 卷），中国国民党中央党史委员会，1984，第 128～129 页。
② 陈立夫：《战时教育行政回忆》，台北商务印书馆，1973，第 10～11 页。
③ 《计划教育》，1938 年 4 月 20 日《汉口大公报》社论。转引自庄焜明《抗战时期中国高等教育之研究》，中国文化大学博士论文，1979 年 7 月，第 124 页。

二 工程教育的改进与质量提升

1922年新学制公布以后，高等学校的数量迅速扩张，大学办学的自主权很大，无论在系科设置、课程设置、教材选定、师资等方面，均由各大学自行决定，从而出现了全国大学招生活动各行其是、课程设置标准杂乱无章、办学水平参差不齐、质量难以保障的流弊。抗战的爆发，为国民党强化国家集权提供了机会，政府在高等教育领域的管制加强，按照《战时各级教育实施方案纲要》的要求，对高等教育领域进行了系列改革，确保和促进高等教育的发展。其中影响和促进工程教育发展的措施有以下几项。

（一）实施全国统一招考制度

近代以来，专科以上学校的招生工作由各学校自行办理，国家在总量和结构上难以宏观调控，这也被认为是高校专业文实比例失衡现象的重要原因。"九一八"事变之后，"外侮日亟，非造就多数实用科学人才，不足以应非常环境及各种建设之需要"。1923年教育部颁布各大学及独立学院招生办法，力图纠正文法科学生招生数量畸形发展的局面。1938年教育部在上年度中央大学、武汉大学、浙江大学三校联合招生基础上，推行了国立大学统一招生制度。当年参加统一招生的院校有22所，到1940年时增加到41所，范围扩展到省立大学和独立学院。为确保招生质量和公平性，统一招生制度，采取了统一考试科目、统一命题、统一阅卷、统一录取标准等措施。强调"招生新生应参酌国家需要并切实遵照部核定之名额"，从政策上向国家急需的工程类技术人才倾斜。例如按照1940年度的录取标准，为限制报考文、法、商、教育学院和师范学院文科的人数，提高录取标准，要求标准分数应在280分以上，报考理工科和师范学院理科的录取标准相对降低为260分，报考医学、农学的录取标准仅为240分。

自1938年至1941年在实施统一招考的三年间，由于采取了一系列有效措施，一定程度上从宏观上调整了文实科学生的比例，工科学生数量显著提升。

根据表 4-1 数据所示，在实行统一招生的三年中，无论是报考的学生数量，还是录取数量，工科连续三年均居各科之首，录取比例几近三分之一。1941 年度统一招生工作因"交通关系"暂停进行，随即教育部颁布该年度公立各大学及独立学院自行招生办法，对相关高校自行招生工作进行规范。[1]

表 4-1　1938 年至 1940 年度全国统一招生分学科应考及录取学生统计

年度 类别	1938			1939			1940		
	应考生人数	录取生人数	录取百分比	应考生人数	录取生人数	百分比	应考生人数	录取生人数	百分比
工	3773	1394	25.5	7244	2260	42.1	6277	2413	34.3
理	539	625	11.4	951	506	9.4	684	270	3.8
农	978	607	11.1	1503	243	4.5	1599	606	8.6
医	608	316	5.7	1281	341	6.4	1167	482	6.9
文	1016	639	11.7	1713	382	7.1	1845	932	13.3
法	2437	602	11.0	3850	690	12.9	4046	972	13.8
商	120	186	3.4	1160	276	5.1	1373	539	7.7
师范	1648	1091	20.0	2304	670	12.5	1160	810	11.5
总计	11119	5460	99.8	20006	5368		18151	7024	

资料来源：《第二次中国教育年鉴》，第 532～536 页。

统一招生制度的实施，是实现国家控制高等教育，将高等教育的发展纳入国家和社会发展的总体规划中的关键环节，通过统一招生制度，逐步调整文法科与理工科的比例，使得民国成立以来，高等教育内部结构失衡的问题逐步得以缓解。而政策上对工程教育的倾斜，使工程教育得到了更大的发展空间。

（二）院系调整与课程整理

抗战时期的院系调整是伴随高校内迁和实科招生扩招而进行的。根

---

[1]　教育部教育年鉴编纂委员会编《第二次中国教育年鉴》，第 532～538 页。有关数据并参阅金以林《近代中国大学研究》，第 268～273 页。

据"抗战建国"的要求，国民政府教育行政当局对迁入后方的高校进行改组、调整，指令公私立大学增设"国家急需"的电机工程、土木工程和化学工程等工科专业。这些国防工业急需的工程专业得到极大扩充。

1938年，中央大学等校增设机械工程特别研究班等8班、系，武汉大学增设矿冶工程系，广西大学增设电机工程系，准私立大同大学增设工学院。1939年在中央大学、西南联合大学、交通大学、武汉大学、交通大学唐山工程学院、西北工学院等10余所院校增加机械、电机、土木、矿冶等科18班，同年在西南联大诸校设置电讯、汽车、探矿、机械、卫生工程等专修科各1班。[①] 传统的实科院校同济大学，抗战内迁至昆明时，工学院仅设有机电、土木、测量三系和造船组。1940年将机电系扩充分设为机械和机电两系，1945年迁至李庄后，造船组扩展为造船系，工学院建成五个系。其工学院无论是在院师生数还是科系数，均列全校之首，是全校最大的学院。[②]

工科科系的调整除了新设之外，随着内迁高校的联合、合并，相关专业也进行了调整合并。以西南联大为例，联大工科的主体是清华大学工学院，北京大学无工科，南开大学的电机工程系和化学工程系设在理学院，尚未分化。三校在长沙组建临时大学后，南开理学院的电机工程系并入清华工学院的电机工程系，化学工程系独立并入工学院。1938年秋，原属机械工程系的航空组分立，发展成为航空工程学系。[③]

抗战期间国民政府教育当局着力解决的另一项重要问题是课程问题。1922年新学制实施以后，大学自主权很大，无论是课程设置、师资配备，还是成绩考核、教科书的选定，均由各大学及教师自行决

① 陈立夫：《三十年来之工程教育》，《高等工程教育季刊》1942年6月。
② 陈种美等：《同济大学在云南四川的岁月》，中国人民政治协商会议西南地区文史资料协作会议编《抗战时期内迁西南的高等院校》，贵州民族出版社，1988，第63页。
③ 《国立西南联合大学校史（修订版）——1937—1946年的北大、清华、南开》，北京大学出版社，2006，第249页。

定。各校水平参差不齐，自行选定课程，大多各自为政，课程往往因人设课，避重就轻，或者因徒鹜虚名，重专门而忽视基本的课程，自由放任的结果造成流弊丛生。① 而教材大多直接选用外国成书，尤其是理工科类专业尤为突出。刘仙洲早在新学制酝酿阶段对此种现象即有批评，"察吾国之工业教育，如大学之工科，及各省之工业专门，所授课程概用洋文……遍询坊间，无用中文出版者"。"中国人教中国人，恒用外文课本，有时更用外国语讲解，长此不易，我国学术永无独立之期，国将不国"。② 1931 年应邀来华考察中国教育的国联教育考察团对此也提出批评，认为："中国大学之教学计划，若不参照中国之实际生活，反参照外国大学教学（或仅假想其如此）之情况，则民族文化必至堕落，仅有模仿而无独创之研究与思想，则其所产生之后一代人材，亦必缺少适当之准备，不能各负其责，以解决中国当前之问题，何则？"③

有鉴于此，在各方推动下，教育部于 1930 年开始，着手组织大学课程及设备标准起草委员会。由于大学课程体系的改革繁杂，及其他诸多因素，直到抗战爆发仅指定颁布了医学院暂行课程表。

陈立夫担任教育部长后，全面进行了课程标准的制定工作。他说："文化侵略者对于所侵略的国家，首先要毁灭其历史文化，我起先对于这些阴谋，还不太了解，民国二十七年到了教育部以后，才恍然大悟。那时沿江、沿海都被日军占据了，所有大学都往后方撤，我一一为之安顿下来。我发现这些大学都像外国租界。这个完全采德国学制，那个完全采法国学制，其他不是采美国制，即是英国制。但是采中国学制的又在那里？课程五花八门，毫无标准，有关中国历史的部门为最缺乏。学政治或经济的不谈中国政治或经济制度史，谈农的不谈中国农业史，国

---

① 《第一次教育统计年鉴》，开明书店，1934，第 9～11 页。
② 《刘仙洲纪念文集》，清华大学出版社，1990，第 102～103 页。
③ 国联教育考察团：《国际联盟教育考察团报告书》（《中国教育之改进》），《近代中国史料丛编》三编第十一辑，文海出版社，1986，第 185 页。

文更是最不注重的一门功课了。我于是下了决心，请了专家订定大学课程标准，分'必修'，'选修'两种，把中国人应知的中国各部门的历史材料放入必修科，无教材的则奖励写作。使中国的大学像一座中国的大学，我排除了一切障碍，收回了文化的租界。"①

在陈立夫的主导下，调集全国高校有关专家学者、院校负责人讨论编制课程工作。当年 9 月，教育部召开第一次各校课程会议，在充分吸收专家意见的基础上，颁布了《文、理、法三学院各学系课程整理办法草案》。该"草案"规定的"整理原则"及"整理要项"，成为抗战时期各大学课程设置的依据。②

"整理原则"及"整理要项"如下：

甲、整理原则：此次整理课程原则有三：

第一，规定统一标准，先从规定必修科目入手，选修科目暂不完全确定，给学校留有变通的余地。此种规定，不仅在于提高一般大学课程的水平，且期与国家文化建设的政策相吻合。

第二，注重基本训练，注意学术广博之培养，各系科之基本学科，定为共同必修课，然后专精一科，以求由博返约之道，使学生不因专门研究而有偏固之弊。

第三，注重精要科目，一般大学科目之设置，力求统整与集中，始学生对于一种学科的精要科目，能充分修习，融会贯通，琐细科目，一律废除。

乙、整理要项：

第一，全国各大学各院系必修及选修课程，一般有部规定范围，参照实际需要，酌量损益。

第二，大学各学院第一学年注重基本科目，不分学系，第二学年起分系，第三、四学年视各学院性质酌设实用科目，以为出校后就业准备。

---

① 陈立夫：《成败之鉴——陈立夫回忆录》，正中书局，1994，第 251~252 页。
② 教育部编《大学科目表》，正中书局，1940，第 2 页。

第三，国文及外国文为基本科目，在第一学年终了时，应举行严格考试。国文须能阅读古文书籍及作通顺文字，外国文须能阅读各学院所习学科外国文参考书，方得及格，否则仍继续修习，至达上述标准，始得毕业。

第四，各大学仍采学年制。各科学习分量，得以学分计算。

第五，各科教学时，除教师上课讲习外，对于自习讨论与习作或试验，应同时并重。考试范围，除教师讲习教材外，亦应包括自习讨论或试验。

第六，各科目应该由教师详细规定自习与其他参考资料，督令学生按时阅读，并作杂记。文、法学院学生应研究古今名著，每科一种或数种。课间并宜举行讨论，培养学生独立研究精神。

第七，各科目须确实规定学生习作或实习次数，凡习作及实习报告，应该由教师按期披阅。

第八，各学院系除规定学生注重平时习作外，并应在高年级课程中，规定重要科目数种，指导学生作学科论文，其题目应该由教员指定或核定。

第九，学生毕业考试，应该包括各院系四年中重要科目，其科目种类，得由各校自由规定，但须有五种以上。①

1938 年 9 月后，教育部陆续公布了《文理法三学院共同科目表》和《农工商学院共同必修科目表》，并在当年的新生中实施。1939 年 8 月 1 日，教育部将《文理法农工商各学院分系必修及选修科目表》一并公布施行。其中，国文和外国文是所有学院一年级重要的必修课；文法学院必须选修一门自然科学；理学院必须选修一门社会科学。另外，三民主义、军训和体育为各学院当然的必修科目，不计学分。

工学院共同必修科目由教育部工业委员会拟订，包括：国文、外国

---

① 参见《第二次中国教育年鉴》，第 495～496 页。

文、数学、物理、化学、应用力学、材料力学、经济学、投影几何学、工程画、工厂实习、徒手画、建筑初则及建筑画、初级图案、阴影法、木工等。

以工学院电机工程系科目表为例，见表4-2。

表4-2　工学院电机工程系科目

修习类型	科目名称	规定学分	第一学年		第二学年		第三学年		第四学年		备　注
			第一学期	第二学期	第一学期	第二学期	第一学期	第二学期	第一学期	第二学期	
共同必修科目	三民主义	无									
	体　育	无									
	军　训	无									
	国　文	4	2	2							每两周作文一次
	外国文	6	3	3							同上
	数　学	8	4	4							
	物理学	8	4	4							每周讲授3小时；实习3小时
	化　学	8	4	4							每周讲授3小时；实习3小时，建筑工程系不授此课
	应用力学	4			4						
	材料力学	4				4					
	经济学	3			3						可以在第三或第四学期讲授
	投影几何学	2	2								每周上课6小时
	工程画	2		2							每周上课6小时
	工厂实习	2	1	1							建筑工程系不授此课
	徒手画	4	2	2							除建筑工程系外他系不授此课
	建筑初则及建筑画	2	2								同上
	初级图案	3		3							同上
	阴影法	2		2							同上
	木　工	1	1								同上

续表

修习类型	科目名称	规定学分	第一学年 第一学期	第一学年 第二学期	第二学年 第一学期	第二学年 第二学期	第三学年 第一学期	第三学年 第二学期	第四学年 第一学期	第四学年 第二学期	备注	
共同必修科目	工程材料	2				2						
	机动学	2					2					
	机械画	1	1								每周实习3小时	
	测量学	2					2				每周讲1小时，实习3小时	
	微分方程	3			3							
	电工原理	6			4	2						
	金工	2			1	1					每周实习3小时	
	电磁测验	1			1						每周实习3小时	
	热工学	10				4	3	3				
	热工试验	1						1				
	直流电机	7					3	4				
	交流电机	8							4	4		
	电机试验	6						2	2	2	每周实习3小时	
	交流电路	4					4		1~2	1~2		
	毕业论文	2-4										
选修科目	电讯工程（一、二）	12					3	3	3	3		电讯组必选
	无线电工程	6							3	3		
	无线电试验	2							1	1	每周实习3小时	
	电报电话实用无线电	2~4							1或2	1或2		
	电报电话试验	1								1	每周实习3小时	电力组必选
	电焊学	2					2					
	水力学	3						3				
	发电厂	3							3			
	热工试验	1								1	每周实习3小时	
	电机设计（一）（二）	4									每周实习3小时	

续表

修习类型	科目名称	规定学分	第一学年		第二学年		第三学年		第四学年		备　注
			第一学期	第二学期	第一学期	第二学期	第一学期	第二学期	第一学期	第二学期	
选修科目	电厂设计	1								1	每周实习 3 小时
	输电及配电工程	3								3	
	原动力厂或工业管理	3								3	

资料来源：依据教育部编《大学科目表》，中正书局印行，1940，转引自史贵全《中国近代高等工程教育研究》，第 73、74 页资料编制。

　　较之以往，这种工程系科的课程安排的突出特点是注重基本训练、注重基本理论知识学习与实践能力培养。战时实习条件难以保障，为此，1939 年 8 月教育部会同军政部、经济部、交通部并经行政院核准，公布了《大学理工学院与经济交通及军备工厂合作办法》，规定，各校应分发高年级生至工厂实地练习，厂方应派员指导学生参加实际工作。同时，对于兵工厂接收实习生，"以确具永久服务于兵工事业志愿及具有确实保证为限"。[①] 此后于 1943 年进一步完善了专科以上理工院校学生实习的办法，对教学实习环节的重视，并予以制度保障，一定程度上扭转了战前工程教育培养环节中的能力训练问题，对于培养应用型工程技术人才的作用甚大。

　　为配合课程改革的顺利进行，1939 年教育部成立大学用书编辑委员会，着手进行要求教科书的编纂。按照抗战建国的要求，教材编写要求"各专科以上学校逐渐于政府所设各工厂机关取得联系，使学用能切合抗战需要。一方面并提出抗战各项实际问题，使之能切合研究"。在此期间，中国工程教育逐渐开始自编教材。工科院校近代以来外国教材一统天下的局面得以改观。例如，刘仙洲编写的《机械原理》，被列为大学用书，这是该领域的第一本中文教科书。截至 1947 年度，自编

―――――――――

① 参见《第二次中国教育年鉴》，第 568 页。

大学教材工学院 12 种，理学院 30 种，文学院 44 种，法学院 23 种，医学院 19 种，农学院 16 种，师范 5 种，经核定出版。①

（三）学业资助制度显著向工程专业倾斜

抗战爆发后，大批学校沦陷，学生流离失所，就学的学生多数无法承担学费和生活费。国民政府因此推行贷金制度和公费制度。在学业资助待遇上，充分体现政府调整文理结构，注重培养抗战急需的工程技术人才的用意。1939 年 2 月，教育部颁布《公立专科以上学校战区学生贷金暂行办法》，规定专科以上学校学生家在战区，断绝生活来源，经过确切证明者，可以申请政府贷金，学生毕业后再将服务所得缴还学校。贷金实行全额与半额两种，全额 8～10 元，基本能保证学生当时的生活需要。② 贷金种类分为膳食贷金、特别贷金、零用贷金和制服贷金等。受助对象初始限于战区，1941 年扩大到非战区家庭困难的学生，由公立大学扩展到公立中学。

贷金制度实施以后，虽然起到了一定作用，但是由于制度设计自身的问题，加之物价上涨等原因，很快流弊丛生。1943 年，国民政府教育部取消"贷金制"，颁布《非常时期国立中等以上学校省立私立专科以上学校规定公费生办法》，开始实行公费制。对国立、省立专科以上学校的相关规定如下：

1. 凡师范、医、药、工程各院科系学生全部享受甲种公费生待遇，即免学费、膳食费，并得分别补助其他费用。

2. 理学院科系学生以 80% 享受乙种公费生待遇，即免膳食费。

3. 文、法、商及其他各院系科学生 40% 享受乙种公费生待遇。

许多困难学生受益于"贷金制"与"公费制"，得以顺利完成学业。③

可以看出，工学院学生和师范学生实行就学费用的全免制，并有一

---

① 参见《第二次中国教育年鉴》，第 505 页。
② 萧超然等：《北京大学校史（1898—1949）》，上海教育出版社，1997，第 344 页。
③ 参见《第二次中国教育年鉴》，第 53 页。

定的生活费用补助，而其他学生则按比例享受公费。这就有效地确保了工程教育的稳定发展和人才质量的提升。据统计，战时专科以上学校学生获得此种贷金或公费者，每年常在 5 万至 7 万左右，约占当时在校生总数的 80%；[①] 而"战时由中学以上至大专学校毕业生全赖国家贷金或公费以完成学业者，共达 112800 人之多"，[②] 费用总额在国家财政支出上仅次于当时的军费开支。

（四）留学生教育政策的调整

抗战爆发后，留学生就业受到极大影响，国民政府教育部也相应调整留学生教育的政策，采取了严格的审查制度。1938 年 6 月，教育部会同财政部出台《限制留学暂行办法》，目的是使留学生"所习学科适合需要，防止巨量金钱汇出国外"，决定研究科目一律为"军、工、理、医各科中有关军事国防，为目前急切需要者为限"，并强调已出国满三年者一律限期归国。1939 年 4 月，国民政府行政院出台《修正限制留学办法》，再次提高出国门槛。该法规重申，公费生除军、工、理、医中急需各科外，"一律暂缓选派"，而"自费学生除得国外奖学金或其他外汇补助费，足以留学期间全部费用无须请购外汇者，一律暂缓出国"。[③] 太平洋战争爆发后，世界反法西斯联盟成立，美、英等盟国也出于扶持中国抗战的目的，支持留学生留学。1943 年教育部颁布《国外留学自费派遣办法》，放松了自费留学的限制。但同时加强了对留学生总量和类别的控制和管理，规定"招考留学生由教育部统一办理"。[④]

抗战期间的留学生政策，体现出了政府宏观控制留学数量，提高质量，并注重培养抗战和建设所需各类实用性人才的意图。因此，在整个抗战期间留学生科类结构中，工科类留学生为最多，见表 4-3。

---

① 见《第二次中国教育年鉴》，第 12 页。
② 陈立夫：《战时教育行政回忆》，台北商务印书馆，1973，第 59 页。
③ 易青：《抗战时期国民政府的留学生派遣工作》，《民国春秋》2000 年第 5 期。
④ 易青：《抗战时期国民政府的留学生派遣工作》，《民国春秋》2000 年第 5 期。

表4-3 抗战前后出国留学学生数（1932～1946年度）

年度	共计	文 类					实 类					未详
		小计	文	法	商	教育	小计	理	工	医	农	
1932	576	342	98	179	25	40	213	49	76	53	35	21
1933	621	300	77	143	31	49	319	62	131	82	44	2
1934	859	428	99	234	43	52	431	116	164	79	72	—
1935	1033	506	117	246	70	73	526	135	174	104	113	1
1936	1022	483	108	227	64	64	526	97	183	127	119	13
1937	366	138	20	61	33	24	228	46	107	34	41	—
1938	92	13	2	7	1	3	79	18	34	20	7	—
1939	65	20	1	9	1	9	45	20	13	8	4	—
1940	86	32	8	10	7	7	54	8	25	11	10	—
1941	57	20	3	11	4	2	37	8	19	4	6	—
1942	228	73	15	39	13	6	155	32	103	7	13	—
1943	359	181	37	53	84	7	158	28	124	9	17	—
1944	305	34	8	11	10	5	271	27	164	23	57	—
1945	8	—	—	—	—	—	8	5	—	—	3	—
1946	698	289	94	145	25	25	409	92	205	49	63	—

资料来源：教育部中国教育年鉴编纂委员会编《第二次中国教育年鉴》，第1416页。

抗战期间，国民党政府在高等教育方面实施的诸多政策，就整体而言，促进了中国高等教育的发展，尤其是对于工程教育的发展起到了有效的推动作用，抗战时期也成为近代以来工程教育的大发展时期。

第二节 大学"内迁"与中国工程教育发展的区域调整

战时教育政策的实施，保持了中国高等教育在特殊时期的稳定秩序，战争的特殊性也要求政府对教育进行整顿改革，以服务于抗战、拯救民族危亡的切近目标，同时又要着眼于未来国家的建设和发展的长远目标。由于近代以来中国现代化发展的特殊性，中国的高等教育创建之初就呈现出区域间的不均衡、不协调态势；服务于工业化的工程教育表现尤其显著。南京国民政府成立后，按国家需要调整高等教育区域布局成为重要议题。战争的爆发使得高校原有的格局被打破，客观上强化了国民政府中央集权，为政府强化对高等教育系统的控制力、调控高校的布局提供了契机。抗战期间，国民政府加强了对大学的整顿和调控，在地域分布上力求合理，在人才培养方面，加大工程教育院校的建设——工程教育的发展呈现特殊的发展状态。

一　战前大学的区域分布及内迁政策的制定

战前中国高等教育的地理布局、区域分布不合理的现象已经表现得十分显著，当时中国大学半数以上集中在江苏、河北两地区，主要集中在上海和北平两城市。全国城市中上海、北平、天津、广州、重庆五城市所有的公私立大学总数占全国总数的 67.7%，学生数约占全国的 80% 以上。这种现象有其历史的复杂的政治经济原因，但与国民政府缺乏高等教育均衡发展的政策有关，[①] 1931 年国联教育考察团来华考察教育后，提出的系列问题和改进措施，大学过分集中、地理分布不合理现象是其中一项重点的问题。1932 年考察报告《中国教育之改进》中文版发表，在国内引起极大的反响和争议。其中关于主张整理大学，合理设置大学的呼声上升为政策，并付诸实施。1932 年 11 月，时任教育部部长朱家骅在《九个月来教育部整理全国教育之说明》中指出，"院系铺张与骈置一事，实为充实内容调节发展中亟须解决者……同一区域内设置同类学院须视其是否超过需要，如为超过需要即为骈设，应予限制"，"除改订大学组织法外，对于骈设院系，力争取缔裁并，尤拟修改大学规程，设法规定，以示限制"。[②] 但是，此时的政策还缺乏在全国范围内合理布局的考量。1936 年 5 月 5 日，在国民政府颁布的《中

---

① 庄焜明：《抗战时期中国高等教育之研究》，中国文化大学博士论文，1979 年 7 月。
② 见《第一次中国教育年鉴》丙编，《教育概况》，第 6～7 页。

华民国宪法草案》（五五宪草）中，将高等教育的区域分布与教育公平问题并举，列入国家大法之中。该宪草第五章第一三六条中提出，"国立大学及国立专科学校之设立，应注重地区之需要，以维持各地区人民享受高等教育之机会均等，而促进全国文化之平衡发展"。在宪法中专门强调大学的区域分布问题，也说明该问题的重要性及其对国家发展的影响。从 1933 年编纂《第一次中国教育年鉴》时的统计来看，全国大学及学院的分布极不平衡，上海有 18 所，北平 12 所，河北省 8 所，广东省 6 所，南京市及福建、四川、山西等省各 3 所，江苏、浙江、山东、湖北、湖南、河南、辽宁七省各 2 所，安徽、广西、云南、新疆、吉林、甘肃等六省各 1 所。全国另有江西、陕西、贵州、绥远、宁夏、察哈尔、热河、黑龙江、西康、青海、西藏、外蒙古等 12 省区尚无大学及学院。[①]

而同年度实施工程教育的大学及学院一方面数量少，区域分布尤为不均衡。

表 4-4　1931 年全国大学及学院分布状况

大学所在区域		大学及独立学院			学校数量总　计	设置工科总　计	省区工科院校合计
省区	城市	国立	省立	私立			
江苏	上海	6	—	12	18	3	5
	南京	1	—	2	3	1	
	无锡	—	1	—	1	—	
	苏州	—	—	1	1	—	
	南通	—	—	1	1	1	
北平	北平	4	1	8	13	3	5
河北	天津	1	3	1	5	2	
	保定	—	2		2	—	
广东	广州	2	—	4	6	3	3
湖北	武昌（汉口）	1	1	2	4	1	1

[①]　见《第一次中国教育年鉴》丙编，《学校教育概况》，第 20 页。

大学所在区域		大学及独立学院			学校数量总 计	设置工科总 计	省区工科院校合计
省区	城市	国立	省立	私立			
四川	成都	1	2	—	3	1	1
浙江	杭州	1	—	1	2	1	1
福建	福州	—	—	3	3	—	0
	厦门	—	—	1	1	—	0
山东	青岛	1	—	—	1	1	2
	济南	—	—	1	1	1	
山西	太原	—	3	—	3	1	1
河南	开封	—	1	—	1		1
	焦作	—	—	1	1	1	
广西	梧州	—	1	—	1	1	1
安徽	安庆	—	1	—	1		
湖南	长沙	—	1	1	2	1	
云南	昆明	—	1	—	1	1	1
吉林	吉林	—	1	—	1	1	1
甘肃	兰州	—	1	—	1		
新疆	迪化	—	1	—	1		0
总计	26	18	21	39	79	24	

资料来源：《第一次中国教育年鉴》丙编，《学校教育概况》，第 17～19 页。说明：此表未包括专科学校。

《第一次中国教育年鉴》统计所依据的基本是 1931 年全国的教育数据，表4-4可以看出，全国大学及学院设置工科专业的有一半以上集中在江苏、河北、广东三地。

直至 1936 年，全国高等教育区域地理分布不平衡的状况仍并未得到改善，其间全国立案大专院校总数由 103 所增加到 111 所，有五所大专院校以上的省区仍然是原来高等教育发达的地区江苏、河北、广东、湖北、山西等五地，其中尤其以上海、北平为最。根据庄焜明的统计，在 1931 年时，江苏（计入上海）、河北（计入北平）两地区所有高校占全国大专院校总数的 51.4%，到 1935 年时增加至 54.9%，而且增加的多属国立和省立的院校。这说明政府对大学区域分布不平衡的问题，尚未有切实的解决措施和行动。[①]

1937 年"七七事变"爆发，日本帝国主义在侵占我国大片领土的同时，实施文化亡华的政策，有计划地摧毁中国的文化教育机构，特别是高等教育机关。全面抗战爆发后，日本对我国的教育文化机构和设施集中的北平、天津、上海、南京等地，进行了大规模、猛烈轰炸和破坏。"在此次战争中，蒙受损失最大者为高等教育机关，即所谓专科以上学校。敌人轰炸破坏，亦以高等教育机关为主要目标"。[②]

这给我国的高等教育带来了一场前所未有的劫难，"寇骑所至，庐舍为墟，而学校及学术文化机关，尤为敌人所嫉视，摧残破坏，惟恐不力。当时平津京沪各地之机关学校，均以变起仓卒，不及准备，其能将图书仪器设备择要移运内地者，仅属少数，其余大都随校舍毁于炮火，损失之重，实难数计"。[③] 最先受到日寇轰炸破坏的是张伯苓苦心经营的私立南开大学：1937 年 7 月 29 日至 30 日，日军轮番轰炸南开大学，"以数十年惨淡经营之学校，毁于一旦"。[④]

战争造成高校数量和人员锐减，财产损失巨大。根据《大公报》的统计，"七七事变"后的三个月时间内，受日寇轰炸破坏的高校计损失达 2100 余万元。[⑤] 在战争开始后的 1937 年 7 月 7 日至本年 8 月底，抗战爆发前专科以上高等教育机关 108 所，受到日寇破坏的达 91 所，其中有 10 校全部被损毁。教授教员从战前的 7560 人减至 5657 人，职员由 4290 人减至 2966 人，学生从战前的 41922 人减至 31188 人，减少了 25.6%。而校舍被毁，图书仪器设备遭劫掠、损毁，损失惊人。截至 1938 年 8 月，损失已达法币 33604879 元。其中，国立专科以上学校

①　庄焜明：《抗战时期中国高等教育之研究》，中国文化大学博士论文，1979 年 7 月，第 200 页。
②　顾毓琇：《抗战以来我国教育文化之损失》，《时事月报》第 19 卷第 5 期。
③　《第二次中国教育统计年鉴》第二编，《抗战时期教育》，第 10 页。
④　王文俊等编《张伯苓教育言论选集》，南开大学出版社，1984，第 251 页。
⑤　《大公报》1937 年 10 月 21 日。

22491867 元，占 66.9%，省立专科以上学校 3567200 元，占 10.6%，私立专科以上学校 7545812 元，占 22.5%。而各高校损失的珍贵资料更是无法以金钱衡量的，"实为中华文化之浩劫"。[①]

最先蒙受日寇侵略的北平和上海等驻地各院校纷纷寻求迁移躲避或者停办。但是，抗战初期，国民政府对全国教育如何应对战争的政策不甚明朗。1937 年 8 月 27 日，国民政府教育部颁布《总动员时督导教育工作办法纲领》。在这部为"紧急应变"、"指示战事迫近时各级教育之如何处理"的法令中，首先指令"战争发生时，全国各地各级学校暨其他文化机关务力持镇静，以就地维持课务为原则"。[②] 这项被后世史家称之为"抗战初期学校教育方针中的一大败笔"的政策[③]，显然具有临时性和应急性的性质。《总动员时督导教育工作办法纲领》的出台是特定历史时期的产物，其措施更多地表现为原则性规定，某种程度上讲含有"姿态性"的蕴意。因为战区高校实际上已经无法"力持镇静"。在战区，除燕京大学、辅仁大学等教会学校在教会的庇护下保持中立，上海、广州等地及其附近的高校，在战争爆发后，即避迁至租界或港澳地区。其他高校也着手寻求安全之所，谋划迁移之事。

事实上，同年 8 月 19 日教育部即下发密令《战区内学校处置办法》，对各级各类教育战时的应变和调整进行部署，要求，"各省市教育厅局如其主管区域辖有战区，应酌情形分别为左列之措置：于其辖区内或辖境外比较安全之地区，择定原有学校，即速尽量扩充或布置简单临时校舍，以为必要时收容战区学生授课之用，不得延误；受外敌轻微袭击时仍应力持镇定，维持课务，必要时得为短期休课；于战事发生或迫近时，量予迁移。其方式得以各校为单位，或混合各校各年级学生统

---

① 顾毓琇：《抗战以来我国教育文化之损失》，《时事月报》第 19 卷第 5 期；曲士培：《中国大学教育发展史》，北京大学出版社，2006，第 342 页。

② 《第二次中国教育统计年鉴》第二编，《抗战时期教育》，第 10 页。

③ 余子侠、冉春：《中国近代西部教育开发史——以抗日战争时期为重心》，人民教育出版社，2008，第 148 页。

筹支配暂时归并，或暂时附设于他校；暂时停闭"。①

　　尽管如此，抗战初期，由于国民政府对于高等教育的应变之策，并无全盘的规划，更多地表现了应急性。按照当月教育部出台的《教育部设立临时大学计划纲要草案》的解决方案，是计划先设立一至三所临时大学，第一区设在长沙，第二区设于西安，其他的另外选择。②

　　1937 年 7 月 28 日，北平沦陷。在此之前，清华大学已按照国民政府的命令筹划南迁，先期将工程专业设备车床、刨床、铣床，部分轻便的内燃机、实验设备、汽车模型等运至汉口。8 月教育部命令清华大学、北京大学、南开大学在湖南长沙合组临时大学。三校随即开始了南迁的进程。1937 年 8 月 13 日日寇进攻上海，"八一三"事变爆发，南京危在旦夕，迁都事宜开始实施。中央大学接到教育部指令，决定内迁。而教育部此时对战区其他高校则尚无内迁安置计划。例如，1938 年初上海交通大学多次请示教育部要求内迁办学，但是未能得到教育部的允许。时任教育部部长王世杰称，"政府对于各地大学明年五月间有一通盘筹划，届时或者对于交大迁内地一事再做考虑"。③

　　由于缺乏通盘的计划和具体的政策，战区高校对自身的前途亦无长远计划，多就近就便，临时躲避。例如校址在上海吴淞镇的同济大学，1937 年淞沪战役之前，临时将主要的教学设备、仪器、图书等迁入上海市区，停课等候政府安排。结果一迁再迁，整个抗战期间，内迁达六次。即便是在首都的国立中央大学，对于抗战后的去向也一无所知，决定内迁后，"消息一经传出，议论纷纷，迁不迁？迁往何处？莫衷一是"。④

　　当时有识之士提出，应趁此非常时期，对高等教育的分布加以整顿。

① 中国第二历史档案馆：《中华民国档案资料汇编》第五辑第二编，《教育》（一），江苏古籍出版社，1997，第 3 页。
② 《教育部设立临时大学计划纲要草案》（1937 年 8 月），转引自《国立西南联合大学史料》第 1 卷，云南教育出版社，1998，第 53 页。
③ 《交通大学校史资料选编（1896—1937）》第二卷，西安交通大学出版社，1986，第 291～292 页。
④ 南京大学校史编写组：《南京大学史（1902—1992）》，南京大学出版社，1992，第 153 页。

国民政府教育部部长陈立夫，提出各级教育要顾及地区间的均衡，以促进教育文化的普及和发展。他指出："对于各级学校教育力求目标之明显并谋求各地之平均发展"，"在设置地区上，过去往往集中于都市，以致成为地区上畸形发展，边区及内地有求过于供的现象，沿海及交通便利的都市，则学校林立……尤其是在战时学校集中易受敌人的破坏。所以今后当力顾地区上的平均发展，以便提高内地边区的文化水准"。[①]

因此，教育部对于内迁高校提出要"于学校迁移时，在可能中，仍注意其地域分配之合理"。[②] 可见，对于高等教育的地域分布问题，教育部一直有所关注，并力图在此特殊时期的高校迁移中予以实施。1938 年成立全国战时教育协会，负责全国高校的迁建工作。在内迁中，国民政府教育部采取了合校、分设或重组的形式，对所辖高校进行了调整。并在抗战胜利后，在高校复员过程中，专门对高校的地域分布做出规定，"教育部将国立专科以上学校设置地点作合理之支配，使勿集中于少数大都市，而令较偏僻之处向隅"。[③]

二　高校内迁及其调整

抗战时期的高校内迁几乎与抗战相始终，自其规模和影响而言，可谓中国高等教育建立以来，在时间和空间上的前所未有的大规模调整。据余子侠的研究，继"九一八"事变后，东北大学等高校内迁关内后，华北、华东、华南甚至华中等地专科高校相继加入流亡迁徙的行列，而且几乎与整个抗日战争相始终，迁移的大趋势是向相对安全的西部内地，远者北抵陕甘地区，南至云贵，中部到达川湘。粗略估计，抗战八年，内迁高校累计达 100 余所，搬迁次数超过 200 余次之多。[④] 按照徐国利的统计，抗战时期国民政府统辖的国立、省立、私立及部委属的大

① 《革命文献》第五十八辑，1972，第 23 页。
② 教育部高等教育司：《全国高等教育概况》，1939 年 3 月，第 2 页。
③ 《第二次中国教育年鉴》第五编《高等教育》，第 490 页。
④ 余子侠：《民族危机下的教育应对》，华中师范大学出版社，2001，第 187 页。

学、学院、专科学校、相当于专科一级的高级职业学校，外国在华办的私立院校等高校，内迁的约 124 所（含战时新设高校，但不包括迁往租界和香港的高校）。①

抗战期间的高校内迁，从时间上来看，自 1937 年至 1945 年间，八年间均有因战火波及而内迁的学校。其间有三个大的内迁高潮，第一次大迁移，自 1937 年抗战爆发至 1938 年武汉、广州失陷，约为一年半的时间。此间内迁高校可查考的约 75 所，占 1938 年底我国高校总数 97 所的 77%。平津主要高校、中央大学、浙江大学、交通大学等高校均在此期间内迁，其中清华大学、北京大学、南开大学组建长沙临时大学，再迁入昆明联合组建西南联合大学；北洋工学院、北平师范大学、北平大学迁西安，组成了西安临时大学，后更名国立西北联合大学。第二次大迁移，自 1941 年冬太平洋战争爆发至 1942 年上半年。高校基本是抗战之始避入租界等地的私立学校和教会学校，约 20 余所。第三次大迁移是 1944 年 4 月至 1945 年初。主要包括当初迁入广西、贵州、湘西、粤北的高校，再次向四川、贵州北部迁移，另有在浙江泰和的 8 所高校，总计这一时期迁移高校约 26 所。②

从空间格局上来看，抗战时期高校内迁基本上集中在四个地区，一是以重庆、成都、昆明为中心的西南地区；二是以广西、湘西、湘南、粤西、粤北为中心的中南地区南部山区；三是以赣中、赣南、浙南、浙西、闽中、闽西等为中心的华东南部丘陵地区；四是以陕南、关中、陇东为中心的西北地区。③ 其中内迁最为集中的地区是四川，主要是重庆和成都两地。作为战时陪都的重庆市，是当时的政治、经济、文化中心，内迁高校集中于此，在内迁西南地区的 61 所专科以上学校中，先后内迁入重庆的达 32 所之多，其中大学 9 所、独立学院 10 所、专科学

---

①　徐国利：《关于"抗战时期高校内迁"的几个问题》，《抗日战争研究》1998 年第 2 期。

②　徐国利：《关于"抗战时期高校内迁"的几个问题》，《抗日战争研究》1998 年第 2 期。

③　徐国利：《抗战时期高校内迁概述》，《天津师范大学学报》1996 年第 1 期。

校 12 所，加上重庆大学和新创学校，该市高校最多时多达 39 所。① 成都也接收了 10 所内迁高校，详见表 4-5。

表 4-5 抗战期间工程教育院校内迁及复员概况

校　　名	原校址	内迁情况	复员情况
国立北京大学	北平	三校首迁长沙，1937 年 8 月联合组成长沙临时大学。1938 年 4 月迁昆明，更名为国立西南联合大学。	1946 年 5 月开始回迁平津。其中电讯专修科移交云南大学接办。
国立清华大学	北平		
私立南开大学	天津		
国立北平大学		三校首迁西安，1937 年 8 月联合组成西安临时大学。二迁陕南汉中。三迁陕南南郑。1938 年 4 月改名国立西北联合大学。7 月，教育部决定将西北联大各学院分别独立为农、工、师范、医学院，组建新校。	1945 年工学院迁址咸阳。
国立北平师范大学			
国立北洋工学院			
国立交通大学唐山土木工程学院	唐山	两校先后迁往湖南湘潭，1938 年合并。1939 年迁贵州平越。1942 年 1 月改称国立交通大学贵州分校。1943 年 12 月迁四川璧山。	1945 年 8 月迁返唐山，恢复"国立交通大学唐山工学院"（注：1951 年 12 月院系调整中迁到四川峨嵋改称"国立西南交通大学"）。
国立交通大学北平铁道管理学院			
国立交通大学	上海	1940 年在重庆设分校。教育部令交大接管重庆商船专科学校，建成造船系等专业。1942 年在重庆设总校。	1945 年 10 月开始迁返上海，年底，学校上海部分被编入"临时大学"，至 1946 年 6 月并入交大，恢复理、工、管的三院制。
国立同济大学	吴淞	抗战爆发后首迁上海市区。1937 年 9 月迁浙西金华。11 月迁赣南赣州。医学院迁赣中吉安。1938 年 7 月迁桂东贺县。后迁昆明。1940 年秋迁川南宜宾和南溪。	1946 年春迁返上海。
国立中央大学	南京	抗战爆发后迁重庆。医学院、农学院畜牧医药系则迁成都。	1946 年 5 月返回南京。除恢复原址外，接收"伪中大"土木工程系、艺术系和医学院等仪器设备。重庆地产移交重庆大学和中央工业专科学校及其他相关机构。
国立山东大学	青岛	抗战爆发后迁川东万县。后解散，编制保留在东北大学。	

① 戴逸、张世明主编《中国西部开发与现代化》，广东教育出版社，2006，第 162 页。

续表

校　名	原校址	内迁情况	复员情况
国立浙江大学	杭州	1937 年 11 月迁浙西建德。年底迁赣中吉安。三迁赣南泰和。1938 年 7 月迁桂北宜山。1939 年 7 月迁黔北遵义，并在湄潭设分校。在浙西龙泉亦设分校。	1946 年 9 月全部复员回原址。
国立厦门大学	厦门	1937 年 12 月迁闽西长汀。	
国立中正大学	上海	1940 年 10 月建于泰和。1945 年 1 月迁赣南宁都。在赣南赣县设分校。	战后迁南昌。
国立武汉大学	武汉	1937 年 11 月迁四川乐山。	抗战胜利迁回原址。
国立湖南大学	长沙	1938 年 10 月长沙沦陷后，迁湘西辰溪。	抗战胜利迁回原址。
国立中山大学	广州	1938 年 10 月迁粤西罗定。后迁云南澄江。1940 年 4 月迁粤北坪石镇。1944 年秋迁粤北连县。五迁粤北仁化。六迁粤东兴宁。七迁粤东梅县。	抗战胜利迁回原址。
国立四川大学	成都	1939 年迁峨嵋	
国立云南大学	昆明	1940 年因时局突变，理学院迁滇中嵩明，工学院迁滇北会泽，农学院迁滇中呈贡。	抗战胜利迁回原址。
国立东北大学	沈阳	"九一八"后迁北平。1937 年初迁开封。5 月改国立。6 月迁西安。1938 年 3 月迁川北三台。	1946 年复员，8 月恢复工学院及农学院。
省立山西大学	太原	抗战爆发后，各学院分别迁至晋中平遥、晋南临汾和运城。后停办一年。1939 年 12 月迁陕中三原。1941 年 11 月迁陕北宜川。1943 年 2 月迁晋南吉县，4 月改为国立。	1946 年 3 月迁回太原。
浙江省立战时大学（国立英士大学）		1938 年创建。医学院设在浙南丽水，农学院设在浙西南松阳。1939 年 5 月改称浙江省立英士大学。1942 年迁浙南云和。再迁浙南泰顺。1943 年 4 月改为国立英士大学。	1944 年将北洋工学院并入该校。1946 年 6 月迁址金华。
省立河南大学	开封	抗战爆发后，文、理学院迁豫南鸡公山，农学院迁豫西镇平。1938 年 8 月均集中到镇平。1939 年 5 月迁豫西嵩县。1942 年 2 月改为国立。1944 年迁豫西淅川。1945 年春迁陕西宝鸡。	抗战胜利迁回原址。

校 名	原校址	内迁情况	复员情况
省立广西大学	桂林	1939年8月改国立。1944年秋迁桂东融县。11月迁黔南榕江。	抗战胜利后迁回原址。
贵州农工学院		1941年创办于贵阳附近的贵筑县。1942年改为国立贵州大学。后工学院迁安顺。1944年冬迁遵义。	
私立大夏大学	上海	首迁庐山、贵阳，与复旦大学联办；1938年与复旦分开，单独设校于贵阳，改为国立。1944年迁黔北赤水。在上海设分校。抗战后又改为私立。	抗战胜利后迁回原址。
私立沪江大学	上海	1941年冬后一度停办。1942年2月迁重庆复校。后与东吴大学法学院、之江大学联合组建法商工学院。	
私立东吴大学	苏州	1941年冬停办。1942年法学院迁重庆。后与沪江、之江大学合组法商工学院。文、理学院迁闽西长汀。后迁粤北曲江，不久停办。	
私立之江大学	杭州	1941年冬迁浙西金华。后迁闽西邵武。1943年在贵阳设分校，后贵阳分校迁重庆。	1945年与东吴大学法学院、沪江大学合组法商工学院。
私立南通学院	南通	战时一度停课。1938年8月，农、纺两科迁上海复课。医科迁湘西沅陵与江苏医政学院合并为国立江苏医学院。	
私立焦作工学院	安阳	1937年10月迁西安，后迁甘肃天水。1938年7月并入国立西北工学院。	
私立岭南大学	广州	广州沦陷后迁香港。1941年冬香港沦陷后迁粤北曲江。1945年春迁粤东梅县。	抗战胜利后迁回原址。
私立国民大学	广州，后迁粤北和平	抗战爆发后迁粤南开平，在香港亦设分校。香港沦陷后迁曲江。1944年迁粤西茂名。	
山西工农专科学校	太谷	抗战爆发后迁晋南运城。1937年11月迁豫西陕县。1938年1月迁西安。11月迁陕南沔县。1939年3月迁川中金堂县。1940年8月改为私立铭贤学院。	抗战胜利后迁回原址。

续表

校　名	原校址	内迁情况	复员情况
国立中央工业专科学校	南京	首迁宜昌。两个月后迁川东万县。1938 年夏迁重庆，同时在川东巴县设分校。	
国立吴淞商船专科学校	吴淞	1939 年底迁重庆复校。	改称重庆商船专科学校。
省立江西省工业专科学校	南昌	1938 年首迁赣县。1939 年迁赣南于都。1945 年 1 月迁赣南宁都	抗战胜利后迁回原址。
省立河南省水利工程专科学校	开封	抗战爆发后迁豫西镇平	抗战胜利后迁回原址。
省立广东省工业专科学校		1944 年重建于粤西高要。1945 年 3 月迁粤西云浮。	

资料来源：徐国利：《关于"抗战时期高校内迁"的几个问题》，《抗日战争研究》1998 年第 2 期。余子侠、冉春：《中国近代西部教育开发史——以抗日战争时期为重心》，第 211～231 页及有关学校的官网。

在内迁过程中，教育部有计划地根据实际情况，对高校进行调整与整顿。整顿的方式按照 1939 年 1 月国民党五届五中全会行政院教育报告的提法，分"改组"和"增设"两种方式，在具体操作过程中，改组主要是在高校内迁过程中对有关高校进行联合和合并。联合的方式最著名的是西南联合大学和西北联合大学。1937 年 9 月，教育部令北京大学、清华大学、南开大学和中央研究院的师资设备为基干，在长沙合组为长沙临时大学，以北平大学、北平师范大学、北洋工学院和北平研究院等院校为基础，在西安组建西安临时大学。1938 年 4 月教育部令两所临时大学分别更名为西南联大和西北联大。

合并的高校，诸如，将西北联合大学的建制进一步拆分，该校农学院与西北农林专科学校合并改组为国立西北农学院，工学院与东北大学工学院、私立焦作工学院三院合并，组建国立西北工学院；江苏省立医学院与私立南通学院医科，于 1938 年 8 月在四川重庆合并组建国立江苏医学院；交通大学唐山土木工程学院与北平铁道管理学院合并，成立国立交通大学贵州分校；国立山东大学、国立武汉大学农艺系并入中央大学；国立交通大学战时合并了国立吴淞商船专科学校；广东省立勤勤大学工学院于 1938 年 8 月并入中山大学工学院；山西省立工业专科学校停办两年后于 1939 年底并入山西大学工学院等等。截至 1939 年 6 月，全国高校已经合并整顿的就达到了 20 余所。[①]

同时陆续增设新的高校，根据 1939 年 3 月颁布的《高等教育改进案》设置高校的应统筹考虑区域合理配置的要求，在西部地区新增高校也注意了区域布局问题，新设的 43 所高校，在地域分布上表现出了力图设置合理化的趋势，抗战期间西部新设高校分布见表 4-6 所示。

表 4-6 抗战期间西部新设高校分布

所属地区	增设数量	所属地区	增设数量
四川	17	西康	1
贵州	3	云南	2
广西	3	陕西	10
甘肃	1	新疆	1
鄂西	1	湘西	3

资料来源：余子侠、冉春：《中国近代西部教育开发史——以抗日战争时期为重心》，第 231 页。

国民政府在抗战期间整顿高等教育的另一举措就是"改隶"，一是省立或私立院校改隶属为国立。诸如省立云南大学、湖南大学、东北大学等校，私立大学中私立厦门大学、私立复旦大学、私立焦作工学院等，均改为国立。二是将其他部、委、会属的高校改归教育部隶属。例如 1937 年将铁道部属的上海交通大学改隶教育部直辖，经费仍由铁道部拨付。随之交通大学按照教育部的要求，整理院系，原科学学院改称理学院，土木、机械、电机三工程学院改称系，合组工学院。接受"改隶"的学校主要原因是经费问题，战时私立高校外来的捐助款无法有效筹措，而由于招生数量下降，主要经费来源的学费也无法保证，改归国立成为主要的出路。通过"改隶"大学工作，对于大学来讲，解

---

① 转引自余子侠、冉春《中国近代西部教育开发史——以抗日战争时期为重心》，人民出版社，2008，第 220 页。

决了有关大学在战时的经费问题，从政府角度，加强了对大学的控制。

三　战时工程教育院校的调整与改革

战前，教育部根据国民政府关于国防及经济建设的六年规划，制定了教育的六年规划，提出加快培养适应国防及建设的各类高等技术人才，计划五年内极力将全国工农医药交通各校扩充完备，造就一万名以上的各科工业技术人才，四千八百名以上的农业技术人才，三千七百名以上的医药人才，一千七百名以上的交通技术人才。[1] 抗战开始后，对工程技术人才的需求极为迫切，国防最高委员会，要求全国各大学要在 4 年内培养 5000 名工程师。[2]

因此，在教育部对内迁高校实施整顿改组工作中，进一步推行战前注重实科教育的方针，根据国防建设的需求，指令公私立大学增设"国家急需"的电机工程、土木工程和化学工程等工科专业等，这些国防工业急需的工程专业得到极大扩充，并注重工程实科类学校的区域合理分布，力图合理布局。

1939 年 2 月，教育部《高等教育改进案》，认为，"近数年来，教育部对于文法科之设置，业经明令限制，各校院系之重复，亦已叠经调整。但实科人才仍感缺乏，而院系之设置，仍未完全切合需要"，指出对高等教育要"应时势之要求，作通盘之改进"，提出"专科以上学校之设置，不仅应注意培养人才，并应同时负研究及推进所在各地教育文化以及生产建设之责任"，为此，在"学校及院系设置之合理化"中，提出七条建议，其中包括"统筹设置农，工，商，医等专科学校，各校应与邻近区域内大学之农，工，商，医等学院，及生产事业机关，密切联系，并辅导本区内高初级职业学校；增设农，工，医各学院。以就省需要酌设一所为原则"，对于"现有农，工，医各学院之学额，加以

---

① 庄焜明：《抗战时期中国高等教育之研究》，中国文化学院博士论文，1979 年 7 月，第 97 页。

② 张宪文主编《金陵大学史》，南京大学出版社，2002，第 235 页。

扩充，并酌增设农、工、医药各专修科，以宏造就"。①

在抗战时期，工程教育的整顿基本上是按照该案制定的原则开展的。具体实施过程中，一是在改组高校，将工科等实科学院分立建制，建设新的工科院校；二是增设工科类学校，培养适应国防及当地需要的工程专门人才；三是在综合性高校中进行院系调整，增设工科等实科院系，扩大学额等；四是鼓励综合性大学开办工、农、医等学制两年的实科专修科，加快培养各类技术专门人才。

前文所言，通过对西北联合大学的整顿，新组建国立西北工学院，共设土木工程学系、矿冶工程学系、机械工程学系、电讯工程学系、化学工程学系、纺织工程学系等六系。抗战胜利后，北洋工学院、东北大学等相继复校，但西北工学院仍独立建制，扎根在西部。②

1939年12月成立的国立西康技艺专科学校，也属新设于西部的专科学校。该校是因在西康建省后，辖区内没有一所专科以上大学，本着"遵照中华民国教育宗旨及其实施方针，以教授各科应用科学，养成各级专门技术人才，适应西康及其附近区域之经济建设"的目的（该校建校大纲），教育部部长陈立夫将创办西康高等学校提请行政院审议，并于1939年8月1日批准设立。国家拨开办经费20万元，常年经费20万元，聘请李书田为校长，并在1939年12月22日正式开学。在该校建校大纲第三条明确规定，"协助地方农林、畜牧、工矿事业之改进与推广，并协助西康省政府教育厅研究辅导该省区职业教育"。③ 学校根据地方建设需要，设农林科、畜牧科、土木工程科、矿冶工程科、机械工程科、化学工程科、医科等7科。

1940年贵州省参议会向国民政府提议设立贵州大学，获准先在贵筑县成立国立贵州农工学院，3月成立先修班，8月该校农林、农化、农经、土木、矿冶、机电六系开始招生。1942年7月行政院批准成立

① 李友芝、李春年等编《中国近现代师范教育史料》第二册（内部稿），第673~674页。
② 李永森主编《西北大学史稿》，西北大学出版社，1987，第25、45页
③ 胡清林：《抗日战争中的国立西康技艺专科学校》，《中国科技史料》第15卷第3期。

国立贵州大学，除农工学院外，增设文理、法商学院；后农工学院分立为农学院与工学院。工学院除土木、矿冶、机电等系外，另增设了1个机电专修班。①

抗战期间，新设于西部的43所高校中，除4所综合性院校外，其他有教育类9所，商科类7所，工科类6所，医科类6所，农科类4所，文科类2所，边疆及乡村建设类2所。而战前发展最为繁盛的法科类仅1所，理科和艺术各1所。② 新设院校工科及含工科的院校共7所（如表4-7所示）。

表4-7　抗战期间西部新设的七所工科及含工科的院校简况

校　名	设立时间	校　址	说　明
国立中央技艺专科学校	1939年1月	四川乐山	其设在自贡的分校后独立为国立自贡工业专科学校
国立自贡工业专科学校	1944年7月	四川自贡	
国立西康技艺专科学校	1939年8月	西康西昌	
国立贵州农工学院	1940年3月	贵州贵筑	1942年改组国立贵州大学。1943年农、工学院分立
国立西北工学院	1938年7月	陕西城固	西北联大分立
国立西北技艺专科学校	1939年7月	甘肃兰州	1945年改成国立西北农业专科学校
私立川康农工学院	1939年11月	四川成都	设农艺、应用化学工商管理，1946年停办

资料来源：余子侠、冉春：《中国近代西部教育开发史——以抗日战争时期为重心》，第226~231页；《第二次中国教育年鉴》，总第706页；季啸风：《中国高等学校变迁》，华东师范大学出版社，1992，第982页。

抗战时期，湖南省于1941年秋在湖南南岳创办湖南省立工业专科学校，1944年停办，1947年与农专、商专合并，称湖南省立克强学院。

在此期间，综合性大学积极创造条件，按照战时需要，调整工科院

---

① 季啸风：《中国高等学校变迁》，华东师范大学出版社，1992，第982页。
② 余子侠、冉春：《中国近代西部教育开发史——以抗日战争时期为重心》，人民出版社，2008，第179页。

系设置，加强服务于战时需要的机械、土木、化学等专业的建设。例如，中央大学等校增设机械工程专业，武汉大学增设矿冶工程系，广西大学增设电机工程系等，有关工科院系均扩大了学额。

抗战时期，为短平快地培养工程技术人才，设有理工科的综合性大学根据教育部要求，均广设各类工程技术类专修科。通常这类专修科所开设专业与国防军事有密切关系。早在1936年4月教育部就订立了专科以上学校特种教育纲要，要求增加与国防有关的特种教学项目。1938年教育部对战时的特种教育进一步明确，指示专科以上学校应就以下各项酌量加重训练：（一）机械工程：修理制造军用机械及其有关军事机械工程事项；（二）机电工程：修理制造军用架设电气机件及其他有关军事电气工程事项；（三）土木工程：修筑桥梁、道路、堡垒、挖掘壕沟、水井、地窖及其他土木工程事项；（四）化学工程：制造防毒面具用品、消毒剂及弹药事项；（五）医药救护：治疗、看护、防疫等项；（六）驾驶：各种自动车辆、船只驾驶等项。

各校专修科的专业设置也本着为抗战急需人才的要求而设。例如，1939年1月，西南联大工学院开设电讯专修科，学制一年半（1940年第二届招收学生学制改为两年），减少专业理论课，增加实用课程及训练。同济大学1945年工学院设立机械专修科，培养机械专科人才，学制两年，首届招收高中毕业及同等学力的学生25人。金陵大学理学院于1936年即开办了电化教育培训班，1938年正式开办电化教育专修科，学制两年。1939年按照教育部及政府公路管理部门要求，为培养汽车修理及驾驶人才，开设汽车专修科，学制两年，第一届毕业生共12名；至1946年抗战胜利后停办，该专修科共培养毕业生74人。①

---

① 《国立西南联合大学校史（修订版）——1937—1946年的北大、清华、南开》，北京大学出版社，2006，第297页；翁智远主编《同济大学史（1907—1949）》第一卷，同济大学出版社，2007，第131页；张宪文主编《金陵大学史》，南京大学出版社，2002，第235、240页。

战时政府对高校的整顿，使得这一时期的中国高等教育区域分布上面貌有显著改变，尤其是工程教育的发展，为服务抗战和西部经济建设奠定了较为坚实的基础。

第三节　抗战期间工程教育的发展及战后的困顿

抗战时期，是中国高等教育发展的特殊时期。在艰难困苦的八年间，中国高等教育"取得惊人的发展"，[①] 表现在教育规模呈现逐年扩张之势，结构在一定程度上得到调整，教育的质量和效能有效提升，涌现出诸如西南联大、中央大学、西北联大等学术研究和人才培养成就卓著的著名学府。从高等教育内部来看，工程教育在增长幅度和速度上均居其他各类教育之首。高等教育的区域调整在前文已有论述，本节重点对工程教育发展的规模、质量和科类结构优化方面问题作进一步阐述。

一　抗战时期工程教育的大发展

（一）工程教育规模的扩张和结构的改善

抗战期间，在高等教育整体发展规模上，全国专科以上高校的数量有较大增长。以1937年与抗战胜利之时的1945年相比较，专科以上学系数由517个增至741个（如表4-8所示）。在校生规模从41922人增加到83498人，增长99.2%（如表4-9所示）；毕业生从9154人增加到了14463人，增长58.0%。

工程教育无论是在设系科数，还是在校生数和毕业生数，其增长幅度和速度均名列前茅，是增长最大、最快的科类之一。仍以1936年与1945年相比较，1936年全国专科以上高校工科系科数为99个，1945年增至155个，增加了56个，为数量增加最多的系科；文、教育、理在系科

---

① 金以林：《近代中国大学研究》，第288页。

方面均为负增长。从增长率来看，最高的为商类，增长率为 67.3%，医类 65.2%，工类位列第三，增长率为 56.6%，如表 4-10 所示。

从毕业生增长率来看，工科类毕业生数由 1936 年的 1322 名，至 1945 年达到了 2463 名，增长率 86.0%。与全国专科以上学校毕业生总增长率 58.0% 相比遥遥领先，如表 4-11 所示。

表 4-8　全国专科以上学校系科数统计（1937 学年度至 1946 学年度）

年度	共计	文	法	商	教育	理	工	医	农	师范
1937	517	98	82	45	35	123	75	21	38	—
1938	540	100	93	38	32	98	75	21	38	45
1939	585	105	91	40	32	121	75	23	50	48
1940	693	112	105	61	40	134	98	25	63	55
1941	725	117	105	65	33	133	105	26	73	68
1942	720	117	112	66	28	124	103	26	75	60
1943	733	120	113	61	29	129	106	25	77	73
1944	765	118	117	63	28	132	120	26	79	82
1945	741	122	118	65	32	132	111	26	80	55
1946	1095	183	161	92	43	197	161	35	32	91

资料来源：根据教育部教育年鉴编纂委员会编《第二次中国教育年鉴》第 1409 页数据整理。

表 4-9　抗战前后高等教育各科系在校生数量比较

学年	共计	工	理	医	农	文	法	商	教育	其他
1936 年（A）	41922 100%	6989 16.7%	5485 13%	3395 8.1%	2590 6.2%	8364 20%	8253 19.7%	3243 7.7%	3292 7.9%	311 0.7%
1945 年（B）	83498 100%	15200 18.2%	6480 7.8%	6291 7.5%	6380 7.6%	9967 11.9%	17774 21.3%	9697 11.6%	11709 14.1%	—
B-A	+41576	+8211 +1.5	+995 -5.2	+2896 -0.6	3790 1.4	+1603 -8.1	+9521 +1.6	+6454 +3.9	+8417 +6.2	-311 -0.7

资料来源：史贵全：《中国近代高等工程教育研究》，第 98~99 页。

工程教育的快速增长改善了高等教育内部结构；战前高等教育文法商畸形发展的局面，在此期间得到了较为全面的调整改善。将抗战前后中国高等教育各系科所设系科数变化、在校生变化的比例进行比较，可以更加清晰地得出这个结论。

表 4-10 抗战前后全国大专以上院校各系科变化统计

学年度/系科 增长/学科	1936 年度			1945 年度			增减 数目	增长 百分率	增长率 排名
	系数	科数	小计	系数	科数	小计			
文	174	18	192	122	52	174	-18	9.4	6
法	78	4	82	118	10	128	+46	+56.1	4
商	44	11	55	65	27	92	+37	+67.3	1
教育	34	24	58	32	14	46	-12	-20.1	8
师范	—	—	—	55	52	107	+107	—	—
理	158	2	160	132	8	140	-20	-12.5	7
工	76	23	99	111	44	155	+56	+56.6	3
医	8	15	23	26	12	38	+15	+65.2	2
农	47	7	54	55	22	77	+23	+42.6	5
总计			723			957	+234	+324	

注：百分率以 1936 年度系科小计的数目为基数。

资料来源：庄焜明：《抗战时期中国高等教育之研究》，中国文化大学博士论文，1979 年 7 月，第 269 页。

表 4-11 1936～1946 年全国大专以上院校分科类毕业生人数统计

年度	文	法	商	教育	理	工	医	农	师范
1936	2014	2667	719	718	935	1322	418	361	—
1937	797	1059	324	512	794	969	400	282	—
1938	583	1182	387	460	737	1083	350	303	—
1939	725	1312	389	374	799	1208	336	435	44
1940	855	1685	753	466	881	1773	546	632	119
1941	781	1831	798	364	856	1783	649	820	153
1942	716	1913	1051	383	735	1949	621	840	848
1943	721	2511	1471	284	723	1886	669	1016	1033
1944	1311	2579	1703	396	903	2197	582	1004	1343
1945	1582	3403	2027	519	892	2643	748	1263	1386
1946	2230	4709	2630	567	1419	3900	1035	1663	1972

资料来源：教育部中国教育年鉴编纂委员会编《第二次中国教育年鉴》，第 1414 页。

　　自高等教育总体发展的宏观角度，可以看出工程教育规模结构的变化。从微观来看，其变化发展尤其明显。[1] 抗战时期的西南联大设有文、理、法、商、工学院，后增设师范学院，共 5 个学院，26 个学系，两

---

① 陈立夫：《三十年来之工程教育》，《高等工程教育季刊》1942 年 6 月。

个专修班（电讯和师范）和一个先修班。到 1946 年 7 月 31 日联大结束时，前后在校学生约 8000 人，毕业的本科生、专科生和硕士研究生共3882 人。联大工学院原有土木系、机械系、电机系、化工系，1938 年秋增设航空工程系。工学院在 1938~1945 年的 8 年间，共录取学生1600 人，转学学生 240 人。自 1939 年起招收电讯专修科，至 1945 年 7年间共招收 171 人。工学院本科毕业生 933 人，另于 1946 年复员后分发到清华、南开继续上工学院的学生共 481 人。求学于联大工学院的学生前后近 4000 人。①

　　传统的实科院校同济大学，抗战期间，内迁至昆明，1945 年迁至李庄，工学院得到迅速发展。1945 年，在全校医、理、工三个学院中，在校教师、学生和毕业生人数均居全校首位（见表 4-12、表 4-13）。

表 4-12　同济大学在昆明、李庄、宜宾时期教师、学生人数统计

	昆明期间（1939~1940 年）				李庄、宜宾时期（1945 年）				
	医学院	工学院	理学院	合计	医学院	工学院	理学院	法学院	合计
教师人数	27	34	16	77	45	83	44	1	173
学生人数	261	478	59	798	304	632	111	53	1110
共　　计	288	512	75	875	349	715	155	54	1283

表 4-13　同济大学在昆明、李庄、宜宾时期毕业生人数统计

	医学院	工学院	理学院	合　计
1939~1940 年 （昆明）	70	126	0	196
1941~1945 年 （李庄、宜宾）	189	433	58	680
合　　计	259	559	58	876

　　资料来源：陈种美等：《同济大学在云南四川的岁月》，中国人民政治协商会议西南地区文史资料协作会议编《抗战时期内迁西南的高等院校》，贵州民族出版社，1988，第 63 页。

---

①　西南联合大学北京校友会编《国立西南联合大学校史（修订版）——1937—1946 年的北大、清华、南开》，北京大学出版社，2006，第 2~3、248、250 页。

浙江大学拥有文、理、工、农、师范 5 个学院。1940 年，该校 5 院在校生合计为 1244 人，而工学院学生为 577 人，几占 5 院学生总数的一半。1943 年、1944 年和 1945 年入学的工学院学生分别占当年 5 院所招学生总数的 34.9%、41.7%、44.5%。1937 年至 1945 年，浙大 5 院共毕业学生 1708 人，其中工学院毕业生为 894 人，占毕业生总人数的比例高达 52.3%。[①] 抗战期间保存最为完好的中央大学，设有文、理、法、工、农、医、师范 7 个学院，战前在校学生 1000 余人，1945 年时发展到 4000 余人。工学院学生数居全校各学院之首，1946 年复员后第一学期，工学院学生人数达到了 1230 人，是文学院学生人数 571 人的 2 倍多。[②]

上海交通大学于 1940 年 8 月在重庆小龙坎成立交大分校，先设机械、电机两个班；1942 年 8 月学校由上海迁至九龙坡建立交大本部，增设土木、航空、运输管理三系；1943 年增设工业管理、财务管理二系；8 月接办重庆商船学校，增设造船系、轮机、商船驾驶三个专修科；同年增设电信研究所，后又增设电讯管理系。抗战胜利时，国立交通大学（重庆）已发展为 9 系、3 个专修科、1 个研究所，学生达到 1700 多人，教职员有 280 余人，规模较战前上海的交大有很大的发展。[③]

在专科层面上，由于抗战时期对一般技术人才的需求很大，要求人才培养的周期要短。因此专科层面的实科学校受到政府的"竭力提倡"，医、农、工实科类专科均得到迅速发展，数量较战前增加一倍以上。1938 年至 1947 年全国公私立专科学校达到了 68 所，其中工科 9 所（如表 4-14 所示）。

抗战时期，留学生教育受到很大影响。即便如此，1938 年至 1941 年间，每年派出留学人员均超过 100 人，理工类学生占绝大多数。1942 年自费留学政策放宽后，工科类专业成为留学生的首选。1938 年留学

---

① 史贵全：《中国近代高等工程教育研究》，上海交通大学出版社，2004，第 99 页。
② 见《第二次中国教育年鉴》，第 592～593 页。
③ 该书编写组编《交通大学校史》，上海教育出版社，1986，第 383～384 页。

生总数为 92 人，工科 34 人。到 1946 年派遣留学生总数达到 730 人，基本与战前数量持平；工科人数上升到 205 人，超过战前的 1935 年 174 人。就比例而言，1935 年工科留学生占总量的 17.3%；1946 年工科留学生则占到了总量的 27%。①

表 4-14　1938~1947 年全国公私立工程类专科学校统计

类别	学校名称	校址	所设科系	备注
国立	中央工业专科学校	重庆沙坪坝	机械工程专科、土木工程科、电机工程科、化学工程科	
	中央技艺专科学校	四川乐山	造纸科、农产制造科、皮革科、纺织科、蚕丝科、化学工程科	1939 年设立；我国最早设立造纸专业的学校
	自贡工业专科学校	自贡	化学工程科、机械工程科、土木工程科，附设职业科	1945 年设立
	西康技艺专科学校	西昌	农林科、畜牧科、土木工程科、矿冶工程科、机械工程科、化学工程科、医科	1940 年设立
省立	江西工业专科学校	南昌	土木工程科、机械工程科、应用化学科、采冶科	
	苏州工业专科学校	苏州	土木、机械、纺织、建筑四科	1912 年合并清末官立中等工业学堂，入江苏省铁路学堂设立省立第二工业学校，1923 年更名为苏州工业专门学校
	广东工业专科学校	高要	水利科、机械科、化学工程科	
	上海工业专科学校	上海	机械科、电机科、纺织科、土木科	
私立	天津力行工业专科学校	天津		

资料来源：根据《第二次中国教育年鉴》总第 761、1036~1038 页整理。

---

① 据《第二次中国教育年鉴》第 1416 页数据整理。

在高等教育的区域分布上，而正如前文所述，高校内迁及战时在西部新设高校的措施，使得西部高校发展一时间出现繁盛局面，气象一新。虽然抗战胜利后大部分高校复员回迁，但是八年间，这些高校服务于地方经济社会发展，播撒了希望的种子，为西部的发展培植了人才基础。而且，抗战期间西部新设的高校43所，有34所留在了西部。贵州省在战前没有一所高校，抗战期间国立贵阳医学院、国立贵州农工学院（后升格为国立贵州大学），国立贵阳师范学院相继建立，贵州高等教育开始起步；陕西省战前仅有1所农林专科学校，战后发展为10所，包括了工、农、医、药、商、师范等结构较为完善的学科体系。[①] 整体而言，虽未根本改变战前中国高等教育的分布极端不均衡的现象，但也奠定了西部地区高等教育和经济发展的历史基础，推进了西部工业化发展的前进步伐。

（二）工程教育的总体质量得到有效提升

抗战时期工程教育在规模上取得惊人的发展的同时，其质量和效能得到极大提升，达到了相当的水准。抗战期间，广大工程教育人才因为战争需要，在兵工、机械、探矿、路桥等领域贡献才智，为全民抗战的胜利作出突出贡献。这一时期高水准的工程教育也为新中国成立后的建设事业奠定了人才基础。根据史贵全在《中国科学院院士自述》一书中对500名院士的大学毕业年份进行的统计，毕业于1930～1956年间高等工程院校的共96人，其中：1930～1938年20人，占20.8%；1939～1947年44人，占45.8%；1948～1956年32人，占33.3%，以"抗战期间毕业生"所占比例最高。考虑到抗战胜利后直到20世纪50年代我国高校工科学生数量一直处于迅猛增长之中，如1949年3.0万人，1957年即达到16.3万人，由此可推断，"抗战期间毕业生"的成才率是相当高的。[②]

---

① 余子侠、冉春：《中国近代西部教育开发史——以抗日战争时期为重心》，人民教育出版社，2008，第252～253页。

② 史贵全：《中国近代高等工程教育研究》，上海交通大学出版社，2004，第100～101页。

以创造"中国高等教育奇迹"的西南联大为例，曾在联大任教，以及在清华金属研究所和无线电研究所从事科学研究的教师，于1955年前后被选为中国科学院学部委员者，有20人，其中4人是理工兼任。联大毕业生有19位被选为中国科学院学部委员，1994年有6位被遴选为中国工程院院士，还有3位成为美国工程科学院院士，1位俄罗斯宇航科学院外籍院士，两位成为国际宇航科学院院士。联大航空系1939年起共8届毕业生126人，据不完全统计，在国内外著名大学任教授的达40余人之多。著名的代表有两院院士（学部委员）沈元、屠守锷、李敏华、王仁、陈士橹等，还有卞学璜（美国麻省理工学院宇航系教授、国际著名结构力学专家）、林骅等国际著名的专家学者，以及何东昌等著名教育家。① 更有数以万计的工科毕业生，成为在中国现代化发展进程中发挥骨干作用的优秀工程师、杰出的组织者和领导人。

2010年度，国家最高科技奖得主著名金属学及材料科学家师昌绪院士与著名电机工程专家高景德院士（1983～1988为清华大学校长）均出自国立西北工学院1941年丙班。②

同济大学抗战期间辗转内迁六次，人才培养质量依然得到保障。其间工科毕业生共计559人。抗战期间，机械系毕业生大量进入各大兵工厂。在当时各大兵工厂的主管和骨干工程师中，80%是同济大学校友，被誉为"同济校友遍布各兵工厂，表现卓越"。③ 新中国成立后被遴选为中国科学院学部委员就有朱洪元、陶亨咸（1939年机电系毕业）、王守武（1941年机电系毕业）、吴式枢（1944年机械系毕业）4人。④

---

① 西南联合大学北京校友会编《国立西南联合大学校史（修订版）——1937—1946年的北大、清华、南开》，北京大学出版社，2006，第250～251、290～292页。
② 师昌绪：《缅怀同窗好友高景德院士》，见方惠坚主编《高景德纪念文集》，清华大学出版社，1999，第23页。
③ 翁智远等主编《同济大学史》第一卷，同济大学出版社，2007，第128页。
④ 陈种美等：《同济大学在云南四川的岁月》，中国人民政治协商会议西南地区文史资料协作会议编《抗战时期内迁西南的高等院校》，贵州民族出版社，1988，第65页。

在抗战的烽火中，工程教育的人才培养仍保持良好的质量，的确是值得一书的事情。

（三）工程科研工作

抗战期间，大学工程技术研究工作有了很大发展，各类工科研究机构在制度上进一步完善，人才培养的数量和质量均有出色成绩，并在国防军工科技和战时经济建设中发挥了重要的作用。

1929 年教育部在改进高等教育计划中，对大学设立研究机构作出规定：研究机关设有三个以上研究学部时称研究所，两个研究所以上称研究院。《大学组织法》中明确规定了"大学得设研究院"。1935 年之后，全国大学研究所有 26 个、研究学部 45 个。1926 年 6 月，上海交通大学在凌鸿勋任校长时，设立"研究高深学术，促进科学及技术"的工业研究所，是国内最早的大学研究所。① 陆续，北洋工学院（1934 年 12 月）、武汉大学（1935 年 1 月）分别成立工科研究所。抗战时期政府加大对国防工业科技的投资，各校工科类研究所纷纷建立。1937 年时工科研究所仅 2 所，到 1945 年增加至 6 所；工科研究学部数，由 1937 年的 1 个，到 1945 年增加至 13 个。截至 1947 年，全国大学工科研究所设立情况如表 4-15 所示。

各大学工科研究所在政府支持下开展研究工作，均取得一定成绩。以西南联大工科研究所为例，所长施嘉炀，设土木工程部、机械及航空工程部和电机工程部；另设五个特种研究所，工科的有无线电研究所、航空研究所。在科学研究方面，一是编辑教科书。例如被列为大学用书的有刘仙洲著《机械原理》、吴柳生著《工程材料实验》等。二是接受资源委员会委托，开展专题研究。例如机械工程方面，"内燃机用酒精燃料之特性研究"；电机工程方面，"多相交流整流电动机对于增加或调整感应电动机之频率因数及速度之应用"等。三是主持参与工程项目的设计建设。例如水利工程方

① 该书编写组编《交通大学校史（1896—1949）》，上海教育出版社，1986，第 176 页。

面，1938 年，由工科研究所所长施嘉炀主持云南省水力发电勘测工作，设计出一批小型水电站。①

表 4-15　全国大学工科研究所概况（截至 1947 年）

校　别	工科研究所类别
中央大学	土木工程研究所，电机工程研究所，机械工程研究所
武汉大学	土木工程研究所，电机工程研究所
浙江大学	化学工程研究所
交通大学	电信学研究所
湖南大学	矿冶学研究所
南开大学	化学工程研究所
西北工学院	矿冶工程研究所
清华大学	电机工程研究所，化学工程研究所，建筑工程研究所，土木工程研究所，机械工程研究所，航空工程研究所
台湾大学	电机工程研究所
重庆大学	电机工程研究所

资料来源：《第二次中国教育年鉴》（二），总第 574、575 页。

1939 年成立的国立西康技艺专科学校，密切结合所在地方实际，服务于当地生产。矿业工程科教授刘之祥受当时的西康省地质调查所委托，对该省地质与矿产进行调查研究，与时任中国西部科学院地质研究所所长的地质学家常隆庆结伴，发现了攀枝花铁矿，绘制了《攀枝花铁矿区草图》。1941 年刘之祥以中英文出版《康滇边区之地质与矿产》一书，对其地理、地质、矿产储量、开采等进行研究分析，估算出该矿磁铁储量为 1126.4 万吨。并撰写《西康宁属北部之地质与矿产》和《西康云南边区地质与矿产》两份调查研究报告，对当地经济发展起到了良好推动作用，对于建设边疆意义重大，② 为后来新中国开发、建设

---

① 西南联合大学北京校友会编《国立西南联合大学校史（修订版）——1937—1946 年的北大、清华、南开》，北京大学出版社，2006，第 249、263 页。
② 胡清林：《抗日战争中的国立西康技艺专科学校》，见《中国科技史料》第 15 卷，1994 年第 3 期；郭元曦主编《攀枝花钢铁公司》，当代中国出版社，第 9～10 页。

攀西地区，特别是为攀钢的建设和发展，提供了重要的地质依据。

二　抗战时期工程教育发展的特殊机制和原因

抗日战争时期工程教育的发展，其动因众多，国民政府的教育政策前文有详尽阐述。在这里我们就这一时期特殊的机制和原因予以探究。一般而言，工程教育的发展与国家工业化密切相关，国家工业化是推动工程教育发展的最重要的因素。但是纵观工程教育产生发展的历史，可以看到，战争往往是促进工程教育发展的非常重要的因变量。战争的进行迫切需要大量的土木、机械、电机、交通运输等专业工程技术人员发挥作用。美国全国教育学会的劳伦斯·P.格雷森在《美国工程教育简史》中为我们展现了美国工程教育发展的历史分期：第一次世界大战之后，"由于第一次世界大战的种种要求而更加扩大了对于汽车和飞机的研制与需求，对于石油、电力和大规模生产的技术不断增长的需要，这一切使工程学和工程教育进入一个新阶段"，而"1941年到1945年美国卷入第二次世界大战，暴露了工程教育的弱点"，促使美国工程教育进行改革，进入了"科学的时期"。[①]

战争这种人类社会发展过程中的极端形式，是对于参战国家综合国力的全面检验，尤其对国家工业化水平的全面深刻的考验，由此彰显了工程教育的特殊地位和重大意义。战争不论对战后宏观的工程教育发展战略制定，还是对具体的教育教学制度的改进均提出了新的改革要求，促使工程教育进入新的发展时期。因此，我们看到，在抗日战争时期，中国工程教育有了飞跃式发展，直接服务于战争需求的专业尤其受到鼓励，土木、机械、电机等专业得到极大扩张，新兴的航空、电子、电讯等工程专业开始发展起来。中国工程教育体系的逐步完善，预示着一个新的发展阶段的到来。可以说，战争中断了中国近代以来的工业化进程，同时也为工业化发展提供了新的契机，带来了中国现代化发展重新

---

① 〔美〕劳伦斯·P.格雷森：《美国工程教育简史（续完）》，《清华大学教育研究》1981年第3期。

起步的历史机遇。

工程教育的发展与工业化进程有着紧密的关联。抗战时期，中国工业由沿海大规模内迁至西部地区，出现了工业化空间传动；西部工矿业的发展成为工程教育发展的动力源泉。抗战之初，国民政府根据抗战建国的战略目标，拟定了《西南西北工业建设计划》，确定战时工业发展方针政策，决定"将沿海或逼近战区之新式设备迅速内移，督促复工"，工业发展要"以军需工业为中心"。自抗战开始至 1940 年内迁厂矿共达 448 家，其中机械工业占 40.4%，纺织工业占 21.7%，化学工业 12.5%，教育用具工业 8.2%，电器制造业 6.5%，其他的依次为食品工业、矿业、钢铁工业等。[①]

国家资本大量涌入西部地区，尤其是为国防建设急需的重工业成为国家投资的重点。抗战胜利后，据统计资源委员会，在陕西、甘肃、青海等地兴建"厂矿单位共有 121 个，其中火力发电厂 26 个，煤矿 19 个、石油矿 3 个（玉门和新疆独山子等）、铁矿和铜铅锌矿 4 个、钨锑锡汞矿 11 个、冶炼工业 37 个等等"。[②] 工业发展急需的工程技术人员以自内地招聘为主，仅 1938 年就从内地招聘技术工人 1793 人，到 1940 年猛增到 12164 人。[③]

工业发展和国防建设对工程技术人才的大量需求，成为促进工程教育发展的重要因素。西南联大工学院毕业生供不应求，以此吸引了大量优秀生源。"当时因为西南后方官僚资本主义企业的发展需要工业技术人员和经济管理人员，学生为求毕业后谋得出路，也以报考工学院和法商学院经济系的居多"。[④]

必须指出的是，战时包括工程教育在内的中国高等教育大发展的最大动力，是广大师生员工怀着驱除敌寇、建设国家、复兴中华的历史使

① 王相钦主编《中国民族工商业发展史》，河北人民出版社，1997，第531页。
② 钱昌照：《钱昌照回忆录》，中国文史出版社，1998，第67页。
③ 虞和平主编《中国现代化历程》第二卷，第807页。
④ 清华大学校史编写组编著《清华大学校史稿》，第316页。

命，艰难困苦，自强不息，玉汝于成。冯友兰在国立西南联合大学纪念
碑文有言，"今日之胜利，于我国有旋乾坤之功，而联合大学之使命与
抗战相始终"，"师生不屈之壮志，终寄最后胜利之期望"。1947 年朱家
骅在《第二次中国教育年鉴》序言中说，"抗战八年间，我全国教育科
学文化界人士冒危险、耐劳苦，淬励奋发，维持全国教育文化于不坠，
发扬民族意识，推进内地文化，凭战时仅有之贫乏物质，而自觉自力以
适应教育上之需要，其艰苦卓绝之精神，非仅可歌可泣足为后人景仰，
且亦足以动国际之观听，供盟邦之借镜"。

　　抗日战争胜利后，大多数高校在教育部的部署下迁回原址复员上
课。在和平建设和国家工业化建设的憧憬中，各校工学院纷纷制订扩充
与发展规划，使工科在校生数量也随之又有所扩充。交通大学、清华大
学及浙江大学到 1947 年时工学院的在校生数都超过了各校在校生规模
的 50% 以上。工科成为发展最快、规模最大的学科。①

　　然而，1946 年开始的全面内战，使国家再次陷入动荡之中，社会
经济陷入崩溃边缘，教育无以为继。国民党政府对大学采取高压政策，
引起了广大进步师生的不满与反抗，校园内学潮不断，中国教育现代化
发展再次中断。此时，中国工程教育发展进程受到极大破坏，陷入困顿
境地。1949 年中华人民共和国成立之后，中国现代化进入新的阶段，
中国工程教育也迎来新的曙光。

---

① 中国教育年鉴编辑部编《中国教育年鉴（1949—1981）》，中国大百科全书出版社，1984，
第 967 页。

下　编

中国当代工程教育的
发展历程

第五章
新中国成立后十七年的
工程教育发展

中华人民共和国的成立是中国历史上的一个转折点，自 1840 年以来，中国的工业化、现代化进程发生了历史性的转变。中国选择了社会主义现代化的发展道路和模式，开始并开创了一个伟大的工业革命时代。[①] 自 1949 年 10 月 1 日中华人民共和国成立至今，在 60 多年的历程中，中国由积贫积弱的落后的农业国，逐步跨入崭新的工业化、现代化国家的行列，各项教育事业也取得了辉煌的成就，实现了由人口大国向教育大国的历史性跨越。工程技术改变世界，工程教育与工业化、现代化的发展紧密相关。回首新中国 60 年来国家工业化、现代化中工程教育发展的历史，中国工程教育始终承载着国家现代化的历史使命，在曲折中奋进，在改革中崛起，探索并开辟了独特的发展道路，逐步由工程教育大国走向工程教育强国。

罗荣渠在总结新中国工业化发展的道路时，概括其最突出的特点是"高速突进与减速调整相间而行"，发展始终在纠错中进行。[②] 纵观 60 年来中国工程教育的发展轨迹，"突进"的发展与"反突进"的调整之间交错进行，其发展历程尤为丰富而复杂。

[①] 胡鞍钢：《中国政治经济史论（1949—1976）》，清华大学出版社，2008，第 103 页。

[②] 罗荣渠：《现代化新论——世界与中国的现代化进程（增订版）》，商务印书馆，2004，第 513、516 页。

观水有术，必观其澜，研究新中国工程教育发展可以根据共和国现代化战略进程的不同阶段划分为三个历史时期：（1）新中国成立至"文革"十年前的十七年（1949～1965）；（2）"文革"时期（1966～1976）；（3）改革开放30年的发展（1978～2008）。三个不同历史时期，每个阶段都是对前一阶段进行"激烈的否定和改造"。① 若将工程教育发展置于共和国工业化、现代化发展的背景之下，可见其内在的发展连续性以及发展的基本矛盾。

第一节　重建与发展：工程教育体系的建构及改革探索

中华人民共和国的成立是中国历史上的一个转折点，中国共产党成为执政党，工作重心发生了根本性转变，由战争转向和平建设，由农村转向城市，年轻的新中国面临的最大任务就是恢复和发展经济，并在新民主主义理论指导下，建设一个人民民主国家。教育领域面临的迫切任务是改造旧民主主义教育，恢复发展教育事业，建设新民主主义的教育。既要"除旧"，又要"布新"，"破""立"并举。在国家面临政治经济体制全面建设，描绘由农业国变为工业国的宏伟蓝图时，必然赋予高等教育尤其是工程教育特殊的任务和角色。由于在当时复杂的国际原因和历史背景下，新中国在政治、经济和外交上采取了"一边倒"的政策。与此相应，高等教育在发展的方向和模式上，走向全面学习苏联模式发展中国教育的历程。中国工程教育的发展由近代以来学习欧美转向全面学习苏联，由此建构起影响至今的中国工程教育体系。

一　工业化道路的选择与教育改造调整

1949年9月通过的《中国人民政治协商会议共同纲领》规定新中国的

---

① 杨东平：《艰难的日出——中国现代教育的20世纪》，文汇出版社，2003，第119页。

性质是新民主主义国家，国家的基本任务是进行新民主主义建设。关于新中国的经济发展战略和目标，毛泽东早在 1945 年的中国共产党第七次全国代表大会上表述为："在新民主主义的政治条件获得之后，中国人民及其政府必须采取切实的步骤，在若干年内逐步地建立重工业和轻工业，使中国由农业国变为工业国。"①新中国成立后，发展新民主主义的人民经济，稳步地变农业国为工业国的战略目标由《中国人民政治协商会议共同纲领》（以下简称《共同纲领》）规定，并在 1954 年《宪法》中予以确认。

在党的第一代领导人的国家发展战略选择中，实现国家工业化被视为建设社会主义社会的前提条件。从现代化发展史来看，落后国家要实现现代化，只能采取经济追赶型发展战略。"走赶超之路，依靠革命或独立所产生的全社会动员，提高积累强度，早日建成作为国民经济动力和装备部的重工业，使本国经济从技术进步和结构现代化中获取最大收益，并摆脱国际垄断资本的控制和盘剥，这是发展中国家为摆脱落后而实行的工业化能否成功的关键。"②

但是当时的新中国"根本不具备发动现代化的基本条件"③。就实现工业化、现代化的人力资本和人才资源而言，1949 年以前全国 80% 以上的人口是文盲，1949 年初全国共有高校 205 所，在校生 11.7 万人，其中工科院校仅有 28 所，占 13.7%，工科学生共计 30320 人，占学生总数 26.2%。而文科类（包括政法、师范、财经、外语、艺术）共 59 所，共计 53323 人。④规模严重不足和结构不合理的局面并存，无法适应新形势发展的需要，更无法提供赶超型战略所需要的工程技术人才。周恩来在第一次高等教育会议上就指出："现在我们国家的经济正处在恢复阶段，需要人'急'，需要才'专'，这是事实。"⑤在 1951 年 8 月他又提

---

① 毛泽东：《论联合政府》，见《毛泽东选集》第三卷，人民出版社，1991，第 1081 页。
② 刘力群：《重工倾斜政策的再认识——兼论赶超战略》，《战略与管理》1994 年第 6 期。
③ 胡鞍钢：《中国政治经济史论（1949—1976）》，清华大学出版社，2008，第 63 页。
④ 中国教育年鉴编辑部编《中国教育年鉴（1949—1981）》，中国大百科全书出版社，1984，第 965 页。
⑤ 周恩来：《在全国高等教育会议上的讲话》（1950 年 6 月 8 日），《周恩来教育文选》，教育科学出版社，1984，第 9 页。

出："人才缺乏，已成为我们各项建设中最困难的问题"，"只要我们的工作开展了，中国的知识分子就不是太多，而是太少了。任何一个部门工作已开展，马上就会提出专门人才、技术人才不够的问题……拿我们明年的工业建设计划来说，短缺的人才就不是几千几万，而是一二十万技术人员和熟练工人。"[①] 1949 年 10 月，中央财政经济委员会主任陈云就曾对苏联大使罗申说，恢复国民经济的一个重大障碍是缺少既懂专业而又忠于人民政府的技术干部。新中国从国民党那里接受下来的工程师和专家总共只有 2 万人，而他们当中大多数人都是政治观念上反动的亲美的。[②] 高等教育发展与社会主义建设之间的矛盾凸现出来，特别是工程教育的发展规模方面，已经远远不适应国家工业化发展的战略要求。

新创刊的教育部机关刊物《人民教育》在社论中坦陈："我们现在的高等教育和新中国建设的需要还是极不适应的"，这种不适应的表现，首先的是数量严重不足问题，"但今天最重要的问题还不是在数量，而是在质量"。社论对当时高等教育的质量是这样阐述的，"目前全国高等学校百分之八十五，还是旧有的高等学校，这些学校是在半殖民地半封建的旧中国的基地上生长起来的，它们的教育内容，制度和方法，基本上都还不能够适应今天的国家情况，其最根本的弊病，是教育和国家的建设脱节，理论与实际脱节"。[③] 社论所言的质量观强调了当时人才规格水平与国家建设的适应性问题，但其核心是一个有很强政治性的政策性概念，换言之，相比较旧的高等教育，新的高等教育在培养人才的方向和重心上必须要彻底改革，以适应新的社会、国家所需要的人才。

如何改造旧教育，建设适应新的国家建设和发展的教育体系成为新中国首要的任务。1949 年 9 月召开的中国人民政治协商会议第一届全体会议，通过了《中国人民政治协商会议共同纲领》，这是新中国建国

---

① 周恩来：《重视成人教育，培养建设人才》（1951 年 8 月 22 日），《周恩来教育文选》，教育科学出版社，1984，第 34 页。

② 1949 年 10 月 28 日罗申与陈云谈话备忘录。转引自沈志华《苏联专家在中国（1948—1960）》，新华出版社，2009，第 72 页。

③ 《全国高等教育会议底成就》，《人民教育》1950 年第 3 期。

初期起到临时宪法作用的根本法。《共同纲领》对新中国教育性质与任务作了新的阐述，第5章第41条规定："中华人民共和国的文化教育为新民主主义的，即民族的、科学的、大众的文化教育。人民政府的文化教育工作，应以提高人民文化水平，培养国家建设人才，肃清封建的、买办的、法西斯主义的思想，发展为人民服务的思想为主要任务。"《共同纲领》第46条、第47条对教育方法和教育发展的重点分别作了规定："中华人民共和国的教育方法为理论与实践一致。人民政府应有计划有步骤地改革旧的教育制度、教育内容和教学法"。"有计划有步骤地普及教育，加强中等教育和高等教育，注重技术教育，加强劳动者的业余教育和在职干部教育，给青年知识分子和旧知识分子以革命的政治教育，以应革命工作和国家建设工作的广泛需要。"[①] 这些规定是新中国成立初期制定中国高等教育制度的基本依据。

1949年12月23日至12月31日，新中国第一次全国教育工作会议在北京召开。会议的中心议题是依据《共同纲领》的精神，研究讨论全国性的教育问题，讨论如何对旧教育进行有计划有步骤的改革问题。12月23日，教育部部长马叙伦在开幕式上致词，提出："胜利给我们教育工作者带来了新的情况，新的条件，同时也带来了新的复杂而艰巨的任务。"他指出："中国的旧教育是帝国主义、封建主义和官僚资本主义统制下的产物，它是旧经济的反映和旧政治旧经济借以持续的工具。它提倡封建的买办的、法西斯的思想，它是为帝国主义和封建买办的统治者服务的。现在随着帝国主义和封建买办的统制在中国宣告终结，中国旧的政治基础基本上被摧毁了。代替这种旧教育的应该是作为反映新的政治经济的新教育，作为巩固与发展人民民主专政的一种斗争工具的新教育。这种新教育就是新民主主义的，即民族的、科学的、大众的教育。""中国旧教育的改造和新教育的建设是一个长期的艰巨的工程"，对于如何改造旧教育和建设新教育，他提出了具体的工作方

---

① 中共中央文献研究室：《建国以来重要文献选编（1949—1950）》，中央文献出版社，1992，第11页。

针，"首先我们要充分认识全国的环境和条件，密切配合整个国家的建设来部署我们的工作"。① 概言之，必须从思想、制度等全面改造旧教育，建设新的教育制度、教育体系，新的教育必须服务于国家经济建设。

这次会议明确了教育工作的指导方针："以解放区的教育经验为基础，吸收旧教育的有用经验，借鉴苏联经验，建设新民主主义的教育。"② 会议确定的这项教育工作指导方针，成为建设新中国教育制度的总的指导方针。

1950 年 6 月 1 日至 9 日，教育部召开了第一次全国高等教育工作会议。毛泽东主席亲临会场接见与会代表，政务院总理周恩来作了《新民主主义的教育方针》的重要报告。教育部部长马叙伦致开幕词和闭幕词。各大行政区教育部（或文教部）及全国高等学校负责人、高教方面的专家、中央各部门代表共 300 余人参加会议。会议的任务和目标是"讨论新中国的高等教育的方针、任务和若干重要问题"。③

周总理就新民主主义教育方针、理论与实际一致、团结与改革等问题作了指示，强调为实现《共同纲领》所规定的教育改革任务，"肯定和不可更易的方针"是"除了极少数反动分子，我们应该团结所有的教育工作者。凡是在政治上反对三大敌人、在教育上赞成新民主主义教育的人，我们都要团结"。同时，文化教育改革问题要谨慎，"应该根据《共同纲领》有计划有步骤地进行"，"有改革条件而拖延着不改革是不对的，口头上同意改革而实际上不改革也是不对的"。④ 周总理的报告，对于教育方针和教育改革实施的基本原则作了有针对性的部署，为新中国成立初期教育改革和发展指明了方向。

马叙伦在会议闭幕词中明确提出新中国高等教育的方针和任务：

---

① 《马叙伦部长第一次全国教育工作会议上的开幕词》，《中国教育年鉴（1949—1981）》，中国大百科全书出版社，1984，第 683 ~ 684 页。

② 钱俊瑞：《在第一次全国教育工作会议的总结报告要点》，《人民日报》1950 年 1 月 6 日。

③ 马叙伦：《第一次高等教育会议闭幕词》，《人民教育》1950 年第 3 期。

④ 周恩来：《在全国高等教育会议上的讲话》，《周恩来教育文选》，第 5 ~ 11 页。

图5-1　1950年6月首次全国高教会议，毛泽东、
周恩来接见会议代表并合影

"以理论与实际一致的方法，培养具有高度文化水平，掌握现代科学和技术的成就，全心全意为人民服务的高级建设人才，并准备和开始吸收具备入学条件的工农干部与工农青年进入我们的高等学校，以培养工农出身的新型知识分子，加入国家建设的行列。"① 副部长钱俊瑞在讲话中进一步阐述了实现教育发展和任务的改革步骤："根据上述方针，一方面我们要坚决地同时是有步骤和谨慎地改革旧的高等学校。这种改革是必要的，是要坚决地进行的，因为旧的高等教育的基本特点，恰正是教育与国家建设脱节（学非所用），是理论与实际分离，是大学之门工农莫入。"他强调指出："反对进行这种改革是违反国家和人民利益的，是错误的。片面强调困难，或用种种借口，拖延不改，也是不对的，因为这样就会违反共同纲领的要求，遗误（注：原文如此）国家的建设。"② 在会议上提出的有步骤改造旧教育，所谓步骤，就是按照国家

---

① 马叙伦：《第一次高等教育会议闭幕词》，《人民教育》1950年第3期。
② 钱俊瑞：《团结一致，为贯彻新高等教育的方针，培养国家高级建设人才而奋斗》，《人民教育》1950年第8期。

建设计划的要求，先从重点教育的内容，即课程、教材、教学方法入手，再进行制度和组织改革，改革的蓝本是苏联模式。

为实现高等教育服务国家建设的目标，在本次会议上作出决议，"教育部门和政府其他各业务部门要更紧密地合作，以便有效地培植国家建设的人才。各高等学校也应与政府各业务部门及其所属的企业和机关密切联系，以便在设置院系、改革课程、进行参观、实习、研究等项工作中密切合作"。[1] 会议上教育部高教司副司长张宗麟对改革中涉及的课程改革、院系调整、师资培养、与建设部门的合作等具体事宜作出部署。[2]

第一次高等教育会议是"新中国的一件大事"（张宗麟语），通过第一次全国教育工作会议和高等教育会议等全国性教育会议，新中国成立一年间，中国教育实现了方针政策的明确与统一，规定了新中国教育发展的方向。自此，新中国高等教育被纳入国家现代化战略之中，为实现国家的工业化、现代化培养人才，服从和服务于经济建设的需要。这就决定了新中国工程教育发展的基本性格和发展路径。

1950 年 7 月之后，政务院陆续批准了全国高等教育会议审议通过的《关于高等学校领导关系的决定》《关于实施高等学校课程改革的决定》《高等学校暂行规程》《专科学校暂行规程》《私立高等学校暂行管理办法》等一系列高等教育法规命令。从高等教育领导管理体制、大学内部组织、办学体制、课程等诸多方面进行规范，力图构建适应国家经济发展的教育体系。

《高等学校暂行规程》详细规定了高等学校办学各个环节、各个方面。规定："中华人民共和国高等学校的宗旨为根据中国人民政治协商会议共同纲领第五章的规定，以理论与实际一致的教育方法，培养具有高级文化水平，掌握现代科学和技术的成就，全心全意为人民服务的高级

---

① 钱俊瑞：《团结一致，为贯彻新高等教育的方针，培养国家高级建设人才而奋斗》，《人民教育》1950 年第 8 期。

② 张宗麟：《迎接第一次全国高等教育会议》，《人民教育》1950 年第 1 期。

建设人才。"在第一章总纲中规定高校的具体任务是："（1）进行革命的政治及思想教育，肃清封建的、买办的、法西斯主义的思想，树立正确的观点和方法，发扬为人民服务的思想；（2）适应国家建设的需要，培养通晓基本理论并能实际运用的专门人才：如工程师、教师、医师、农业技师、财政经济干部、语文和艺术工作者；（3）开展科学研究，以期有切合实际需要的发明、著作等成就；（4）普及科学和技术知识，传播文学和艺术的成果。"[1]

《专科学校暂行规程》规定的专科学校任务与《高等学校暂行规程》基本相同，任务更加具体，所培养的人才则为专门技术人才，如工业技师、农业技师、教师、医师、药剂师、财政经济干部、文艺工作者等。在设置理由中明确指出："为适应国家建设的急需，根据高等学校暂行规程第三条的规定，设立专科学校。"[2] 从这两个规程可以看出，新中国高等教育的性质、发展方向及人才培养目标均发生了本质性变化。

马叙伦在 1953 年关于高等教育发展方针的报告中指出，"培养干部必须力求与国家建设的需要相适应；首先要保证重工业、国防工业及与此密切相关的地质、建筑等方面的技术干部的供应。这就要以办好高等工业院校及大学理科为重点"。[3] 这段话反映了新中国成立初期乃至共和国前 30 年高等教育发展的基本逻辑，而这个逻辑又是共和国成立之初，实行重工倾斜的赶超型现代化战略对高等教育发展的必然要求。

二 新中国高等教育制度的建立及特点

第一次全国高等教育会议之后，一系列有关高等教育的法规及政策陆续颁布出台，新中国高等教育制度初步建立起来。

---

[1] 《高等学校暂行规程》，《人民教育》1950 年第 5 期。
[2] 《专科学校暂行规程》，《人民教育》1950 年第 5 期。
[3] 转引自胡建华《现代中国大学制度的原点：50 年代初期的大学改革》，南京师范大学出版社，2001，第 70 页。

在高等教育的领导管理体制方面，新中国高等教育管理体制的构架，是适应新的政治体制，围绕服务国家经济建设培养专门人才的方针和任务建立起来的，其特点就是对高等教育采取了高度集中管理的方针。

1950 年 5 月 5 日，政务院颁布《各大行政区高等学校管理暂行办法》，规定：除华北区高等学校由中央教育部直接领导外，各大行政区的高等学校暂由各大行政区教育部或文教部代表中央教育部领导。同年 7 月，政务院通过《关于高等学校领导关系的决定》（以下简称《决定》），指出："全国高等学校以中央人民政府教育部统一领导为原则。"强调制定《决定》的目的"为使高等教育更有效地为国家建设服务，并简化行政手续，以利学校工作的进行"。

《决定》第一款指出："中央人民政府教育部对全国的高校（军事院校除外）均负有领导的责任，各大行政区人民政府或军政委员会教育部或文教部均有根据中央统一的方针政策，领导本区高等学校的责任。凡中央教育部所颁布的关于全国高等教育方针、政策与制度、法规、教育原则方面的指示，高等学校的设置变更或停办，大学校长、专门学院院长、专科校长的任免，师生的待遇，经费开支标准等决定，全国高等学校均应执行。某一地区、某一学校得因特殊情况做因地制宜的决定，但须事先经大行政区教育部建议或审查、报请中央教育部核准。"

《决定》还指出："（二）除华北区内高等学校，其他各大行政区内高等学校暂由中央教育部托各大行政区教育部直接领导；中央教育部得视条件，有计划、有步骤地将各地区高等学校收归中央教育部领导。综合大学及与几个业务部门有关的专门学院，归中央或各大行政区教育部领导。教育部关于此类学校的业务教育及参观实习，应与政府其他部门密切联系，会商办理，各有关部门应积极负责予以具体补助和指导。"[1]

1952 年 11 月，中央政府决定高教与普教分立，成立高等教育部，

---

① 《关于高等学校领导关系的决定》，《人民教育》1950 年第 5 期。

以加强对全国的高等学校的统一领导。1953 年 10 月，政务院颁布《关于修订高等学校领导关系的决定》，指出：高等教育部应逐步加强对高等学校的统一领导。首先中央高等教育部应遵照中央人民政府委员会和中央人民政府政务院的决议与指示，对全国高等学校的方针政策、建设计划（包括学校的设立或变更、院系和专业设置、招生任务、基本建设和财务计划等）、重要的规章制度（如财政制度、人事制度等）、教学计划、教学大纲、教材编审、生产实习等事项，进一步地统一掌握起来。凡高等教育部关于上述事项的规定、指示或命令，全国高等学校均应执行。这就强化了教育行政部门对高校的统一与集中的管理权。

《决定》对部门办学予以确认，规定：与几个业务部门有关的多科性高等工业学校，由中央高等教育部直接管理，高等教育部如认为必要，得与中央有关部门协商委托其管理；为某一业务部门或主要为某一业务部门培养干部的单科高等学校，如单科性高等工业学校、高等师范学校、医学院、农、林学校等，可委托中央有关部门直接管理。① 这项规定的出台，为国民经济生产性行业及部门办学开了绿灯。因此，中国高等教育形成了高等教育部直属院校、部门行业院校和地方院校的办学格局，这种局面此后逐渐演变为高等教育"条块分割"的局面。

历史地看，高等教育"条块分割"的格局虽然在发展过程中流弊丛生，但在当时则是适应形势发展的举措。以石油系统办学为例，1949年燃料工业部成立之后，石油工业急速发展，专业技术人才的匮乏成为制约发展的瓶颈。1950 年的全国教育会议上，燃料工业部负责同志呼吁教育界要关注石油工业的重要意义及其对人才的需求。在 1951 年 11月全国高等工业院校会议上，石油部门主管领导参会并再次呼吁重视石油技术人才的培养，希望有关大学为石油工业培养高级技术人才，并建议筹办石油专门高校。缓不济急，燃料工业部领导指示要"自己动手

---

① 《关于修订高等学校领导关系的决定》，《人民教育》1950 年第 5 期。

办学"。经批准自 1950 年开始，先后自办和委托举办了一批石油技术学校和专科训练班，并着手系统内自行筹办石油高等学校，逐步建立起本系统的石油教育体系。① 1952 年《关于修订高等学校领导关系的决定》出台，为部门办学大开绿灯，提供了法理依据，此后，各行业、各部门纷纷开办了适应行业发展的高等学校。

新中国成立初期建立的高度集中的高等教育管理体制与学习苏联模式有着密切的关系，为 1952 年高等教育的院系调整的顺利进行奠定了制度基础。另外，在招生和毕业生分配制度方面，逐步建立起国家统一招生、统一分配的制度。

在学制改革方面，1951 年 10 月 1 日，政务院发布《关于改革学制的规定》，指出："我国原有学制有许多缺点，其中最重要的，是工人、农民的干部学校和各种补习学校和训练班，在学校系统中没有应有的地位；初等学校修业六年并分为初高两级的办法，使广大的劳动人民子女难于受到完全的初等教育；技术学校没有一定的制度，不能适应培养国家建设人才的要求，这些缺点必须改正。""（改革）以利于广大劳动人民文化水平的提高，工农干部的深造和国家建设事业的促进，却是必要的可能的。"②

新学制第一次把工、农及干部教育和业余教育正式纳入学制系统，从根本上保证了劳动人民受教育的权利。教育部部长马叙伦对此作了明确的阐释："（新的学制）明确地和充分地保障了全国人民，尤其是工农劳动人民和工农干部受教育的机会，使城乡人民群众的子女能够平等地受到完全的基础教育，使青年和成年人能够学习专门的科学技术知识和受到补习教育，使青年知识分子和旧知识分子能够受到革命的制证教育，使一切工作干部有机会得到再教育。"③

---

① 余世诚主编《中国石油高等教育发展史》，石油大学出版社，2002，第 493～494 页。
② 中国教育年鉴编辑部编《中国教育年鉴（1949—1981）》，中国大百科全书出版社，1984，第 686 页。
③ 高奇：《新中国教育历程》，河北教育出版社，1999，第 20～21 页。

新的学制规定，高等教育包括大学、专门学院和专科学校，大学和专门学院修业年限为三至五年，专科学校的修业年限为二至三年，招收高中毕业生和具有同等学力者。各种高等学校得附设专修科，修业年限为一至二年以上。该学制在高等教育的修业年限和入学资格方面均作了弹性的规定，以保证工农青年学生接受高等教育的机会，同时也是适应国家经济建设快速发展对人才的需求。

课程改革涉及课程体系、结构、内容等方面。1950 年 7 月政务院通过《关于实施高等学校课程改革的决定》，《决定》明确指出：为适应新中国建设的需要，"高等学校的课程，必须根据《共同纲领》第四十条的规定，实行有计划有步骤的改革，达到理论与实际的一致。一方面克服'为学术而学术'的空洞的教条主义的偏向，力求与国家建设的实际相结合"。在教学内容上，破立结合，"废除政治上的反动课程，开设新民主主义的政治课程"；以学系为培养专门人才的教学单位，"各系课程应密切配合国家经济、政治、国防和文化建设当前与长期的需要，在系统的理论知识的基础上，实行适当的专门化"；为加强教学与实际结合，"高等学校应与政府各业务部门及其所属企业和机关，建立密切的联系。高等学校的教师应与上述部门的工作、生产和科学研究，作适当配合；应该有计划地组织学生的实习和参观，并将这种实习和参观，作为教学的重要内容"。相应地对相关业务部门承担的责任和义务作出规定。《决定》还对开办专修班及其课程安排作了规定，"为适应培养大量建设人才的需要，各高等学校应视其具体条件，在教育部领导下，协助各建设业务部门，设立各种专修科、训练班或函授班，其课程与各有关业务部门商订之"。①

新中国成立初期课程改革的意义及影响在于"教育内容发生转向，大大加强了知识与现代化的联系。尽管新知识对大多数人口和生产的影响仍属有限，但在 20 世纪中叶，兴许只有极少数尚未实现现

---

① 《关于实施高等学校课程改革的决定》，《人民教育》1950 年第 5 期。

代化的国家可以在知识和技术有条不紊地发展、传播和实施方面堪与中国相媲美"。[1]

课程改革的决定是在第一次全国高等教育会议上审议通过之后，在教育部领导下，成立高等学校教材编审委员会，负责编译各种教材和参考书，成立了课程改革委员会，起草了文、法、理、工、农等24个系科的54个专修科课程草案。在《专修科课程草案》规定了包括机械工程、电机工程、化学工程、土木工程、地质、农业等54个专修科。[2] 专修科是新中国成立之初工程教育体系中一个特殊类型（如表5-1所示）。设置专修科是新中国成立之初为短平快培养专门人才的举措，其课程设计通常是削减和压缩本科课程，增加实用课程及训练。在设置专修科的院校中，工科院校占大多数，设置专修科的数量最多。1955年之后，随着形势变化，高等教育部提出在工科院校中逐步停办专修科。

表 5-1　1952 年设置专修科院校的统计

	综合大学	工科院校	农科院校	林科院校	医科院校	师范院校	财经院校	政法院校	艺术院校	合计
学校数	22	32	22	3	26	19	4	1	9	138
设置专修科学校数	18	28	8	3	25	19	1		1	103
比　例	81.8%	87.5%	36.4%	100%	96.2%	100%	25%		11.1%	74.6%

资料来源：胡建华：《现代中国大学制度的原点：50年代初期的大学改革》，南京师范大学出版社，2001，第65页。

1950年9月，教育部发布高等学校包括工学院6个系、文学院5个系、法学院4个系、理学院5个系的课程草案修订稿。内容主要涉及政治课的开设、新旧课程的更替和教学计划的制订。文学院、法学院等社科类学院的课程更替最多，而理工学院课程草案的拟定，相比较而言难度最大。高等教育司副司长张宗麟记述这一过程："至于拟定理工学院的课

---

① 〔美〕吉尔伯特·罗兹曼主编《中国的现代化》，江苏人民出版社，2010，第405页。

② 张宗麟：《预祝高等学校课程改革的成功》，《人民教育》1950年第5期。

程草案更添了几重手续，这便是与有关产业部门征求意见，召开联席会议，三五次乃至十几次的修改，甚至中途如发现一个小的问题，立即反复讨论、争辩。"因此，他感慨道："这是一项繁重巨大的工程。"[①] 表5-2以重庆大学1951年课程更替统计为例，可见当时课程调整的基本情况。

表5-2　1951年重庆大学的课程更替统计

		停开课程	新设课程	保留课程
文学院	中文系	26	26	11
	外语系	6	26	11
	教育系	25	32	6
法学院	法律系	27	38	6
	经济系	6	17	12
	政治系		12	3
商学院	企业管理系	10	39	33
	会计统计系	18	52	47
	银行保险系	14	14	21
工学院	建筑系	24	13	21
	矿冶系	8	3	52
	土木系	39	42	9
	机械系		14	39
	化工系		6	32
	电机系		9	44
理学院	地质系		12	29
	物理系		3	12
	数学系	1	8	21
	化学系		5	24
医学院			2	22
合　计		204	373	455

资料来源：胡建华：《现代中国大学制度的原点：50年代初期的大学改革》，南京师范大学出版社，2001，第146页。

---

① 张宗麟：《预祝高等学校课程改革的成功》，《人民教育》1950年第5期。

二 目标的确立与模式的选择①

"以解放区的教育经验为基础，吸收旧教育的有用经验，借鉴苏联经验，建设新民主主义的教育"，② 这是建设新中国新的教育制度的总的指导方针。对于高等教育而言，老解放区虽有华北大学、华北人民革命大学和政法干校的办学经验，但是这些学校的职能多是培养和训练革命干部为主，这对于创办新型的现代大学可资借鉴的经验远远不够。尤其对于发展与现代大工业相适应、服务于国民经济建设的工程教育来讲，解放区的办学实践尚不足以提供这种资源。而在方针中提及的"吸收旧教育的有用经验"，很快在"坚决与旧制度的决裂"中，成为有关"政治正确"的政治问题而无法触及。以清华大学为例，"已经从过去抄袭英美资产阶级制度的旧型大学，逐步改造成为实行苏联五年制教育制度的新型多科性工业大学"。③ 因此，新中国高等教育全面学习苏联成为逻辑的必然，"苏联的今天就是我们的明天"成为那个时代最响亮的口号。同时，也由于当时国际政治局势的变化，使得中国高等教育只能"一边倒"地学习苏联，这也是历史的宿命。

解放区的经验固然不能为新型大学提供直接的模式和完整的方案，但是共产党人在革命斗争中形成的一整套马克思主义的世界观和方法论，以及革命实践经验，为建设新中国的高等教育提供了方法论的指导。新中国高等教育同样是在"解剖麻雀"、"先行试点"、"典型引路"、"摸着石头过河"的渐进式学习中建立起来的。

新中国成立之初，毛泽东在《人民民主专政》中就指出："我们必须学会自己不懂的东西。……苏联所创造的新文化，应当成为我们建设

---

① 本节有关哈尔滨工业大学的资料除标注外，主要参考刘家琦主编《哈尔滨工业大学》，浙江大学出版社，1999；崔国兰主编《哈尔滨工业大学》，重庆大学出版社，2008；胡建华著《现代中国大学制度的原点：50 年代初期的大学改革》，南京师范大学出版社，2001年版等有关内容。

② 钱俊瑞：《在第一次全国教育工作会议的总结报告要点》，《人民日报》1950 年 1 月 6 日。

③ 何东昌主编《中华人民共和国重要教育文献》，海南出版社，1998，第 367 页。

人民新文化的范例。"① 刘少奇在中苏友好协会总会成立大会的讲话中
也明确指出："今后建国同样也必须'以俄为师'，学习苏联人民的建
国经验"；"苏联有许多世界上所没有的全新的科学知识，我们只有从
苏联才能学到这些科学知识"。②

此后，在高等教育领域中，首先进行了学习苏联高等教育的试验，
"试点"是从创办中国人民大学和哈尔滨工业大学开始的。高等教育部
部长杨秀峰曾说："（中央在1949年）创办了以苏联高等学校为榜样的
中国人民大学和哈尔滨工业大学，作为全国高等学校学习苏联的先
导。"③ 在试点的基础上，随后开展的"院系调整"全面推广了两校的
经验。对于工程教育而言，以苏联高等工业教育模式创办的哈尔滨工业
大学，成为高等工科院校改革和调整的样板。

选择哈尔滨工业大学作为理工科大学改革的试点单位，原因主要有
三个方面：一是哈尔滨工业大学的前身与苏联有很深的历史渊源，是深
受苏联工程教育模式影响的工科大学。前文所述，中国近代以来，工程
教育的产生与发展是外来影响的结果。自然形成了多样化的办学模式，
比如清华大学、交通大学的美国工程教育模式，同济大学的德国工程教
育模式等。而受苏联（俄国）模式影响的工程教育大学最为主要甚至
唯一的就是哈尔滨工业大学；二是由于哈尔滨工业大学采用苏联模式，
其内部组织结构与苏联工业大学具有同构性。所设系科均为工科，分为
"校—系"两个层级。开展试点工作，内部改革的阻力相对会小一些；
三是东北地区20世纪20年代末后逐步成为重工业中心，也是新中国建
立之后仿照苏联模式发展重工业的基地，又具有与苏联毗邻的地缘优
势，以苏联模式改造工科大学，哈尔滨工业大学具有天然的便利条件，
更容易实现与产业的对接。④

---

① 毛泽东：《毛泽东选集》第四卷，人民出版社，1986，第1481页。
② 刘光主编《新中国高等教育大事记》，东北师范大学出版社，1990，第2页。
③ 刘光主编《新中国高等教育大事记》，第127页。
④ 胡建华分析了两方面的原因，包括历史渊源和大学内部结构。见胡建华著《现代中国大
　学制度的原点：50年代初期的大学改革》，南京师范大学出版社，2001，第163～164页。

哈尔滨工业大学是东北地区创办最早的高校之一，其前身 1920 年 10 月建立的哈尔滨中俄工业学校，由俄国人管辖的中东铁路局和特别行政区共同管理。宗旨是为中东铁路培养工程技术人员，毕业生获工程师称号。学校设铁路建筑科和电机机械工程科，以俄语为教学语言。当年招收俄国学生 103 名，教职员工全部为俄国人。此外为中国学生设立预科班，共招生 17 人。学校实行学分制，学制 4 年。1922 年学校改名为哈尔滨工业大学校，铁路建筑科和电机工程科分别改为铁路建筑系和电机工程系，培养目标为交通工程师、电气工程师和机械工程师，学制由 4 年改为 5 年。

1928 年更名为哈尔滨工业大学，学校行政隶属关系变化，改由中华民国东省特别区政府管辖，经费由东省铁路局划拨。首任中国人校长刘哲，张学良将军出任学校理事会主席。1928 年至 1935 年学校由中苏共管。学校设置铁道建筑系和机械电机系，学制 5 年。日本占领东三省后，伪满时期，学校一度更名为"国立哈尔滨高等工业学校"，并设置土木、建筑、电机、机械、应用化学、采矿冶金 6 个学科；同时，以日语代替俄语授课，学制 4 年，由俄式办学模式转入日本办学模式。学校招生不再接纳俄国学生，只招中国、日本、朝鲜学生。教学制度方面改分科教学制为年级教学制，仿效日本式国立工业学校的模式。

图 5-2　1920 年的哈尔滨中俄工业学校校址①

---

①　本节图片除注明出处外均选自《哈尔滨工业大学校报·电子版》总第 2118 期，http：// hit. cuepa. cn/show_ more. php? tkey＝&bkey＝&doc_ id＝319716。

　　1945 年抗日战争胜利后，哈尔滨工业大学转由苏联政府的中国长春铁路局管辖。当时学校设有东方经济系、铁路管理系、货物运输系、化学工程系和航空系等，恢复了俄语教学，并按苏联 5 年制要求培养学生，学校恢复到按照苏联模式运行的工科大学。

图 5-3　20 世纪 30 年代哈尔滨工业大学的金属工艺学实验室

　　新中国成立后，中长铁路局于 1950 年 10 月将其移交给中国政府。1950 年 4 月，教育部提出《哈尔滨工业大学改进计划》，指出，哈尔滨工业大学应仿效苏联工业大学的办法，培养理工科人才，以代替派大批学生去苏联留学：每年抽调各大学理工学院讲师、助教和教授 150 名，入该校教学研究班，在苏联教授的帮助下，研究深造，以提高国内大学的理工科师资水平。[①] 1951 年 5 月，政务院批示："大力加强中国人民大学、哈尔滨工业大学和北京师范大学的工作，并及时总结推广其经验。"[②] 至此，哈尔滨工业大学作为全国工科院校学习苏联模式的先行试点单位开展工作。

　　当时，学校的系科设置相对较少，仅土木建筑、机械、电气工程、

----

① 刘光主编《新中国高等教育大事记》，东北师范大学出版社，1990，第 10 页。
② 马叙伦：《关于 1950 年全国教育工作总结和 1951 年全国教育工作的方针和任务的报告》，《新华月报》1951 年第 4 期。

化学、采矿等系。而学生规模更少，本科生 641 人，其中，苏侨 510 人；预科 953 人，共 1594 人。首先是加强党对学校的领导，从 1949 年起，学校领导班子调整，一批既懂业务、又富有革命斗争经验的干部担任学校领导。1949 年 5 月，松江省主席冯仲云兼任校长，1950 年高铁任副校长，1951 年，由留德归国的著名化学家陈康白接任校长。1953 年 10 月，中央决定选派团中央书记处书记李昌出任哈工大校长兼党组书记。哈工大进入全面学习苏联、全面改造和扩建阶段，20 世纪 50 年代到 60 年代是哈工大发展历史上的一个"黄金时代"，成为全国理工科院校学习的样板。

图 5-4　1959 年动工、1965 年落成的具有"苏联社会
主义民族建筑风格"的学校主楼

　　教育部主持制定的《哈尔滨工业大学改进计划》，按照苏联工业大学的办学模式，对哈尔滨工业大学的改造发展作了详尽的规定，明确了办学方针和任务。1952 年《哈尔滨工业大学校章程》发布，《章程》规定哈尔滨工业大学的办学宗旨与任务如下：

　　1. 适应国家建设的需要，主要培养重工业部门的工程师和工学院师资；

　　2. 根据中国人民政治协商会议共同纲领，对学生和教职员工进行革命的思想政治教育，使他们具有正确的立场观点和方法，去解决新民主主义建设中的重要科学技术问题；

　　3. 采用苏联高等学校的经验、计划、课程和教材，并由专任教授和副教授讲授各科的主要课程，以求达到苏联同样性质工业大学的水平。[①]

　　为学习苏联经验，哈尔滨工业大学先后自苏联 26 所高等学校聘请了 5 批 62 位专家和 3 名捷克专家来校工作（基础课方面 14 位，专业课 53 位），1957 年以后，又聘请了 12 名苏联专家来校。到 1960 年，共聘请了 77 位外国专家来校工作。每位专家来校工作约 2~3 年。这些专家来校全面介入教学和学校管理过程，在加强学校教学工作，大批招收和培养研究生、进修师资及本科学生等方面都起了重要作用。通过担任学校领导和教学各部门的顾问，以苏联高等工业学校的管理经验和方法指导学校行政、教学管理工作。

图 5-5　哈尔滨工业大学的苏联专家与中国学生

（一）专业设置的改革

　　教育部《关于哈尔滨工业大学改进计划的报告》规定，在专业设

---

① 转引自靳桂珍《中国高等工程教育发展研究——人才培养模式的视角》，北京师范大学博士论文，2009，第 65 页。

置方面，按照苏联高等工业学校的专业目录，分专业培养专门人才。1951 年春，教育部党组与哈尔滨工业大学负责同志以及学校苏联专家共同拟定改革计划，在原有的土木建筑、机械、电气工程、化学、采矿等系科的基础上，将学校的培养范围扩大，扩展为 7 个系、25 个专业和 35 个专门组[①]（如表 5-3 所示）。

表 5-3　1951 年哈尔滨工业大学的科系（专业）设置

系科组别	开设年级	备　注
机械工程 1. 机械制造系 　（1）机械制造工程组 　（2）金属切削车床及工具组 　（3）金相学及热处理组 　（4）铸造机械及铸造工程组 　（5）锻造工程及设备组 2. 农业机械制造系 3. 锅炉及透平机制造系	已有一、二年级	继续招生 李富春指示迟办一年
电气工程 1. 发电厂系 　（1）发电组 　（2）输配电组 2. 电厂电气装备系	已有一、二、三年级	继续招生 继续招生
化学科 1. 电气化学系 2. 焦油化学系 3. 液体燃料系 4. 有机合成系	已有一、二年级 已有一年级	继续招生 继续招生
采矿科 1. 地质勘察系 2. 采矿系 　（1）采矿组 　（2）炼煤组 3. 矿山测量系 4. 采矿机械系	已有一、二年级	继续招生

---

① 郝维谦等主编《高等教育史》，海南出版社，2000，第 49 页。

续表

系科组别	开设年级	备　注
冶金科 1. 黑色金属冶金系 　（1）冶铁组 　（2）炼钢组 2. 有色金属冶金系（轻金属） 3. 选矿系 4. 轧钢系		
土木建筑科 1. 建筑系 　（1）房屋建筑组 　（2）厂房建筑组 2. 卫生设备系 　（1）取暖组 　（2）给水及上下水道 3. 水利工程系	已有一年级 已有一至五年级	继续招生 继续招生
铁路科 1. 铁路运输机械系（养车及车辆修理工厂） 2. 铁路运输管理系 3. 桥梁涵洞系 4. 铁路及道路工程系 5. 机车及车辆系	已有一至四年级 已有三至四年级	继续招生

资料来源：马洪舒主编《哈尔滨工业大学校史（1920—2000）》，哈尔滨工业大学出版社，2000，第 106～107 页。

由表 5-3 可知，学校在原有 10 个专业的基础上，增设了 15 个新专业，专业方向更为明确具体，与学生未来工作的业务范围和工作方向密切结合。专业设置改革之后，相关的要求作为制度性规定被列入《哈尔滨工业大学章程》。这个方案成为院系调整改革中工程教育院校的模板。除增设专业外，在人才培养制度方面，设置了两年制预科（后改为一年），设立了二年制的专修科、三年制的研究班和五年制的本科等四个层次。为保证招生的数量和质量，学校附设了工农速成中学。

（二）教学改革

1952 年，哈尔滨工业大学（简称哈工大）按照苏联专家意见进行教学工作改革，修改了原有的教学计划，制定了新的专业教学计划，以用来指导本校的教学改革。同年5月，新的教学计划开始颁布实施。新的教学计划分为"总周数分配表"和"教学计划进程表"两部分内容，规定了学生在学期间全部教学活动的总学时数，对各个教学环节的学时数量和顺序都有详细规定。

在教学进程中，突出了工科教育的特点，除讲授、考试和考查等理论学习的教学活动，同时，分阶段安排了相应的实验、练习、设计等实践性教学，构成了一个培养适应工业生产需要的工科专门人才的教学体系。目标是通过5年的培养使学生成为具有独立工作能力的服务于相应工业部门的工程师。这个教学计划有如下特点：①具有很强的计划性和强制性。这是苏联工业专门人才培养模式的突出特征；②所有教学活动的时间都被明确规定下来；③教学计划为学年制，非学分制；④根据理论与实际相结合的原则，实践性教学环节受到重视；⑤从单门课的教学时数来看，俄语最多。①

（三）推行教学研究组制度

在教学组织方面，改变了中国近代大学仿照英美大学以系为单位、以学系或学科组织教学的方式，全面推行苏联的"教学研究组"为基本单位的组织形式。从1951年开始，哈工大进行整顿教学研究组工作，把教师按照学科、课程组织到教学研究组，明确教学研究组的隶属关系。在其后制定的学校章程中，对教学研究组的职责做了明确规定。

改革后的哈尔滨工业大学发展迅速，1952年时在校的本科生增加至3899人。经过几年的发展，到1958年，学校设置专业35个，教研室59个，教师893人左右。各类学生8300余人（夜大学员760人，研究生和进修师资130人），10年来培养研究生和进修师资1183人，毕业生3184人。②

为在全国工科院校中推广和学习哈工大的改革经验，1951年7月

---

① 胡建华：《现代中国大学制度的原点：50年代初期的大学改革》，南京师范大学出版社，2001，第164页。
② 李昌：《哈尔滨工业大学十年的回顾》，《哈尔滨工业大学学报》1959年第3期。

至 1956 年 6 月，学校举行了五次教学方法及科学技术报告会；并受高等教育部委托举行了两次全国机电专业会议。教育部领导及全国主要理工科院校负责人参加，实地参观和学习哈工大改革经验。

1953 年 10 月，高教部和一机部党组成立联合检查组，在检查组向中央文委作的报告中指出："三年来该校工作是有成绩的，表现在该校已基本改造成为一所新型的高等工业学校。在教学制度方面，由于苏联专家的指导，从教学计划、教学内容到各种教学制度都采用了苏联先进经验"，"另外，该校常用召开教学研究会议和翻印、翻译教材等方式，传播新的教学经验，对全国各高等工业学校，起了一定的推动作用"。①

1954 年 3 月 17 日，高教部召开哈工大问题座谈会，会议形成了《关于哈尔滨工业大学几项问题的决定》草案。高教部副部长杨秀峰说："哈工大已基本改造成为采用苏联先进教学制度的新型大学，这一点应该肯定。哈工大是起了旗帜作用的，全国高校也承认。"②

新中国成立之初在改造旧教育、重建新中国高等教育体系中，虽然没有专门对工程教育做出特别的规定，但是新中国国家工业化现代发展战略的选择，为工程教育提供了前所未有的历史发展契机，对此，美国著名学者吉尔伯特·罗兹曼在其主编的中国现代化研究的权威著作《中国的现代化》一书说："作为现代化的后来者，中国能化落后为有利。它可以跳过耗费很高的技术开发初始阶段，而采用最先进、最有效的某项特定技术。但要做到这一点，那就需要在最先进的理论和运用科学方面训练有素的专家。不可避免地，在高等教育和高级科研方面的重点乃是应用"，因此，"（中国）50 年代重建高等教育，极为强调技术和科学教育"。③ 自新中国成立之初直至 20 世纪 70 年代末改革开放，这 30 年中国高等教育的发展基本上就是循着这条路线而前行。

---

①　刘家琦主编《哈尔滨工业大学》，浙江大学出版社，1999，第 20 ~ 21 页。
②　刘家琦主编《哈尔滨工业大学》，第 21 页。
③　〔美〕吉尔伯特·罗兹曼主编《中国的现代化》，江苏人民出版社，2010，第 382 页。

第二节　"院系调整"：新中国工程教育
体系的改造及其影响

　　自 1949 年到 1952 年仅仅 3 年的时间，新中国的国民经济得以迅速恢复，发动国家工业化、实现新民主主义社会向社会主义社会转变的步伐得以加速。为培养适应国家工业化发展"赶超战略"所需要的建设人才，高等教育的全面改革势在必行。"新中国的高等教育担负着为国家培养大批能够全心全意为人民服务的高级建设人才的巨大任务……原有的高等学校如果不在制度、教育内容和教育方法方面实行彻底的改革，要完成上述任务是十分困难的，甚至是不可能的。"[①] 所谓制度上的改革，就是要进行以"院系调整"为主要内容的高校全面整顿；在教育内容上，进行课程改革和教材的修订；教学方法上要实行理论与实际联系的方法。1953 年"一化、三改"的社会主义过渡时期总路线制定，优先发展重工业的苏联式工业化发展模式成为新中国学习的榜样，改革原有工程教育体系，适应工业化发展的需求成为历史的必然。

　　1952 年，以工学院和农学院的改革为先导，"按照工农业发展的需要"，"以求更加合理地使用人力和物力，为国家迅速有效地培养大批有用的经济建设和国防建设的人才"，[②] 国家开始对高等教育进行有目的、有计划全面的改革。这次改革是对中国"旧"大学体系的革命性整顿，从深度和广度上都是"中国高等教育的一次革命"，是"重大事件"[③]。改革是在行政主导下，通过全面引入苏联模式，建立起新中国社会主义高等教育体系，整顿改革的方式可以概括为"破"、"立"、"建"，通过拆、分，打破旧大学建制，通过合并、重组，建立新的大

---

①　钱俊瑞：《高等教育改革的关键》，《人民教育》1951 年第 12 期。
②　钱俊瑞：《高等教育改革的关键》，《人民教育》1951 年第 12 期。
③　马叙伦：《高等教育的方针、任务问题》，《人民教育》1953 年 2 月第 4 期。

学。由于此次改革的目标是实现高等教育"很好地配合国民经济发展的需要，特别要配合工业建设的需要"① 的要求，因此，改革对工程教育体系影响最为显著，可以说，塑造了新中国工程教育发展的基本面貌。

一　社会主义工业化战略的实施与高等教育的新任务

新中国成立以后，随着 1951 年上半年解放战争基本结束，经济建设开始走上和平建设的轨道，1950 年 10 月开始的抗美援朝战争使得经济建设在全面展开的同时，也有重点地进行。在国民经济恢复时期，国家投资的重点部门集中在关乎国计民生的水利、交通和重工业。三年内国家投入基本建设的投资总额计 66.27 亿元，占财政收入的 17.3%，其中重工业建设投资 21.6 亿，占到预算内全部投资的 32.4%；交通运输建设投资 17.7 亿元，占 26.7%；水利建设投资 7 亿元，占 10%。② 重工业建设主要集中在煤炭、电力、冶金等部门。三年中，工农业总产值年均增长 20.6%，农业总产值年均增长 14.1%，工业总产值年均增长 34.8%，是新中国成立以来各历史阶段增长速度最快的。③

1953 年毛泽东主席提出了过渡时期总路线，得到中共中央正式批准，并以宪法予以确认。总路线指出：从中华人民共和国成立到社会主义建成，这是一个过渡时期。国家在过渡时期的总任务是逐步实现国家的社会主义工业化，逐步完成对农业、手工业和资本主义工商业的社会主义改造。过渡时期总路线有两大目标：一是实现国家工业化，加快工业化，追赶工业化国家；二是实行社会主义，消灭资本主义和私有制。④ "一化、三改"的社会主义过渡时期总路线是直接在"苏联模式"影响下制定的，新中国的工业化开始全面转向苏联式的社会主义国家工

① 高教部文件《关于改变高等学校分布状况进行院系调整及新建校计划的报告》，转引自郝维谦等主编《高等教育史》，海南出版社，2000，第 95 页。
② 《中国统计年鉴（1983）》，中国统计出版社，1983，第 323、445 页有关数据统计。
③ 虞和平主编《中国现代化进程》（三编），江苏人民出版社，2001，第 973 页。
④ 胡鞍钢：《中国政治经济史论（1949–1976）》，清华大学出版社，2008，第 136 页。

业化道路和优先发展重工业的工业化模式。1953 年中共中央宣传部制发的《关于党在过渡时期总路线宣传提纲》指出："实现国家的社会主义工业化的中心环节上发展国家的重工业，以建立国家工业化和国防现代化"，"苏联过去所走的道路正是我们今天要学习的榜样"。①

与此同时，新中国发展国民经济的第一个五年计划开始制定，"一五"计划是新中国工业化发展的第一个中期计划，其基本任务"概括地说来就是：集中主要力量进行以苏联帮助我国设计的一五六个建设单位为中心的、由限额以上的六九四个建设单位组成的工业建设，建立我国的社会主义工业化的初步发展基础；发展部分集体所有制的农业生产合作社，并发展手工业生产合作社，建立对于农业和手工业的社会主义改造的初步基础；基本上把资本主义工商业纳入各种形式的国家资本主义的轨道，建立对于私营工商业的社会主义改造的基础"。②"一五"期间计划重点工程项目的分布情况如表 5-4 所示。

表 5-4 "一五"计划重点工程项目的部门分布

	重点工程项目个数	占总项目数的比重（％）
能源工业	52	33.3
军事工业	44	28.2
机械工业	24	15.4
冶金工业	20	12.8
化学工业	7	4.5
轻工业	3	1.9
其 他	6	3.9
总项目	156	100.0

资料来源：董辅礽主编《中华人民共和国经济史》上卷，经济科学出版社，1999，第 269 页。

① 《建国以来重要文献选编》第四册，中央文献出版社，1993，第 705～706 页。
② 《中华人民共和国发展国民经济的第一个五年计划：1953—1957》，人民出版社，1955，第 18～19 页。

　　新中国的工业化和现代化战略无疑是宏伟和振奋人心的，但是在 20 世纪 50 年代的中国，发动现代化和工业化的基本条件严重不足，专门人才匮乏、人力资源不足，始终是制约国家工业化、现代化发展的瓶颈。随着第一个五年计划的实施，大规模的经济建设迅速铺开，各方面专业人才的匮乏，尤其是工业建设人才的短缺成为急需解决的问题。

　　1949 年初全国共有高校 205 所，在校生 11.7 万人（如表 5-5 所示），大学毕业生占总人口比率仅为 0.034%，其中直接服务于工业化发展的工科院校仅有 28 所，占 13.7%；工科学生共计 30320 人，占学生总数 26.2%。而文科类共 59 所，共计 53323 人。全国 80% 以上的人口是文盲，规模严重不足和结构不合理的局面远不能适应国家发展的新形势的需要。[①] 以石油工业为例，建国之初，石油职工队伍人数很少，石油技术干部更少得可怜。到 1949 年末，全国石油职工人数只有 1.1 万人，其中技术干部约 700 人，管理人员 600 多人。[②] "若以经济建设方面的要求来衡量，要想在今后五年内培养出十五万人的高级技术干部和管理干部，那是万万做不到的，尤以工业建设干部为最严重。"[③]

表 5-5　全国大中小学在校学生数（1949）

	学生人数/万人	同龄入学率/%	占总人口比率/%
小学（1~6 年级）	2439.0		4.50
中学（7~12 年级）	126.8	25.0	0.23
大　学	11.7	3.0	0.002
合　　计	2577.5	28.0	4.732

资料来源：《中国人口统计年鉴（1997）》，中国经济出版社，1997，第 404 页。

[①]　中国教育年鉴编辑部编《中国教育年鉴（1949-1981）》，中国大百科全书出版社，1984，第 965 页。
[②]　余世诚等主编《中国石油高等教育发展史》，石油大学出版社，2002，第 6 页。
[③]　张宗麟：《改革工业教育的开端》，《人民教育》1952 年第 1 期。

在"一五"计划的制订及实施过程中，工业化发展与工程技术人才短缺的矛盾进一步显现出来。按照当时全国工程类院校和系科的培养能力，每年招生仅 1.6 万人，1952 年至 1957 年至多能向国家输送 4 万或 5 万人。远远无法满足工业建设的需求。

新中国工业化发展的主要负责人之一、"一五"计划的主要编制者陈云曾在《关于第一个五年计划的几点说明》中提及，有些项目可能要推迟，其主要原因：我国技术力量弱，提供的资料不准确，又经常改变。仅国内工业和交通运输两项就要增加技术人员 39.5 万人，但高等学校和中等技术学校的毕业生仅为 28.6 万人，相差近 11 万人。技术力量不足会影响到（"一五"计划）建设的进度，并会使产量提不高，质量不好。①

在这种形势下，1952 年教育部发出指示，要求理工学院各系原在 1953、1954 两年毕业的学生提前一年毕业，以便尽快投入到东北、西南地区的工业建设热潮中，并规定：三年毕业的学生即作为正式毕业生，由中央人事部统一分配，其政治待遇与物质待遇和四年制毕业生相同。各增设工科专修科的院校要求学生两年毕业。

但是这种做法毕竟是临时的应急举措，为解决工业化发展中人才短缺的问题，"一五"计划在对高等教育发展全面规划时，首先在规模指标上提出了要求，指出：五年内，高等教育以发展高等工科学校和综合大学的理科为重点，同时适当地发展农林、师范、卫生和其他各类学校；提出国家将调整和扩大现有的各类高等学校，并新设置高等学校 60 所，其中工科 15 所，列计划新设立高校数量的第二位（师范院校 19 所）；计划到 1957 年，全国共有高等学校 208 所，工科高校数量最多，为 47 所。② 同时，"一五"计划对于各科学生数量的增长也作出明确的

---

① 陈云：《关于第一个五年计划的几点说明》（1954 年 6 月 30 日），《陈云文选》（第二卷），人民出版社，1995，第 241 页。
② 《中华人民共和国发展国民经济的第一个五年计划：1953–1957》，人民出版社，1955，第 18～19 页

计划（见表5-6），其中工科计划五年内的招生数和1957年的在校生规
模均居首位。

表5-6　"一五"计划高等学校分科人才培养计划

科别	五年内招收新生数	各类学生的百分比	五年内毕业学生数	各类学生的百分比	1957年在校生数	各类学生的百分比	1957年为1952年的百分比
合计	543300	100.0	283000	100.0	434600	100.0	227.4
工科	214600	39.5	94900	33.6	177600	40.9	266.8
农林	41800	7.7	18800	6.6	37200	8.6	240.7
财经	16400	3.0	25500	9.0	12700	2.9	57.9
政法	10600	2.0	4800	1.7	9300	2.1	242.3
卫生	57600	10.6	26600	9.4	54800	12.6	221.4
体育	6000	1.1	2800	1.0	3600	0.8	1107.7
理科	32600	6.0	13800	4.9	27100	6.2	283.4
文科	29300	5.4	21600	7.6	20400	4.7	150.9
师范	130700	24.0	70400	24.9	89000	20.5	282.0
艺术	3700	0.7	3800	1.3	2900	0.7	79.3

资料来源：《中华人民共和国发展国民经济的第一个五年计划：1953—1957》，人民出版社，1955，第120页。

高等教育建设必须符合社会主义建设及国防建设的要求、必须和国民经济的发展计划相配合是"一五"计划调整高等教育的基本精神。为实现这一原则要求，高等教育的发展在整体规模上尽快扩大的同时，要调整科类、专业结构和区域结构。"一五"计划规定：在查明各业务部门的第二个五年计划干部需要的情况后，在年度计划中适当地调整高等学校的院系，调整本科和专修科、高级和中级在校生的比例，并适当地设置各种门类的专业。在专业设置和发展中，一般地应该以机器制造、土木建筑、地质勘探、矿藏开采、动力、冶金等为重点。[①] 这些重点设置和发展的专业，都是为配合实现"一五"计划中提出的集中主

① 《中华人民共和国发展国民经济的第一个五年计划：1953—1957》，人民出版社，1955，第121页。

要力量发展重工业的基本任务而确定的。如表5-7所示，"一五"计划中对适应重工业发展的工科相关专业人才培养的规模提出了具体的计划发展指标。

表5-7 "一五"计划高等学校工科分专业人才培养计划

类　别	五年内招收新生数	各类学生的百分比	五年内毕业学生数	各类学生的百分比	1957年在校生数	各类学生的百分比	1957年与1952年的百分比
合　计	214600	100.0	94900	100.0	177600	100.0	266.8
地质和勘探	17500	8.1	10000	10.5	12500	7.1	219.2
矿藏的开采和经营	16000	7.4	7600	8.0	12400	7.0	258.8
动　力	15500	7.2	7500	7.9	13300	7.5	232.8
冶　金	10000	4.7	3200	3.4	8900	5.0	398.4
机器制造和工具制造	54100	25.2	19300	20.4	46100	26.0	395.2
电机制造和电气器材制造	9400	4.4	1700	1.8	8800	5.0	870.2
化学工艺学	10600	5.0	5100	5.4	9100	5.1	219.3
造纸工业、森林采伐和木材加工	700	0.3	600	0.6	600	0.3	127.1
轻工业	4400	2.0	3300	3.4	3600	2.0	138.0
测量、绘图、气象、水文	4600	2.2	2100	2.3	3500	1.9	273.0
建筑和市政工程	37400	17.4	25100	26.4	28200	15.9	163.5
运输和邮电	9600	4.5	4700	5.0	8500	4.8	200.5
其　他	24800	11.6	4700	4.9	22100	12.4	406.2

资料来源：《中华人民共和国发展国民经济的第一个五年计划：1953—1957》，第121页。

在高校区域结构方面，当时全国各类高校的区域分布存在着非常不合理、不平衡的状况。"一五"计划提出，为着完成发展高等教育的任务，并提高教学质量，应当注意六方面的问题。第一个问题即为："学校的设置分布应该避免过分集中"，"工科高等学校应逐步地同工业基地相结合"。①

当时高校多数分布在沿海地区和大城市，内地和边疆地区高校数量甚少，甚至没有高校。新中国成立前国民政府一直就没有解决好这个问题，而这种状况在新中国建立之初的几年也几无改观。以 1951 年为例，全国高校主要分布情况及在校生总数如表 5-8 所示。

表 5-8　1951 年全国高校分布及在校生总数统计

地　　区	学校数（所）	在校生数（人）	在校生占全国总学生数百分比
北　京	21	19855	12.9
河北（包括天津）	11	8365	5.4
辽　宁	15	13662	8.7
黑龙江	10	7081	4.6
上　海	27	23010	14.9
江　苏	12	8893	5.8
湖　北	11	6845	4.5
广　东	12	7395	4.8
四　川	25	15056	9.8
全国总计	206	153402	—

注：本表仅统计 10 所以上高校所在地区。
资料来源：《中国教育成就：统计资料（1949-1983）》，人民教育出版社，1984，第 254、258 页。

高等学校分布极不均衡，内蒙古、西藏、青海、宁夏无一所高校，新疆仅有一所。历史地看，这种分布不合理又是与经济发展不均衡、工业生产分布不合理的局面相适应的。新中国成立初期，工业生产的布局也是极端不均衡，工业企业过分集中在经济发达的沿海地区。三年经济恢复时期，开始将一部分工厂迁移到内地。"一五"计划提出，"为了

---

① 《中华人民共和国发展国民经济的第一个五年计划：1953-1957》，第 121 页。

改变原来地区分布不合理状况，必须建立新的工业基地，而首先利用、改造和扩建原来工业基地是创造新的工业基地的一种必要条件"（如表5-9所示）。

表5-9　"一五"时期重点工程的大区分布

地　区	项目数（项）	占全部项目数的百分比
东北区	56	37.3
西北区	33	22.0
华北区	27	18.0
中南区	18	12.0
西南区	11	7.3
华东区	5	3.4

资料来源：陆大道等：《中国工业布局的理论与实践》，科学出版社，1990，第23页。

以超过10项以上重点工程的省按照排序分别是：陕西（主要是军工企业）、辽宁、黑龙江、山西、河南、吉林，以上6省总共105项，占全部项目的70%。实际建设的150项重点工程中沿海占32项，只约占全部项目的1/5；国内建设的694个项目中，472个在内地，占68%，沿海仅占32%。[①] 为实现高等教育建设必须符合社会主义建设及国防建设的要求，高等教育区域结构调整也势在必行。

二　院系调整的阻力及其消解

院系整顿与调整作为改造旧的高等教育体系的重要环节，在1949年下半年即已开始，全国各地高校进行了小范围的调整，尤其是系科的整顿，但就全国高校整体而言，改革的进程十分缓慢，没有形成全国性规模。在1950年6月第一次全国高等教育会议上，教育部长马叙伦在大会开幕词中明确提出："我们要在统一的方针下，按照必要

[①]　陆大道等：《中国工业布局的理论与实践》，科学出版社，1990，第23页。

和可能，初步地调整全国公私立高等学校和某些系科，以便更好地配合国家建设的需要。"① 对院系调整工作作了原则性的部署。1951 年 11 月全国工学院院长会议确立了调整方案，但是该方案迟至 1952 年 4 月方正式公布实施，其间遇到的阻力可想而知。

阻力主要来自高教界内部，相关高校内部部分教师群体的反对和抵制使得这项改革措施难以进行。教育部副部长兼党组书记钱俊瑞在 1951 年 10 月发表的《高等教育改革的关键》明确指出："两年来的经验同时证明了，如果高等学校的教师们还是服膺着英美资产阶级的反动思想，还是固执着自己的个人主义，客观主义和宗派观点，而得不到确实的改造，那么一切高等教育的改革工作，诸如院系的调整、课程的改革、教育法的改进等等，都是难于进行和贯彻的"，"两年来极大多数高等学校改进得如此之慢和如此之少，还不够证明这一点么？"② 因此，可以看出，高教界开展思想改造运动的内在动机和原由是多方面的，但是转变教师们的立场，解决全面学习苏联、按照苏联模式改革中国高等教育中遇到的问题无疑是最重要的因素。工程院院士，当时任教上海交通大学的谢友柏回忆道："教师思想改造主要是解决教师的立场问题，其中包括是否要学习苏联。"③

消解院系调整的阻力是通过开展思想改造运动和"三反运动"的而实现的。工科院校是院系调整的重点，也是改革的难点。如前文所述，现代工程教育在中国的出现，是从移植西方工业化社会的教育模式开始的。解放前中国工程教育的发展深受英美模式影响，同时也有德国模式影响（诸如同济大学等），形成了多样性的办学模式，尤其以美国模式的影响最深、最为典型，著名的工程教育院校清华大学、交通大学、天津大学等都以美国工科大学为蓝本。因此，当"英美的一套办

---

① 马叙伦：《第一次全国高等教育会议开幕词》，《人民教育》1950 年第 3 期。
② 钱俊瑞：《高等教育改革的关键》，《人民教育》第 4 卷第 2 期（1951 年 12 月）。
③ 谢友柏：《回归教学，责无旁贷——亲历我国高等工程教育 50 年》，《高等工程教育研究》2006 年第 4 期。

法决不能适用于近日的中国，必须学习苏联"，彻底否定英美，全面转向学习苏联模式的时候，这些工程教育院校面临着自我否定的艰难抉择，改革所遇到的阻力也就最为突出。为此，必须开展思想改造，彻底否定"争着模仿英美某某大学而办工学院的错误思想"。①

北京的北京大学、清华大学和燕京大学这三所大学是最早开展院系调整的高校，对全国范围的院校调整工作起到了先行试点的作用。知识分子的思想改造运动也是首先在北京高校发起并全面展开，后来逐步发展成为全国规模的思想改造运动。1951 年，北京大学校长马寅初等致信周恩来，热诚邀请毛泽东等中央领导人任北大政治学习运动的教师，以期提高教职员的政治思想水平，推动教育改革。9 月 11 日毛泽东主席在马寅初校长给周总理的信上批示："这种学习很好，可请几位同志去讲演。我不能去"，对此予以充分肯定。随后中央决定将学习运动扩大到北京、天津所有高校。9 月 29 日，周恩来受党中央委托，为京津两市的高校 3000 余名教师作了《关于知识分子的改造问题》的报告。周恩来在报告中，结合自己的经历，阐明了知识分子进行首先改造的必要性。10 月 23 日毛泽东在政协第一届全国委员会第三次会上的开会词中指出："在我国的文化教育战线和各种知识分子中，根据中央人民政府的方针，广泛地开展一个自我教育和自我改造的运动，这同样是我国值得庆贺的新气象"，"思想改造，首先是各种知识分子的思想改造，是我国在各方面彻底实现民主改革和逐步实行工业化的重要条件之一"。②

1952 年 1 月，教育部在其机关刊物《人民教育》发表的社论指出，在繁重的各项工作中，"有一项工作，在今年要特别注意去做，那就是响应毛主席的号召，大力开展全国教育工作者的思想改造运动，有系统地组织对马克思列宁主义与中国革命实践相结合的毛泽东思想的学习，并在全国教育事业中树立和巩固工人阶级的思想领导"。并强调这是一

---

① 张宗麟：《改革高等工业教育的开端》，《人民教育》1952 年第 1 期。
② 毛泽东：《三大运动的伟大胜利》，《毛泽东选集》第 5 卷，人民出版社，1977，第 49 页。

切工作的基本和保证，是要"用最大力量来做的"工作。思想改造运动要解决的问题，在全国教育工作者中存在的极为混乱的思想状况，而这种状况，"尤其到了今天，我们的教育必须适应国家建设的需要，为国防与生产建设培养大量的、具有新的品质的干部，我们学校工作的改革，必须更深入地进展到课程和教学方法的改革了，可是按照目前的思想情况，我们是再难进一步深入改革下去"。①

思想改造运动首先是一次学习运动，在学习提高的基础上，由知识分子结合自身经历，开展批评与自我批评，接受群众评议，提高思想觉悟。思想改造运动不是孤立进行的，1952 年 1 月，党中央下达限期发动"三反"运动的指示。"三反"运动采取群众运动的方式，发动群众，彻底揭发，自我坦白，人人过关。"三反"运动的开展与先期展开的知识分子思想改造运动结合，有的高校用群众斗争的办法，升级了思想改造运动。

1952 年 2 月，在北大的"三反"动员大会上，副校长汤用彤讲话指出："三反"就是实际的思想改造，高等学校搞"三反"的目的是要将资产阶级思想挖一挖，不许再拿资产阶级思想来办大学。如北大不能在"三反"运动中将旧衙门作风彻底改造，就赶不上国家建设的需要，对不起人民；如每个人不在"三反"运动中将资产阶级思想洗个澡，我们便不配做人民教师。②

清华大学在解放之初积极响应党的号召，及时开展教学改革，整顿院系，对于教育部 1950 年提出的改造方案，有自己的考虑，拟定了自己的院系调整方案，部分教师对将综合性大学改造成工业大学有抵触情绪。这在思想改造和"三反"运动中受到了批判，"清华大学教师中资产阶级思想，向来是十分严重的。经过三年来的政治学习，教师们虽然有了很大进步，但是资产阶级思想在某种程度上却一直相当顽强地控制着学校的领导，影响清华大学的改造"，被视为导致"教育部院系调整

---

① 《一九五二年全国教育工作的基本任务》，《人民教育》1951 年第 1 期。
② 王学珍等主编《北京大学纪事（1898—1997）》，北京大学出版社，2008，第 445 页。

的计划迟至今日尚未实现"的影响因素。经过思想改造和"三反"运动，"清华大学的资产阶级思想的旗帜打倒了，无产阶级领导的旗帜树立起来"。[①]

为更好地贯彻教育部关于院系调整的部署，各高校在思想改造中，将"院系调整工作的好坏"上升到"检验思想改造成绩的标准"的政治高度，要求院系调整要作为重要的政治任务来完成。[②] 广州区高等学校院系调整委员会的总结认为，"为了做好这一伟大的高等教育的改革工作，我们觉得必须与思想改造运动结合进行"。所以在调整之前都要首先进行思想改造，再进行调整。而院系调整的过程，又被当作检验思想改造的成效的标准："我们反复强调院系调整的好坏，是检验思想改造成绩的标准，这就收到了一定的成效。"[③]

在面上开展的思想改造运动到1952年秋基本结束，在一年多的时间内，全国高等学校教职员91%、大学生80%、中学教师75%参加了这次运动，统一了思想，促进了广大知识分子以新的精神面貌积极投入新中国的建设中。[④] 1953年之后，教育系统的思想改造运动仍持续进行，已经开展了思想改造运动的高校被要求深入学习、继续改造。

经过思想改造和"三反"等运动，高等学校教师的思想有了根本转变，有效地消解了院系调整及教学改革的阻力，从思想上解决了高等学校尤其是工程教育院校效法英美的办学理念和模式，开始进入全面转向学习苏联模式的时期。马叙伦部长说："经过教师思想改造运动获得胜利之后，高等学校面目为之焕然一新，扫除了学习苏联进行改革的障碍。"[⑤] 教育部副部长曾昭抡在总结三年来高等教育的改革发展中，更是明确地

---

① 易军：《清华大学教师批判资产阶级思想的经验》，《人民教育》1952年第8期。

② 参见韩晋芳等《新中国成立初期的教育体制改革——访马大猷院士》，《百年潮》2007年第11期。马大猷院士回答关于北大工学院调整到清华，北大教师有无意见时说，"可能有意见，但没有人敢说什么，那时要是违反教育部的规定是不得了的事情"。

③ 《广州区高等学校院系调整工作初步总结》，《人民教育》1953年第3期。

④ 中共中央党史研究室：《中国共产党的历史》第二卷（1949~1978）上册，中共党史出版社，2011，第241页。

⑤ 马叙伦：《五年来新中国的高等教育》，《人民教育》1954年第10期。

指出了思想改造与院系调整等高等教育改革之间的关系："思想改造的成就，对于推动更多信息院系调整起了极大的作用，这次院系调整，在教师们基本上克服了个人主义、本位主义、宗派主义的基础上，得以十分顺利地进行……教师思想改造，确是高等教育改革的首要条件。只有教师的思想改造好了，今后才能顺利地进行一系列的高等教育改革。"①

三　院系调整的实施

经过思想改造和先期试点，全国范围内的高等教育院系调整已具备了较为充分的条件。自 1952 年至 1957 年，历时 6 年的时间，整个调整过程基本上分为两个阶段，一是 1952 年和 1953 年在各大行政区内部进行的调整。重点要解决高等学校院系结构方面的弊端；二是 1955 年、1956 年开始的院系调整，是在内地和西部地区进行的高等学校的布局调整和专业调整。其中，第一阶段经历了两次的调整。在院系调整之后随之进行了以专业设置为中心的教学制度改革。院系调整改革，是影响中国现代工程教育发展至关重要的事件。

（一）以"工学院"为中心的院系调整

自 1949 年下半年开始，全国各地高校就进行了小范围的调整，尤其是系科的整顿。1951 年 4 月，政务院文化教育委员会发布《全国各大学航空系（科）调整方案》，该方案内容如下:②

政务院文化教育委员会一九五一年四月十日（51）文委办字第 52 号批复批准:

华北区：厦门大学、北洋大学、西北工学院三校的航空系，并入清华大学改设航空学院。

华东区：南京大学、浙江大学、交通大学三校的航空系，条件

---

① 曾昭抡:《三年来高等教育的改进》,《人民教育》1953 年第 1 期。
② 北洋大学—天津大学校史编辑室编《北洋大学—天津大学校史资料选编（二）》,天津大学出版社,1996,第 40 页。

较好，目前合并亦有困难，不予变动，但须明确分工。

西南区：西南工业专科学校的航空科及云南大学的航空系，皆并入四川大学航空系。

此外，华北大学工学院的航空系，现由重工业部领导，不予变动。

北京大学按照教育部要求，拟定本校的院系调整方案，其中工学院将原来的 5 个系调整为机械制造、动力机械、电力、电信、土木、水利、建筑、化工等 8 个系。

在上海的高校中，1951 年 6 月华东军政委员会教育部决定对上海交通大学院系进行调整，电信管理系调整到电机系，工业管理工程系调整到机械系，轮机系调整到造船系。纺织系与私立上海纺织工学院合并成立纺织工学院，运输管理系并入北方交通大学，将复旦大学土木系并入交通大学。

1951 年 9 月教育部函告天津大学，政务院正式批准北洋大学与河北工学院合并方案，定名为天津大学。该校的成立使得原北洋大学工科见长的特点更加显著，"表明我国将加强力量培养工业建设人才，它在全国工学院院系调整中起到了推动和示范作用"。[①]

1951 年 11 月 3 日至 9 日，教育部召开全国工学院院长会议，会议重点研究讨论由教育部、重工业部、燃料工业部及其他相关部门，协议通过全国主要工学院的调整方案草案。全国高校院系调整工作正式启动。

同日，《人民日报》发表题为《积极实现全国工学院调整方案》的社论，社论指出，旧中国遗留给我们的高等学校，是半殖民地半封建社会的产物，这些学校并不能很好地担负起为新中国培养大批全心全意为人民服务的高级建设人才的巨大任务。而"我们的国家正在积极地准备走向工业化。要发展工业，首先是重工业，就迫切地需要大批的高级技

---

① 刘光主编《新中国高等教育大事记》，东北师范大学出版社，1990，第 29 页。

术人才"，"培养工业技术人才，对国家的工业化具有决定的意义。全国工学院的调整对于我国工业人才的培养将有重大的贡献"。同时指出："这不仅是从组织上改革旧的高等教育制度的重要措施，而且将为改革旧的教育内容、贯彻理论和实际一致的教育方针创造有利的条件。"①

关于这次会议取得的成效，教育部在呈报中央的报告中说："经过我们几次的政策报告及重工业部、燃料工业部、交通部等具体事例的报告并经反复讨论后，出席代表思想上逐渐认识到国家工业建设之重要性，认识到苏联科学的先进经验超过英美，认识到国家财政之困难等。最初不大愿意调整的变为认为调整是光荣，不被调整者反而懊丧了；调整及增招学生二万五千名的临时费从开口为一万亿元，变为精打细算而核减至四千亿元（经常费的一千亿元除外）；从不肯提拔助教而变为承认青年助教确有长处；从强调分头与工业部门单独发生关系而变为强调必须统一；从强调在实际调整中的困难而变为只要民主集中、走群众路线就可以做得通等等。"②

该报告经呈报毛泽东、刘少奇、李富春、彭真等领导同志批准后，开始实施。报告主要内容如下：

二、以华北、华东、中南为重点作适当的调整，议决调整方案如下：

（1）将清华大学改为多科性工业大学，校名不变。将北京大学工学院、燕京大学工学院合并进去，将该校文、法两院合并于北京大学（三校调整方案另呈）。

（2）将浙江大学改为多科性工业大学，校名不变。将之江大学的土木、机械两系合并进去，将该校文学院合并于之江大学。

（3）将南京大学工学院分出来，成立独立的工学院，把金陵

---

① 《人民日报》1952 年 4 月 16 日。
② 《中央教育部党组关于全国工学院调整发展方案的报告》（1951 年 11 月 15 日），《建国初期全国高等学校院系调整文献选载》，《党的文献》2002 年第 6 期。

大学电机工程系、化学工程系及之江大学建筑系并进去。

（4）将武汉大学矿冶工程系、湖南大学矿冶系、广西大学矿冶系、南昌大学采矿科调整出来，在湖南长沙成立独立的矿冶学院，以培养有色金属的采矿冶炼人才为主。

（5）将南京大学、浙江大学的两个航空工程系，合并于交通大学，成立航空工程学院。

（6）将武汉大学水利系、南昌大学水利系合并，成立水利学院，仍设在武汉大学。

三、此外，东北三个工学院仍照原样实行重点分工，具体方案由三校负责人回东北后作进一步的研究。西南工业专科学校航空工程专科，并入北京工业学院（即华大工学院）。

四、同一地区的工学院系，决议作了适当分工，如交通大学、同济大学的各系已作出具体的分工。至于全国同样系的分工，要等到分系专业会议才能讨论。（预计有九个系的专业会议要开，从现在起到明年初夏可以陆续全部开成。）①

这份工学院调整方案，有以下三个要点：第一，将工学院从综合大学中分离出来，成立独立的工科院校。第二，工科院校分为多科性工科院校（如清华大学、浙江大学）与单科性工科院校（如矿冶工业学院）。第三，合并几个大学的相同领域的系科是成立单科性工科院校的主要方式。②

全国工学院的院系调整是整个高校院系调整的初始环节，院系调整以工学院为开端，体现了解决问题抓主要矛盾的工作方法。按照会议拟订的方案，调整的重心是重组华北、华东和中南三地区的综合性大学，涉及面最广的是华北地区，要求北大、清华和燕京大学率先调整，这三

---

① 《建国初期全国高等学校院系调整文献选载》，《党的文献》2002年第6期。

② 胡建华：《现代中国大学制度的原点：50年代初期的大学改革》，南京师范大学出版社，2001，第88页。

所大学的调整"实际上起到了带头作用，各地区也就闻风响应了，'我们唯北京各大学的马首是瞻'"。①

（二）1952 年全国高等学校院系调整

以工学院为主的院系调整是全国性院系调整的开端。1952 年 5 月，教育部出台《1952 年全国高等学校院系调整计划（草案）》，确定了"以培养工业建设人才和师资为重点，发展专门学院，整顿和加强综合性大学"的院系调整方针，全国范围内的高等学校院系调整工作开始。②

调整具体原则是：

（1）高等教育"根据建设的整个计划和各地区的具体情况，有计划有步骤地开始进行全面或重点调整，预计两年内基本完成"。

（2）调整的重点是"整顿与加强综合大学，发展专门学院，首先是工业学院"。③

（3）仿效苏联高等学校的类型调整我国的高等教育的科类结构，主要分为综合大学（设文理学科）和专门学院（按工、农、医、师范、财经、政法、艺术、语音、体育等学科分别设置）两种，保留部分专科学校。

（4）学校调整以大行政区为单位，原则上在大行政区范围内进行。综合大学全各大行政区最少一所，最多不超过 4 所。其他专门学院和专科学校，以大行政区为单位，按实际情况设置。④

这次调整涉及全国 3/4 的高等院校，调整前全国 211 所高校，调整后共有 201 所，工科院校增至 43 所。在巩固和加强综合性大学的基础上，加强和发展了高等工业院校，新设立钢铁、地质、矿冶、水利等 11 个服务国家重点建设项目的工业专门学院。从大行政区来看，华北区：北京、南开两所大学成为综合大学，清华、天津两所大学改为多学科工业大学，新成立的工业专门学院包括北京地质学院、北京钢铁工业学院、北京航

① 张宗麟：《改革高等工业教育的开端》，《人民教育》1952 年第 1 期。
② 该年鉴编辑部编《中国教育年鉴（1949—1981）》，中国大百科全书出版社，1984，第 233 页。
③ 《建国初期全国高等学校院系调整文献选载》，《党的文献》2002 年第 6 期。
④ 苏渭昌等主编《中国教育制度通史》第八卷，山东教育出版社，2000，第 97 页。

空工业学院、北京农业机械化学院。另外，由清华大学、天津大学、唐山铁道学院采矿科系并入位于天津的中国矿业学院，随后该校于1953年迁至北京，改称北京矿业学院。在北京新建的这一批高校（第一批八所高校）统一集中于在西北郊区的"学院区"，这就是后来俗称的"八大学院"。① 华东区：复旦、南大、山大改为综合大学；多学科工业大学有两所，浙江大学和南京工学院；新成立的工业专门学院有三所：华东工学院、华东水利学院、华东航空工业学院。东北区：东北人民大学为综合大学，新设东北地质学院。中南区：中山大学成为综合大学。西南区：重庆大学改为多学科工业大学，新设重庆土木学院和重庆化工工业学院。金陵大学等8所大学被撤销，其工科系科分别并入其他工业大学或专门学院。②

1952年的院系调整基本上完成了既定调整目标，但是在当年11月新成立的高等教育部认为仍有调整任务尚未完成，同时1952年的调整也存在过急、要求过高的问题，因此，根据大规模经济建设已经开始的新形势，继续对院系进行调整。到该年底，调整结束。至此，全国大规模的"院系调整"基本完成，高等学校分为综合大学、单科或多科专门学院、专科学校三种类别，现代中国高等教育的基本格局形成。综合大学与多科工业大学由高教部直接管理，单科性高等工业院校则委托中央有关业务部门负责管理，有些委托高校所在地的大行政区委员会或省、市、自治区人民政府负责管理。调整后的全国高校共有182所，总数较1952年有所减少。其中工业院校由43所减少到38所（专科学校仅保留了3所），然而，高等学校的招生能力和规模却大大增加。在181所高校中，1500人以上的高校52所；占高校总数的1/3。③

---

① "八大学院"分别为北京航空学院、北京地质学院、北京矿业学院、北京林学院、北京医学院、北京石油学院等。这八所大学分列于1954年底建成通车的学院路两侧，前四所位于马路西侧。

② 见马叙伦《高等教育的方针、任务问题》（《人民教育》1953年第4期）、大塚丰《现代中国高等教育的形成》（北京师范大学出版社，1998，第103～104页）及相关高校官方网站。

③ 该年鉴编辑部编《中国教育年鉴（1949—1981）》，中国大百科全书出版社，1984，第965页。

这38所工业院校分别为：清华大学、北京工业学院、北京航空学院、北京地质学院、北京钢铁工业学院、北京石油学院、北京矿业学院、北京铁道学院、天津大学、太原工学院、唐山铁道学院、哈尔滨工业大学、东北工学院、大连工学院、大连海运学院、东北地质学院、交通大学、同济大学、华东纺织工学院、华东工学院、南京工学院、华东水利学院、华东航空学院、南京航空专科学校、浙江大学、青岛工学院、山东工学院、苏南工业专科学校、淮南煤矿专科学校、华中工学院、武昌河运学院、华南工学院、中南矿冶学院、中南土木建筑学院、重庆大学、重庆土木建筑学院、四川化学工业学院、西北工学院。

经过一系列的调整，高校的结构、类型有了很大变化，如表5-10所示。

表 5-10　院校调整前后高校结构及其学生数的变化（1949～1953）

单位：%

类别	1949 年				1953 年			
	高校数	比重	学生数	比重	高校数	比重	学生数	比重
综合	49	23.9	—	—	14	7.7	—	—
工科	28	13.7	30320	26.2	38	21.0	79975	37.7
农林	18	8.8	10361	8.9	29	16.0	15419	7.3
医药	22	10.7	15234	13.1	29	16.0	29025	13.7
师范	12	5.9	12039	10.3	33	18.2	39958	18.8
财经	11	5.4	19362	16.6	6	3.3	13472	6.3
政法	7	3.4	7338	6.3	4	2.2	3908	1.8
语文	11	5.4	—	—	8	4.4	—	—
艺术	18	8.8	2755	2.4	15	8.3	2700	1.3
体育	2	1.0	282	0.2	4	2.2	1096	0.2
其他	27	13.2	—	—	1	0.6	—	—
总计	205	100	116504	—	181	100	212181	100

资料来源：《中国教育年鉴（1949-1981）》，第 965～966 页。

院校调整运动对一些老牌传统大学而言，是对其传统办学格局及性质的根本性改变。例如，调整前的清华大学是一所国内一流世界知名的综合性大学，在调整中，清华大学先后调出了农学院、文学院、理学院和法学院，调入北京大学、燕京大学两校工学院。察哈尔工业学院水利系，天津大学采矿系二年级、石油钻探组、石油炼制系，以及北京铁道学院材料鉴定专修科等也进行了调整。清华工学院的化工系中除石油专业部分暂时留在清华，其他部分转入天津大学，采矿系采煤组并入中国矿业学院；原属理学院的地学系的地质组并入新设的北京地质学院，地理组并入新北大；清华航空学院调出，与北京工业学院、四川大学的航空系合并成立北京航空工业学院。使得清华大学延续 28 年并已形成自己特点的多院制综合大学的体制，转变为一所多科性工业大学。①

南京大学由原来文、理、法、农、工、商、医、教育 8 个学院组成的综合性大学（国立中央大学），在全国工学院会议议决的方案中，决定"将南京大学的工学院划出来，与金陵大学的电机工程系、化学工程系及之江大学的建筑系合并，成立南京工学院"；"将南京大学、浙江大学两个航空工程系合并于交通大学，成立航空工程学院"。② 但是这个计划还未实施，随之全国性全面调整开始，华东区以上海和南京两市为重点。南京大学被规定办文、理、法为主体的文理综合性大学，将其所属的工学院独立出来，加上学校农学院的农业工程系，并入金陵大学的电机、化工两系，江南大学的机械、电机、食品工程等三系，武汉大学的两个工程组，浙江大学的农化系和复旦大学的农化系，组建南京工学院。1953 年华东区高校专业调整时，又并入浙江大学和山东工学院的无线电通讯和广播专业，厦门大学工学院的机械、电机两系，交通大学的有关无线电系科，形成了 7 个系、23 个专业的多学科工业大学。③

---

① 《光明日报》1952 年 11 月 2 日。

② 《建国初期全国高等学校院系调整文献选载》，《党的文献》2002 年第 6 期。

③ 南京大学校史编写组：《南京大学史》，南京大学出版社，1992，第 256 页。

在 20 世纪二三十年代即享有"东方的 MIT"美誉的上海交通大学，历史上形成了理、工、管三院建制，培养交通工程和管理人才为特色、深受美国工科大学影响的综合性大学。院系调整前有 3 院 17 系 1 个专修班和 1 个研究所。1952 年 7 月，根据华东军政委员会教育部《华东区高等学校院系调整设置方案》，将交通大学理学院的数学、物理、化学 3 系的师资、设备除留下工学院教学所需之外，其余全部调整到复旦大学，部分师资调整到华东师范大学；土木系全部调整到同济大学；航空系全部调整到新成立的华东航空学院；水利系全部调整到新成立的华东水利学院；化工系全部调整到新成立的华东工学院。调整后的交通大学历史悠久、实力雄厚的理学院撤销，学院建制取消，成为由 7 系组成的多学科工科大学。[①]

（三）1956 年后高等学校的布局调整

1952 年的院校调整基本上是在大行政区内进行，尚未解决历史形成的中国高等学校区域结构不合理、分布不平衡的问题。据统计，当时北京、天津、上海等 17 座城市有高等学校 97 所，占全国高等学校总数的 50%。在校学生 159920 人，占高等学校在校学生总数的 61.9%。[②] 全国 37% 的高校位于华东地区，仅上海一地就占了 25%。[③] 这对于实现"全国一盘棋"地实施"一五"计划显然不利，而且，当时朝鲜战争尚未结束，帝国主义封锁和威胁成为现实的问题，从国防建设的战略要求考虑，也必须加强内地的工业建设和经济发展。

1955 年在修订国民经济第一个五年计划时，中央对高等教育改革发展提出要求，指出：高等教育建设必须符合社会主义建设及国防建设的要求，必须和国民经济计划的发展计划相配合；学校的设置分布应避

---

① 盛懿、欧七斤等编著《三个世纪的跨越：从南洋公学到上海交通大学》，上海交通大学出版社，2006，第 234~235 页。

② 高教部文件《关于改变高等学校分布状况进行院系调整及新建校计划的报告》。转引自郝维谦等主编《高等教育史》，海南出版社，2000，第 92 页。

③ 《人民日报》1950 年 6 月 14 日。

免过分集中，学校的发展规模一般不宜过大；高等工业学校应逐步地和工业基地相结合。① 根据中央的指示，高等教育部采取积极措施，制订了《1955~1957 年高等工业学校院系、专业调整、新建学校及迁校的方案（草案）》，有计划有准备地开始了新一轮的院系调整，这是一次带有战略转移性质的院系调整。

按照高等教育部要求，1955 年至 1957 年间，将沿海地区一些高校（主要是工科高校）或系科分别迁至如西安、兰州、成都、重庆、内蒙古等内地，组建新校或加强内地原有高校。在武汉、兰州、西安、成都等城市建设包括测绘、石油、建筑、电讯、化工、动力等工业学院，成都电讯工程学院、西安建筑工程学院、西安动力学院、武汉测绘学院、成都地质学院、长春汽车拖拉机学院等工业院校即在这次调整中组建或扩建。苏南工业专科学校则被分解支援内地而撤销。

这次调整影响最大的是交通大学西迁西安。1955 年 4 月中央决定交大全部迁到西安，7 月高等教育部正式下发通知，要求 1956 年开始交大全部内迁西安（除造船系外），并提前于 1955 年开始进行基本建设工程。周恩来总理亲自主持了解决交大迁校问题的会议，明确指出："在 1956 年以前不能不照顾到两点：国际形势及对旧的弱点的注意，那是方针。工业布局是放在内地，沿海紧缩，工业内迁，交大内迁就是根据西北工业基地建设的要求，和离开国防前线的条件下提出来的。"② 1957 年 6 月，由于当时形势的变化，考虑到学校内部的情况和上海、西安两地的经济发展需要，国务院、高教部批准交通大学分设西安、上海两部分，实行统一领导，上海部分称上海交通大学，西安部分为西安交通大学。

经过连续六年的调整，到 1957 年，全国高等学校调整工作基本

---

① 《中华人民共和国高等教育部关于 1955~1957 年高等学校院系调整有关事项的通知》（1955 年 7 月 30 日（55）工刘字第 1330 号），高等教育部办公厅编《高等教育文献法令汇编》（第三辑），1956，第 39 页。
② 转引自祝玉琴主编《交通大学西迁回忆录》，西安交通大学出版社，2001，第 1 页。

结束（如表 5-11、表 5-12 所示）。当时共有高校 229 所，其中工业院校 44 所，占 19.21%；高校共设专业 323 种，其中工科专业 183 种，占 56.7%；大学在校生共有 441181 人，其中工科大学生数为 163026 人，占在校大学生数的 37.0%[①]。工科院校和学生数取得了绝对优势。

表 5-11　50 年代院系调整前后高校在各大行政区间的分布

单位：所

年度	华北	东北	华东	中南	西南	西北
1949	27	20	74	34	42	8
1953	41	26	48	33	20	14
1957	49	28	57	45	28	22

资料来源：转引自沈鸿敏、刘求实《我国高校地区分布非均衡问题及其影响分析》，《教育发展研究》2008 年第 1 期。

表 5-12　1949~1957 年分类别的学校数

年份	合计	综合大学	工业院校	农业院校	林业院校	医药院校	师范院校	语文院校	财经院校	政法院校	体育院校	艺术院校	其他院校
1949	205	49	28	18	—	22	12	11	11	7	2	18	27
1950	193	50	27	17	—	26	12	6	12	3	2	18	20
1951	206	47	36	15	—	27	30	8	19	1	1	18	4
1952	201	22	43	25	3	31	33	8	12	3	2	15	4
1953	181	14	38	26	3	29	33	8	6	4	4	15	1
1954	188	14	40	26	3	28	39	8	5	4	6	14	1
1955	194	14	42	26		28	42		5		6	14	1
1956	227	15	48	28	3	37	55		5		6	16	1
1957	229	17	44	28	3	37	58	8	5	5	6	17	1

注：其他院校是指多学科合设的院校、民族学院。

资料来源：《中国教育年鉴（1949—1981）》，第 965 页。

---

① 该年鉴编辑部编《中国教育年鉴（1949—1981）》，第 966~967 页。

表 5-13　院校调整前后高校结构及其学生数的变化（1949～1956）

类别	1949				1953				1956			
	高校数	比重	学生数	比重	高校数	比重	学生数	比重	高校数	比重	学生数	比重
综合	49	23.9	—	—	14	7.7	—	—	15	6.6	—	—
工科	28	13.7	30320	26.2	38	21.0	79975	37.7	48	21.1	149360	37.0
农林	18	8.8	10361	8.9	29	16.0	15419	7.3	31	13.65	36473	9.0
医药	22	10.7	15234	13.1	29	16.0	29025	13.7	37	16.2	45902	11.4
师范	12	5.9	12039	10.3	33	18.2	39958	18.8	55	24.2	98821	24.5
财经	11	5.4	19362	16.6	6	3.3	13472	6.3	5	2.2	12803	3.17
政法	7	3.4	7338	6.3	4	2.2	3908	1.8	5	2.2	7108	1.76
语文	11	5.4			8	4.4			8	3.5		
艺术	18	8.8	2755	2.4	15	8.3	2700	1.3	16	7.0	2612	0.65
体育	2	1.0	282	0.2	4	2.2	1096	0.2	6	2.6	2699	0.67
其他	27	13.2			1	0.6			1	0.4		
总计	205	100	116504	—	181	100	212181	100	227	100	403176	100

资料来源：《中国教育年鉴（1949—1981）》，第 965、966 页。

　　此后，小规模的院系调整仍在继续。为配合 1964 年实施的三线建设，1965 年高等教育部根据以大小三线为中心，以国防建设为重点，开始新一轮的高校布局的调整。按上级部门要求而搬迁的有上海机械学院、唐山铁道学院、成都铁道学院 3 所院校。涉及国防专业要求搬迁三线建校的有北京大学分校（陕西）、南京大学分校（湖南）、清华大学分校（四川）、华东化工学院分院（四川）、北京航空学院分院、北京工业学院分院、甘肃工业大学等 7 所学校。但随后由于政治环境的变化，最终并未全部落实。[①]

四　工科院校的教学改革

　　改造旧的教学制度，是新中国成立之后改革高等教育制度的主要组

---

① 刘光主编《新中国高等教育大事记》，东北师范大学出版社，1990，第 243 页。

成部分。工科院校的教学制度改革在先期试点的哈尔滨工业大学实施之后，随着院系调整的深入进行，在"过去许多'一揽子'的大学"，"一变而成为具有确定目标与范围的高等学校"[①] 之后，以学习苏联先进教学经验为主要内容的教学改革，逐步在全国工科院校中系统全面地推行起来。

教育部部长马叙伦阐述教学改革的意义说："学习苏联先进经验，进行教学改革，是中国高等教育的一次革命。"[②] 这项革命性改革在当时有其特定含义，是指以苏联高等教育的教学模式为蓝本，建立新的适合我国社会主义建设时期要求的教学模式。主要内容有：进一步明确高等学校的任务，及各类高等学校的具体培养目标；取消原有系科，设置专业，培养专才；实施教学计划，制订教学计划和教学大纲；采用苏联教材和教学参考书；学习苏联教学法，开展教学研究；加强实践性教学环节；建立基层教学组织和聘请苏联专家讲学等。[③] 至 1955 年底，大部分专业是在学习苏联高等学校全部教学过程中"过了河"。

（一）改革高校内部组织结构，实施专业设置制度

改革高校内部组织结构，设立专业，教育部副部长曾昭抡称之为"我国教育史上一件划时代的大事，高等教育的一种空前的大改革，值得所有教育工作者以及使用人才与培养人才的机关加以密切注意"。在阐述专业设置改革的目的时，他说："各校普遍设置了专业，将旧的'通才教育'逐步转变成为新的专业教育"，[④] "使各校皆有明确的任务，集中力量培养某几行国家建设需要的专才，同时使各地区内各校专业的设置得到适当的配合，如此可以减少人力物力的浪费，并使全国培养出来的高级专门人才，数量增多，质量提高"。[⑤]

---

①　曾昭抡：《高等学校的"专业"设置问题》，《人民教育》1952 年第 9 期。

②　马叙伦：《高等教育的方针、任务问题》，《人民教育》1953 年第 4 期。

③　郝维谦等主编《高等教育史》，海南出版社，2000，第 99 页。

④　曾昭抡：《在前进中的规定学校教学改革》，《人民教育》1954 年第 10 期。

⑤　曾昭抡：《高等学校的"专业"设置问题》，《人民教育》1952 年第 9 期。

建立专业设置制度，首先是对原有英美大学模式中学校内部组织结构的"破"，以专业设置为中心的改革，又是对苏联大学模式教学制度的"立"。新中国成立前英美模式影响的中国大学内部组织框架是：校（大学）→院→系→组，是一套垂直的行政系统。一般而言，各院系不设专业，实行"通才教育"，在一、二、三年级进行基础理论教学，四年级进行专门知识的学习。改变原系科结构，设置专业之后，内部组织框架为：校（大学或学院）—系—教研组（教研室）—专业—专门化，"校内教学方面的行政组织，简化成为校、系两级，系主任直接受校长、教务长领导。'专业'及'专门化'，根本不是行政上的层次"。对于专业开设的条件，曾昭抡指出："首先决定于建设事业的需要，其次要看各学校的主观条件，并应顾到科学体系及同一地区的适当分工。"工学院专业设置原则，"工学院每一校不宜设太多的专业，但一个专业可以多招些学生"，但总体上，全国工学院专业的种类总数可多设，要按照建设的需要来确定。①

就工学院来讲，专业设置制度的实施，目的就是将人才培养与工业建设所需人才对口、按计划统一培养。1952 年实施专业设置制度时，基本上是将苏联高等教育的专业目录照搬过来，至 1953 年时全国高等学校设置专业共 215 种，1957 年扩大到 323 种。其中工科专业由于国家工业发展的急需，设置的步伐最快，设置的数目也最多，为183 种。②

清华大学经院系调整后成为多学科工业大学，1952 年设置 32 个专业、18 个专修科；1954 年有 7 系，21 个专业（见表 5-14）；1956 年底，全校设置 25 个专业；至 1959 年，又增至 32 个。③

---

① 曾昭抡：《高等学校的"专业"设置问题》，《人民教育》1952 年第 9 期。
② 郝维谦等主编《高等教育史》，海南出版社，2000，第 111 页。
③ 金富军：《五十年代教学改革中的清华》，《清华人》2008 年第 4 期。

表 5-14　1954 年清华大学的系和专业

系	专　　业
机械制造系	机械制造过程、金属切削器具、铸造机械及铸造工程、金属压力加工及机械、焊接工程设备
动力机械系	热能发电站设备、汽车、拖拉机、建筑机械设备
土木工程系	工业与民用建筑、工业与民用建筑结构、给水与排水工程、通气通风
建筑系	建筑学
水利工程系	河川结构及水利发电站水工建筑、水利利用
电机工程系	电机与电器、发电站配电网及配电系统、工厂电气化
无线电讯工程系	无线电讯工程、真空管制造

资料来源：《清华大学工作检查汇报》，高等教育部档案，1954 年长期卷，卷 18。转引自胡建华《现代中国大学制度的原点：50 年代初期的大学改革》，南京师范大学出版社，2001，第 232 页。

1952 年，上海交通大学基本按工艺、装备、产品以及行业等设置专业。机械制造系、动力机械制造系、运输起重机械制造系、电工器材制造系、电力工程系、电信工程系及造船工程系等 7 个系下设了 27 个专业，15 个专修科。

1952 年新成立的北京钢铁工业学院建校初设 5 个系 9 个专业，计划发展成为 7 个系 19 个专业的钢铁工业专门高校（见表 5-15）。

表 5-15　1953 年北京钢铁工业学院专业设置

系	专　业	系	专　业
采矿系	采　矿	金相及热处理系	金相及热处理
	选　矿		物理检验
冶金系	炼　铁	钢铁机械系	钢铁机械
	炼　钢		
	电冶金	钢铁压力加工系	轧　钢

资料来源：北京科技大学 60 年校庆专题网站：http://60.ustb.cn/index.html。

由于是按专业培养各类适应工业建设的专门人才，因此专业划分很细。以交大机械系为例，机械系被拆分为机械制造系、动力机械制造系、运输起重机械制造系等三个系，机械制造系下又分设机械制造工艺、金属切削机床及其工具、金属压力加工及其设备、金相热处理及其车间设备、铸造机械及铸造工艺、金工、铸工、热处理、金工工具等 9 个专业；动力机械制造系下又分设汽车制造、内燃机制造、涡轮机制造、锅炉制造、蒸汽动力机械制造等 5 个专业；运输起重机械制造系下又分设起重运输机及其设备、蒸汽机车制造、车辆制造 3 个专业。原来的一个机械系共拆分为 3 个系共 17 个专业。[①]

（二）统一编制教学计划、教学大纲及教科书

实施专业设置制度，培养专业化人才，为确保人才培养的质量和规格，高等教育部着手制定全国统一的教学计划、教材和教科书。1952年 10 月，高等教育部就试行全国统一教学计划的下发通知："为了配合祖国大规模经济建设与文化建设的到来，有计划地培养各种建设人才，彻底改革旧教育，制定全国高等学校各专业统一教学计划，就成为高等教育改革的中心环节之一。"[②] "一五"计划实施之后，工业化是国家经济建设的重要战略目标，"根据新中国目前经济建设以重工业为重点的方针，高等教育以培养工矿交通人材为重点"。[③] 因此，统一教学计划的改革首先就从工科院校开始。

1953 年 9 月，高等教育部在上海召开全国工业学校重点修订教学计划座谈会，会议讨论确定了工业与民用建筑、工业与民用建筑结构、机械制造过程、河川结构及水力发电站建筑、发电厂配电网及联合输电系统 5 个本科专业和工业与民用建筑、金属切削加工 2 个专科专业的培养目标，以此制定了这 7 个专业的统一的教学计划。[④] 制定和统一教学计划的改革为中国原来大学教育所未有，因此也是全盘引进苏联高等学校同类型专业的教学计划。教学计划内容包括：1. 专业的培养目标与

---

① 刘露茜等主编《交通大学校史（1949—1959）》，高等教育出版社，1996，第 42 页。

② 郝维谦等主编《高等教育史》，海南出版社，2000，第 100 页。

③ 马叙伦：《五年来新中国的高等教育》，《人民教育》1954 年第 10 期。

④ 胡建华：《现代中国大学制度的原点：50 年代初期的大学改革》，南京师范大学出版社，2001，第 224 页。

修业年限。2. 教学学历表、学时分配，每学期上课时间、寒暑假时间、考试时间、实习与课程设计及毕业设计时间、毕业时间等。3. 教学进程计划等。根据培养目标，形成安排严密的系统，确保培养专业人才规格的实现。

1954 年初，高等教育部在上海交通大学召开会议，制定了工科内燃机等 10 个专业教学计划，在陆续召开修订有关教学计划座谈会中，共制定了 25 个专业统一的教学计划。1955 年一年中，高等教育部先后组织制订和颁布本科及专科教学计划 173 个专业的统一教学计划，其中工科 119 个。[①]

按照苏联专家的意见，教学计划是学校培养人才的"宪法"，不允许有任何的灵活性、机动性。高等教育部强调："教学计划是教学工作的基本大法"，各高校必须严格执行。由于中苏高校学制的差异等多种原因，导致各高校在实施过程中的"忙乱"现象，师生们普遍感到负担过重。1953 年 1 月 22 日，《人民日报》发表社论《高等学校的教学改革应当稳步前进》，各高校开始根据实际调整教学计划。

教学计划统一之后，为使教学内容统一，各课程的教学大纲统一工作也逐步开展。曾昭抡在 1954 年 8 月召开的工科院校基础课程教学大纲审查会议上说："有了统一的教学计划以后，必须根据统一教学计划的要求，接着制定各课程的统一教学大纲，以保证统一教学计划的贯彻执行。"[②] 截至 1955 年 8 月，高等教育部组织制定并颁发的统一教学大纲共 348 种，其中修订工科基础课、基础技术课和部分专业课教学大纲共 210 种。[③]

[①]　《中华人民共和国高等教育部 1954 年的工作总结和 1955 年的工作要点》（1955 年 8 月 5 日国务院全体会议第 17 次会议批准），高等教育部办公厅编《高等教育文献法令汇编》第三辑，1956，第 1 页。

[②]　胡建华：《现代中国大学制度的原点：50 年代初期的大学改革》，南京师范大学出版社，2001，第 227 页。

[③]　《中华人民共和国高等教育部 1954 年的工作总结和 1955 年的工作要点》（1955 年 8 月 5 日国务院全体会议第 17 次会议批准），高等教育部办公厅编《高等教育文献法令汇编》第三辑，1956，第 2 页。

为实现教学大纲要求，课程改革成为必需的环节，高等教育部通过引进和翻译苏联教材作为各科使用制定的教科书。据统计，1953 年底到 1954 年共引进出版苏联规定学校及中等专业学校教材合计 736 种。到 1955 年 8 月，高等学校引进的可供使用的苏联教材，工科 118 个专业 902 门课程中有 338 种。①

为保证教学工作的正常进行，各高校组织教师"边译、边学、边教"，自行组织翻译苏联教材以供教师和学生使用。1953 年，时任同济大学副校长的李国豪介绍教改经验说："（这学期开学以前全体教师在教育部号召和指示之下）大家都争取采用翻译的苏联教本。无苏联教本可用的，教师们在上课两周前就努力编写讲义——或摘译苏联的资料，或觅取祖国建设上的成就和经验，或以新的思想和观点来充实和改进原有的教材。现在采用苏联教本的五种课程，新编印的讲义有九十三种，已译出的苏联教材有三种，正在翻译中的有四种。"② 谢友柏院士回忆当时交通大学编译苏联教材的情形说："教师们日夜兼程地学习俄文，学习、翻译和使用苏联教材，以及根据苏联的有关书籍来编写自己的讲义。那时，学生使用的教材常常是一章一章从教研室领来的，往往是教师几天前开夜车才赶出来的油印版。"③ 清华大学 1952~1954 年间，一共开出和准备了 110 门新课，136 门课程中除了俄文、中国建筑史等六门课外，都采用了苏联教材或根据苏联教材编写的讲义。据1954 年统计，按清华五年制教学计划，应开课 388 门，使用中译本苏联教科书及教学参考书 155 种，俄文版教科书及教学参考书 162 种，其中只有一门课采用的是中国自编教材。④

---

① 《中华人民共和国高等教育部 1954 年的工作总结和 1955 年的工作要点》（1955 年 8 月 5 日国务院全体会议第 17 次会议批准），高等教育部办公厅编《高等教育文献法令汇编》第三辑，1956，第 2 页。
② 李国豪：《同济大学教学改革工作的初步经验》，《人民教育》1953 年第 6 期。
③ 谢友柏：《回归教学，责无旁贷——亲历我国工程教育 50 年》，《高等工程教育研究》2006 年第 4 期。
④ 金富军：《五十年代教学改革中的清华》，《清华人》2008 年第 4 期。

（三）教学过程及教学方法改革，注重实践性教学

在教学制度改革中，对教学过程及教学方法按照苏联模式进行了改革。由原来的讲授、实验、实习、考试等教学过程，增加成为讲课、课堂学习、习题课、实验课、辅导、答疑、质疑、实习、学年论文、毕业论文、课程设计、毕业设计等多种环节。考试考查环节采用口试和四级分制（优等、良好、及格、不及格）评定成绩。

在教学过程中特别强调实践性教学环节，建立高校学生到生产建设单位实地实习的体制。政务院于前3年就高等学校学生生产实习做出专门决定，指出：高等学校的生产实习是使学生的理论知识密切联系实际并使学用一致的重要方法之一。要求各学校和企业机关，设立专门机构，密切配合，认真实施。[1] 按照规定，工科学生在校学习期间，要参加认识实习、生产实习、毕业实习等三四次实习。这项制度的建立，对于中国工程教育的发展产生了深远的影响。

随着《生产实习暂行规程》的颁布，各学校生产实习工作全面大规模铺开，据1954年当年的统计，参加生产实习的学生人数，仅工科就有四万九千余人，鞍钢一地就集中了约六千人的实习学生。[2]

谢友柏院士回忆道："当时，除课程中的实验和学校实习工厂中的钳、车、锻、铸、焊等基本操作训练外，还有三次到工厂实习：认识实习、专业实习和毕业实习。实习的内容、时间都由教学计划确定，实习地点、工厂及生活

图5-6　高校学生的生产实习

---

[1]　郝维谦等主编《高等教育史》，海南出版社，2000，第106页。

[2]　《中华人民共和国高等教育部1954年的工作总结和1955年的工作要点》（1955年8月5日　国务院全体会议第17次会议批准），高等教育部办公厅编《高等教育文献法令汇编》第三辑，1956，第2页。

条件，都由专人提前到现场安排好。教务处下面有一个生产实习科，专门管学生外出实习。假期是外出实习高峰期，一班一班学生登车离校，好不壮观！在工厂除业务学习，还包括政治上学习工人阶级爱集体、爱劳动等优良品质的内容。"①

五 反思与评价

如何评估 20 世纪 50 年代院系调整与相应的教学改革？随着历史的发展，对该时期教育改革的研究日渐深入，反思的高度和深度有了很大的拓展。站在不同的立场，以不同的视角就会发现不同的图景。史学家夏东元说，历史学家评价历史事件，是"从政治路线和目的等方面说的，是将事件置于历史长河规律中考虑的，离开'目的'、离开'规律'来谈成功、失败就没有准则了"。② 这一时期中国高等教育的改革，是以苏联模式为学习和参照对象的。1951 年至 1958 年苏联共派出来华专家 1200 名，其中理工科方面的专家 794 人。③ 教育系统从 1949 年到 1957 年陆续聘请 861 名苏联专家到高校参与教学、指导改革工作。

以苏为师，其目标是"建立一个适合中国发展需要的更专业化的分工……苏联的制度旨在造就数量更少的难以使用的文科毕业生，而培养更多的经过训练就能直接参加经济建设所需要的专业技术工作的毕业生"。④ 当时国家要尽快实现社会主义工业化的战略目标，必须大规模培养工业建设人才，因此进行高等教育调整，大力发展工程教育。经过调整改革，在总体规模上，院系调整后，工程教育院校数及工科毕业生总数均有很大的增长，为共和国工业化发展提供了智力和人力资源的支持（如表 5-16 所示）。

---

① 谢友柏：《回归教学，责无旁贷——亲历我国工程教育 50 年》，《高等工程教育研究》2006 年第 4 期。
② 夏东元：《洋务运动史》，华东师范大学出版社，1992，第 461 页。
③ 中华人民共和国科学技术部：《中国科学技术发展报告（2009）》，科学技术文献出版社，2010，第 239 页。
④ 〔美〕R. 麦克法夸尔、费正清编《剑桥中华人民共和国史：革命中国的兴起》，中国社会科学出版社，1998，第 207 页。

表 5-16　1949 年至 1955 年工业院校数及毕业生总数统计

年份	工业院校数	工科毕业生数	高校毕业生总计	工科毕业生所占比例（%）
1949	28	4752	21353	22
1950	27	4711	17607	27
1951	36	4416	18712	24
1952	43	10213	32002	32
1953	38	14565	48091	30
1954	40	15596	47069	33
1955	48	18614	54466	34

资料来源：根据教育部计划财务司编《中国教育成就·统计资料（1949—1983）》，人民教育出版社，1984，第 51、80 页有关数据统计。

　　具体到各工科院校，以清华大学为例，教学改革前，清华大学在校学生有 3000 多人，其中工学院学生只有 1800 人；1956 年在校学生达到 8600 多人。1953～1956 年共毕业学生 2000 余人，相当于解放前清华工学院二十多年的毕业生总和（820 人）的两倍多。[①]

　　通过以专业设置为中心的教学制度改革，我国高等教育全面纳入苏联式的高度集中计划和专才教育的模式中。就工程教育而言，各工科院校的专业设置与工业体系、产业部门紧密结合，培养目标明确，就是培养社会主义建设所需要的工程师。历史地看，这种人才培养模式取得的成就和弊端均很明显，但是迄今为止，工程教育界、高等教育学术界的研究和反思还是远远不够的。历史亲历者的感受和经济建设部门，也就是用人单位的反思，或许为我们理解这种模式提供了另外的视角。

　　在哈尔滨工业大学建校 90 周年前夕，中共中央政治局常委李长春亲笔撰写了《母校九十华诞感怀》一文。这是一篇兼具思想性和史料价值的历史文献。文章通篇洋溢着真情实感，生动活泼地展现了当年作者亲身经历的教学改革及学习生活。在文中作者谈到，母校哈尔滨工业大学大力推进"规格严格，功夫到家"的办学理念，学生一毕业即能

---

① 金富军：《五十年代教学改革中的清华》，《清华人》2008 年第 4 期。

成为独当一面的专业技术人员、工程师，"我还清楚地记得，在校期间，学校党委副书记彭云同志给我们作报告时讲过这样一个故事：1954年，哈工大有6个毕业生分配到长春第一汽车制造厂。他们到办公室上班后了解到，厂里有规定，工程师坐皮转椅，一般技术人员和新来的大学毕业生坐木板凳。在哈工大毕业时，他们6人都已获得了工程师资格。于是，他们就向一汽有关部门反映，经核实确认了他们的工程师资格，厂里马上给他们把木板凳换成了皮转椅。这个故事给同学们留下了深刻的印象，极大地增强了大家作为哈工大学生的强烈自豪感"。①

1954年毕业于上海交通大学机械系的机电工程专家陆燕荪教授谈起这段历史时，提请工程教育界"需要很好地总结经验"，他说："苏联当初高等院校的专业设置是跟产业结合起来的，跟科研体系、工业体系结合起来的"，"原苏联这套专业设置有的面太窄，可以改进，但不等于说现在的专业设置就完全合理……我始终觉得，对原来苏联的那种专业设置，52年院系改革的专业设置可能过于专门化了一点，但是它所培养的一些人才，在几个五年计划，特别是近30年来发挥了很大的作用。"②

对于这一时期的教育改革存在的问题及负面影响，虽然在当时就有讨论，但是直到1955年毛泽东主席提出"以苏为鉴"之后，才逐步明朗化。1956年6月，清华大学校长蒋南翔主持起草的《中共北京市委高等学校委员会向中央的报告》提出，要"正确地学习苏联，克服高等教育工作中的教条主义"。他说："1952年全国高等学校的院系调整有了很大成绩，但是有某些措施是不够妥当的。清华大学、浙江大学原有的理学院是全国基础最好的，按照苏联经验把清华大学、浙江大学改造为多学科工业大学，把理学院整个地调整出去了……总的方面是对的，使高等教育更加适应社会主义建设的需要，但当时没有更多地考虑

---

① 李长春：《母校九十华诞感怀》，《黑龙江日报》2010年6月5日。
② 陆燕荪：《在2008年工艺年会上的讲话》，《中国机械制造工艺》2008年第10期（总第168期）。

到不要破坏我国原有的基础和传统，对于我国过去学习英美资产阶级的办法办了几十年教育，其中某些有用的经验也没有采取批判的态度来吸取，而有一概否定的倾向。"①

历史有其自身发展的逻辑，对 20 世纪 50 年代初高等教育改革的反思，并没有使得中国高等教育的发展走向兼容并包、兼采世界发达国家先进办学经验道路。随即到来的"大跃进"，大力开展"教育革命"，中国工程教育开始了探索具有自身特色的独特的发展之路。

第三节　"教育大革命"：中国工程教育发展模式的新探索

1957 年至 1965 年是新中国开始全面建设社会主义的时期，也是开始独立自主地探索建设社会主义道路的阶段。1956 年 4 月，毛泽东在中央政治局扩大会议上作了《论十大关系》的报告，报告初步总结了我国社会主义建设的经验，提出借鉴苏联的经验，探索适合我国国情的社会主义建设道路的任务。在此之后的 10 年间，党和国家提出了独立自主、自力更生，建立独立的比较完整的工业体系和国民经济体系的发展目标，规划了实现"四个现代化"的总任务和两步走的发展战略。

这是一个凯歌奋进的时代，也是在探索中曲折前进的时期。中国高等教育的发展开始摆脱苏联模式，进入了独立自主地探索发展社会主义教育的新时期。在此期间，新的国家现代化发展战略的确立和发展模式的探索，使得服务于工业化发展的工程教育成为这一时期高等教育发展中最具特点的领域。如果说要研究中国工程教育发展模式，这一历史时期必须重点考察和深入探讨。

一　现代化道路的新探索与教育事业发展的新任务

1956 年，我国提前完成第一个五年发展计划，社会主义改造基本

---

① 蒋南翔：《蒋南翔文集》下卷，清华大学出版社，1998，第 651 页。

完成。国际共产主义运动发展正反两方面的经验，促使中国共产党人开始探索更加适合中国国情的社会主义现代化建设道路。同年9月，中国共产党第八次全国代表大会召开。"八大"在关于政治报告的《决议》指出：社会主义的社会制度在我国已经建立起来，"我们国内的主要矛盾，已经是人民对于建设先进的工业国的要求同落后的农业国的现实之间的矛盾，已经是人民对于经济文化迅速发展的需要同当时经济文化不能满足人民需要的状况之间的矛盾"。因此，"党和全国人民当前的主要任务，就是要集中力量解决这个矛盾，把我国尽快地从落后的农业国变为先进的工业国"。①

党和国家新的发展战略目标对教育事业的发展提出了新要求。毛泽东在"八大"预备会议上明确提出，要在三个五年计划中造就100万～150万高级知识分子，"中央委员会中应该有许多工程师，许多科学家"。②

周恩来总理在党的"八大"上所作的《关于发展国民经济的第二个五年计划的建议的报告》指出了新的发展阶段教育事业发展的重要任务："为国家培养各项建设人才，首先是工业技术人才和科学研究人才，是教育工作的首要任务……我们的高等学校和中等专业学校所培养的人才，在数量上，尤其在质量上和门类上，还难以满足需要。因此，在第二个五年计划期间，应该进一步发展高等教育和中等专业教育，并且根据掌握重点、照顾其它需要和可能相结合的方针，进行全面规划。"③

在"一五"计划的顺利实施和新的发展计划来临之际，建设人才尤其是工程科技人才的匮乏和科学技术水平的落后，依然是国家大规模经济建设展开后面临的最大问题之一。教育事业的发展问题再次提到议

---

① 《人民日报》1956年9月27日。
② 毛泽东：《毛泽东文集》第7卷，人民出版社，1999，第101～102页。
③ 金铁宽主编《中华人民共和国教育大事记（1949-1982）》，教育科学出版社，1984，第179～180页。

事日程，扩大规模、加速发展成为这一时期高等教育发展的基调。

1955 年 9 月，毛泽东在《中国农村的社会主义高潮》的序言中明确指出："这件事告诉我们，中国工业化的规模和速度，科学、文化、教育、卫生等项事业的发展规模和速度，已经不能完全按照原来所想的那个样子去做了，这些都应该适当地扩大和加快。"[①] 在 1956 年 1 月召开的关于知识分子问题会议上，周恩来总理代表中央作了《关于知识分子问题的报告》，他指出："我们现在所进行的各项建设，正在愈来愈多地需要知识分子的参加。比方说，我们要找矿，就得有一批地质专家，带上大批大学毕业生和中学毕业生，到各处的荒山僻野去进行测量、普查、详查和钻探。我们要建设矿山、工厂、铁路和水利工程，就得有一批工程师和一大批技术员来勘测、设计、建筑和安装。工厂要生产，生产中从产品设计到成品检验的每一个环节，都需要一定数量和一定水平的技术力量。工业和商业的管理，愈来愈需要各种专门的知识。"他说："什么是当前的知识分子问题呢？当前的根本问题，就是我们的知识分子的力量，无论在数量方面，业务水平方面，政治觉悟方面，都不足以适应社会主义建设急速发展的需要。"因此，不断提高知识分子政治觉悟和业务水平，加强和壮大知识分子队伍，"是我们党目前在知识分子问题上的根本任务"。[②] 周恩来总理在报告中正式提出了"向现代科学进军"的号召，并要求制定从 1956 年到 1967 年科学发展的远景计划。

根据中央对人才工作的要求，教育部很快做出反应。自 1956 年开始，各级各类教育事业的发展速度迅速加快，数量和规模成倍增长。1956 年当年高等学校招生规模扩大，本专科共录取 184632 人，较之 1955 年增加了 86835 人，增加近一倍。其中工科录取 63750 人，比上一年增加了 27325 人；加上理科扩招 4207 人，理工两科扩招人数 31532

① 毛泽东：《毛泽东选集》第 5 卷，人民出版社，1977，第 223 页。
② 《人民日报》1956 年 1 月 16 日。

人，占全部扩招人数的36%。① 与此同时，中小学数量也急速上升。各级各类学校规模发展见表5-17。

表5-17　1955～1960年教育发展基本状况统计

	小　学		普通中学				高等学校	
	学校数（万所）	小学生总数（万）	学校数（所）	学生总数（万）	高中生（万）	初中生（万）	学校数（所）	学生数（万）
1955	50.41	5312.6	5120	389.96	57.98	331.98	194	28.77
1956	52.90	6346.6	6715	516.47	78.41	438.06	227	40.32
1957	54.73	6428.3	11096	628.13	90.43	537.70	229	44.12
1958	77.68	8640.3	28931	852.02	117.88	734.14	791	65.96
1959	73.74	9117.9	20835	917.87	143.57	774.30	841	81.19
1960	72.65	9379.1	21805	1026.01	167.49	858.52	1289	96.16

资料来源：根据《中国教育成就·统计资料（1949—1983）》（人民教育出版社，1984）有关数据整理。

各类教育事业短时期内迅猛增长，必然带来了教育基础设施等资源无法保障的问题。限于建国之初国家财力总量不足，用于发展教育事业的教育事业费支出占财政总支出的比重一直处于较低水平（见表5-18），如何实现教育规模的快速扩张成为当时亟待解决的重要问题。

表5-18　1955～1960年教育事业费支出情况统计

年份	教育事业费支出数（亿元）			占财政支出比重（%）
	合　计	高　教	普　教	
1955	14.08	3.01	11.07	5.23
1956	16.47	3.69	12.78	5.39
1957	19.52	4.21	15.31	6.42
1958	19.83	4.73	15.10	4.84
1959	24.09	6.88	17.21	4.36
1960	31.78	10.43	21.35	4.86

资料来源：《中国教育成就·统计资料（1949—1983）》，人民教育出版社，1984，第371页。

---

① 《中国教育成就·统计资料（1949—1983）》，人民教育出版社，1984，第68～69页。

1958 年 1 月 1 日，《人民日报》发表元旦社论，提出"不仅要又多又快又好又省地进行各项建设事业，而且必须鼓足干劲，力争上游，充分发挥革命的积极性、创造性"。当年 5 月在北京召开的中国共产党八届二中全会上，制定了"鼓足干劲、力争上游、多快好省地建设社会主义"的总路线，号召"在继续进行经济战线、政治战线和思想战线的社会主义革命的同时，积极地进行技术革命和文化革命，争取在 15 年，或者在更短的时间内，在主要的工业产品产量方面赶上和超过英国"。5 月 29 日《人民日报》发表题为《把总路线的红旗插遍全国》的社论，指出："党的社会主义建设的总路线的基本出发点既然是相信群众的力量和反映群众的意志，那末，实现这条总路线的基本方法，也必然是群众路线的方法。我们的国家是又穷又白，我们的建设要又多又快又好又省，这是一个矛盾。解决这个矛盾的唯一方法，就是依靠群众"，同时"党所号召的技术革命和文化革命，同经济战线、政治战线和思想战线上的社会主义革命一样，都必须是群众性的运动"。[①] 这次会议说吹响了各条战线"大跃进"的号角，随后，工农业生产开始了"大跃进"，文化革命也进入高潮。

教育战线迅速跟进，提出要多快好省地发展教育事业，实现教育事业的"大跃进"。自此，1956 年开始的教育事业快速发展进一步提速，进入"大跃进"阶段。1958 年 9 月，中共中央、国务院颁布《关于教育工作的指示》，这份文件按照"二五"计划所提出的要求和基本任务，对教育发展做出五年发展规划。《指示》明确提出了教育战线的"大跃进"的定量性发展目标："全国应在三年到五年的时间内，基本上完成扫除文盲、普及小学教育、农业合作社，社有中学和使学龄前儿童大多数都能入托儿所和幼儿园的任务。应当大力发展中等教育和高等教育，争取在十五年左右的时间内，基本上做到使全国青年和成年，凡是有条件的和自愿的，都可以受到高等教育。我们将以十五年左右的时

---

① 《人民日报》1958 年 5 月 29 日。

间来普及高等教育，然后再以十五年左右的时间来从事提高的工作。"①为了实现这一宏大的目标，在实施机制方面，《指示》确立了全党全民办教育的方针。也就是通过依靠群众，开展群众运动来发展教育事业。

教育方针是对教育事业发展的政治方向和价值的规定，1957 年 2 月，毛泽东发表《关于正确处理人民内部矛盾的问题》的重要讲话，在讲话中，他结合新中国成立以来教育工作的实际和经验，指出："我们的教育方针，应该使受教育者在德育、智育、体育几方面都得到发展，成为有社会主义觉悟的有文化的劳动者。"② 明确了教育的培养目标是新型的劳动者。他们不但要有专业知识，而且要思想进步，具有一定的政治觉悟。1958 年发布的《关于教育工作的指示》，明确系统地提出了党和国家的教育工作方针，"是教育为无产阶级的政治服务，教育与生产劳动相结合；为了实现这个方针，教育工作必须由党来领导"。③党的教育方针是在"以苏为鉴"，批判苏联经验中的教条主义，探索适合中国国情的社会主义教育发展道路过程中的理论总结。

教育方针的颁布为教育革命的展开提供了理论和政策支持。"大跃进"时期的教育革命就是按照党的教育工作方针开展的，这一时期被认为是中国教育事业的"大革命和大发展"时期，中国高等教育制度、教育体制、教学制度等各个方面都进行了深入的改革，尤其是工程教育院校办学的改革尤为突出，对中国工程教育的发展产生了深远的影响，这些影响既有值得吸取的经验，又有其消极的方面。

二　工程教育的"大革命和大发展"

任何的改革都是清除原有机制体制积弊，解决发展中的突出矛盾的过程，教育改革也不例外。那么什么是当时教育发展中的突出的问题和

---

① 《人民日报》1958 年 9 月 20 日。
② 毛泽东：《毛泽东选集》第 5 卷，人民出版社，1977，第 385 页。
③ 《人民日报》1958 年 9 月 20 日。1961 年经中共中央批准，教育部将毛泽东关于教育方针的两次讲话合而为一，概括为"教育必须为无产阶级政治服务，教育必须同生产劳动相结合，使受教育者在德智体几方面都得到发展，成为有社会主义觉悟的、有文化的劳动者"。

矛盾呢？教育部长杨秀峰在 1959 年发表的《我国教育事业的大革命和大发展》一文指出："在党的建设社会主义的总路线的照耀和鼓舞下，实现了国民经济的大跃进，并在全国农村实现了人民公社化。在这种形势下，广大工农群众迫切要求迅速提高文化技术水平。为了满足广大群众的要求，为了彻底地完成社会主义革命和加速社会主义建设，逐步实现技术革命和文化革命的历史任务……于是一个以教育与生产劳动相结合为中心内容的教育大革命和多快好省地发展教育事业的群众运动，便在全国蓬勃地发展起来。"

因此，教育"大革命"、"大发展"主要目的是解决两个方面的问题：一是质的方面要确保教育发展的政治方向，这是教育革命要解决的中心问题。"教育革命，作为文化革命决定性的前提之一，它一方面要消灭工农群众缺乏文化的现象，同时又要消灭知识分子中资产阶级、小资产阶级的思想，以便使他们逐步共同达到'又红又专'"。[1] 二是量的方面满足人民群众的上学要求和国家建设的需要。解决这两方面的问题的途径是开展教育"大革命"，实现教育"大跃进"。

各级各类学校如何在教育方针指引下具体开展教育革命呢？1958年 1 月，毛泽东在《工作方法（草案）》中提出："红与专、政治与业务，是两个对立物的统一。一定要批判不问政治的倾向。"在这份《工作方法（草案）》中，毛泽东分别对中等技术学校和技工学校、高等工业学校、农业学校、中小学、大学和中等学校等各级各类学校，提出具体的开展生产劳动的措施和方式。对于高等工业学校提出的要求指出："一切高等工业学校的可以进行生产的实验室和附属工场，除了保证教学和科学研究的需要以外，都应当尽可能地进行生产。此外，还可以由学生和教师同当地的工厂订立参加劳动的合同。"[2]

---

[1] 王大任：《把教育革命进行到底》，《人民教育》1959 年第 11 期。王大任时任中共山西省委候补书记。

[2] 王卫国主编《建国以来教育同生产劳动相结合法规文献汇编》，教育科学出版社，1995，第 8、10 页。

1958 年 8 月 13 日毛泽东主席视察天津大学时，对于高校工作作出重要指示："高等学校应抓住三个东西：一是党委领导；二是群众路线；三是把教育和生产劳动结合起来。""以后要学校办工厂，工厂办学校。""学生要勤工俭学，教师也要搞"，"老师也要参加劳动，不能光动嘴，不动手"。① 这成为高校开展教育革命的重要的指导方针。

毛泽东的指示和党的教育方针是开展教育革命的总的指导思想，各级各类学校按照这一指导思想，各自发挥自己的主观能动性，积极探索教育革命的具体形式，因此，在实践中因学校类型、层次不同，教育革命的表现形式也各异。

教育革命是在党中央发出"向科学进军"的号召的背景下开展的，与 1958 年 6 月中央提出开展技术革命、文化革命同时进行，这就为理工科院校的改革和发展提供了比较大的空间。在教育革命中，很多工科院校尤其是重点工科大学，深入贯彻教育与生产劳动相结合的方针，开展了涉及教育教学领域的各个方面的全面改革，取得了很多教学科研成果，为中国工程教育发展积累了丰富的经验。探讨新中国工程教育发展的模式，这段历史很值得深入研究。1980 年，作为当年教育革命的重要领导人之一的陆定一回顾这段历史时说："关于教育革命，一九五八提出教育与生产劳动相结合的口号，对不对？这个口号是对的，我们的理工科大学是要实行这种结合。"②

（一）打破学校与生产的界限，教育与生产劳动相结合

教育与生产劳动相结合是教育大革命的中心问题。作为培养既有政治觉悟又有文化、既能从事脑力劳动又能从事体力劳动的全面发展的新人的途径和方式，教劳结合的目标是实现知识分子劳动化，工农群众知识化。教育部长杨秀峰指出："1958 年以来教育大革命的目的，就在于

---

① 毛泽东：《毛泽东同志论教育工作》，人民出版社，1958，第 67 页。毛泽东主席的这一指示发表在 1958 年 8 月 19 日《光明日报》。

② 陆定一：《陆定一文集》，人民出版社，1992，第 700 页。转引自李庆刚《"大跃进"时期"教育革命"研究》，中央党校出版社，2006，第 167～168 页。

使我国的教育事业能够更好地为社会主义革命和社会主义建设服务，为消灭一切剥削阶级和一切剥削制度的残余服务，为将来向共产主义社会过渡、逐步消灭脑力劳动与体力劳动的差别服务。"①

　　1958 年上半年，在中央的号召和大跃进的形势之下，全国高校积极行动起来，广泛发动群众，掀起了教育与生产劳动相结合的教学改革运动。高校尤其是工科院校的办学如何实现教育与生产劳动结合？时任清华大学校长蒋南翔根据清华开展教劳结合的工作经验提出："学校教育和生产劳动结合，有两种基本方式，一是学生到校外去参加工农业劳动，二是结合学校本身的特点和需要，自己建立工厂和农场。"并指出："这两种方式都是必要的，应该根据不同的学校、不同的专业、不同的年级、不同的时期采取不同的形式，作出不同的安排。这里最重要的是必须实现教育和生产劳动的合理结合，既要强调生产劳动，又要满足教育要求，二者不可偏废。"② 清华大学副校长、工程教育专家刘仙洲撰文《高等学校教育和生产结合的几种方法》，提出了不同类型的学校、系和专业，需要采取不同的方式，具体来讲分为两大类，一是结合学生所学专业的方式；二是不结合学生所学专业的方式。前者是指工业院校采取的主要方式，包括：（1）利用学生实习生产市场需要较多的成品或接受加工订货；（2）自制本校或本系需要的仪器设备；（3）成立工读班；（4）接受委托实验和委托研究；（5）接受测绘及制图工作；（6）接受测量工作；（7）接受设计工作。提出了"学生在学习期间所从事的生产工作若能结合所学专业是最理想的"。③ 时任华中工学院副院长的朱九思介绍该院做法说："（1）校内工厂的专业劳动与基本工种的劳动；（2）高年级学生到校外工厂企业参加生产劳动和生产实习；（3）校内固定的义务劳动和校外社会公益劳动"，"教师除固定地参加

　　① 杨秀峰：《我国教育事业的大革命和大发展》，《人民教育》1959 年第 11 期。
　　② 蒋南翔：《党的教育方针促进了高等学校的革命——清华大学学报 1958 年毕业生专号代序》，《清华大学学报》1958 年第 1 期（毕业生专辑）。
　　③ 刘仙洲：《高等学校教育和生产结合的几种办法》，《人民教育》1958 年第 4 期。

义务劳动外（每两周一次），每人一年还轮流下放一个月，参加有关专业的生产劳动"。① 各工程教育院校在教劳结合的探索中，主要采取了以下措施。

1. 师生参加生产劳动

组织学生参加工农业生产劳动，当时主要有下面三种基本形式：一是在校内工厂、农场劳动；二是与工厂、人民公社协作或签订合同下厂劳动；三是参加社会公益劳动。②

作为多学科工业大学的清华大学，创造性开展了实施教劳结合的改革，形成自己的特色，成绩斐然。轰轰烈烈的生产运动开始后，"现在学校不但有教师和学生每天在教室里上课和下课，而且还有成批的'学生工人'每天在车间或工地'上工和下工'。从前冷冷清清的实验室、实习工厂，已经变成热热闹闹的生产场所"。③

1958年为彻底根治潮白河水患，解决北京市用水问题，周恩来总理将密云水库的设计工作交给了清华大学。水利系毕业生班级在张光斗教授带领下参与设计工作，全部低年级学生分期分批轮流参加水库的施工劳动。同学们在建设工地上，与建设者同吃、同住、同劳动，亲眼目睹20万劳动大军挥汗如雨、战天斗地的火热场面，深受感染，涤荡了灵魂，密切了与群众的感情。当年亲身参加劳动的水利系62届学生吕祖珩回忆道："1959年7月15日，在'大跃进'浪涛万丈的时刻，我们来到密云水库进行生产实习。这是何等壮观的场面啊！20多万劳动大军，方圆几十公里的战场，昼夜灯火通明，映红半边天；遍野战斗声急，气壮山河……说不完的感人事迹，唱不完的英雄赞歌。两个多月就是这样在潮河工地与大兴县支队的民工同吃、同住、同劳动。一天上12个小时班，加上下班路上走2个小时共14个小时，晚上回来还要开

① 朱九思：《我院组织生产劳动的收获和体会》，《人民教育》1959年第12期。
② 杨秀峰：《我国教育事业的大革命和大发展》，《人民教育》1959年第11期。
③ 蒋南翔：《党的教育方针促进了高等学校的革命——清华大学学报1958年毕业生专号代序》，《清华大学学报》1958年第1期（毕业生专辑）。

'务虚会'，常常是发完言人就睡着了。伙食不良，成天窝窝头，水煮白菜、咸萝卜头；卫生条件极差，中午睡觉一翻身就可压死几个苍蝇，很多人得了痢疾，身体虚弱，五六十米高的坝要歇五六次才能爬到坝顶，我也因劳累过度，睡眠不足，得了严重的神经衰弱症，后来几乎要休学。9月上旬生产劳动结束，回校时路过天安门广场，人民大会堂抢建已近尾声，四周的脚手架尚未拆，我们集体在未完工的人民大会堂前照了一张相以做纪念，十几天后，人们已经在灯火辉煌的人民大会堂里庆祝建国 10 周年了，那真是中国人民创造奇迹的时代。"①

图 5-7　1960 年清华大学"水 4"同学在野外实地测量
（清华大学校史馆提供）

　　水利系的教劳结合不仅仅组织学生参加劳动锻炼，而且把课堂教学搬到工地，各门课程的实习、见习均由教师带领同学们在现场完成，吕祖珩回忆中记述了在十三陵水库进行测量实习，到京郊张坊水库现场结

---

① 吕祖珩：《红色工程师的摇篮》，《清华校友通讯》2009 年第 58 期。

合工程实际进行土坝课程设计，到平谷县去搞水利规划和支援海子水库（现称金海湖）南干渠施工，进行农田水利课的课程实习等。

北京石油学院组织地质系师生组成了川东地质勘探队、三河测井队、冀东找油队、昌平勘探队，分赴各地找油找矿，钻采系及机械系师生参加了川中石油会战并承包了两个构造两口井的钻井任务等。[①] 在上海的工科院校诸如上海交通大学、同济大学、华东化工学院、纺织工学院等也都组织学生轮流到工厂、农村、工地、渔场开展生产劳动。[②]

1958 年 8 月 17 日，中共中央通过《全党全民为生产 1070 万吨钢而奋斗》的决议，全国性的全民大炼钢铁运动轰轰烈烈地开展起来。高校师生也积极投身于这场运动中。据统计，全国理工科院校 9 万多名学生和青年教师走上大炼钢铁的前线，参加和支援全民炼钢运动和"三秋"运动。北京钢铁工业学院（1960 年更名为北京钢铁学院）因有其专业优势，两千多名师生下放到全国 22 个省、市、自治区参加各地采矿、选矿、炼铁、炼钢、机器设备制造安装、金相分析、金属压力加工、定型及部件设计等工作，提出口号"炉内炼钢，炉外炼人"，写下了"踏遍塞北江南，誓为钢铁而战；汗洗祖国大地，钢铸和平江山；熔炉光照宇宙，炼出英雄好汉！"的豪迈诗句。[③]

哈尔滨工业大学在教育大革命中，采取了与厂矿企业签订协作协议，一方面将协作企业作为学生教劳结合的劳动场所，另一方面也开展科研攻关活动，一举数得。到 1959 年秋学校先后与 15 个省、100 多个的市、县的 547 个厂矿、企业进行了协作，开展校厂大协作。1958 年春组织全校学生轮流参加校外工厂的生产劳动。"金相 54 班同学在几个月的勤工俭学劳动中，跑遍了 58 个工厂企业，和哈尔滨第一汽车零件厂等 14 个工厂签订了合同。在第一汽车零件厂里，他们把热处理零件过程中的有毒氰化改为无毒液体渗碳，在哈尔滨第二工具厂的热处理车

① 余世诚等主编《中国石油高等教育发展史》，石油大学出版社，2002，第 74 页。
② 李庆刚：《"大跃进"时期"教育革命"研究》，中央党校出版社，2006，第 172 页。
③ 杨秀峰：《我国教育事业的大革命和大发展》，《人民教育》1959 年第 11 期。

间劳动中，帮助工厂解决了把生产锉刀的铅炉淬火改变为盐炉淬火等 47 项技术问题。"①

图 5-8　全民大炼钢铁场景

与此前学校开展的勤工俭学、劳动锻炼等活动不同，这一时期的学生参加生产劳动是将生产劳动作为学校教学计划的重要组成部分，是作为改革教学模式的一个重要环节。美国学者克劳雷用钟摆来比喻工程教育发展过程中，重点在理论为主还是实践为主之间的反复变化。摆的一端上以实践、熟练程度和手工工艺为基础的工程教育，另一端则是完全以科学为基础的工程教育。② 教育大革命中的教学改革，实际上也是对前一时期学习苏联教学模式中，偏重基本理论学习的矫枉过正之举。特点是：（1）改革教学计划，将生产劳动列入教学过程；（2）加强实践教学环节，重视现场教学，或按照生产过程组织教学；（3）聘请工厂生产第一线的生产能手、土专家担任教师；（4）改革教学形式，实行"单科独进"；（5）改革考试制度，采取灵活多样的考核办法，甚至免考。

2. 真刀真枪作毕业设计③

所谓真刀真枪作毕业设计，是指"结合实际生产任务进行毕业设

①　中共哈尔滨工业大学委员会：《学校和工厂协作是一条发展科学技术的康庄大道》，《哈尔滨工业大学学报》1959 年第 4 期。

②　〔美〕克劳雷（Crawley, E.）等：《重新认识工程教育：国际 CDIO 培养模式与方法》，顾佩华等译，高等教育出版社，2009，第 205 页。

③　"真刀真枪作设计"的口号的来源：1958 年清华大学承担密云水库设计建设，清华大学水利系 1958～1962 届毕业生学生参加密云水库设计建设工作，原清华大学党委书记、时任校团委副书记方惠坚当时分管毕业生工作，他到水利系座谈时，同学们自豪地对他说："我们是'真刀真枪'地在做毕业设计！"蒋南翔校长敏锐地感觉到这是教育革命中的新生事物，对此作了理论总结和概括，随后经宣传推广全国工科院校予以效仿。参见方惠坚等著《蒋南翔传》，清华大学出版社，2005，第 162 页；吕露英：《汇聚首都的生命之水——纪念密云水库建成 50 周年》，《新清华》总第 1812 期，2010 年 9 月 17 日。

计，也就是以承担和完成某项实际生产或科学研究任务作为毕业设计的课题，把'假想的演习战'发展成为'真刀真枪的实际作战'"。① 这种以教学、科研、生产三结合为内容的"真刀真枪"毕业设计新模式由清华大学提出后，逐步在全国理工科院校推广。

1958 年清华大学接受了密云水库设计建设任务，组织了以张光斗教授为设计总负责人组成的设计组，水利系调动全系师生投入密云水库的设计工作中，其中，水利系毕业班（"水 8 班"）为骨干，承担密云水库潮河部分的设计工作，这既是他们的毕业设计，也是该项工程设计的初步方案。在参加设计建造的过程中，带队教师使每个同学都有机会参加整个水库的搜集原始资料、规划、初步设计、技术设计、施工设计和专题研究等各个主要部分的工作。通过这种方式，学生锻炼成为了"精一通多"的多面手。② 毕业生们创造了两个奇迹：一是创立并实践了"真刀真枪的毕业设计"；一是在短短 3 个多月的时间里完成了过去需要几年才能完成的密云水库的初步设计和部分技术设计，并完成部分建筑物的主要施工图纸。③

图 5-9　教育革命时期建成的
北京密云水库

1958 年 8 月 24 日，周总理专程到清华参观毕业设计展览，"水 8"关于密云水库潮河部分的毕业设计被放在了展览的首要位置。周总理看后非常高兴，与"水 8"毕业生谈话，赞扬了师生们作出的成绩，并把密云水库白河部分的设计任务也一起交给了清华师生。1959 年 9 月 9 日，密云水库成功拦洪后，毛泽

① 蒋南翔：《清华大学的教育革命——在人大二届二次会议上的发言》，《人民教育》1960年第 4 期。
② 李寿慈：《教学中的初步经验与体会》，《人民日报》1959 年 2 月 19 日。
③ 王清友：《参加密云水库建设多幸福》，http://news.tsinghua.edu.cn。

东主席坐火车来到密云水库。在听取张光斗等专家的汇报后，毛泽东称赞道："你们的工作搞得不错！清华大学水利系师生负责密云水库设计，体现了教育与生产劳动相结合，能理论联系实际，又能向工农学习，真正提高了教育质量，提高了教师水平，方向正确，是高等工程教育的好经验。"[1] 除此之外，清华大学建筑系毕业生承担了北京历史博物馆的设计；担负了徐水等地人民公社的建筑规划和居住区的设计等。

西安交通大学 1959 年上半年机械制造、动力机械制造、电机工程三系第一届五年制毕业生在毕业设计过程中，采取"真题真作"的方式，过程包括：题目从生产实际中来，设计过程与生产单位合作，设计结果和方案由生产单位实施。设计完成后，机、电类二系毕业生共 462人，共做了 139 个题目，毕业设计 116 项，毕业论文 23 篇。在 116 项设计中，除 7 项因生产任务变化，改在校内进行外，其余 109 项毕业设计，有 45 项为工厂采纳，投入产品的开发试制工作；有 51 项被采用作为参考资料。[2]

3. 学校办工厂

高等学校办工厂作为教劳结合的方式，毛泽东主席在 1958 年 8 月视察天津大学的讲话中就提出来了。同年 9 月，毛主席在视察武汉大学时指出："学生自觉地要求实行半工半读，这是好事情，是学校大办工厂的必然趋势"，"这个要求可以批准，并应当给他们以积极的支持和鼓励"。[3] 工科大学办工厂既有条件，又有实际的意义，有的工科大学原来就有附属的实习工厂。在教育革命中，无论是工科大学还是综合性大学，甚至以文科为主的大学都纷纷创办工厂。

天津大学根据学校特点在全校掀起了大办工厂的高潮，"师生自己盖楼房、盖工厂"。在 1958 年 8 月毛泽东主席视察时，全校"已经开办

---

① 　徐京跃等：《党中央关心清华大学发展纪事》，《中国教育报》2011 年 4 月 26 日；吕露英：《汇聚首都的生命之水——纪念密云水库建成 50 周年》，《新清华》总第 1812 期。

② 　西安交通大学教务处：《"真题真作"进行毕业设计》，《人民教育》1960 年第 1 期。

③ 　毛泽东：《毛泽东同志论教育工作》，人民出版社，1958，第 46 页。原文《毛主席视察湖北钢铁生产》，载《人民日报》1958 年 9 月 29 日，第 1 版。

了一百三十多个工厂、车间，生产了矽钢、车床、化学药品等许多产品"。① 据统计，这一时期天津大学开办的仅工厂一项，就有大大小小的 114 个。这些工厂有的是在实习工厂或实验室基础上建立的，有的则是白手起家的小型手工业作坊，还有大炼钢铁运动中在校内外建立的"钢铁联合企业"。当然，多数工厂来去匆匆，上马快，下马也快，至 1960 年初，保留下来的有十余个。②

武汉大学在教育革命中也是大办工厂的典型模范，该校提出了"苦战五年建设共产主义新武大"的口号。学校办工厂，各系也办自己的工厂，类型多样，有大型钢铁厂、水泥厂、耐火砖厂、无线电工厂、化学合成工厂、木工厂、肥料厂等。化学系在大办工厂中一马当先，仅一系办出了铜铁、水泥、耐火材料等 42 座工厂，50 多位教师、600 多位同学，个个都成了工人。"教学中以任务带学科，课程与所办工厂集合起来进行教学，生产任务就是教学内容，技术革新就是科学研究。"③ 由于武汉大学在教育革命中的突出表现，毛泽东主席在 1958 年 9 月在武汉视察时，还专程参观了该校化学系师生开办的电池厂、硝酸厂、制钢厂、硅钢片厂等，并对武汉大学的教育革命中的做法给予充分肯定。④

北京钢铁工业学院（1960 年更名为北京钢铁学院）大办工厂的工作行动快，事迹也是较早被报刊所关注的。1958 年 7 月中旬就已经建起了一座炼铁小高炉和一座耐火材料厂，《光明日报》专题介绍他们的经验，配发社论，称其为"共产主义事业的萌芽"。⑤

清华大学"现在已经到处是工厂了。有包括十四个车间的综合机

---

① 毛泽东：《毛泽东同志论教育工作》，人民出版社，1958，第 45 页。原文发表在 1958 年 16 日《人民日报》第一版新闻报道《毛泽东同志在南开大学和天津大学视察时的谈话》。

② 北洋大学—天津大学校史编委会编《北洋大学—天津大学校史（1949—1985）》第二卷，天津大学出版社，1995，第 134 页。

③ 张懋森：《科学技术必须为政治服务为生产服务——教学与研究结合生产的前前后后》，《科学通讯》1958 年第 21 期。

④ 袁小荣编著《毛泽东外出和巡视纪事（1949-1976）》上册，香港大风出版社，2010，第 598～599 页。

⑤ 罗平汉：《"大跃进"的发动》，人民出版社，2009，第 274 页。

械制造厂，有能在发电的同时生产九种产品的示范性燃料综合利用发电厂，还有建筑、水利、电力等工程公司和安装公司"。[①] 仅新成立的工程物理系就建立了代号为 801 至 807 的七个工厂，主要生产自用实验仪器设备，同时作为本系学生实习基地。[②]

在 1958 年 11 月教育部和团中央联合举办的"教育与生产劳动相结合展览会"上，展示了包括高校在内的校办工厂取得的成绩。据统计，全国 397 所院校已办工厂 7240 个，1860 所中等专业学校办工厂 21504 个，18865 所中学办工厂 122864 个，总共办了 151608 个工厂。[③]

4. 加快发展新技术专业，实行教学、科研、生产三结合

教育革命是在"向科学进军"的号召发出之后，国家十二年科学发展规划实施过程中，与 1958 年 6 月中央发出技术革命、文化革命同时进行的。在十二年科学规划中确定了十二个重点项目，其中包括发展原子能的和平利用和电子学方面的半导体、电子计算机、遥控技术等新兴技术门类。1958 年 5 月至 9 月间，工程教育类院校和综合性大学纷纷调整系科、专业和课程，组建新专业、系科，增设了有关国防和尖端技术方面的专业，普遍增设了近代物理、同位素应用等新科学技术方面的课程。

早在 1955 年 9 月初，教育部派遣了以清华大学校长蒋南翔为团长的代表团前往苏联考察和学习，研究和解决我国高等学校中和平利用原子能方面的干部培养问题。回国后蒋南翔在《高等教育考察团访苏报告》中详细报告了北京大学和清华大学设置新专业的计划和采取的措施。其中拟定当年即在清华大学设立实验核子物理、同位素物理、远距离自动控制、电子学技术、无线电物理等专业。次年增设半导体及介电质、空气动力学、固体物理、热物理及稀有元素分离工艺等专业。

清华大学从 1956 年正式设立工程物理系，设天然性及人工放射化

① 罗平汉：《"大跃进"的发动》，人民出版社，2009，第 274 页。
② 《清华大学工程物理系建系 50 周年纪念文集》，内部出版，第 133 页。
③ 李庆刚：《"大跃进"时期"教育革命"研究》，中央党校出版社，2006，第 151 页。

学工艺学、实验和物理、同位素分离和反应堆设计与运转四个专业。1958 年建立工程化学系，此后先建立高分子专业，又建立核化工专业，形成了有特色的化工系。在教育革命和大跃进时期，为加快核工业的发展，扩大规模，先后从哈工大、西安交大、大连工学院等 7 所工科院校调入 117 名学生。至 1971 年，工程物理系向国家输送了原子能方面的科学技术人才 2000 余名，大都到西北、西南等艰苦地区工作，为发展我国的国防事业与和平利用原子能做出了贡献。工程化学系、工程力学系、自动控制系等专业培养的毕业生也都为"两弹一星"（原子弹、氢弹、人造卫星）事业默默地奉献。这些新学科、专业的建立也为清华大学以后的发展打下坚实的基础。①

上海交通大学 1958 年后陆续开设了无线电、应用物理、核动力装置、自动控制、数学及计算仪器等新技术专业。1959 年 5 月开学的中国科技大学设立了原子核物理和原子核工程、高分子化学、高分子物理等新专业。这一时期工程教育院校紧跟世界科技发展趋势，设置新技术专业，培养了大量的高科技人才，奠定了我国高技术领域发展的雄厚基础。

在教育与生产劳动相结合过程中，各理工科高校逐步形成教学、生产、科学研究三者联合的模式，取得了一些令人瞩目的科技成就，例如清华大学的电子计算机程序控制机床、微型汽车等。天津大学科研工作也取得了较大突破，截至 1958 年 9 月，开展技术革新 560 项，完成科研项目 826 项。在自由活塞燃气轮机、程序控制机床、交流计算台、模拟计算机等方面取得一定成果。华中工学院一年多时间中，师生共完成 560 项科学研究的课题，"其中 124 项是属于尖端技术和重大国民经济建设的项目"。②

在 1958 年 11 月举办的教育与生产劳动结合展览会的展览中，在工科院校中，清华大学的小型加速器、北京航空学院的轻型客机（北京

---

① 方惠坚等：《蒋南翔传》，清华大学出版社，2005，第 215 页；《清华大学工程物理系建系 50 周年纪念文集》，内部出版，第 12、18 页。
② 朱九思：《我院组织生产劳动的收获和体会》，《人民教育》1959 年第 12 期。

一号）、浙江大学首创的双水内冷发电机、天津大学的电力交流计算台和质子回旋加速器、哈尔滨工业大学的专用快速电子计算机等产品都达到了国内先进水平。[①]

值得一提的是清华大学工程物理系成立之后，直到 1958 年全系尚无专职科研人员，只有少数教师从事研究工作。自 1959 年下半年起到 1966 年上半年主要依靠此间的各届毕业学生 200 余人在老师带领下，开展"真刀真枪"毕业设计，从事科研工作，到 1964 年已经取得了提取钚的化学基础、分析方法、工艺流程、设备性能与设计等方面的系统研究成果。[②]

（二）　全党全民办学，实现教育事业"大跃进"

发动群众、依靠群众、实行全党全民办学、实现教育发展"大跃进"，是全民"大跃进"在教育战线上的表现，其特征同样表现为高指标、高速度、浮夸风、放卫星。具体路径可以概括为：思想"大跃进"（解放思想）→目标设定→制度变革→政策促进。从 1957 年 9 月召开中共的八届三中全会毛泽东批判"反冒进"到毛泽东提出赶英超美的奋斗目标、工农业"大跃进"开始，1958 年 3 月"双反"运动（反浪费、反保守）开展，高教界掀起了"思想大跃进"高潮，随后制定了"工作大跃进"的规划。在 1958 年 5 月中共八大二次会议召开后，高教事业开始全面改革，实施教育发展"大跃进"。实现教育大跃进，仅仅依靠国家办学是不可能实现的，必须调动群众积极性，依靠群众，全民办学。

1958 年 4 月，中共中央发布《关于高等学校和中等技术学校下放的意见》，将大部分高校下放到地方。随后中央提出厂矿企业可以办学的意见，各省、地区都应该形成完整的教育体系。1958 年 8 月，国务

[①]　郝维谦、龙正中：《高等教育史》，海南出版社，2000，第 167 页；金一鸣：《中国社会主义教育的轨迹》，华东师范大学出版社，2006，第 245 页。

[②]　汪家鼎等：《清华在核国防事业中的一项重要贡献》，《清华大学工程物理系建系 50 周年纪念文集》，内部出版，第 140 页。

院颁布《关于教育事业管理权力下放问题的规定》，改革国家包揽办学的体制，教育管理权下放。《规定》指出："新建高等学校和中等工科技术学校，凡能自力更生解决问题的，地方可自行决定。"，地方办学的制度性约束解除。在 1958 年 4 月出台的《关于教育工作的指示》中，明确提出，为了多快好省地发展教育事业，必须采取"两条腿走路"的办法，走群众路线，实行全党全民办学。"必须动员一切积极因素，既要有中央的积极性，又要有地方的积极性和厂矿、企业、农业合作社、学校和广大群众的积极性，为此必须采取统一性与多样性相结合，普及与提高相结合，全面规划与地方分权相结合的原则"。① 通过这些改革措施的推动，地方的办学积极性被充分调动起来，出现了全民办学的新热潮。

教育事业的"大跃进"，从发展的整体来看，"多"、"快"方面的指标表现的显著，但是"好"和"省"方面则差异很大，有些在某种程度上做到了既"好"又"省"，有的则仅仅具有探索的意义，既不"好"，也谈不上"省"。工程教育与工农业生产密切相关，这一时期工科类院校的发展有很多新的特征、新探索。

1. 多渠道办学中的工程教育规模"大跃进"

1958 年 10 月中旬在天津召开的职工教育工作座谈会上，国务院第二办公室主任林枫在讲话中提出，为实现十五年左右普及高等教育的任务，要在一切有条件的单位广泛设立学校。② 在全国上下各行各业"大跃进"的形势下，在国家办学之外，不仅"有条件的单位"兴办学校，没有条件的创造条件也要办学校。但是，由于工程教育的特殊性质，在高等教育"大跃进"运动中，大多是"有条件"的单位、部门开办了理工科大学（学校），"创造条件"大干快上办理工科院校的例子比较

---

① 《人民日报》1958 年 5 月 29 日。有关政策文本内容参阅郝维谦、龙正中《高等教育史》（海南出版社，2000），第 159～160 页。

② 中央教育科学研究所编《中华人民共和国教育大事记（1949—1982）》，教育科学出版社，1983，第 235 页。

而言不多。

在石油工业行业，按照石油工业部制定的《石油工业教育工作八年规划的初步设想》，石油行业八年内拟建 10 所高等学校。而在 1958 年至 1960 年两年"大跃进"期间，大大超出了这一规划，多数属于原来的中专、技工学校突击戴帽升级改办大学（如表 5-19 所示）。

表 5-19　石油系统 1958~1960 年新设高校情况简表

序号	设立（批准）时间	高校名称	变迁过程
1	1958 年 6 月	西安石油学院	1951 年为西安石油专科学校，1953 年改称西安石油学校，在此基础上升格，现为西安石油大学。
2	1958 年 4 月批准	四川石油学院	属新设学院。1970 年为西南石油学院，2005 年升格为西南石油大学。
3	1958 年 8 月	新疆石油学院	由 1956 年 1 月设立的乌鲁木齐石油学校升格而来，1962 年 9 月，经教育部批准撤销新疆石油学院。
4	1958 年 8 月	哈尔滨石油专科学校	1960 年升格为哈尔滨石油学院，1962 年为安达石油学校，后几经变迁现为大庆职业学院
5	1958 年 9 月	抚顺石油学院	1950 年为大连石油工业学校；1953 年迁至抚顺，更名为抚顺石油工业学校；1958 年升格为抚顺石油学院；2002 年更名为辽宁石油化工大学。
6	1960 年 4 月	华南石油学院（10 月为广东石油学院）	1960 年 6 月由广州石油学校升格为华南石油学院，同年 11 月更名为广州石油学院，1961 年更名为中南石油学院，几经变迁，现为广东石油化工学院。
7	1960 年 6 月	兰州石油学院	由 1955 年成立的兰州石油学校升格而来，1961 年 6 月 3 日石油工业部党组决定停办。
8	1960 年 6 月	东北石油学院	新建校，1975 年更名大庆石油学院，2010 年更名东北石油大学。
9	1960 年 7 月 2 日	北京石油科学技术专科学校	资料不详

序号	设立（批准）时间	高校名称	变迁过程
10	1958 年	承德石油学校	1958 年天津石油工业学校迁至河北承德市，更名为承德石油学校，现为承德石油高等专科学校。
11	1960 年	玉门石油学院	由 1953 年成立的玉门石油学校升格成立为玉门石油学院。

资料来源：根据余世诚等主编《中国石油高等教育发展史》（石油大学出版社，2002）第 83～114 页，以及有关学校校史资料整理。

到 1961 年下半年，经过初步调整，保存下来的石油高校有北京石油学院、东北石油学院，西安石油学院、四川石油学院、抚顺石油学院、河北石油学院、广东石油学院、新疆石油学院共 8 所，在校本科生 9935 人，专科生 684 人，研究生 71 人。在其后的进一步调整中，保存下来的石油学院共有北京、西安、四川、东北 4 所石油学院。其中东北石油学院的建立，较之"大跃进"时期上马的其他高校不同。1959 年大庆油田发现后，石油工业对高级工程技术人才的需求日渐急迫，石油部决定在油田的中心安达县建立石油学院。[①] 作为大跃进时期大庆油田会战的产物，这所学校也带有很强的时代特征，即在油田所在地办学，实现厂校结合，教学、科研、生产相结合。

在高等教育"大跃进"热潮中，科学院系统的办学影响深远，成效显著。1958 年 5 月 9 日，中国科学院向中央请示拟办大学，中国科学院党组给聂荣臻副总理呈递了办学报告。报告提出："为了适应我国科学技术大跃进，充分发挥中国科学院现有科学家的潜力，加速培养我国薄弱和空白的新技术学科的科学干部，促进我国这些学科的迅速发展，提议由科学院试办一所新型的大学。"[②]

随后，经中共中央书记处会议讨论后通过，同年 6 月 8 日，中国科

---

① 耿明友主编《大庆石油学院校史》，科学普及出版社，1991，第 1～2 页。
② 蒋家平等：《科学的春天——中国科技大学的光荣与梦想》，http://www.cas.cn/zt/kjzt/11thkexing/11thkexing/dianshi11/11sandeng3/201101/t20110105_ 3054279.html。

学院院长郭沫若主持召开学校筹备委员会第一次会议，决定学校定名为"中国科学技术大学"。同时成立大学筹备委员会，制定了建校方案和1958 年招生简章，明确教学设备原则上由科学院各有关研究所负责，提出了"全院办校，所系结合"的办学方针，举全院之力办大学。校址设在原中央党校在玉泉路的二部所在地。

筹备建校之初，决定学校设置原子核物理和原子核工程系、技术物理系、化学物理系、物理热工系、无线电电子学系、自动化系、力学和力学工程系、放射化学和辐射化学系、地球化学和稀有元素系、高分子化学和高分子物理系、应用数学和计算机技术系、生物物理系等 12 个系，并与北京大学、清华大学建立联系协作关系。学校确定了办学目标和人才培养目标，"苦战三年打基础，奋战五年建设成具有先进水平的大学"，培养"具有社会主义觉悟的、既有坚实的科学理论基础、又掌握最新实验技术的又红又专的科学技术人才"。[①]

中国科技大学的成立，被称为"是我国教育史上、科学史上的一项重大事件"，"我国第一所完全新型的培养科学技术干部的大学"。[②]这所诞生于大跃进时期的新型大学，承载着共和国一代科学家的光荣和梦想，广大科技工作者和建设者，满怀革命的激情，披荆斩棘、艰苦创业，实现了当年筹备、当年成立、当年建校、当年招生，从筹备到开学仅仅用了三个多月的时间，1958 年 9 月全校录取的第一批新生共 1634名入校，9 月 20 日，学校举行了成立大会暨开学典礼。

长春光学精密机械学院（现长春理工大学）是 1958 年由中国科学院下属研究单位创办的一所主要为国防培养光学技术人才的高校。学校由中科院长春光学精密机械研究所承办，院长由光机所所长王大珩担任。1958 年 11 月正式开学，设立四个系，即光学仪器系、电子技术系、光学材料系和光学物理系。光学物理系包括两个专业：一个是技术

---

① 有关中国科技大学的内容除注明出处外，系根据中国科技大学档案馆网站资料整理：http://arch.ustc.edu.cn/history.htm。
② 《中国科学技术大学开学》，《科学通报》1958 年第 19 期。

物理专业，一个是应用光学专业，全院共有光学机械仪器、应用光学、技术物理、无线电电子学、光学玻璃等五个专业。

　　截至 1958 年 8 月，中科院及下属研究机构新创办了 8 所院校（理工类 6 所）和一批专业训练班，除了中国科技大学外，其余 7 所分别为长春光学精密机械研究所办的长春光学机械学院、长春应用化学研究所创办的长春化学学院和长春化学专科学校、沈阳林业土壤研究所办的林业土壤学院、南京中山植物园办的植物园专科学校、北京地球物理研究所办的地球物理专科学校。① 历史亲历者的回忆写道："1958 年，那真是一个意气风发、如火如荼的年代。党中央号召向科学进军，好多科研单位和工厂都办起学校，如长春光机所、应化所、机械所等。长春理工大学的前身长春光机学院就是光机所的所办大学。"② 这几所高校在随之而来的调整中进行了撤并，吉林省的三所最后保留下来的仅长春光学精密机械学院一所。

　　大学办大学也是这一时期工科高校扩张的方式。以哈尔滨工业大学为例，该校在 1958 年创办了两所分校，一所是在土木系基础上建立的直属当时中央建筑工程部领导的哈尔滨建筑工程学院，一所是在原有轧钢设计和锻压设备两个专业基础上成立重型机械学院。这所机械类工科学院设在重型机械工业基地齐齐哈尔的富拉尔基区。哈尔滨工业大学从 1958 年入校新生中调拨 214 名学生到重型机械学院学习，其中轧钢专业新生 50 名（即轧钢 58 级）、锻压专业新生 42 名（即锻压 58 级），实现了当年建校当年招生，1960 年时哈尔滨工业大学轧钢、锻压两个专业全部搬至该学院。1960 年成建制独立办学，定名为东北重型机械学院，隶属机械工业部。该校建校时，采取哈尔滨工业大学和第一重型机器厂联合办学的方针，轧钢、锻压两专业也是以厂校联合形式组成专业委员会。教学与生产实践联系紧密，培养的学生

---

① 刘光主编《新中国高等教育大事记》，第 138 页。
② 主要根据孔庆瑞《我与长春理工大学一起走过的岁月》；杨大任《谈建校初期我校的大学精神》等回忆文章整理，见：http：//zsb. cust. edu. cn/ArticleShow. asp? ArticleID=1811。

动手能力强，深受企业欢迎。[①] 另外，系独立出来成立学院也是大学扩张的方式之一。例如华南工学院的化学系独立出来，成立化学学院。南京工学院的食品工业系独立成立食品学院等。

厂矿企业也不甘示弱，掀起了大办包括工程技术类学校在内的各类学校的热潮。《人民日报》发表的报道称：从 8 月 7 日上海国棉厂创办业余纺织专科学校以来，在一个月时间里，上海全市各厂共办业余中学、中等专科学校、高等专科学校 840 所，正在筹办的还有 918 所。天津在三个月内全市办起来工人大专学校、中等文化技术学校和职业中学共 80 所，将要筹办的还有 30 所。长春煤气厂与长春第十中学全面合作，办起了化工学院等。[②] 据 1958 年教育部和团中央举办的"教育与生产劳动相结合展览会"的统计数字，1958 年全国工厂办学的在校人数，其中高等教育为 1 万人。[③] 同时，广大的农村公社甚至大队等农村基层组织也开办各类红专学校，其中也有一些名义上包含工科院系的红专大学。河南省遂平县嵖岈山卫星人民公社是当时全国创办的第一个人民公社，该公社开办的红专大学也是教育革命中农村办大学的典型。该大学共有包括工业系在内的 10 个系，学员 529 人，其中工业系设置了炼钢铁、机械和电气等"专业"，学生在工业区（炼钢铁的土高炉所在地）和拖拉机站上课。[④]

2. 大力推行"三结合"，掀起"双革"运动新高潮

1960 年 1 月全国掀起全民技术革命和技术革命运动高潮。"双革"运动是一场全民参与的以技术革新和技术革命为核心的群众运动，涉及范围广、规模大、速度快，是新一轮教育科技"大跃进"的新表现。在这场"双革"运动中，理工科院校尤其是工科院校积极投入人力物

---

① 根据李昌《哈尔滨工业大学十年的回顾》（《哈尔滨工业大学学报》1959 年第 3 期）、燕山大学官网等资料整理。

② 转引自李庆刚《"大跃进"时期"教育革命"研究》，中央党校出版社，2006，第 130 ~ 131 页。

③ 李庆刚：《"大跃进"时期"教育革命"研究》，中央党校出版社，2006，第 133 页。

④ 张鸣：《曾经有过的高教大跃进（1）》，http://vip.book.sina.com.cn/book/chapter_39625_22581.html，图 5-13。见：http://news.qq.com/zt2011/ghgcd029/index.htm。

力，在校内外开展了热火朝天的群众性科研跃进运动。

1960 年 1 月中共中央批转《全国总工会党组关于当前技术革新、技术革命情况的报告》并附重要批语，指出："一个以机械化半机械化为中心的技术革新和技术革命已成为全民性的轰轰烈烈的群众运动"，通过提高机械化半机械化水平，提高劳动生产率，"节约了大批人力以扩大生产"，使得"职工从繁重的劳动中解放了出来"。① 要求各级党委，迅速予以推广，急需总结经验，加强领导。

1 月 7 日《人民日报》发表社论《把高等学校科学研究工作推向新高峰》，指出："我国正在向具有现代工业、现代农业和现代科学文化的社会主义国家的目标前进。社会主义建设事业需要加速发展科学技术。"社论对我国高等学校的职能定位予以明确，"高等学校的基本任务是培养干部"，"有人认为，科学研究工作只能作为高等学校的'副业'，这种看法，是不正确的"，"高等学校必须作为国家科学技术工作的一个方面军"。社论要求"学校内部、学校之间、学校和科学研究机关以及产业部门之间要展开广泛的协作，互相配合，发扬共产主义协作精神，互相帮助解决设备、技术等困难，求得共同跃进"。② 同年 1 月 11 日复旦大学副校长苏步青在《人民日报》发表《高速度地开展高等学校的科学研究》一文。2 月教育部通知高等学校：要本着"立大志，下决心，鼓干劲，攀高峰"的精神，编制三年（1960 至 1962）科学技术发展计划。于是一场政策推动、全民动员、全员参与的"双革"运动就此展开。

高校开展的"双革"运动，与现在我们通常意义上的理工科院校的科研活动和技术服务活动大不相同。从运动的参与主体上来看，"双革"运动要求高校校内的各个部门，不仅教学中的教研室、实验室等教学科研部门，包括行政管理、后勤服务、校办工厂等辅助部门也都要积极开展。从开展运动的形式上来看，"双革"运动也强调走群众路线，搞"大会战"、集体攻关。在运动中，理工科院校大搞校

---

① 毛泽东：《毛泽东文集》第 8 卷，人民出版社，1999，第 154 页。
② 《人民日报》1960 年 1 月 7 日。

内外"三结合"或"五结合"，贯彻"两条腿"走路的方针，一方面在校内开展"双革"运动；另一方面将师生按照军事化组织起来，走出校门，到工厂企业支援和参与当地的"双革"运动，实行厂矿干部、个人、技术人员、教师、学生五结合。"不强调专业对口，不强调结合教改要求，生产部门需要什么就搞什么"。① 1960 年 6 月，"双革"运动进入高潮阶段。

以天津大学为例，1960 年 3 月该校召开动员大会，号召"高速度向'技术革新和技术革命'进军"，提出：只有机械化、自动化，才能培养出高质量的人才。要求"人人有创造，个个有发明，事事有革新"。1960 年 6 月，"双革"运动进入高潮阶段后，全校停课，在校内继续开展"双革"和"大搞超声波"，教学科研方面瞄准新技术的应用开展研究攻关。为支援和服务地方，派出 4600 余师生分赴河北和天津市的 235 个厂矿单位开展"双革"运动。据统计，在此期间，全校师生在校内外共开展"双革"项目 4147 项。②

同济大学从 1960 年 3 月中旬开始，学校规定低年级学生每周半天至一天、高年级学生每周一天至一天半时间加入"双革"运动，先后有 6200 余名师生参加技术革新和技术革命运动（占师生总数的 3/4），分布在 7 个省市 120 多个生产单位，大搞废水污水处理和利用、煤气化、降温除尘，改革和创造新工艺、新设备、新材料、新产品。据当时统计，到 5 月底，共完成革新项目 900 项，其中 400 多项得到不同程度的应用。此后，在校师生员工 500 人全脱产、110 人半脱产投入以大搞超声波为中心的土超声波、土煤气、土半导体、土红外线的技术革命，完成土超声波发生器 1292 只，测试有效率为 87%，推广应用 44%；造了 8 只土法煤气发生炉；还搞了许多电模拟。③

① 北洋大学—天津大学校史编辑委员会编《北洋大学—天津大学校史（1949 年 1 月—1985 年 12 月）》，天津大学出版社，1995，第 150 页。
② 北洋大学—天津大学校史编辑委员会编《北洋大学—天津大学校史（1949 年 1 月—1985 年 12 月）》，天津大学出版社，1995，第 150~151 页。
③ 同济大学档案馆网：http://www.tongji.edu.cn/~archives/xszc_bntj06.htm。

北京地质学院组织了 8000 多名师生员工都参加的科研大军，共进行或完成科研、"双革"项目逾 1174 项，其中科研项目 400 余项，"双革"项目 774 项（内有机械化、自动化 168 项，实验室生产自动线 15 条），同时，还组织近千名师生走向社会，与工农结合，共进行了 300 多项技术革新。"双革"运动促进了新的教学机构和新技术专业的发展，开设了一批与新技术有关的新专业，例如海洋地质、航空地球物理勘探、无线电电子学、地质仪器设计及制造、地球化学及化探等专业。①

1960 年 5 月 26 日中共中央批转《浙江大专学校三万多师生下厂参加技术革命效果很好》和《上海九百多科技人员下厂参加技术革命大有收获》两个材料，批示指出："这两个材料，很值得一读。学校、研究机关和工厂相结合，学生、研究人员和工人相结合，教育工作、研究工作和生产相结合，好处很大，不仅促进了技术革命，也促进了文化革命和思想革命。通过这三个结合和三个革命的不断发展，我们就一定能够在不要很长的时间内，培养出一支又红又专的强大的科学技术队伍，就一定能够更好地推动经济建设的持续跃进，并且不断地提高高等学校的教学质量。这种三结合，所有的高等学校、中等专业学校和科学研究机关都可以推行，并且作为一项经常的制度。"②

浙江省的材料表明，两个月的时间，浙江有 90 多个中专以上学校的 3 万多师生，分别到 709 个工厂、200 多个公社参加技术革命运动，取得了极好的效果。据 34 个学校统计，分布在各地 513 个工厂中的 2100 多个师生，一个月的时间，就同工人一起，完成了技术革新项目 14199 项，其中比较重大有 458 项，包括一部分尖端项目。上海的材料中说，上海市工业产品科学研究单位最近根据市委的指示，

---

① 《中国地质大学简史》，http://www.cug.edu.cn/20031/zhuantiwang/xiaoshi/period_1st/index.html。

② 新华网·新华资料库：http://news.xinhuanet.com/ziliao/2005-01/17/content_2471297.htm。

组织了 900 多个工程技术人员，分赴本市及外埠近 300 个工厂，运用推广研究成果、总结独创经验、猛攻生产关键等方式，与工人一起大搞技术革命，不仅丰富了工程技术人员的实际知识，发展了科学技术，而且使广大工程技术人员受到了一次深刻的教育，思想面貌变化很大。[①]

技术革命运动的开展，使得中国科技事业在较短的时间内获得了巨大的进步，在社会主义建设事业中发挥了重要的作用。在高校开展的"双革"运动与教育革命结合，是当时教育革命的深入开展的新形式，又是促进科研生产大跃进的新动力。重要的是"双革"运动的开展，高校的科研功能得以展现和发挥，促进了高校科研工作地位的确立，改变了苏联模式高校主要承担教学功能的弊端。对于学校科学研究的开展，新专业的设置和教学内容的更新等，起到了很好的促进作用。

作为群众运动性质的"双革"，高校的"双革"运动于 1960 年 7 月后逐步结束。但是作为一种科技发展的思想和科技政策、措施，成为中国工业企业开展生产与科研结合，促进技术进步，提高生产效率的一大法宝，影响至今。

四　"调整、巩固、充实、提高"方针与工程教育的改革整顿

1958 年开始的教育大革命和大发展，在特定的历史背景之下，多数院校执行政策出现"宁左勿右"的倾向，高等教育出现了盲目冒进和混乱的局面，正常教育秩序无法维持，影响了高等教育的质量。中央及教育行政部门也同时进行了纠偏的工作，但是随后在"反右倾，鼓干劲"的号召下，教育战线大革命大跃进一直持续不断，直到 1961 年"八字方针"制定，《高教六十条》出台。但是尽管如此，高等学校教学改革还是取得了一定成效，工程教育的发展也呈现出了新的面貌。

---

① 新华网·新华资料库：http://news.xinhuanet.com/ziliao/2005-01/17/content_2471297.htm。

（一）大革命大发展中的纠偏

当时担任中央政治局常委委员、中央委员会总书记的邓小平在1958年9月与李富春、刘澜涛等在视察黑龙江、吉林、辽宁三省时指出："学生参加生产劳动，无论如何不能削弱基础课程"，"大学最主要的任务，就是要结合教学内容，全力做好尖端科学研究和实验"。[①] 随着运动的深入开展，高校正常的教学秩序受到严重影响，有的学校甚至无法开展教学工作。当时有些高校陆续开展了对教学中要不要搞群众运动和教师主导作用的讨论，一些报刊也组稿进行研讨。1958年10月至11月，教育部部长杨秀峰和国务院第二办公室代主任张际春在西南地区视察工作时指出：学校要合理安排炼钢和教学任务，进一步做好教育和生产劳动相结合的工作；教学、生产、科研要紧密结合，不要放松基础课程，还要攻尖端科学。[②] 虽然没有直接指出存在的问题，但是也开始意识到要纠正教育革命中的"左"的倾向。

同年12月22日，中共中央批转教育部党组《关于教育问题的几个建议》，指出："自贯彻党的教育方针以来，产生了某些劳动时间过长，忽视教学质量的现象"，并对全日制学校的教育与劳动时间做了详细的安排。《建议》要求："安排生产劳动，要注意尽量与教学结合。要保证教师的时间。教师主要劳动是教学，参加体力劳动以不妨害教学为原则。"[③]

1959年1月，中共中央召开教育工作会议，重点就稳定教学秩序问题做了部署，确立了本年度开始教育工作的方针要着眼于巩固、调整和提高。同年3月22日，《中共中央关于高等学校中指定一批重点学校的决定》颁布，指出："在目前师资不足、设备不全、学生来源不多的情况下，高等教育的大发展，可能招致高等教育质量的降低。为了既能发展高等教育，又能防止平均使用力量，招致高等教育质量的普遍降

---

① 刘光主编《新中国高等教育大事记》，第139页。
② 刘光主编《新中国高等教育大事记》，第141页。
③ 刘光主编《新中国高等教育大事记》，第142页。

低，为了便于将来逐步提高高等教育质量起见……从现在出台措施，着重提高教育质量，是必要的。"① 首批指定 16 所高等学校为全国重点学校，其中理工科院校包括中国科技大学、哈尔滨工业大学、清华大学、天津大学、上海交通大学、西安交通大学、北京工业学院、北京航空学院等 8 所，占总数的一半。可以看出理工科院校受到重点关照。1959年 4 月 18 日，周恩来总理在人大二届一次会议上作《政府工作报告》，指出："现在需要在这个发展的基础上进行整顿、巩固和提高的工作。在各级全日制的正规学校中，应当把提高教学质量作为一个经常的基本任务，而且应当首先集中较大力量办好一批重点学校，一边为国家培养更高质量的专门人才，迅速促进我国科学文化水平的提高。"②

但是毛泽东主席并不认同 1958 年以来教育质量"着重是有所降低"的观点，他说："谁要说一个广大的社会主义运动能够完全没有缺点，那他就不过是一个空想家，或者是一个观潮派，算账派，或者简直是敌对分子。"③ 因此，1959 年至 1960 年底之前，高等教育战线纠大跃进和教育革命之偏、开展的整顿工作还仅仅停留在口号上，强调的还是要稳定教学秩序。在教育大革命和大发展中理工科院校参与的广度深度均居首位，教学受到的影响最大。1959 年 4 月，教育部在青岛召开工科院校校长座谈会上，正式提出要"恢复正常教学秩序"。但是，随后又在 1960 年开展"三结合"，师生下厂参加技术革命，工科院校教学秩序仍然无法得到保障。

（二）"八字方针"与"高校六十条"

为纠正社会主义建设中"左"的失误，1961 年 1 月中共中央召开八届九中全会，通过了对国民经济实行"调整、巩固、充实、提高"的"八字方针"，国民经济着手全面调整。教育战线与国民经济工作一

---

① 中共中央文献研究室编《建国以来主要文献选编》第 12 册，中央文献出版社，1996，第 335 页。
② 中共中央文献研究室编《建国以来主要文献选编》第 12 册，第 214 页。
③ 刘光主编《新中国高等教育大事记》，第 145 页。

样，贯彻执行"八字方针"，开始对包括工程教育在内的高等教育进行调整整顿，整顿的主要原则是压缩高等教育事业发展规模，提高教育质量。

1961 年 2 月 7 日，中共中央批转中央文教小组提出的《关于一九六一年和今后一个时期文化教育工作安排的报告》，要求文化教育工作必须贯彻执行"调整、巩固、充实、提高"的方针，指出高等学校要把提高质量摆在第一位；新建的高等学校必须调整，集中力量办好 64 所重点高等学校；现有全日制学校必须切实保证教学时间，劳动时间应有所控制；切实做到劳逸结合，保护青年一代的健康。[1] 1961 年 6 月中共中央书记处举行会议，讨论 1961 年至 1963 年教育事业发展计划问题。邓小平指出：科学教育水平并不决定于数量，主要是质量。如果讲普及，那是普通教育的任务，高等教育是提高水平。要少办些学校，把它办好。会议主要精神就是要步子放慢，进行调整。[2] 1961 年 7 月和 12 月教育部连续召开两次高等学校和中等学校调整工作会议，围绕压缩规模、提高质量问题进行研究部署，确定了保留现有高校 774 所，中等专业学校 1670 所，其余予以裁并。与此同时，教育部针对教育革命中新建高校和新设专业增加过多、种类及专业名称混乱、专业范围过窄的情况，着手修订高校通用专业目录。经过 1961 年至 1963 年陆续修订，高校通用专业目录列专业 432 种，其中工科 164 种。[3]

此后，教育部召开全国重点高等学校工作会议，提出要对全国高等学校实行"定规模、定任务、定方向、定专业"，对 61 所重点高校发展规模进行明确规定，还对重点高校的专业调整提出了原则性意见。

1962 年 4 月全国教育工作会议召开，确立了在 1961 年基础上，进一步调整教育事业的规模和精简各级各类学校的教职工数。因此自1962 年开始，高等学校数量大幅度下降，撤并了大批大跃进时期新上

① 刘光主编《新中国高等教育大事记》，第 170 页。
② 苏渭昌等主编《中国教育制度通史》第 8 卷，山东教育出版社，2000，第 198 页。
③ 郝维谦、龙正中：《高等教育史》，第 196 页。

马的专科学校。对于保留下来的高校则采取缩小规模，撤并盲目上马的新专业等。这次调整力度很大，尤其是对工科院校影响最大。大跃进时期急速膨胀起来的院校总数、招生数均迅速下降。调整工作从 1961 年开始到 1963 年基本结束，教育事业的发展开始回到健康稳步发展的轨道（如表 5–20、表 5–21 所示）。

表 5–20 1958~1965 年分类别的高等学校数统计

年份	合计	综合大学	工业院校	农业院校	林业院校	医药院校	师范院校	语文院校	财经院校	政法院校	体育院校	艺术院校	其他院校
1957	229	17	44	28	3	37	58	8	5	5	6	17	1
1958	791	27	251	96	13	134	171	5	12	5	21	28	28
1959	841	29	274	99	14	142	175	5	13	5	24	33	28
1960	1289	37	472	180	24	204	227	8	25	9	30	45	28
1961	845	32	269	106	13	158	163	6	17	4	20	38	19
1962	610	31	206	69	9	118	110	6	17	3	11	28	2
1963	407	29	120	44	8	85	61	6	16	4	10	22	2
1964	419	29	122	44	8	85	59	14	18	6	10	22	2
1965	434	29	127	45	8	92	59	16	18	6	10	22	2

资料来源：《中国教育成就·统计资料（1949—1983）》，人民教育出版社，1984，第 51 页。

表 5–21 1957~1965 年理工科院校分科招生数统计

年份	合计（人）	工科（人）	比例（%）	理科（人）	比例（%）
1957	105581	35725	33.9	7994	7.5
1958	265553	101551	38.3	17643	6.6
1959	274143	103051	37.6	18857	6.9
1960	323161	124053	38.4	29813	9.2
1961	169047	60791	35.9	15219	9.0
1962	106777	40928	38.3	11414	10.7
1963	132820	55068	41.5	12251	9.2
1964	147037	60202	40.9	12260	8.3
1965	164212	67444	41.1	12266	7.5

资料来源：《中国教育成就·统计资料（1949—1983）》。

为从制度上确立调整改革的成果，建立高校正常工作秩序。教育部根据中央指示，在邓小平直接领导下，由教育部部长杨秀峰负责起草关于大中小学的工作条例，教育部副部长蒋南翔具体负责高等学校的工作条例，组成了包括教育部、清华大学等有关干部组成的小组，负责调研、制定条例工作。在草案拟出后，教育部分派三个调查组赴北京大学、天津大学和复旦大学征求意见。这份在教育革命年代制定的工作条例，在程序上经历了自上而下，自下而上的过程，充分发扬民主，尊重高校干部群众的意见；在内容上按照中央指示强调巩固成绩，改正缺点，反映了实事求是的工作作风。蒋南翔在《关于〈直属高等学校暂行工作条例〉的说明》中说："工作条例的目的，是在总结十二年来我国高等教育的经验，特别是最近三年来进行教育革命的经验的基础上，建立起新的、适合我国情况的一套高等教育的规章制度。"[①] 体现了继承性和创新性结合的原则，是对我国社会主义高等教育发展模式的探索和阶段性总结。条例提交毛泽东主席核准，毛泽东说："这次总算有了我们自己的东西。"[②]

1961 年 9 月 15 日，中共中央发布《关于讨论和试行教育部直属高等学校暂行条例（草案）的指示》，《指示》首先对 1958 年开始的"教育革命"以来高等教育取得的成绩和缺点作了全面的分析总结，指出：三年来高等教育工作取得的成绩是：（1）在高校中确立了党的领导；（2）贯彻了党的教育方针，建立了我国社会主义的高等教育的根本制度；（3）师生的政治面貌取得了巨大变化；（4）教师队伍壮大起来。（5）一批新专业从无到有建立起来，科学研究取得了不少成果。有些科系的教学水平有了提高。主要缺点：（1）高等学校数量发展过快；（2）同党外知识分子的团结合作，特别是同老教师的团结合作，在很多学校被忽视了；（3）劳动过多，科研过多，社会活动过多，对课程的不适当的大合大改，对生活安排、劳逸结合、设备和仪器的管理、学

---

① 蒋南翔：《蒋南翔文集》下卷，清华大学出版社，1998，第 783 页。
② 吴畏：《调研制定"高校 60 条"》，《中国教育报》2009 年 8 月 23 日。

校总务工作等注重不够，以及学校工作中的其他缺点，使有些高等学校的一部分课程的教学质量下降了，特别是一部分基础课程的教学质量降低了。①

1961 年 9 月，教育部颁布《直属高等学校暂行工作条例（草案）》，即《高教六十条》。《高教六十条》包括总则、教学工作、生产劳动、研究生培养工作、科学研究工作、教师和学生、物资设备和生活管理、思想政治工作、领导制度和行政组织、党的组织和党的工作等十章。其显著特点如下：

一是肯定了我国高等教育必须坚持党的领导和社会主义办学方向；二是高等学校要以教学为主，努力提高教学质量；三是强调教育与生产劳动相结合；四是正确执行党的知识分子政策，充分发挥教师的主导作用；五是高等学校的领导体制实行党委领导下的以校长为首的校务委员会负责制。

《高教六十条》确立了高校以教学为主的原则，要求正确处理教学工作与生产劳动、科学研究、社会活动之间的关系；提出高等学校平均每年应该有八个月以上的时间用于教学，参加生产劳动的时间在一个月至一个半月。"生产劳动过多、科学研究过多、社会活动过多等妨碍和削弱教学工作的现象，应该得到纠正。"针对专业设置中的问题，提出"专业设置要求不宜过多，划分不宜过窄"。同时要求："各专业都要制订教学方案、教学计划，确定培养目标、课程设置，并且对讲课、实验、实习、自习、考察、考试、学年论文、毕业设计等教学环节作出合理的安排。既保证教学质量，又不要使学生负担过重。"②

此外，《高教六十条》还专门对工科教学及实习作出规定，指出工

① 《中共中央关于讨论和试行教育部直属高等学校暂行条例（草案）的指示》，上海市高等教育局研究室等编《中华人民共和国建国以来高等教育专业文献选编》上册，第 259 ~ 260 页。

② 《中华人民共和国教育部直属高等学校暂行条例（草案）》，上海市高等教育局研究室等编《中华人民共和国建国以来高等教育专业文献选编》上册，第 264 页。

科学生的生产实习属于教学范围，由于工科生的生产实习中有较多的生产劳动，因此，可以减少他们参加劳动的时间。①

《高教六十条》最初的试行范围是 26 所教育部直属高等学校。1962 年 3 月，周恩来总理在二届全国人大三次会议上宣布：全国的高等学校，凡是具备条件的，都应该试行。到 1963 年初，全国试行这个条例的高校达到 220 多所。

《高校六十条》的制定实施，是我国探索建设社会主义高等教育的标志性成果，对中国高等教育的健康发展起到很好的促进作用。条例确立以教学为主的原则，是对教育革命中出现问题的拨乱反正。条例颁布之后，各高校尤其是受影响最大的工科院校，积极整顿教学秩序，深入开展教学改革，对于提高教育教学质量起到了至关重要的作用。参与条例制定者在回忆中提及："教育部为贯彻这个条例又开了好几个会议，高校普遍对这个文件是拥护的。我印象最深的是，一些高校的教授还提出，希望把条例刻在石碑上，反映了人们渴望政策不变的殷切心情。"②

（三）工科院校的教学改革

1962 年 5 月 24 日至 6 月 13 日，教育部在北京召开了高等工业学校教学工作会议，针对切实提高高等工业学校教学质量的根本措施作了研讨。会议讨论修订了《教育部关于直属高等工业学校本科（5 年制）修订教学计划的规定（草案）》，并据以修订了机械制造设备工艺及其设备、发电厂电力网及电力系统、工业与民用建筑、基本有机合成工学、无线电技术、精密仪器设等 6 各专业的教学计划（草案），复审了 21 个基础课程和基础技术课程的教学大纲并制定了这些课程的教材工作的三年规划。这次会议对于当时高等工业学校教学中的一些基本问题都达成

---

① 《中华人民共和国教育部直属高等学校暂行条例（草案）》，上海市高等教育局研究室等编《中华人民共和国建国以来高等教育专业文献选编》上册，第 265 页。
② 谌旭彬：《1961 年"高校六十条"》，http://www.hybsl.cn/beijingcankao/beijingfenxi/2011-05-17/25892.html。

了共识，并提出了切实改进的办法。

由于 1958 年下半年和 1960 年上半年改革中，劳动过多、社会活动过多，并以不适当的方式强调科研与教学改革，导致出现了学校教学秩序不稳、理论教学受到削弱，不同程度上影响教学质量的问题，《高教六十条》颁布以后情况虽然有所好转，但是长期以来安排教学内容太多，学生无法消化吸收，学生负担过重的问题并未得到解决。为改变以上状况，既能提高教学质量，又不致使学生负担过重。会议一致认为，教学中应当贯彻"少而精"的原则，减少学时安排，5 年制教学计划的总学时数控制在 3200 以下（而 50 年代初，同样的教学计划则达到 3500 左右）；明确各门课程的基本要求，精选教学内容，删减次要部分，使学生学能消化；增加习题、实验、绘图、运算、作业等基本技能的训练。通过以上讨论，会议形成了《教育部直属重点工业学校本科（5 年制）修订教学计划的规定（草案）》以及《教育部直属高等工业学校本科（5 年制）基础课程及各类专业共同的基础技术课程教学时数分配参考表（草案）》，要求各工科院校自 1963 年暑期以后在新生中逐渐执行。[①]

政策出台后，各高校根据规定展开以提高教学质量为中心的教学改革工作。教育部对于各学校教学改革的探索持有较为宽松的态度，"在这四条原则的前提下，可以百花齐放，放手试验"。[②]

工科院校的教学改革基本上围绕如下几方面进行。

1. 加强师资培养，提高课堂教学质量

在这一时期高校开始纠正在知识分子工作中的错误和偏差，采取措施，充分调动知识分子的积极性。一批学术造诣高深，教学经验丰富的老教师重新走上讲台，同时为加快年轻教师的培养，采取集体备课、师

---

① 刘光主编《新中国高等教育大事记》，第 191 页。
② 刘光主编《新中国高等教育大事记》，第 167 页。所谓"这四条原则"是指：1960 年 8 月教育部在青岛召开高等学校教学改革会议，总结交流工作经验，明确提出高等学校当前的三项基本任务：加强反对修正主义的斗争；实现知识分子劳动化；狠抓尖端。会议提出的课程改革的原则是：适应这种斗争形势、加强劳动锻炼、提高教育质量、注意劳逸结合。在这四条原则的前提下，可以百花齐放，放手试验。

傅带徒弟等多种措施。天津大学为提高师资水平，制定了《关于师资培养提高工作的决定（草案）》，提出"全面安排，长期稳定，重点培养，普遍提高"的培养方针，要求校、系、教研室必须全面考虑教学第一线的任务，指定专人负责师资培养工作。①

李长春同志于 1961 年考入哈尔滨工业大学，在他的《母校九十华诞感怀》一文中回忆当时哈工大课堂教学情形："那时，基础课、专业基础课实行大课制，外语、答疑、自习以及专业课实行小班制。骨干教师都在教学第一线教授大课，同时也经常下到小班答疑。小班答疑并不是简单的一问一答，而是师生互动。学生向老师提出问题后，老师围绕学生所提的问题再反问学生一些基本理论、基础知识，如果学生都掌握了，老师才回答问题；否则，就要求学生回去重新复习，然后再请老师答疑。"②

谢友柏院士回忆西安交通大学重视课堂教学的情形时说："新教师上讲台，都要在教研室内部经过多次试讲。年轻教师登台讲课，教室后面往往坐一排老教师听课。当时西安交大的教务长张鸿教授经常带人到各个教室听课并听取学生的反映"，"所以，年轻教师上讲台，就成为非常难过而又非过不可的关，称为过教学关，并不比现在升教授容易。从跟着主讲教师做辅导（如答疑、改习题）到上辅导课、指导课程设计，再到部分讲主课，是一个很长的过程，有时候要延续好几年。整个过程都是在主讲教师严格把关下进行的"。③

2. 加强实践性教学环节和基础技能训练

实践教学环节和基础技能训练是培养工程技术人才的关键环节，重视实践教学，培养学生解决实际工程技术问题的能力，是从教育革命中总结出来的经验，在这一时期得到很好继承发扬。李长春回忆："母校

① 北洋大学—天津大学校史编辑委员会编《北洋大学—天津大学校史（1949 年 1 月—1985 年 12 月）》，第 170 页。
② 李长春：《母校九十华诞感怀》，《黑龙江日报》2010 年 6 月 6 日。
③ 谢友柏：《回归教学，责无旁贷——亲历我国高等工程教育 50 年》，《高等工程教育研究》2006 年第 4 期。

高度重视培养学生独立工作和解决实际问题的能力……特别重视实验和实习环节的锻炼，使学生毕业后很快就能独立开展工作"，"实习也是必不可少的重要实践教学环节，并和课程设计、毕业设计紧密结合。金工实习、生产实习、专业实习、毕业实习等，除金工实习在本校实习工厂进行外，其它都是在工厂的生产一线进行的。记得在学习机床电力装备课后，到哈尔滨汽轮机厂进行专业实习，正好和工厂 4 米龙门刨床大修结合起来（这个'正好'肯定是老师精心安排的结果），我们直接参与了电气控制系统的安装调试，这对于把学到的知识转化成解决实际问题的本领帮助极大。"[1]

3. 抓教材建设，编写统一教材

自 1961 年编选教科书和讲义成为教育主管部门的重要工作。组织全国最强的师资力量编写全国统一的教材，为编写理工科教材，教育部设立了高等学校及重点专业学校理工农医各科教材工作领导小组，领导小组包括国务院 21 个部主管教育的副部长和中共北京市委大学部部长。1961 年 3 月教育部发出《解决高等学校和中等专业学校理工农医各科教材具体分工办法》，规定包括本专科在内的理科全部教材、工科全部自然科学方面的教材均由教育部负责，工科各类专业专用的其他基础技术课和专业课，按专业归口，分别由各主管部门负责。1962 年后，理工农医各科教材建设转入有计划有组织的编写阶段。据统计，截至当年7 月，共选编出版高等学校教材 1867 种，其中理科 153 种，工科 1308种。加上各学校自己编写的讲义，基本上满足了教学的需求。

（四）值得认真总结的时代

1959 年至 1965 年这七年间，是包括工程教育在内的中国高等教育发展的重要时期，尤其是 1962 年至 1965 年被称为高等教育发展的"小黄金期"，国家各方面建设从波折中逐步恢复发展，全国人民积极投入到四个现代化建设中，精神面貌昂扬向上，高校经过整顿，教学秩序稳

---

① 李长春：《母校九十华诞感怀》，《黑龙江日报》2010 年 6 月 6 日。

定，科研出现繁荣气象，大学生充满了为建设祖国而奋斗宏伟理想，这一时期的工程科技人才培养质量显著提升。"可以说，我国经济、文化建设等方面的骨干力量，有许多是这个时期培养出来的。"①

以清华大学为例，1959 年入学学生共 2079 名，1965 年毕业（校内称为"5 字班"）的学生共产生了两位党和国家领导人、三位部长、三位中科院院士、四位中国工程院院士。

图 5-10 蒋南翔与 1962 年电机系毕业生在一起（清华大学校史院提供）

李长春在回忆当时的校园生活时说："当时，自觉学习、刻苦学习、创造性地学习，在同学中蔚然成风。我们常常是每天一大早就到主楼对面的图书馆'抢占'自习座位，到晚上 10 点钟闭馆时，管理员一遍又一遍地催促，大家还不肯离开，星期天也不例外。就是在食堂排队打饭的间隙，同学们还拿着自己制作的单词卡背外语单词。这种刻苦学习精神，在哈尔滨各高校中是出了名的。"②

1956 年至 1966 年"文化大革命"前的 10 年，是我国开始全面建设社会主义的 10 年，也是教育界探索建设社会主义高等教育的 10 年，为实现社会主义发展的目标，开始探索独立自主、自力更生建立独立完善的工业体系，提出实现"四个现代化"总任务，工程教育的发展成为高等教育事业发展重要的领域，这一时期各工程教育院校在发展模式、教学模式等方面的探索为中国工程教育发展积累了宝贵的财富，今天我们所进行的改革，仍需要回到这段历史，汲取经验和教训。

---

① 薄一波：《若干重大决策与事件的回顾》，中共党史出版社，1993，第 704 页。
② 李长春：《母校九十华诞感怀》，《黑龙江日报》2010 年 6 月 6 日。

第六章
"文化大革命"时期的工程教育发展

　　1966 年 5 月至 1976 年 10 月的中国经历了十年的"文化大革命",正如邓小平 1981 年对"文化大革命"的评价:"是全局性的错误,它的后果极其严重,直到现在还在发生影响。"① 十年的时间,党和国家陷入新中国成立以来最严重的灾难,教育同样遭到最严重的破坏,教育思想和理论陷入了最严重的混乱。新中国成立 17 年来中国高等教育的欣欣向荣局面,被彻底打破;高等教育成为"文革"期间教育领域的"重灾区",工程教育的发展同样受到严重影响。"文化大革命"首先是以教育战线作为突破口发起的,从 1966 年的"停课闹革命"、1967 年的"复课闹革命",到 1968 年的"教育改革"、1970 年的工农兵上大学、1974 年取消大学入学考试制度,造成了"建国以来最大的一次人力资本中断和破坏"。②

　　同时,《关于建国以来党的若干历史问题的决议》也指出:"文革"时期,"我国国民经济虽然遭到巨大损失,仍然取得了进展。粮食生产保持了比较稳定的增长,工业交通、基本建设和科学技术方面取得了一批重要成就"。就工程教育的发展而言,在"文革"时期,国家现代化的进程并未中止,第三个五年计划的实施,按照"备战、备荒、为人民"战略开展的三线建设,也使得在此期间我国工业和科技事业,取

---

① 邓小平:《邓小平文选》第 2 卷,人民出版社,1993,第 302~303 页。
② 胡鞍钢:《中国政治经济史(1949—1976)》,清华大学出版社,2007,第 507 页。

得了一些突破性的成就。服务于现代化的工程教育，在发展模式和规模、速度上，在这一特殊时期呈现出特殊的格局和面貌。因此，考察"文革"期间工程教育的发展状况及其内在动因，总结其中的经验教训，是具有历史意义的工作。

第一节　"教育要革命"：工程教育的大革命

1966 年 5 月，中共中央召开政治局扩大会议，通过了《中国共产党中央委员会通知》（即《五·一六通知》），标志着"左"倾路线在党中央占据了主导地位，史无前例的"无产阶级文化大革命"开始。在教育领域，这一时期是"大乱"时期，表现为"踢开党委闹革命"，"打倒一切"、"彻底砸烂""文革"前的教育体制、教育路线；1968 年以后要实现由"大乱"向"大治"的转变，表现为"教育要革命"，建立新的体制，创造了种种教育革命的"新生事物"。高等教育进入无政府状态的"教育大革命"，全国人民争办革命化的"大学校"。由于毛泽东对于理工科大学的发展有明确指示，在"文革"的教育革命中，理工科大学的改革发展成为高等教育教育革命的排头兵。因此，"文革"期间工程教育有着贯穿始终的指导思想，有特定的改革内容，形成了特殊的办学模式。

一　理工科大学还要办：教育革命的指导思想

"教育革命"作为"文化大革命"的一个重要内容和组成部分，其最终的目标之一就是要彻底变革教育制度，建立"毛主席的革命教育路线"。教育革命的指导方针和思想是通过毛泽东在不同时期的指示和中央文件体现的。

1966 年 5 月 7 日，毛泽东在给林彪的信（即《五·七指示》）中，发出了"教育要革命"的动员令，毛泽东提出：在全国各行业都要办成亦工、亦农、亦文、亦武的革命化"共产主义大学校"，要求"学生也是这样，以学为主，兼学别样，即不但学文，也要学工、学农、学军，也要批判资产阶级。学制要缩短，教育要革命，资产阶级知识分子统治我们学校的现象，再也不能继续下去了"，并指出其实践依据，"各个抗日根据地，我们不是这样做的吗?"[1] 5 月 15 日中共中央转发了这封信，要求各省、市、自治区及中央各部门"认真学习、研究，积极地、有计划有步骤地贯彻执行"。8 月 1 日，《人民日报》发表社论"全国都应该成为毛泽东思想大学校"，"毛泽东同志提出的各行各业都要办成亦工亦农，亦文亦武的革命化大学校的思想，就是我们的纲领"。[2]《五·七指示》并不是专门针对教育，但其中蕴含了毛泽东对十七年教育发展的判断，实际上是作为一个新的教育革命（改革）的指导方针和动员令提出来的。

图 6-1 《五·七指示》宣传画

强调教育的政治功能，重视教育与生产劳动相结合，反对教育脱离实践，是毛泽东一贯的主张，高度政治化和高度实用化是其教育思想的两极。[3] 1964 年之后，毛泽东对教育制度的改革发表了一系列的指示，

---

[1] 《全国都应该成为毛泽东思想的大学校——纪念中国人民解放军建军 39 周年》，《人民日报》1966 年 8 月 1 日。

[2] 《全国都应该成为毛泽东思想的大学校——纪念中国人民解放军建军 39 周年》，《人民日报》1966 年 8 月 1 日。

[3] 杨东平：《艰难的日出——中国现代教育的 20 世纪》，文汇出版社，2003，第 209 页。

1964 年春节教育座谈会上，毛泽东就批评当时的学制和教学方法、课程设置和考试方式，认为学制必须缩短；旧教学制度摧残人才，摧残青年；学校课程太多，害死人。[①] 1964 年 6 月，在关于培养接班人的谈话中，毛泽东指出："无产阶级的革命接班人总是要在大风大浪中成长的。"在与哈尔滨工程学院就读的侄子毛远新谈话时，毛泽东指出："阶级斗争应成为你们的一门主课，你们学院应该去农村搞'四清'，去工厂搞'五反'。不搞'四清'就不了解农民，不搞'五反'就不了解工人。阶级斗争都不知道，怎么能算大学毕业生？"[②]

《五·七指示》更明确系统地阐述了这一思想，成为"文化大革命"教育革命的基本依据。

1966 年 8 月 8 日，中共中央八届十一中全会通过《中国共产党中央委员会关于无产阶级文化大革命的决定》（即《十六条》），《决定》中第十条明确提出："改革旧的教育制度，改革旧的教学方针和方法，是这场无产阶级文化大革命的一个极其重要的任务。在这场文化大革命中，必须彻底改变资产阶级知识分子统治我们学校的现象。在各类学校中，必须贯彻执行毛泽东同志提出的教育为无产阶级政治服务、教育与生产劳动相结合的方针，使受教育者在德育、智育、体育几方面都得到发展，成为有社会主义觉悟的有文化的劳动者。学制要缩短。课程设置要精简。教材要彻底改革，有的首先删繁就简。学生以学为主，兼学别样。也就是不但要学文，也要学工、学农、学军，也要随时参加批判资产阶级的文化革命的斗争。"[③]《决定》在批判所谓旧的教育方针和方法的同时，又将 1957 年的方针、1958 年的方针拼合在一起，与贯彻《五·七指示》密切结合，形成了"文化大革命"时期教育工作的指导方针。

1968 年 7 月 21 日《七·二一指示》发布，这是毛泽东关于高等教育改革的具体指示。1968 年 7 月 22 日《人民日报》刊载《从上海机床

---

① 《毛主席论教育革命》，人民出版社，1967，第 17～18 页。
② 《毛主席论教育革命》，第 21～22 页。
③ 刘光主编《新中国高等教育大事记》，第 251 页。

图 6-2 十年动乱期间清华大学二校门（1966 年）

厂看培养工程技术人员的道路》的调查报告，在编者按语中引述毛主席的指示："大学还是要办的，我这里主要说的是理工科大学还要办，但学制要缩短，教育要革命，要无产阶级政治挂帅，走上海机床厂从工人中培养技术员的道路。要从有经验的工人农民中间选拔学生，到学校几年以后，又回到生产实践中去。"

"编者按"指出，报告"提出了学校教育革命的方向"。大学毕业生应先到工厂、农村参加劳动，当普通劳动者；由有经验的个人当教师；由基层选拔经劳动实践的初、高中毕业生入大专院校。[①] 毛主席的这段话被认为是"教育革命的战斗纲领"，是"文革"中高等教育革命的指导性、纲领性文件。由于主要是针对理工科院校来讲的，所以其后工程教育的办学方针、模式均依据这一指示展开。

1971 年 8 月 13 日中央批转《全国教育工作会议纲要》，《纲要》是由姚文元修改、张春桥定稿的一份指导"教育革命"工作的纲领性文件，

---

① 《从上海机床厂看培养工程技术人员的道路（调查报告）》，《人民日报》1968 年 7 月 22 日。因 7 月 21 日通过广播发布了毛主席的这一指示，所以此后简称为《七·二一指示》。

图6-3　十年动乱期间清华大学科学馆
被烧惨状（1968年）

是对毛泽东《五·七指示》以来"文化大革命"中教育革命实践的理论概括和总结。为炮制这份纲要，姚文元、张春桥等人做足了理论和舆论的准备工作。1970年经张春桥、姚文元策划授意，驻清华大学工人、解放军毛泽东思想宣传队写了一份关于清华大学在教育革命中"创办"理工科大学的经验的总结。随后，1970年6月2日，张春桥、姚文元携这份报告赴上海"调研"上海高校教育革命的开展情况，召开了理工科大学教育革命座谈会，参加座谈会的有同济大学"五·七公社"，复旦大学、交通大学、上海工学院、上海机床厂"七·二一"工人大学，华东工学院等有关负责人和教师学生共19人。会议的主要议题有两个：一是就清华大学的经验总结征求意见，探讨如何"办好社会主义的理工大学"；二是由参会单位有关负责人就"如何执行毛主席无产阶级教育革命的路线、方针、政策，特别是毛主席提出走上海机床厂的道路以后，在自己的教育革命实践中，有些什么经验、体会和需要提出来讨论研究的问题"进行讨论。会后，姚文元将清华大学"创办"文和这次座谈会的纪要直接呈毛泽东主席，毛主席圈阅并批注指出："两件均阅，很好。待你回来后，将清华经验与上海纪要，印发政治局各同志看过，并经讨论修改后，即可发表。"① 7月22

---

① 中共中央办公厅转发姚文元报送的《为创办社会主义理工科大学而奋斗》和《上海理工科大学教育革命座谈会纪要》，中共北京市委宣传部、中共北京市委讲师团网站：http：//www.xj71.com/？action-viewnews-itemid-43210。刘光主编《新中国高等教育大事记》，第269页。

日,《人民日报》发表《为创办社会主义理工科大学而奋斗》一文,7月27日《人民日报》发表全国各地深入学习两篇文章的报道。为《纲要》的出台大造舆论。

1971年4月15日至7月31日,全国教育工作会议召开,张春桥、姚文元操纵制定了《全国教育工作会议纪要》并强行通过。《纲要》提出了否定十七年教育工作的"两个估计"和"资产阶级统治学校的八大精神支柱",除此之外,重点对高校的教育革命作了全面部署。

《纲要》提出的着重抓好的十个重点问题中,有七个问题是关于高等教育的问题。提出要"巩固工人阶级在教育阵地的领导权";"坚持《五·七》指示的道路";"把转变学生的思想放在首位";"教育要同三大革命实践结合,以厂(社)校挂钩为主,多种形式,开门办学,建立教学、生产劳动、科学研究三结合的新体制;文科要把整个社会作为自己的工厂,农业大学要统统搬到农村去,医药院校应坚持把重点面向农村";关于教师队伍建设和改造,指出:"教改的问题,主要是教员问题",要"建立工农兵、革命工人和原有教师三结合"的无产阶级教师队伍;"要充分发挥工农兵学员上大学、管大学、用毛泽东思想改造大学的作用";教材要彻底改革;要推广厂办工人大学,农村的"五七"大学或"五七"学校等。① 这些政策措施,其直接经验主要来自张春桥等人前期对理工科院校调研的理论总结,这就意味着,理工科院校的"经验"是作为教育革命的样板而在各类院校中推广的。

二 教育革命开新花:"文革"中工程教育改革的种种措施

"文化大革命"中的"教育革命"虽然在1966年就已被提出,但前期几乎所有高校都卷入"停课闹革命"的大乱之中,"教育革命"尚未全面展开;1968年之后,经历了斗、批、改运动,席卷全国各类教育的"教育革命"在各地广泛、深入地开展。1969年3月,《人民日

---

① 何东昌:《中华人民共和国重要教育文献(1949—1975)》,第1480页。

报》开辟《社会主义大学应当如何办》讨论专栏，组织交流和引导教育革命的开展，提出要"彻底批判旧大学那一套学制、体制、课程、教材、教学方针和方法"，"废除高考和统一分配制度"。各学校从校级到各系都设立教育革命组，具体组织开展"教育革命实践"，开展教育革命的探索，逐步把教育革命推向高潮。

（一）开门办学

1970 年 7 月 22 日的《人民日报》和《红旗》杂志第 8 期发表了清华大学工宣队、军宣队《为创办社会主义理工科大学而奋斗》的文章，该文全面总结了清华大学在毛泽东教育革命思想指引下，"以《五·七指示》为纲，'走上海机床厂从工人中培养技术人员的道路'"创办社会主义理工科大学的经验。这是一份带有所谓总结探索建立无产阶级教育的新体制的宣言书性质的材料。

文章对于办学体制的革命，提出："开门办学，厂校挂钩，校办工厂，厂带专业，建立教学、科研、生产三结合的新体制"，并且把这种新体制上升到政治高度，"学校要不要紧密联系社会实际，实行开门办学，这是关系到举什么旗，走什么路，坚持什么方向的原则问题"，是实现无产阶级教育革命的必由之路和有效措施，"过去闭门读书，工程师的摇篮，摇得我们晕头转向；现在开门办学，三大革命的熔炉，炼得我们心红眼亮"。[①] 同年 11 月 13 日《光明日报》刊载《开门办学是一场深刻的革命》一文，指出："开门办学是改变旧大学的'三脱离'状态，创办社会主义新型大学，实现'三结合'的必由之路。"清华经验作为样板很快在全国各级各类学校中广泛推广。

理工科院校开门办学有自身的优势，开门办学的经验来自理工科院校。在实践中，各理工科大学开门办学的形式主要是依据清华经验"照搬"或加以"创新"，采取了厂校挂钩、社校挂钩、队（军队）校挂钩、厂校合一、厂办专业、半工半读等种种形式，走向工厂、农村、

---

① 《为创办社会主义理工科大学而奋斗》，《红旗》1970 年第 8 期。

部队等社会主义建设的广阔天地。

这一时期的教育革命中的"开门办学"与大跃进时期的教育革命的"教劳结合"相比，无论是在广度还是深度上，均达到无以复加的程度，最突出的是在开门办学中，彻底打破领导管理体制、教学组织等一系列正规教育制度。"在毛主席无产阶级教育革命路线的指引下，我们的开门办学坚持无产阶级政治挂帅，以阶级斗争为主课，不但学文，而且学工、学农、学军、批判资产阶级，使学生在学校学习期间就成为马克思主义战胜修正主义和无产阶级战胜资产阶级的阶级斗争的参加者。"① 其核心目的是确保工人阶级对教育革命的领导，巩固工人阶级在教育阵地的领导权。

清华大学是教育革命的样板，开门办学也走在高校的前列。清华采取"开门办学"和多种形式办学，在校外或京郊先后建有江西鲤鱼洲试验农场（后又称为江西分校）、四川绵阳分校、大兴农村分校等3个分校和水利系三门峡办学基地1个办学基地。

1974年《人民教育》第9期刊载文章《清华大学教育革命中的几件新事》，总结介绍清华大学开展教育革命以来开门办学的成绩和经验：一是到工农兵中去开门办学。文章介绍，"近几个月来，全校一二年级学院和教工近四千人，走出课堂，到校内外的近百个工厂、农村、工地、部队开门办学，坚持走与工农相结合的道路，规模上空前的。师生们在三大革命的广阔课堂里，与工农兵一起'认真看书学习'……同时结合一百二十八项典型产品和典型工程、二十六项专题研究、一百零九项技术革新任务，开展生动活泼的教学活动"，开门办学中，师生与工农兵同吃、同住、同劳动，"受到深刻的教育"。二是建立个人讲师团，广大工农兵直接管教育。工农兵直接发挥"上、管、改"作用，直接管教育，"半年来校内外有五百多名工人体制参加了各办学点的三结合领导小组，八百多名有丰富实践经验的工人登台为学院讲了课，还

① 《谁说开门办学是"实用主义"》，《人民教育》1974年第11期。

有几千名工人参加了培养学院的工作，许多办学点还建立了以工人为骨干、有教师、学院参加的讲师团。"三是校办工厂工人广泛参加教育革命。工人们参加制订教学计划，直接参加领导各项教改工作。工人不但讲工艺课，而且讲理论课，参与编写教材等教学工作。四是多种形式办学，为工农兵送学上门。具体形式有：①到工厂、农村举办短训班；②按行业、按地区举办专题学习班，厂办校助，建立技术推广网；③结合普通班开门办学，培训工人技术骨干；此外还有参加工厂办学的教学工作，举办科技讲座等。另外，还通过组织工人参加科学研究，结合教学，开门搞科研。①

天津大学1970年出台《教育革命规划（草案）》，提出天津大学要"实行校办工厂、厂系合作"的通知，按专业建连队，工人、教师、学员分别编为排，由工农兵、技术人员和原有教师组成教师队伍。学校设五厂二系一部一所，即机械制造厂（机械系）、电力设备厂（电力系）、精仪厂（精仪系）、无线电厂（无线电系）、综合化工厂（化工系）、建筑工程系、水利系、基础课部、内燃机研究所。② 厂校合一，厂校挂钩，专业教学以校办工厂或实验室、实验车间为基地，实现教学、生产劳动、科研三结合。

开门办学又与各工科院校培养工农兵学员密切结合。大连工学院结合辽阳一座水库建设，于1971年开办水工试验班，招收119名工农兵学员，经过两周的入学教育后，师生便在党支部和工宣队带领下，到水库工地开门办学。"坚持把大学办在三大革命运动实践中，办在工农兵群众中"。在教学中，成立了以老工人为骨干的工人讲师团，35名工人讲师先后为试验班讲课七十余次。"工人讲师在教学中坚持政治统帅业务，善于理论联系实际，生动实在，明白易懂，深受学员欢迎。"水工试验班开门办学不仅政治觉悟和思想提高了，"学员入学半年，结合现场操作，学习数学和测量等课，就为附近公社测糟水库灌区地形图；学

---

① 《清华大学教育革命中的几件新事》，《人民教育》1974年第9期。
② 北洋大学—天津大学校史编辑委员会编《北洋大学—天津大学校史》第2卷，第233页。

习一年，又结合生产实践和理论学习，每人独立完成了钢筋混凝土胸墙设计；一年半就根据水库实际资料进行了混凝土重力坝断面的设计；第二年又运用所学知识设计了钢筋混凝土楼板……这样就改变了旧水利系教育脱离三大革命实践，学生围着书本、课堂、教师转的'三中心'现象"。①

（二）教学要革命

"文革"期间的教育革命中，教学领域革命是很重要的一个环节。革命的靶子是"文革"前的"三段论"（基础课、技术基础课、专业课）、"三中心"（教师、书本、课堂），造成的"三脱离"（脱离政治、脱离实际、脱离工农），提出要"打破老三段、火烧三层楼"（老三段是指课堂教学讨论、归纳、启发三步教学法，三层楼指基础课、专业课、提高课等构成的系统的课程体系）。

在教学改革中创造的典型经验就是"结合典型工程（或产品）组织教学"，被认为"是精简课程，改革教材，缩短学制的重要途径"的重要教学方式。结合典型工程（或产品）组织教学（文科采取"以战斗任务组织教学"）是指打破原有课程设置的衔接顺序，消减基础理论课程，把教与学集合在一个典型产品的设计与制造的全过程，边干边学，边学边设计边制造。典型产品的生产需要什么知识就上什么课程。

结合典型工程（产品）教学的先进典型是同济大学的"五七公社模式"（下文个案专述）。

浙江化工学院化机系组织了由工宣队、工农兵学员、教师"三结合"的教育革命小分队，针对培养目标，根据化工机械专业的特点，选定了巨州化工厂合成氨分厂煤气发生炉的一套传动设备，作为典型设备，进行了《机械零件》《工程力学》等课程的教学和设计。在调查研究的基础上，同老工人师傅一起拟定设计方案，经多次讨论，确定方案，一面结合有关内容组织教学，一面进行设计。"在蜗轮蜗杆减速箱

---

① 《在开门办学斗争实践中努力把学校改造成为无产阶级专政的工具》，《大连工学院学报》1975年第1期。

草图基本拿出后，工人老师傅进行初步审定，发现设计的整体式蜗轮蜗杆减速箱总装有问题。在工人老师傅和技术人员的启发下，教师、同学和工人老师傅一起上阵，群策群力，人人献计献策，提出了好几种方案"，结果认真分析研究，突破了技术难关，完成了合成氨造气炉传动系统的设计任务。①

　　结合典型任务组织教学，就需要改革课程，改变原有的教学模式。河北电力学院实行开门办学以来，结合典型任务组织教学，打破了原有金工、力学、机械及制图等六门课的体系，围绕典型的生产设计任务，"按照马克思的认识论，重新安排教学内容，学时减少了一半，课程有机地合讲成力学与机械两大类，编写了新教材，初步摸索到了干前学、干中学与干后学的一套教学规律"。他们在组织热力〇二班教学时，按照少而精的原则坚持削减"不必要"的学时，"并深入现场编写了围绕典型产品组织教学内容的新教材；在教学过程中，用我们自己设计的汽轮机盘车装道的模型，理论联系实际地进行讲解；当旧的考试制度又恢复时，我们集中力量，搞了结合生产实际的开卷考试的试点；最后，又经过了与因循守旧势力的斗争，我们第二次带领学员下到北京电力建设公司修配厂，结合 ϕ 219 毫米冷弯管机的设计进行现场教学，收到了较好的效果，在课程改革的道路上又迈出了可喜的一步"。②

　　1973 年 5 月交通部召集北方、上海、西南 3 所交通大学，兰州、长沙、大连 3 所铁道学院的代表，和来自路局、工厂、车辆段和科研单位的代表共 37 人，召开了铁道车辆专业教育革命座谈会。会议讨论、研究了铁道车辆专业的专业方向和培养目标，制订了专业规范（草案）。"大家一致认为，新的车辆专业要适应我国铁路实际的需要，把学员培养成为全面发展的无产阶级革命事业的接班人，在业务能力上，不但能进行产品设计工作，特别是要掌握车辆修造工艺的基本理论和基本知

---

① 化机系化机七二班：《结合典型任务组织教学》，《浙江化工学院学报》1975 年第 1 期。
② 《结合典型人物组织教学好——电厂热能动力设备专业机械类课程改革的初步体会》，《河北电力学院学报》1976 年第 1 期。

识，并具有一定的实际操作技能，能在车辆段和工厂车间从事工艺工作。"①

（三）"七·二一"道路放光芒

上海机床厂根据毛泽东的《七·二一指示》创办"七·二一"大学后，这种革命性的大学组织形式和人才培养模式迅速在全国推广，不仅厂矿、企业、机关、医院、农村等各行各业都风起云涌地大办大学，而且理工科大学也跟风而上，大学办大学的模式再现，这些所谓的"大学"多数冠名为"七·二一"大学。

上海沪东船厂从1972年起办起了厂办大学，并在11个车间开办了不同科目的业余中专班，举办了两期船舶制造和船舶电子的"七·二一"大学班，因为形式灵活，与生产任务紧密结合，有利于普及推广新技术，受到工人们的欢迎。②

"小厂、工地、船上都办起了工人大学"，《人民教育》刊载文章介绍了各地因地制宜、因陋就简办各类工人大学的情况：山西省离石县电线厂是坐落在吕梁山脚下的一个270多人的小厂，他们克服困难办起了自己的工人的大学，"生产忙，不能办脱产的，他们就办不脱产的，没有教室，他们就在一间旧工房上课；没有课桌椅，他们就用废木料做简易课桌，搬一块砖头坐下当凳子；没有教材就自己编，没有教师，就让有实践经验的老工人当。除上级给了两名专职教师以外，又请了两名有实践经验的老工人和有些技术知识的青年工人做兼职教师，他们既是工人大学的教师，又是工人大学的学员，相互学习，共同提高。老工人、教师、学员共同编写教材，把多年来的实践经验总结起来，又到实践中去应用。全厂从支部到车间共有32名干部，其中25名参加了工人大学班学习。广大学员的积极性越来越高"。铁道部第二工程局十二工程处于1973年春在湘、桂、黔三省交界的彭莫山工地办起了一所医科大专班，人们称它为彭莫山上的"席棚大学"，天津远洋分公司在远洋轮船

---

① 《铁道车辆专业教育革命座谈会》，《铁道车辆》1973年第5期。

② 杨东平：《艰难的日出——中国现代教育的20世纪》，文汇出版社，2003，第194页。

上办船上的业余"七·二一工人大学"，"除了政治、英文等共同课由全船统一组织外，其他专业课都由驾驶、轮机、业务部门自己办。"一共开设了开办了九个专业班。[①]

清华大学于 1975 年 3 月 31 日成立了"七·二一"业余大学，设有普通机械、普通电工、自动化、汽车维修、金相热处理、焊接、锻压、铸工、化工设备与原理、环境保护等 10 个专业，学制分为半年、一年或两年不等，每周学习两个晚上一个下午。招收学员采取自愿报名、群众推荐、本单位领导批准和学校同意的办法。首届学员共招收了 1400 余人，来自 179 个工厂与单位。其中一年制的 518 人于 1976 年 5 月 22 日举行了毕业典礼，毕业学员全部回原单位工作。

1975 年，为纪念毛泽东主席发表《七·二一指示》七周年，人民教育出版社出版了《"七·二一"道路放光芒》一书，介绍了全国"七·二一工人大学"认真实践毛主席的《七·二一指示》，把工人大学办成无产阶级专政工具的先进经验，同时介绍了几个理工科大学的教育革命经验。系统介绍了各地办"七·二一大学"的经验并进行了理论总结。

（四）工农兵学员"上、管、改"

"文革"开始后高校停止招生，1970 年 6 月 27 日，中共中央批准《北京大学、清华大学关于招生（试点）的请示报告》，指出：经过三年来的"文化大革命"的锻炼，北京大学、清华大学已经具备了招生条件。计划于本年上半年开始招生，两校共招生 4100 名。规定：根据各专业具体要求，学制分别为 2~3 年。另办一年左右的进修班。学习内容方面，设置"以毛主席著作为基本教材的政治课，实行教学、科研、生产三结合的业务课，以备战为内容的军事体育课，文、理、工各科都要参加生产劳动"。招收政治思想好、身体健康、具有 3 年以上实践经验，年龄在 20 岁左右，有相当于初中以上文化程度的工人、贫下中农、解放军战士和青年干部。有丰富实践经验的工人、贫下中农，不

---

① 宗何泽：《小厂、工地、船上都办起了个人大学》，《人民教育》1975 年第 7 期。

受年龄和文化程度的限制。理工科学员原则上专业对口。从农村中招生,还要注意招收"上山下乡"和回乡知识青年。招生办法实行群众推荐,领导批准和学校复审相结合的办法。毕业分配采取"哪来哪去"的原则,毕业生原则上回原单位、原地区工作。[①]

在中共中央批准该报告之前,根据国务院指示精神,由北京市革委会文教组和驻清华大学宣传队组织调研组,深入到北京市的起重机厂等工厂,专门对理工科大学招生的一些具体问题开展调研,征求工人们的意见,并根据调研结果对报告进行修改完善。

同年 10 月 15 日,国务院电告各地,1970 年高等学校招生工作,按中央批转的北京大学、清华大学报告提出的意见进行。当年全国首批招收的工农兵学员共 41870 人。

1970 年和 1971 年,北大、清华等 160 所院校进行招生试点,1972年夏到 1976 年夏,全国共 295 所院校招收工农兵学员,在这 7 年中共招收工农兵学员约 94 万人。历年招生情况见表 6-1。

表 6-1 1970 ~ 1976 年历年全国工农兵学生数统计

年 份	招生数(人)	备 注
1970	41870	
1971	42420	
1972	133553	
1973	150000	
1974	165000	
1975	191000	其中社来社去学生 37000 人
1976	217000	其中社来社去学生 65400 万人

资料来源:崔相录主编《东方教育的崛起——毛泽东教育思想与中国教育 70 年》,河南教育出版社,1993,第 434、435 页。

清华大学自 1970 年至 1976 年一共招收六届学员,到 1981 年最后

---

① 首都高教研究与决策网:http://cherd.pku.edu.cn/text_show.asp?id=200330。

一届毕业，学校共培养毕业生 16353 人；其中普通班 13671 人，进修班 2469 人，专科班 213 人。①

广大工农兵学员们都十分珍惜难得的学习机会，学习认真刻苦，"（工农兵学员们）大都思想上很明确，那就是珍惜难得的学习机会，争取尽可能多地学一些知识，以不辜负推荐单位和家乡父老对自己的嘱托和希望。特别是那些文化程度比较低的学员，学习更是刻苦、认真。他们不仅从不缺课、误课，课余时间也都抓得很紧，晚间和节假日的教室里、图书馆里，常常是他们坚持学习到最后。老师布置的作文练习，他们常常自己写完了拿给老师或程度较好的同学帮着改，一遍不行两遍，两遍不行三遍，直到自己觉得拿得出手为止。"②

在教学中，重新走上讲台的教师们倾注自己的热情，根据学员的学习的实际情况，编写教材，改革教学方法，悉心培养。清华大学电力工程系第二届工农兵学员寇可新在《幸运的大学生活》一文中回忆道："我是当时的 69 届初中毕业生，三年的中学生活是 1966～1969 年度过的，可想而知，我的实际文化程度是小学水平，这样的文化基础怎能读好大学的课程呢？但是，我很幸运，我们清华的老师为我们如此参差不齐的学子们倾注了大量的心血，编写了适合我们的学习教材，使我们顺利完成学业。""我们这个班，是文革中燃气轮机专业的第一批学生，我们得到了几乎所有老师的精心爱护和培养。按他们后来的话说：'你们当时是我们几年来的第一批学生啊，我们老师全力以赴来指导这个班。'回想起来，几乎所有的老师都给我们上过课，基础课的老师也都下到小班来讲课。试想，任何一届学生，都不会有我们这样的待遇。这真是我们在那个年代不幸中的有幸。这难道不是幸运的吗！"③

---

① 金富军：《"文化大革命"期间的清华大学》，清华大学校史研究室网站：http://xs.tsinghua.edu.cn/docinfo/board/boarddetail.jsp? columnId = 00301&parentColumnId = 003&itemSeq = 5759。
② 袁树峰：《我的工农兵学员生活》，《文史精华》2011 年第 7 期。
③ 金富军：《"文化大革命"期间的清华大学》，清华大学校史研究室网站：http://xs.tsinghua.edu.cn/docinfo/board/boarddetail.jsp? columnId = 00301&parentColumnId = 003&itemSeq = 5759。

第二节 工科教育革命的两种模式:"五·七公社"与"七·二一"大学

一 同济大学的"五·七公社"

《十六条》是"文化大革命"的纲领性文件,也是指导该时期教育发展的总方针。《十六条》系统贯彻了毛泽东的《五七指示》思想,强调进行教育改革。此后全国各地,包括大学、地、市、县、公社、大队等都纷纷建设名称各异的"五·七大学"。其教学科目和内容一般包括学农、学军、学工等。

此后全国各条战线迅速行动起来,"把全国办成红彤彤的毛泽东思想大学校"。[①] 1971 年 8 月《全国教育工作会议纪要》明确提出"坚持五七指示","建立教学、生产劳动、科学研究三结合的新体制。教育同三大革命实践结合,应以厂(社)校挂钩为主,多种形式,开门办学"。[②]

按照毛泽东同志的指示,全国各地掀起了建设名称各异的"五·七大学"的教育革命。办学主体不再是教育行政部门,各大学、县、公社,甚至自然村(大队)都开办自己的"五·七大学"。蜂拥而上的所谓大学大多数是无师资、无校舍、无设施、无教学计划、课程的"多无"机构。例如辽宁朝阳农学院就提出:"需要什么专业,我们就办什么专业,学制要长就长,要短就短","朝阳地区有多大,学校就有多大。全区三百万人民都是我们的老师……全区三万平方公里土地、山水林田就是我们教学、科研的广阔天地,为人民服务的战场"。[③]

---

① 《关于制定"四五"计划的文献选载》,《党的文献》2002 年第 2 期。

② 何东昌:《中华人民共和国重要教育文献(1949–1975)》,第 1480 页。

③ 人民教育出版社编《又一朵教育革命的新花(教育革命经验选编)——记辽宁朝阳农学院》,人民教育出版社,1975,第 9 页。

高校也积极响应党的号召，开展教育革命。1967 年 11 月 3 日，《人民日报》头版头条以醒目的标题——《关于教育革命的几个初步方案》，报道了同济大学、北京林业学院和北京师范大学在"文革"中所提出的教育改革的设想，以期推动教育革命的发展。对于工程教育的改革而言，"文革"期间在贯彻"五·七指示"的典型是同济大学。

同济大学经过院系调整后，成为一所以土木、建筑为主的工业大学。在"文革"开始后同济大学创造了"五·七公社"的办学模式，被誉为开门办学的典型，理工科大学教育革命的样板，社会主义工科大学的雏形，并作为典型予以推广，全国高校纷纷来同济学习参观。

1967 年 10 月，学校根据毛泽东的《五·七指示》，组织建筑、建工、建材 3 个系 80 名师生与施工单位（市建二公司）、设计单位（上海工业建筑设计院，以前的华东建筑设计院）组成了"三结合"办学的教育革命试点，定名为"五·七公社"。很快，"五·七公社"成了全国教育革命的试点。1967 年 11 月 3 日的《人民日报》以《又一朵教育革命的新花》为题对同济大学的改革进行了报道，主要内容如下：

> 上海同济大学根据毛主席"五·七"指示精神，在今年八、九月间派出了一百多人的调查队，到工厂、工地进行教学改革的调查研究，对学校的体制作了大胆的设想。在设计方案中，把同济大学改为由学校、施工单位、设计单位组成的教学、设计和施工三结合的"五·七"公社。以便改变现在教育与生产脱节的现象。"五·七"公社废除系和教研室，设置若干专业委员会，委员会由学校、生产单位和设计单位的人员共同组成。专业委员会下设若干教学班，教学班里有教师、学生、工人、工程技术人员，并进行军事编组。公社实行两个"三结合"：一是革命领导干部、革命群众组织负责人和民兵的三结合，二是教学、设计和施工的三结合。"五·七"公社的部分教学人员将实行定期轮换，使干部在生产实践中得到锻炼和改造。"五·七"公社建立政治工作部门，各专业

委员会设政治指导员，各班配备政治干事。

学制缩短为三年。课程除毛泽东思想课和军事课外，专业课分年度增加理论课比例。每个学年都要参加生产实践。第一年以二分之一时间参加建筑工程施工。第二年以三分之二的时间，在有关技术人员和教员的指导下，通过参加设计实践，学习设计的基本知识。第三年突出重点，加深专业课程学习，继续以部分时间参加生产劳动。

同济大学革命师生对这个方案进行了热烈讨论，认为"五·七"公社是在工科学校里执行毛主席《五·七指示》的具体方案，有如下优越性：

一、学校的领导权牢牢地掌握在无产阶级革命派手里，改变了资产阶级知识分子统治学校的现象。

二、贯彻了毛主席的教育与生产劳动相结合的方针。既丰富了教学内容，又反过来推动了生产斗争和科学试验的发展。

三、教学内容是结合具体工程进行的，可以大大精简教学内容，改变过去课程设置重复、繁琐、庞杂的现象。

四、有利于知识分子的思想改造，有利于消灭三大差别。

上海市革命委员会对这个设想极为重视，派人一道参加研究，并准备抽调同济大学 150 名师生员工和华东工业设计院一起去复兴岛二零五号工地进行试验。[①] 同年 11 月 14 日，同济大学"五·七公社"5704 班举行开学典礼，全国 16 个省、市 35 所院校的代表参加会议。第二天，《文汇报》对此作了报道。

同济大学教育改革的设想，是完全按照《五·七指示》的要求进行的。在人才培养上，它主要有以下特点：一是突破了封闭单纯的学校教育形式，使学校与设计和施工单位的联系更加紧密，学生不但可以学

---

① 《同济大学教育改革的初步设想》，《人民日报》1967 年 11 月 3 日。

到理论，还可以得到实践锻炼。二是缩短了学制，精简了课程。工业院校的学制由 4~5 年改为 3 年，培养年限大大缩短。第三，突出了政治工作的要求，建立了各级专门的政治辅导员制度，使学校变成了与资产阶级斗争的阵地。

1973 年 7 月 9 日《人民日报》刊载上海同济大学同济公社创造的所谓"新经验"《结合典型工程进行教学收到良好效果》，这个"新经验"，即按照教学要求，选择有代表性的典型工程、典型产品或科研项目，组织学生设计、施工或研究，教师结合实际问题上理论课。

大力推行典型工程组织教学，搞什么工程就学什么课程，与此相应的是大幅度消减基础课程的分量，物理课被取消，高等数学课和基础力学的学时数分别从过去占总学时数的 11.9% 和 10.7% 下降到 3.7% 和 2.6%。[①]

当时冠之以"五·七大学"（学校）的组织可谓遍地开花，据 1976 年的统计，全国"五·七大学"（包括共产主义大学）有 7449 所，在校生 92.28 万人；其中地市办的 99 所、县办的 1901 所，另有 5405 所为社队所办。[②] 同济大学的"五·七公社"办学模式，是理工科院校走"五·七道路"、建设亦工亦农的毛泽东思想"大学校"的样板。

二 "七·二一大学"的兴衰浮沉[③]

"七·二一大学"的创办源于毛泽东的《七·二一指示》。1968 年 9 月，上海机床厂为贯彻毛主席的指示，率先创办了第一所正规大学教育

---

① 《结合典型工程进行教学收到良好效果》，《人民日报》1973 年 7 月 9 日。
② 教育部编《1976 年全国教育统计资料》，转引自周全华《"文化大革命"中的教育革命》，广东教育出版社，1999，第 114 页。关于"五·七大学"的结局，1980 年 4 月 20 日~4 月 25 日，教育部在北京召开了"五·七大学"座谈会，讨论了整顿"五·七大学"的方针，研究了将教育部门办的部分"五·七大学"改办成"农民技术"学校的问题，并就"农民技术"学校的性质、任务及其有关的几个"主要问题"进行了讨论。参见教育部关于印发《五七大学座谈会纪要》的通知（教工农字 022 号）。
③ 有关"七·二一工人大学"的相关资料除标注外，主要参阅王永贤主编《上海成人教育史（1949-1989）》（上海社会科学出版社，1991），第 311 页，《1968 工厂里的特殊大学》（《新华每日电讯》2009 年 8 月 2 日）有关内容。

之外的培养工程技术人才的"七·二一工人大学"。学校设磨床专业，当年办学当年招生，首期招收本场工人52名入学，不用入学考试，录取程序简单，车间推荐，厂革委会批准即可入学。首批学员平均年龄29岁，平均工龄12年，文化程度从小学到相当于高中不等。学制两年左右。学校结合本厂的典型产品或科研课题，重新组织课程，设毛泽东思想、劳动、军体、磨床专业等课程，教材由具备实践经验的工人编写，教师主要也是经验丰富的工人，按照生产顺序分阶段进行教学。学员身份不变，虽全脱产学习，但是学员们"身上不减油泥味，两耳不断机器声"，生产大忙或会战时，仍回班组参加劳动。仍参加工厂的政治运动，定期回车间劳动。毕业不另行分配，哪里来哪里去，仍回车间工作。

1969年，"七·二一大学"办了一所业余政治大学，次年又附设了业余技术学校，并不定期举办技术短训班。1971年7月21日，首批学员全部毕业，"一不发毕业证书，二不增加工资待遇，三不要工程师、技术员的称号"，其中34人回到原生产岗位，8人支援内陆地区建设，10人从事科研设计工作。各车间选拔出首批学员共52名，平均工龄在12年以上。《人民教育》介绍上海机床厂"七·二一工人大学"的教育成果："毕业的周赛飞同志，是原有十年工龄的女电工。她毕业后回到该厂磨床研究所，担任电气设计工作，在实践中更加发挥了她的才能。她认真攻读马列和毛主席著作，积极投入批林批孔运动，用马克思主义的认识论，指导设计工作，她经常到车间和工人一起参加生产劳动，总结工人的实践经验，坚持开门搞设计。两年来，她已经完成了全自动双端面磨床、高精度的外圆磨床等四台机床的电气设计任务。在完成采用可控硅调速装置的机床电气设备这一设计时，她还和工人一起参加产品制造。她这种不脱离本阶级，不脱离劳动的优良作风，深受工人同志们的欢迎。"①

1970年7月21日，上海《文汇报》和《解放日报》同时发表《一所新型的厂办大学——上海机床厂"七·二一"工人大学的调查》，对

---

① 《七二一指示的伟大胜利——喜看今日的工农兵大学毕业生》，《人民教育》1974年第7期。

这种办学模式高度评价，称其"是培养无限忠于毛主席，既掌握科学理论又有实践经验的有社会主义觉悟的劳动者的"，"领导和教师都以工人和工人出身的技术人员为主体"，"把批判修正主义路线作为建校的战略任务，作为教育革命的一门主课"。此后"七·二一大学"办学模式逐步在全国推广开来，全国各地雨后春笋般地开办"七·二一大学"。1974年上半年，上海有"七·二一大学"48所，年底就发展到360所。1975年6月，一机部和教育部联合在上海召开"全国'七·二一大学'教育革命经验交流会"，向全国推广上海经验。[①]"七·二一大学"的数量在整个"文革"期间逐年递增，到1976年时达到了最高值，全国共办33374所，在校生148.5万人。"文革"后，此类大学开始萎缩，1977年全国"七·二一大学"降低到24326所，在校生只有24.2万，比1976年减少84%。

图6-4　上海机床厂业余大学培养出的
第一批毕业生（新华网图片）

"七·二一大学"是正规大学教育之外培养工程技术人才的一种重要模式，其性质类似职工夜校或职工业余学校。在全国的学习、推广过程中，其概念也逐步泛化，不管是全日制、半工半读、业余或者是技术

---

① 王永贤主编《上海成人教育史（1949—1989）》，上海社会科学出版社，1991，第154页。

培训班都冠之"七·二一大学",从办学层次上看,条件好的工厂办的"七·二一大学"相当于工业专科学校,其余一般相当于中等专业技术学校甚至技术补习班。

办学条件相对较好的工厂企业,其办学实践也有很好的效果。所以"文革"后对于"七·二一大学"办学模式和机构,并没有一概摒弃。1979年之后,符合要求的均转为"职工大学"或"职工业余大学",继续为企业和社会培养实用型工程科技人才。目前此类学校经过转、停、并等,或改为职业技术学院或并入普通高校。

1978年,国务院批转教育部拟订的《关于办好"七·二一"大学的几点意见》,要求对现有"七·二一大学"加强领导,认真进行整顿,提高教育质量。《意见》规定:"七·二一大学"培养目标应当确定为培养相当于大专水平的技术人才,为本单位、本系统服务。招收具有相当于高中毕业文化程度、有实践经验的优秀职工,进行脱产或半脱产学习。学生学完规定课程,经过考核达到与普通大专院校同类专业水平的,使用上同等对待。

根据《意见》精神,各相关部门、单位对"七·二一大学"进行了整顿,1978年经过整顿保留下来的"七·二一大学"共3477所,在校生10.3万人,与1977年相比,学校减少86%,在校生减少58%(见表6-2)。[①]

表6-2　全国"七·二一大学"统计（1972~1978）

单位：所，万人

年　份	1972	1973	1974	1975	1976	1977	1978
大学数	68	122	383	5228	33374	24326	3477
学生数	0.4	0.6	2.3	25.1	148.5	24.2	10.3

资料来源:《中国教育年鉴（1949—1981）》,中国大百科全书出版社,1984,第594页。

---

① 《中国教育年鉴》编辑部编《中国教育年鉴（1949—1981）》,中国大百科全书出版社,1984,第593~594页。

第三节 "文革"期间工程教育发展的状况

"文化大革命"期间，高校师生"停课闹革命"，正规教育陷入停顿，教育事业的发展处于非常规状态，各项统计资料不全面，且真实性有待考证，因此，评估该时期的工程教育发展的规模、质量和效益等方面显得较为困难。

从另一方面讲，"文革"期间是教育体制被全面打破，高等教育改革是在背离教育规律和常识的道路上实现强制性变迁的。在那个年代，各种所谓的改革探索都近乎走向极端，出现了高等教育史上从未有过的"文革"模式的大学。因此，从定性和定量两方面，探讨和评价"文革"时期的包括工程教育在内的高等教育发展，既具有历史意义，又有着独特的学术价值。

一　工程教育发展的规模

在高等教育发展的统计中，"文革"前5年（1966～1970年）的高等学校统计数字较残缺不全。如果从"文革"中的1971年到"文革"结束的1976年的统计数据来看，高等学校在逐渐恢复的基础上数量有所增加。仅就工科院校来看，工科院校所占的比例在"文革"后期远远超出了"文革"前的1965年。

因此，相比较而言，工程教育院校在"文革"动乱的年代，无论是学校数还是在校生规模都保持了一定的稳定性，并有所发展（见表6-3、表6-4）。

表6-3　"文革"期间工科院校数发展状况及比率

年　份	院校总数（所）	工科院校（所）	所占比率（%）
1965	434	127	29.26
1971	328	115	35.06

续表

年　份	院校总数（所）	工科院校（所）	所占比率（%）
1972	331	116	35.04
1973	345	118	34.20
1974	378	120	31.75
1975	387	123	31.78
1976	392	126	32.14

资料来源：《中国教育成就（1949—1983）》，第51页。

表6-4　1966～1976年高等学校分科学生数的比重

年份	工科	农科	林科	医药	师范	文科	理科	财经	政法	体育	艺术
1965	43.8	7.9	1.5	12.3	14.0	6.8	9.2	2.7	0.6	0.6	0.6
1966	43.0	8.3	1.5	12.1	13.8	7.3	9.2	2.9	0.7	0.6	0.6
1967	45.9	7.7	1.5	12.4	11.9	7.0	9.1	2.7	0.6	0.6	0.6
1968	49.4	7.2	1.4	12.4	9.7	6.5	9.5	2.3	0.5	0.5	0.6
1969	56.6	5.2	0.9	16.5	2.3	5.7	11.5	0.6	0.1	—	0.6
1970	24.3	2.3	0.7	27.7	19.1	15.1	9.1	0.2	—	—	1.5
1971	28.4	5.8	0.8	21.7	20.2	12.7	7.7	0.3	0.1	1.2	1.1
1972	36.1	5.9	0.8	19.8	17.3	10.2	7.7	0.6	—	0.9	0.7
1973	37.8	6.5	0.4	18.2	18.0	9.1	7.0	0.9	—	1.3	0.8
1974	39.1	5.9	0.9	17.0	18.3	8.4	7.0	1.2	0.1	1.3	0.8
1975	37.2	7.2	1.2	17.2	19.4	7.4	6.8	1.4	0.1	1.4	0.7
1976	35.1	8.9	1.5	17.4	19.4	7.6	7.0	1.2	0.1	1.0	0.8

资料来源：《中国教育成就（统计资料）1949—1983》，第62页。

　　从对比的数字可以看出，整体而言，高等教育的发展受到极大的摧残，"文革"所造成的人才断层对我国的发展影响深远。值得注意的是，"文革"时期工程教育无论在院校数还是在校生规模，均保持了相对"稳定"性，并有所发展。

二　工程教育院校的体制、布局和再调整

　　"文革"期间高等学校屡经迁、撤、并、转、散，高等教育进行了

强制性的结构调整。对工科院校的调整则突出表现在布局方面。为配合
1964 年实施的三线建设，1965 年高等教育部根据从大小三线为中心，
以国防建设为重点，开始新一轮的高校布局的调整。按上级部门要求而
搬迁的有上海机械学院、唐山铁道学院、成都铁道学院 3 所。由原校涉
及国防的专业迁出到三线建校的有北京大学分校（陕西）、南京大学分
校（湖南）、清华大学分校（四川）、华东化工学院分院（四川）、北京
航空学院分院、北京工业学院分院、甘肃工业大学等 7 所学校，高等教
育部部属北京大学、清华大学、华东工学院、南京大学等 4 所分校分别
被要求迁往陕西汉中、四川绵阳、四川自贡、湖南常德四地。后来由于
受大环境的影响，最终并未全部落实。①

　　为贯彻《五·七指示》，1969 年 10 月中共中央发出《关于高等院
校下放问题的通知》，原中央各部属高校均下放地方领导。例如，1970
年 2 月山东省革命委员会、石油部军管会联合下发《关于北京石油学院
下放问题的通知》，规定山东胜利油田的北京石油学院更名为华东石油
学院，实行厂校结合办学，由山东省革委会领导。1969 年石油部又作
出《关于西安石油学院教育革命改建石油仪器厂的有关问题的通知》，
将西安石油学院改成石油仪器厂，并由厂办一所技术学院，实行厂校结
合，以厂办学。②

　　1970 年 1 月，国务院、中央军委决定将国防科委所属的北京航空
学院、南京航空学院、西北工业大学、成都电讯工程学院、北京工业学
院、华东工程学院、太原机械学院、上海交通大学、西北电讯工程学院
等 9 所高等工程教育院校及哈尔滨工程学院的两个系分别划归第三、第
四、第五、第六机械工业部领导，后又撤销太原机械工程学院，改为仪
器制造厂，新建武汉船舶工程学院（由哈尔滨工程学院一个系和西北
工业大学的一个系合并而成）。同年 6 月 15 日，国务院、中央军委决定

---

①　刘光主编《新中国高等教育大事记》，第 243 页。
②　张荣华：《"文化大革命"时期的石油高等教育》，《石油大学学报（社会科学版）》2000
　　年第 1 期。

将哈尔滨工程学院的电子工程系等部分系部迁到长沙，成立长沙工学院
（现为国防科技大学）；哈尔滨工业大学部分教工及设备南迁重庆北碚
地区，与哈军工二系合并成立重庆工业大学。[①] 卫生部直属的全国唯一
一所培养医疗器械工程技术人才的专科学校上海医疗器械工业专科学
校，1969 年 12 月下放上海市地方领导，由市仪表电讯工业局代管，第
二年即被撤销。[②]

1971 年全国教育会议通过《关于高等院校的调整方案》，对于原有
的 417 所高等学校，保留 309 所（主要工科院校），合并 43 所，撤销 45
所，改为中等专业学校的 17 所，改为工厂的 3 所。"文革"期间，采取
搬、并、迁、散等方式，共撤销 106 所高校。[③]

"文革"期间，大学内部系科、专业设置等也是频繁变动。工科专
业设置及招生延续了优先发展重工业的工业化道路的特点，在备战、备
荒、为人民的指导方针下，涉及国防和重工业需要的专业得到平稳的发
展（见表 6-5）。

表 6-5 "文革"时期工科（部分）分科招生数

年份	地质	矿业	动力	冶金	机械	机电和电气仪器	无线电技术和电子学	化工	土木	总招生数
1970	204	999	418	369	2575	432	2143	743	542	10450
1971	300	690	470	501	3100	710	2990	1350	1570	13550
1972	2826	2184	1785	2463	12673	2782	5266	4703	4682	50395
1973	2553	3571	1917	3931	14612	2627	5534	4998	5461	56671
1974	3465	3346	2372	2769	17057	1672	6846	5222	6420	63283
1975	3535	3588	2825	2846	16878	2550	6966	6417	7212	65870
1976	3837	3562	3165	3523	19054	1958	8876	5845	6912	71618

资料来源：《中国教育成就（统计资料）1949—1983》，第 70 页。

[①] 中央教育科学研究所：《中华人民共和国教育大事记（1949—1982）》，教育科学出版社，
1983，第 433 页。参见该校官方网站校史介绍。
[②] 《上海医疗器械高等专科学校志》（1960—2006），上海理工大学内部版，2006，第 2 页。
[③] 《中国教育年鉴》编辑部编《中国教育年鉴（1949—1981）》，第 235 页。

　　以清华大学为例，1970 年 8 月，根据清华大学专业体制调整方案，全校拟定设置三厂、七系、一连、一个基础课和两个分校，即试验化工厂、汽车厂、精密仪器及机床厂，电力工程系、工业自动化系、化学工程系、土木建筑工程系、水利工程系、工程物理系、工程力学数学系，机修连，基础课，四川绵阳分校、江西分校（试验农场）。

　　当时，将原动力机械系的锅炉、燃气轮机等专业与原电机工程系的电机、发电、高压等专业合并成立电力工程系；将原电机工程系的电器、工业企业自动化专业与原动力机械系热能动力装置专业中的热力设备自动化专门化及热工测量专业等合并成立工业自动化系；将冶金系与原农业机械系的汽车拖拉机专业、精密仪器及机械制造系的机械制造专业和机械厂合并，成立清华大学汽车制造厂。同年，又经调整，将工程力学数学系计算数学专业的一部分转入自动控制系，组建计算机软件专业，又将无线电电子学系留在北京的电视专业和半导体车间并入自动控制系，其系名改为电子工程系。此外，土木建筑工程系改为建筑工程系，工程化学系改称化学工程系，工程力学数学系改为工程力学系。

　　1975 年，清华大学的专业设置见表 6-6。

表 6-6　1975 年清华大学的专业设置①

系　名	专　业　名　称
精密仪器系	机床设计与制造、光学仪器、陀螺仪及导航仪器
工程物理系	反应堆材料、反应堆工程、反应堆控制、射线测量及方法、放射化工、放射性污物处理、重同位素分离、加速器
机械制造系	汽车设计、铸造工艺及设备、锻压工艺及设备、焊接工艺及设备、金属材料
工业自动化系	工业自动化、热工量测自动化、可控硅元件

---

① 金富军：《"文化大革命"期间的清华大学》，清华大学校史研究室网站：http://xs. tsinghua. edu. cn/docinfo/board/boarddetail. jsp? columnId = 00301&parentColumnId = 003&itemSeq = 5759。

续表

系　名	专　业　名　称
电力工程系	电力系统及自动化、电机、高电压技术及设备、锅炉、燃气轮机
化学工程系	高分子合成材料、基本有机合成、化学工程、非金属材料
工程力学系	流体力学（试办射流技术）、工业热工、固体力学（试办机械强度及振动）
建筑工程系	建筑学、房屋建筑、地下建筑、暖气通风、工业给水及废水处理、抗震工程
水利工程系	水利工程建筑、水电站动力机械、治河泥沙、农田水利
电子工程系	电子计算机、计算数学、无线电技术、微电机、陀螺导航及控制系统、自动控制元件
四川绵阳分校	雷达、激光、多路通讯、电真空器件、半导体器件

　　纵观"文革"时期的工程教育发展，其模式的探索蕴涵了独特的历史意义，应该深入研究和探讨。吉尔伯特·罗兹曼提示研究者注意，对于"文革"时期高等教育的发展不能只看到"消极的一面"，作过于"简单化"的理解。他指出："部分是由于高度的分权局面，并非所有学校都受到过同等程度的损害。何况在 1972～1973 年以及后来在 1975 年，曾有人力图纠正文化革命的政策，包括提高学校水平，恢复入学考试，以及更强调理论学习。"同时他也承认，这些"只产生过有限的影响"。[①]

　　1972 年，国务院科教组召开高校会议，提出了要加强基础理论教学、重视科学研究等。7 月 2 日，周恩来总理根据杨振宁的建议，指示要把我国基础科研搞上去。清华大学决定开办四个与基础科研相关的研究班，1973 年开班，共招收 13 名 1964 年、1965 年入学，1970 年留校当教师的"新工人"（后增加了 5 人）。几经波折，这批学员 1981 年完成学业，18 人个个都成为了专家、骨干。其中有 3 人成为中国科学院

[①] 〔美〕吉尔伯特·罗兹曼主编《中国的现代化》，第 375 页。

院士。①

周远清在 1990 年曾撰文指出："'文革'十年，高等教育受到破坏性的影响，总体上应该否定，但某些具体的做法，也是可以借鉴的。如厂校关系比较密切、教学与生产劳动、实践联系比较紧密、学生与工农群众的结合较好等，我们可以有分析地吸取其合理的内涵。"② 也只有客观而具体地分析每一个历史阶段的成就及问题，才能在改革发展中更好地借鉴历史经验。

客观地讲，"文革"时期，国家工业化、现代化道路仍未完全终止，国家基础工业和国防工业得到了一定的发展，以三线建设为中心，建立起一大批钢铁、机器制造、煤炭、汽车工业基地和成昆、湘黔、川黔等重要铁路干线。在科学和工程技术方面，取得了核技术、人造卫星、运载火箭等尖端科学、工程技术的丰硕成果。原子弹、氢弹研制成功、人造地球卫星的成功发射、返回式卫星的试验成功等等，今天仍然令我们为之自豪。③ 工业化的发展、科技事业的进步凝聚着广大工程科技人才的心血和汗水，也为工程科技人才提供了用武之地，服务于国家工业化发展的工程教育获得了相对宽松的发展空间。

① 《清华大学工程物理系建系 50 周年纪念文集》，内部资料，2006，第 25 页。
② 周远清、袁德宁：《关于深化教学改革的思考》，《中国高等教育》1990 年第 10 期。
③ 中共中央党史研究室著、胡绳主编《中国共产党的七十年》，中共党史出版社，1991，第 478 页。

第七章
从历史走向未来：工程
教育大国的崛起

改革与发展是改革开放 30 多年来我国高等教育的两大主题。30 年多年来，中国高等教育在学规模跃居世界第一，实现了大变革、大发展、大跨越。我国工程教育伴随着经济社会的巨大变革和高等教育事业的历史性跨越，取得了长足的进步，在规模上跃居世界首位，并形成了多层次、多类型的工程教育人才培养体系。

观水有术，必观其澜。30 余年工程教育的发展以 1985 年为界可以划分为两个时期，1985 年前教育发展的首要任务是"拨乱反正"，恢复和整顿教育教学秩序，这一阶段的调整和发展是在计划经济体制为主导的体制下进行的。1985 年召开的第一次全国教育工作会议和《中共中央关于教育体制改革的决议》成为新时期教育发展的标志，高等教育从此开始了以体制和结构改革为主要内容，以建立为社会主义现代化建设服务，与经济体制改革相配套的教育体系为主要目标的新的发展阶段。

天下之道，常变而已。中国工程教育的发展是中国教育和社会现代化的重要组成部分，国家目标和国家规划不可避免地成为中国工程教育发展的直接动力和重要影响因素，[①] 这是中国工程教育发展中的"常"；

---

① 王孙禺、刘继青：《中国工程教育发展史研究的理论进路与解释框架》，《清华大学教育研究》2009 年第 2 期。

而自"变"而言，中国社会选择了市场经济发展模式，市场的强力介入，使得中国工程教育的发展呈现出崭新的面貌。

第一节　现代化战略的历史性转变与
工程教育调整改革

改革开放以来，中国选择了有中国特色社会主义的发展道路。1978 年 12 月召开的十一届三中全会作出了把工作重点转移到社会主义现代化建设上来的战略决策，建设现代化再次成为 30 年来党和国家的中心任务。但是经过了"文革"十年，中国的各项现代化事业遭受了严重的损失和破坏，中国与世界的差距又一次拉大。1978年 5 月，时任国务院副总理的谷牧率领中国政府代表团访问欧洲五国，归来之后，"看到的先进不敢讲"，在代表团递交的报告中提到："应当看到，我们现在达到的经济技术水平，同发达资本主义国家比较，差距还很大，大体上落后 20 年，从人口平均的生产水平讲，差距就更大。"①

工业现代化发展的历史和现实，昭示了现代科技和教育的巨大推动作用。新时期国家现代化战略的调整与确立，使得高效率的培养科技人才成为国家发展的重中之重。各类专门人才尤其是工程科技人才的匮乏，成为现代化建设的最大制约因素，高等教育特别是工程教育的地位和作用再次受到关注。邓小平在考虑社会主义现代化建设的伟大战略时，首先关注科技人才的培养问题、科学和教育问题。1977 年5 月，邓小平在与中央有关领导的谈话中强调：实现现代化的关键是科学技术，发展科技必须抓教育。他说："发展科学技术，不抓教育不行。靠空讲不能实现现代化，必须有知识，有人才。没有知识，没有人才，怎么上得去？科学技术这么落后怎么行？要承认落后，承认

---

① 谷牧：《中国开放的操盘手》，《三联生活周刊》2009 年第 43 期。

落后就有希望了。现在看来，同发达国家相比，我们的科学技术和教育整整落后了二十年。科研人员美国有一百二十万，苏联九十万，我们只有二十多万，还包括老弱病残，真正顶用的不很多。"[①] 他强调指出，"必须打破常规去发现、造就和培养杰出的人才"，把"尽快培养出一批具有世界一流水平的科学技术专家，作为科学、教育战线的重要任务"。[②]

1977 年 9 月，中共中央发出《关于召开全国科学大会的通知》，明确提出："四个现代化的关键是科学技术现代化"，"科学人才的培养，基础在教育……必须真正搞好教育革命，尽速改变教育与社会主义事业严重不相适应的情况"。[③] 1978 年 3 月 18 日，盛况空前的全国科学大会召开，大会向全党全国发出了"树雄心，立大志，向科学技术现代化进军"的号召，要求"全党动员，大办科学"。邓小平同志在开幕式上发表了重要讲话，深刻阐述了科技发展中的思想认识问题、人才培养问题和党的领导体制问题，重申了"科学技术是生产力"这一马克思主义基本观点，明确指出"知识分子是工人阶级的一部分"、"四个现代化，关键是科学技术现代化"，强调"必须打破常规去发现、造就和培养杰出的人才"、把"尽快培养出一批具有世界一流水平的科学技术专家，作为科学、教育战线的重要任务"。大会通过了《1978—1985 年全国科学技术发展规划纲要（草案）》。

与此同时，教育战线开始了全面的拨乱反正，一大批知识分子的冤假错案得以平反，大批知识分子重新回到教学科研岗位；1977 年高考制度恢复，同年 12 月，570 万名考生走进考场，27 万考生被大学录取；同时，部分省、市也开始逐步实行《高等教育自学考试办法》，通过创办广播电视大学，举办大学分校，进行走读试验等，各类高等教育开始

---

① 邓小平：《尊重知识，尊重人才》，《十一届三中全会以来重要教育文献选编》，教育科学出版社，1992，第 1 页。
② 邓小平：《在全国科学大会上的讲话（节选）》，《十一届三中全会以来重要教育文献选编》，第 10 页。
③ 刘光主编《新中国高等教育大事记》，第 316 页。

蓬勃发展起来，教育领域逐步从思想到体制机制全面恢复重建。国家迎来了科学的春天。①

图 7-1 　清华大学 1977 级的学生在课堂上

（《人民日报》资料照片）

　　在 1978 年 4 月召开的全国教育工作会议上，邓小平就提高教育质量、教育事业必须同国民经济发展的要求相适应等问题发表讲话。会议对教育的培养目标及整顿教育工作的有关问题提出了具体要求。同年 12 月召开的十一届三中全会确定了全党工作重心转移到经济建设上来，确定了全面改革开放的战略决策，并于 1979 年开始对国民经济实施"调整、改革、整顿、提高"的方针。随着改革开放的进行和大规模经济建设的开展，全国各条战线和各个地区对人才的需求持续上升，原有的人才数量和质量远远不能满足发展的需要。

　　根据 1982 年 12 月国务院关于制定全国专门人才规划的决定，1983 年教育部、国家计委和劳动人事部联合下文开展了全国专门人才现状调查和预测工作，调查表明，当时全国人才队伍存在四个方面的主要问题：①专门人才分布差异悬殊；②学历层次偏低；③人才结构不合理；

①　中华人民共和国教育部编《共和国教育 50 年》，北京师范大学出版社，1999，第 356 页。

④年龄趋于老化。指出，如果不尽快设法培养人才，就现有的人才年龄结构，预计到 20 世纪 90 年代中期后继无人的现象将无法避免。[①] 工程技术人才队伍存在的问题也非常突出，根据当时的一项专门调查，工农业各条战线上的工程技术队伍普遍存在着数量不足、结构不合理、专业不配套和知识老化、年龄老化的急迫问题。冶金部的调查表明，我国冶金工业，大型企业工程技术人员为职工总数的 6% ~ 8%，中小型企业为 4% ~ 6%，矿山比工厂还低一些。[②]

因此，"文革"之后直到 1985 年《关于教育体制改革的决定》出台之前，教育发展的主要任务是在"拨乱反正"的基础上贯彻中央提出的对国民经济实行"调整、改革、整顿、提高"八字方针，"大力恢复整顿，加快调整改革"。在 1980 年 12 月教育部召开的教育工作座谈会上，教育部长蒋南翔指出："教育进行调整，首先要调整好教育外部的比例关系，主要是同经济的比例关系。要逐步做到教育能同经济协调发展"，"教育的调整，还有一个任务是要调整好教育事业内部的各种比例关系，包括各级各类学校之间纵的比例关系和各级各类学校内部横的比例关系，使各级各类学校能够有计划按比例地发展"。改革是"为了加强和改善党的领导，切实提高教育质量，积极地稳步地发展教育事业"。[③]

高等教育方面的调整改革主要包括恢复整顿教学秩序，调整改革高等教育结构，尤其要加速高等教育发展的步伐。在这一时期，工程教育的规模、结构开始进行全面的调整改革，本科层次的工程教育有较大的发展，专科教育稳步前进，教育教学改革逐步展开。

第一，加快高等教育发展的速度。随着高等教育恢复整顿工作的顺利开展，加速教育事业的发展成为当时主要的任务。1982 年 9 月，党

---

① 郝维谦、龙正中主编《高等教育史》，第 393 ~ 394 页。
② 忻福良：《关于我国高等工程专科教育的现状和发展问题讨论综述》，《教育发展研究》1983 年第 3 期。
③ 蒋南翔：《总结历史经验，调整教育工作》，《蒋南翔文集》下卷，清华大学出版社，1998，第 1016、1018、1019 页。

的十二大报告指出："四个现代化的关键是科学技术的现代化。目前我国许多企业生产技术和经营管理落后，大批职工缺乏必要的科学文化知识和操作技能，熟练工人和科学技术人员严重不足。"大会决议明确将教育作为实现社会主义现代化建设的三大战略重点之一，大力发展教育事业成为党和国家的一项战略任务。1982 年 5 月担任教育部长的何东昌回忆说："1983 年，当时小平同志抓的一件事情，就是要求加快高等教育的发展。在几年之内，高等教育招生要增加 50% 或者一倍，很具体。要加快调整和发展的步伐。所以，我到教育部工作以后，高等教育面临的第一个问题就是，党和国家的工作重心要转到经济建设上来，需要大量人才。"①

此后，1983 年 4 月，国务院批转教育部、国家计委《关于加速发展高等教育的报告》，该报告提出："为了实现党的十二大提出的奋斗纲领，各条战线和各个地区都深感专门人才缺乏，迫切要求教育先行，为国家早出人才、多出人才。因此，加速发展高等教育事业，已成为刻不容缓的大事，必须采取有力措施，促使整个高等教育事业在近期（五年左右）就有计划按比例地有一个较大的发展，并为今后更大的发展打下基础。"国务院在批转该报告的通知中还明确指出：高等学校是培养专门人才的重要基地，要采取多层次、多种规格和多种形式加快高等教育的发展。要在发展中逐步调整好高等教育内部的比例关系，多办一些专科，注重发展一些为建设所急需的短线专业。②同年 10 月，邓小平同志关于"教育要面向现代化，面向世界，面向未来"的指示发表，成为教育改革的指导方针。中共中央提出迎接新技术挑战的决策，为这一时期高等教育快速发展提供了政策依据。

---

① 何东昌：《重大机遇决策都来源于教育实践》，《改革开放 30 年中国高等教育改革亲历者口述纪实》，第 5 页。

② 《国务院批转教育部、国家计委关于加速发展高等教育的报告的通知》，《十一届三中全会以来重要教育文献选编》，第 121 页。

因此，经过 1976 年至 1978 年的恢复性增长之后，高等教育总体的规模呈快速增长之势，表现为高等学校的数量迅速增长，1976 年共有高校 392 所，1984 年增加到 902 所，同期工科院校由 126 所增加到 232 所。高等学校招生数、在校生规模等均有较大幅度的增长，其中专科层次和研究生教育发展迅速。工程教育依然是发展的主力军，如表 7-1、表 7-2 所示。

表 7-1　1976～1983 年普通高等学校本、专科学生变化情况

年份	招生数（人）	在校生数（人）	毕业生数（人）	在校生数比上年增长（％）
1976	217048	564715	149154	—
1977	272971	625319	194426	10.7
1978	401521	856322	164581	36.9
1979	275099	1019950	85085	19.1
1980	281230	1143712	146635	12.1
1981	278777	1279472	139640	11.9
1982	315135	1153954	457244	-9.8
1983	390800	1206823	335344	4.6

资料来源：1976 年至 1983 年数据来源于中华人民共和国教育部计划财务司编《中国教育成就（1949—1983 年）》，人民教育出版社，1984，第 50 页。

为加强重点大学建设，1983 年 5 月，匡亚明等老一辈教育家联名写信给中央书记处，提出创建一批重点大学"作为高等教育建设的战略重点，列为国家重点建设项目，重点投资"的构想，受到邓小平等中央领导同志的高度重视。紧接着，教育部建议将北京大学、清华大学、复旦大学、西安交通大学、上海交通大学、中国科技大学、北京农业大学、哈尔滨工业大学、北京工业学院、北京航空学院、西北工业大学等 14 所大学列为国家重点建设项目，1984 年经国务院批准实施。这成为我国此后所实施的"211 工程"、"985 工程"的先声。

表7-2 1976～1984 年工科院校发展情况统计

年份	学校数（个）			专业设置数（种）			本专科生数（人）		
	总数	工业院校	占%	总数	工科	占%	总数	工科	占%
1976	392	126	32.14	—	—	—	564715	198079	35.08
1977	404	132	32.67	—	—	—	625319	209004	33.42
1978	598	184	30.76	819	396	48.35	856322	287648	33.59
1979	633	191	30.17	895	453	50.61	1019950	345430	33.87
1980	675	203	30.07	1039	537	51.68	1143712	383520	33.53
1981	704	207	29.4	832	382	45.91	1279472	461265	36.05
1982	715	206	28.81	794	366	46.1	1153954	388214	34.51
1983	805	215	26.7	855	389	45.5	1206823	418545	34.68
1984	902	232	25.72	797	362	45.42	1395656	479527	34.36

资料来源：1976 年至 1983 年数据来源于中华人民共和国教育部计划财务司编《中国教育成就（1949—1983 年）》，人民教育出版社，1984，第50、51 页。1984 年数据来源于中华人民共和国教育部计划财务司编《中国教育成就（1980—1985）》，人民教育出版社，1986。

1977 年 10 月，国家正式恢复研究生招生工作。1981 年 1 月 1 日开始施行《中华人民共和国学位条例》，培养硕士、博士研究生的学位制度正式建立。同年 11 月 3 日，国务院批准全国首批博士学位授予单位 151 个，学科、专业点 812 个，博士生导师 1155 人；首批硕士学位授予单位 358 个，学科、专业点 3185 个；首批授予学士学位的高等学校 458 所。[①] 研究生教育规模开始稳步增长，其中工科研究生招生数、在学人数均呈逐年上升之势，人数及比重居各科之首。财经和政法专业也有了显著上升（如表7-3 所示）。

表7-3 1978～1983 年分科在读研究生数

单位：人

年份	合计	工科	农科	林科	医药	师范	文科	理科	财经	政法	体育	艺术
1978	10934	4011	276	55	1474	693	1358	2774	49	—	62	182
1979	18830	6102	510	88	3113	1138	2495	4507	339	122	169	247

① 中国教育年鉴编辑部编《中国教育年鉴》（1949—1981），中国大百科全书出版社，1984，第86 页。

续表

年份	合计	工科	农科	林科	医药	师范	文科	理科	财经	政法	体育	艺术
1980	21604	7206	618	106	3651	1704	2628	4705	451	171	200	164
1981	18848	6889	947	74	2442	1347	1825	3979	738	358	168	81
1982	25847	10414	1375	167	2558	1732	1822	6088	917	582	92	100
1983	37166	14932	1964	197	3781	2204	2253	8930	1500	1137	123	145

　　资料来源：中华人民共和国教育部计划财务司编《中国教育成就·统计资料》，人民教育出版社，1984，第114页。

　　第二，工程教育的结构调整。在这一时期，高等教育发展在结构方面的调整取得新发展。工程教育内部科类结构和专业结构也有较大变化。从当时高等教育发展状况来看，高等教育内部的结构状况不适应国家现代化转型发展的需求。据统计，1980年，全国高等院校数由1976年的392所，增加至675所，增加了283所，其中工科院校增加了77所，增数仅次于师范院校（增加114所），位列第二。工科学生数由198079人，增加至383520人。工科院校数和学生数持续增长，工科学生占全体在学学生的比例最高时达到了56.6%（1969年），而新中国成立后的32年间文科类总共毕业20.1万人，仅占毕业生总数的6%，政法类毕业生2.8万人，仅占毕业生总数的0.8%；财经类10.4万人，仅占毕业生总数的3.2%。在工科内部，服务于重工业和军事工业的科类一枝独秀，适应第二、第三产业的诸如轻纺、食品等专业1953～1980年间共有毕业生3.55万人，仅占同期工科毕业生的3%。[1] 出现了"同经济建设之间的比例关系也严重失调"[2] 的局面。中共中央书记处对汇报教育工作的教育部党组明确提出："中国大学的理工科比例太大，超过其他任何国家。世界上发达国家的资本主义国家中，文、法、商科的比例比理工科大得多。我们的文、法、商科应大大增加。"提出要解决高等教育"畸形发展，比例很不合理，文、法、商比重太

---

① 中国教育年鉴编辑部编《中国教育年鉴》（1949～1981），第87页。

② 李先念：《人才培养要走在经济建设的前面》（1980年2月10日），《十一届三中全会以来重要教育文献选编》，1992，第48页。

小"的问题。①

因此，高等教育结构调整逐步展开，重点是加速发展政法、财经、管理和文科，工科内部的专业调整随之展开，其一是增设短线专业和新兴边缘学科和专业。教育部于 1977 年 10 月召开重点高等学校应用科学和新技术学科规划会议，研究制定机械学、电子学、计算机科学和材料科学等 14 门应用科学和新技术学科的科学规划草案。计算机科学与技术、电子与信息科学、材料科学与工程、生物工程与技术等新兴专业和学科进入工程教育院校。其二是加速轻工业专业的发展，维持和稳定（甚至减速）传统重工业专业和服务于军工的专业的发展步伐。1983 年与 1976 年相比，在工科专业中地质专业 1976 年时占 5.29%，1983 年不升反降至 4.49%；冶金专业由占 4.54%，下降到 3.93%；无线电技术和电子学由 12.15%，上升到 18.75%；轻工业则由 2.41% 上升到 3.58%。②

在专业结构方面，自 1958 年教育革命以来，高等教育的专业设置变动不居，学科之间严重不平衡。自 1978～1981 年逐步采取了加强高校文理工相互渗透、相互结合的措施，改革专业划分过细，人才培养的知识面过窄的弊端，拓宽了专业覆盖面。1982 年开始修订专业目录，调整情况如表 7-4 所示。

表 7-4　新中国建立以来设置专业数

单位：种

年份	工科	理科	文科	农科	林科	医科	师范	财经	政法	体育	艺术	总计
1953	107	16	19	16	5	4	21	13	2	1	11	215
1957	183	21	26	18	9	7	21	12	2	2	22	323
1958	194	37	17	40（农林科）		8	25	9	2	6	25	363
1962	295	79	60	48	16	11	40	25	3	9	41	627

---

① 郝维谦、龙正中主编《高等教育史》，第 348、358 页。
② 《中国教育成就·统计资料》，人民教育出版社，1984，第 66、67 页

续表

年份	工科	理科	文科	农科	林科	医科	师范	财经	政法	体育	艺术	总计
1965	315	55	72	37	13	11	30	21	1	6	40	601
1980	537	158	60	60	22	29	40	54	8	8	63	1039
1982	366	139	54	46	16	22	40	37	7	9	58	794
1983	389	146	59	50	16	24	43	43	10	12	63	855
1984	362	124	58	51	14	22	43	42	10	11	60	797

资料来源：《中国教育成就·统计资料》，人民教育出版社，1984，第53页；《中国教育年鉴》（1982~1984），湖南教育出版社，1986，第68页。

第三，工程教育的人才培养目标方面有了新发展。高等工程教育的培养目标反映的是一定历史时期对高等工程教育的根本要求和举办高等工程教育的指导思想，它规定了高等工程教育为谁培养人、培养什么样的人以及培养人的基本途径，为教学、实习、科研等各项工作指明道路和方向。[①]

1978年8月《关于进行高等学校专业调查和调整工作的通知》提出，高等院校要"培养又红又专的专门人才，迅速改变'四人帮'破坏所造成的教育与社会主义事业发展严重不相适应的状况。努力体现专业的先进性和适应性，专业面窄的应适当加宽，基础理论力求加深，以加强适应性"。同年，教育部在《关于高等学校理工科教学工作若干问题的意见》中将理工科院校的学制缩短为4年，"以学为主，兼学别样"。[②] 1980年1月，教育部在《关于直属高等学校工业学校修订本科教学计划的规定》中提出新的培养目标："高等工业学校应当培养德、智、体全面发展的高级工程技术人才"，具体分为高级工程技术人才、高级技术科学人才和高级管理工程人才。要求：认真学习马克思列宁主义和毛泽东思想的基本

[①] 陈劲、胡建雄主编《面向创新型国家的工程教育改革研究》，中国人民大学出版社，2006，第139页。

[②] 教育部：《关于高等学校理工科教学工作若干问题的意见》，1978。

原理，并且通过实践，逐步树立无产阶级的阶级观点、群众观点、劳动观点和辩证唯物主义道德品质，自觉维护社会主义民主和法制，服从组织分配，积极为社会主义现代化建设服务。新的培养目标由原来的培养工程师转变为获得工程师的基本训练，突出了夯实基础、专业内容少而精的思想。

党的"十二大"召开之后，改革开放全面展开，社会主义现代化建设呈现新局面，高等工程教育人才培养目标也进一步调整。1984年4月，教育部颁布《印发试行〈关于高等工程教育层次、规格和学习年限调整改革问题的几点意见〉的通知》，确定我国的高等工程教育分为博士生、硕士生、本科生、专科生四个层次。对本、专科阶段的培养目标分别作出进一步明确的规定，指出："工科本科生的培养目标是德、智、体全面发展、具有社会主义觉悟的高级工程科学技术人才，它有三种类型，即国际工程技术人才（这是大多数）、高级技术科学人才和高级管理工程人才。"对于高等工程专科教育，指出："属于高等教育的范畴，是一个相对独立的层次，它的培养目标是德智体全面发展、具有社会主义觉悟的高级工程技术应用人才。"在人才培养规格方面，本科层次工科学生应"获得工程师的基本训练"，具体要求：掌握本专业所必需的比较系统的基础理论知识，有一定的专业知识和技术经济、管理知识，掌握本专业所必需的制图、运算、实验和计算机应用等基本技能以及一定的工艺操作技能，有一定的自学能力；受到必要的工程训练和初步的科学研究方法训练，具有分析和解决本专业工程实际问题的初步能力；初步掌握一门外国语，能够阅读本专业外文书刊。具有健全的体魄，能够承担建设祖国和保卫祖国的光荣任务。专科层次的工科学生在德育和体育方向的要求与本科一致，具体要求上，工程专科生基本规格是"获得助理工程师或高级技术员的基本训练"，要求：掌握本专业所必需的技术基础理论知识和专业技术、管理知识以及制图、运算、实验等基本技能和工艺操作技能；具有一定的制造、运行、维修、安装、简单设计和分析、解决本专业一般工程实际问题以及组织管理生产的初步能力，能够阅读本专业外文资料。① 相比较而言，这次对培养目标的修订赋予培养单位较大的自主权和灵活性，规定各院校可以依据学习年限的不同，不同类型的基本规格允许有所不同。

第四，课程与教学改革。1977 年前后高校教学方面的首要任务是恢复教学秩序。1977 年 8 月、9 月，教育部相继组织召开了高等学校理科和工科基础课程教材座谈会，专题研究理工科恢复教学秩序的具体事项，包括组织统一编写理工科基础课的教材，理工科大学的培养目标、专业设置、制订教学计划、加强基础理论教学的问题。1978 年 9 月教育部印发《关于高等学校理工科教学工作若干问题的意见》，组织各学科教材编审委员会，一年时间出版理、工、农、医类教材 548 种。自 20 世纪 80 年代以来，教育部采取各种措施推进高等教育教育教学改革，工程教育改革始终是其中最为活跃，成果也最为显著的部分。

清华大学、上海交通大学、华中工学院等传统工科院校积极进行教育教学改革，成效显著。清华大学在教学改革中坚持"一个根本（学校的根本任务是培养人），两个中心（把学校办成教育中心和科研中心），三方面结合（教学、科研、生产三结合）"的办学方针，围绕"三个转变"开展教学改革：一是在专业体系上，由一个多学科性工业大学逐步向以工科为主，包括理科、管理学科和部分文科的综合性大学的转变；二是在教学目的上，由侧重于知识的传授向同时注重能力培养的转变；三是在人才培养模式上，由比较"同一模式"向全面因材施教的转变。② 上海交通大学自 1979 年开始启动管理体制改革，在教学改革方面，采取了加强重点学科建设；改革教学内容

---

① 《关于高等工程教育层次、规格和学习年限调整改革问题的几点意见》，《高教战线》1984 年第 6 期。

② 吕森：《提高人才素质　加强教学改革——清华大学教学改革的概况》，《高等工程教育研究》1984 年第 2 期。

和教学方法；按照"一个主讲、二个'法规'、三个'质量观'、四个环节、五项制度"，改进教学管理；加强师资队伍建设；加强科研工作；开展改革专业结构调整和专业教育模式改革等，成为全国闻名的高等教育改革典型。[①] 华中工学院（现华中科技大学）在教学改革中，重点采取了改革人才培养模式；加强教师知识结构和组织结构建设；改革教学思想等措施。在师资队伍建设和学科建设方面，走在全国的前列。[②] 同时，浙江大学、清华大学、上海交通大学、北京航空学院等一批理工科高校自 1978 年开始，相继开始探索实行学分制改革。

鉴于工科教学中实习实践环节至关重要，1980 年 5 月 7 日，教育部发出《关于部属高等学校生产实习问题的通知》，强调指出："生产实习是使学生获得生产技术和管理知识，巩固所学理论，增长独立工作能力的重要环节"，具体规定了生产实习工作由各学校自行与有关厂矿、企业联系，协商解决，尽可能就近选择、确定实习场所，并对生产实行费用作了相应规定。[③] 同年，教育部《直属高等工业学校本科（5 年制）修订教学计划的规定（草案）》中，规定四年制工科大学本科实习和专业劳动安排 10 ~ 14 周；五年制安排 14 ~ 18 周。此外，还有公益劳动 3 ~ 4 周。这些规定一定程度上保证了工科学生实习实践活动的顺利进行。

在高等教育管理体制方面，20 世纪 50 年代以来行业部门办学和管理体制形成的高等教育条块分割局面，在一定历史阶段发挥了积极作用。随着经济体制改革的不断深化，越来越显示出分散办学、重复设置、规模偏小、效益偏低等弊端。行业部门办学的管理体制已经成

---

① 盛振邦：《上海交通大学教学改革情况介绍》，《高等工程教育研究》1984 年第 2 期。邓旭初：《为高校管理体制改革呐喊助阵》，http: //www.gmw.cn/content/2007 - 12/09/content_ 713328. htm。

② 《华中工学院召开教学工作会议，加快教学改革步伐落实改革措施》，《高等教育研究》1983 年第 1 期。

③ 中国教育年鉴编辑部：《中国教育年鉴（1982–1984）》，湖南教育出版社，1986，第 66 页。

为高等教育迅速发展的制度障碍。自 1979 年开始，逐步探索联合培养、委托培养及联合开展项目合作等形式，尝试打通条块之间的沟通和联系。

高校科学研究工作逐步恢复，工程科技事业得到迅速发展。1977 年以后，邓小平同志多次对高校科研工作提出意见和要求。1977 年 7 月 29 日，他在听取教育部工作汇报时指出：重点大学既是办教育的中心，又是办科研的中心。同年 8 月，他在科学和建议工作座谈会上指出：高等院校，特别是重点高等院校，应当是科研的一个重要方面军。高校科研工作的地位重新得到确立，高校科研事业的发展进入新时期。"六五"（1981～1985）期间，高校科研工作由逐步恢复进入迅速发展时期，高校科研经费由 70 年代末的几千万元，增至 1985 年的近 6 亿元。"六五"期间，高校共完成 514 个攻关课题。例如，清华大学在国内首先研制成功大规模集成电路 16K 静态存储器；华中理工大学研制了国际领先的钝体稳燃器等。[①] 同时，科研成果推广服务于经济建设，显示了高校科技工作的巨大潜力。

教育投入是教育发展的重要保障，1977 年以后，国家对教育的投资逐年增加，1981 年全国教育事业费达 102 亿元，比 1980 年增长 8.5% 左右，比 1976 年增长近 1 倍；教育基建投资占国家基建总投资的比重从 1976 年的 0.88% 提高到 2% 左右（高等教育基本建设投资见表7-5）。为保证全国重点高校的稳步发展，1981 年以后，国家通过向世界银行贷款，重点支持和发展高等教育，逐年充实全国重点高校的实验室。在签订的 11 个教育项目贷款协定中，有 3 个是大学发展项目，共 4 亿美元的贷款，主要支持对象为重点理工科大学。例如，第一个大学项目主要以加强教育部直接管理的理科和多科性工科大学为主，第二个大学项目主要加强一批中央部委管理的全国重点工科和财经、政法大学。接受世界银行贷款的高校从国外进口了一批现

---

① 郝维谦、龙正中主编《高等教育史》，第 369 页。

代化电子计算机、激光、电子显微镜、核磁共振等教学研究实验仪器，理工科高校的教学保障工作逐渐完善。[①]

表 7-5 1977～1984 年全国高等学校基本建设投资

单位：万元

年份	全国高等学校投资			
	合 计	占投资总额的百分比（%）	其中：国家投资	
			小 计	占投资总额中国家投资的百分比（%）
1977	11512	30.1	11106	34.1
1978	33415	51.7	31713	56.4
1979	68445	61.5	63805	68.9
1980	90028	64.1	80533	76.3
1981	98199	64.9	86515	78.2
1982	105820	60.3	96978	78.5
1983	151805	63.1	134861	78.4
1984	194864	61.7	166688	81.0

注：第 3、第 5 列的有关"投资总额百分比"为全国高等学校和教育部门所属普通教育事业当年基建投资总额百分比。

资料来源：《中国教育年鉴》（1949-1981），第 548 页；《中国教育年鉴》（1982～1984），第 224 页。

"文革"之后，中国进入改革开放的新时代，"改革"成为贯穿时代的中心话语。1985 年之前，高等教育的发展重点是恢复教育秩序，进行教育改革的探索。随着经济体制改革，教育在国家现代化事业发展的战略地位得以确立，开始加快改革和发展的步伐。在工程教育领域，按照"面向现代化，面向世界，面向未来"的要求改革工程教育体系，适应经济体制改革的需要和迎接新技术革命的挑战，成为这一时期的主题；并在实践中逐步开展了人才培养模式、专业设置、课程与教学等各个方面的改革探索，为此后的改革和发展积累了丰富的实践经验，做好了理论准备。

[①] 参见中国教育年鉴编辑部编《中国教育年鉴（1949～1981）》，第 84 页。

第二节　高等教育体制改革与工程
教育的改革发展

从 20 世纪 80 年代初开始，全国各行各业的改革全面展开，改革开放的大潮汹涌澎湃。1984 年 10 月，《中共中央关于经济体制改革的决定》出台，1985 年 3 月中共中央作出《关于科学技术体制改革的决定》，经济体制、科技体制改革进入全面发展阶段，1985 年 5 月《中共中央关于教育体制改革的决定》颁布，标志着共和国教育进入全面改革的新的历史阶段。高等教育开始了以体制和结构改革为主要内容，建立为社会主义现代化建设服务，与经济体制改革相配套的教育体系为主要目标成为时代主题，随着党的十四大提出了建立社会主义市场经济体制的要求，中国经济体制和国家发展方式有了新的转变，高等教育的改革不断深化，由观念转变到制度创新、人才培养类型及规格、课程与教学改革等一系列改革措施出台，为中国高等教育的发展奠定了制度基础。在高等教育实现跨越式发展的历程中，工程教育的发展逐步由工程教育大国迈向工程教育强国，在国家全面建设小康社会、建设人力资源强国的战略中发挥着重要作用。

纵观 1985 年以来工程教育改革发展的历程，根据国家现代化发展战略和经济社会发展的阶段性特征，这一时期的工程教育发展历程可以分为两个历史时期。概言之，在 1998 年之前是围绕教育体制改革，工程教育体制和机制发生深刻变化；1998 年之后，在迈向新世纪的征程中，以建设高水平大学为目标，工程教育在深化改革中实现大发展。

一　工程教育体制的改革发展

20 世纪 80 年代以来，中国进入了以社会主义市场经济为导向的社会转型发展的重要时期，教育发展必须适应经济体制、政治体制和科技体制等社会生活全面变革的巨大冲击，为推动新时期社会主义现代化事业的发展提供强大动力。在深刻的社会历史变革面前，教育事业发展的落后和教育体制的弊端已经成为制约社会发展的影响因素。1984 年 10 月之后，中共中央《关于经济体制改革的决定》《关于科学技术体制改革的决定》《关于教育体制改革的决定》陆续出台，经济体制、科技体制和教育体制全面改革逐步深入展开，工程教育作为中国高等教育体系中的主要科类，在这场高等教育体制变革中，规模、结构、质量和效益，以及内部管理体制都发生了深刻的变化。

（一）教育体制改革的启动

教育体制是涉及教育管理体制、办学体制、投入体制、评价体系等诸多方面的系统结构。改革开放以来直至世纪之交，中国教育体制的改革历程有两个标志性决议，一是 1985 年出台的《中共中央关于教育体制改革的决定》，二是 1993 年中共中央颁布《中国教育改革和发展纲要》。

改革开放以来，国家现代化的主线是以经济建设为中心，实现经济现代化。科技体制、教育体制的改革贯彻了为经济建设服务的指导思想，在 1984 年党的十二届三中全会通过的《中共中央关于经济体制改革的决定》中指出："经济体制的改革和国民经济的发展迫切需要大批既有现代化的经济、技术知识，又有革新精神，勇于创造，能够开创新局面的经营管理人才，特别是企业管理干部，现在的问题是，我们的经济管理干部队伍的状况同这个要求很不适应"，"科学技术和教育对国民经济的发展有极其重要的作用。随着经济体制的改革，科技体制和教育体制的改革越来越成为迫切需要解决的战略任务"。[1] 1985 年 3 月《中共中央关于科技体制改革的决议》出台，对科技运行机制、组织结构、人事制度等开始全面改革。教育事业作为关系现代化建设全局的重大问题，其发展的滞后与体制的弊端显然不适应现代化发展的要求。全面的教育体制改革势在必行。

---

① 《中共中央关于经济体制改革的决定》，《十一届三中全会以来重要教育文献选编》，教育科学出版社，1992，第 153、154 页。

　　1985 年 5 月 27 日，《中共中央关于教育体制改革的决定》（以下简称《决定》）正式公布。《决定》指出："面对我国对外开放、对内搞活，经济体制改革全面展开的形势，面对世界范围内新技术革命的兴起，我国教育事业的落后和教育体制的弊端就更加突出了"，"教育必须为社会主义建设服务，社会主义建设必须依靠教育"，"必须极大地提高全党对教育工作的认识，面向现代化、面向世界、面向未来，为 90 年代以至下世纪初叶我国经济和社会的发展，大规模地准备新的能够坚持社会主义方向的各级各类合格人才，要造就数以亿计的工业、农业、商业等各行各业有文化、懂技术、业务熟练的劳动者。要造就数以千万计的具有现代科学技术和经营管理知识，具有开拓能力的厂长、经理、工程师、农艺师、经济师、会计师和其它经济技术工作人员。还要造就数以千万计的能够适应现代科学文化发展和技术革命要求的教育工作者、科学工作者、医务工作者、理论工作者、文化工作者、新闻和编辑出版工作者、法律工作者、外事工作者、军事工作者和各方面党政工作者。"

　　《决定》对我国教育的方向、性质和任务，实现这些任务的途径，教育改革的关键环节、方针、政策作出了纲领性规定。改革的目的，其一要革除管理体制的弊病，提高教育的投资效益和社会效益；二是通过在办学方向和教育思想、教育内容、教育方法以及教学制度、考试制度上进行一系列改革，"使各级各类学校改变为为教育而教育，实际上不同程度地与国情、与社会主义建设的需要不相适应的状况"。①

　　在高等教育领域，《决定》强调："高等教育体制改革的关键，就是改变政府对高等学校统得过多的管理体制，在国家统一的教育方针和计划的指导下，扩大高等学校的办学自主权，加强高等学校同生产、科研和社会其它各方面的联系，使高等学校具有主动适应经济和社会发展

---

① 何东昌：《精心组织教育体制改革的"施工"》，《十一届三中全会以来重要教育文献选编》，第 581、582 页。

需要的积极性和能力。"① 改革的核心在于"放权"，《决定》赋予了大学"建国后从未有过的自治权"，② 改变政府对高等学校统得过多的管理体制，被作为"当前高等教育改革的关键"，其目标是"使高等学校具有主动适应经济和社会发展需要的积极性和能力"。③《中共中央关于教育体制改革的决定》是中国教育改革发展开创新的历史时期的重要标志和里程碑。自此之后，以教育体制和教育结构为主线的教育改革全面启动。

1. 管理体制改革

在高等教育管理体制上，改革开放以来，高等教育领导管理体制仍然沿用了新中国成立后五十年代建立、六十年代定型的"中央统一领导，中央和省、自治区、直辖市两级管理的领导管理体制"。《决定》明确规定，高等教育实行中央、省（自治区、直辖市）、中心城市三级办学的体制，并在 1986 年 3 月由国务院发布的《高等教育管理职责暂行规定》中，对国家教委、国务院有关部门、省级政府各自的主要职责和扩大高等学校管理权限进行了界定，扩大了省级人民政府对本地区高等学校的管理职责。在高校内部管理体制方面，逐步实行校长负责制，1985 年率先实行校长负责制的 15 所大学包括工科院校北京工业大学、华东化工学院、锦州工学院、成都电子科技大学等。

2. 扩大高校办学自主权

《决定》对于扩大高校办学自主权作了专门规定，此后国家教委陆续出台了一系列扩大高校办学自主权的政策，极大地调动了高校办学的积极性、主动性，提高了大学主动适应经济社会发展的能力。各高校纷纷根据经济社会发展的需求，调整专业设置，开设适

---

① 《中共中央关于教育体制改革的决定》，《十一届三中全会以来重要教育文献选编》，第 182 页。

② 〔加〕许美德：《中国大学 1895—1995：一个文化冲突的世纪》，教育科学出版社，2000，第 155 页。

③ 《中共中央关于教育体制改革的决定》，《十一届三中全会以来重要教育文献选编》，第 186 页。

应经济发展的新兴学科，工科院校纷纷开设了新兴的微电子、电子计算机、光纤通信、生物医学工程等新学科、新专业。同时，在前期改革探索的基础上，工科院校加快了文科类专业的发展，促进了理工科大学的转型。

高校办学自主权的扩大，使得高校跨部门、跨地区联合办学逐步展开。联合办学一方面使高校服务经济建设的能力得到发挥和增强，另一方面也充分、合理地利用了高校的资源。同时，为高校筹集了发展所需的办学经费。成都科技大学分别与水电部、轻工部和纺织部联合创办了水电学院、轻工学院和纺织学院，办学经费由合作方提供。上海交通大学、陕西机械学院等17所高校与水利电力部合作建立电力学院、水利学院，共获水利电力部投资逾亿元。[①] 联合办学、委托培养等办学形式的改革，标志着高校开始打破部门办学、地区办学的局限，为解决"条块分割"问题积累了经验。

3. 建立教学、科研、生产三结合的联合体

《决定》中关于"建立教学、科研、生产联合体"的精神，既是对工科院校的改革要求，也是对改革开放之后各工科高校教育改革的经验总结。上海华东化工学院自1982年以来，先后与江苏常州市、上海市青浦县、中国石油化工总公司、上海吴径化工联合公司等二十个单位签订协议，截至1986年，共建立了教学科研生产联合30余个。[②] 浙江大学先后建立了17个研究所、6个研究室，与天津市签订科技合作协议，成立教学、科研、生产联合体，建立了液压、光学仪器、计算机应用软件等开发公司。哈尔滨工业大学和风华机器厂联合研制成功焊接机器人，通过鉴定并投入生产。东南大学1987年与南京浦口区联合建立"江苏浦口科学工业园"。[③] 广东省属工科院校广东工学院（现广东工业

---

① 郝维谦、龙正中主编《高等教育史》，第411页。

② 曾繁籍、王革：《教学、科研、生产三结合的新发展——华东化工学院与有关单位建立教学、科研、生产联合体的调查》，《中国高等教育》1986年第7期。

③ 郝维谦、龙正中主编《高等教育史》，第419、420页。

大学）1984 年以来，与生产企业单位联合建立了 12 个联合体，主要采取的形式有如下三种：一是专项科技成果移植生产的方式；第二种是以合作攻关，共同开发，共同投资经营的方式；三是以科研生产长期合作的方式等合作形式。[①]

《决定》颁布之后，高校还在招生制度、内部管理等多个方面进行了改革探索。

（二）工科院校教育教学与课程改革逐步展开

在《决定》颁布之后，高等教育体制改革逐步深入，教学及课程改革又一次提到重要的议事日程。根据当时高等教育发展的状况，国家教委提出了高等教育发展重心要放在"着重提高"方面。教学改革被作为"着重提高"的重点领域，提出"积极而稳妥地进行教学改革，培养新时期需要的人才"，教学改革的核心问题是要解决"新时期的人才观和质量观"，"到底新时期需要什么样的人才？新时期的人才怎样才叫高质量？"[②] 这些涉及高校培养人才的目标、规格、课程设置等具体问题，成为当时各高校在教育教学改革中讨论的热点，国家教委积极推动，在全国高校开展了关于教育思想的讨论。在教学改革中，工科院校走在前列，成为教育教学改革的重点领域。

1. 工科院校培养目标和培养规格的调整和制定

《决定》颁布实施以后，在教学领域，教育部将本科生培养规格和本科生培养方案的总体设计作为着重抓的一项工作，按照时任国家教委高教二司副司长王冀生当时的说法，"这个问题是到了认真解决的时候了"。[③]

制定本科生基本培养目标和规格的工作首先是在工科教育中开展

---

① 黎新森：《教学科研生产三结合的新型组织形式——联合体》，《高教探索》1987 年第 1 期。

② 王冀生：《端正教育思想，推动教育改革》，《高等教育研究》1986 年第 3 期。

③ 王冀生：《坚持改革，着重提高》，《中国电力教育》1986 年第 1 期。该文系王冀生在水电部高教研究会召开的教学改革研讨会上的所作的专题报告。

的。1986 年 5 月，华中工学院（现华中科技大学）承担国家教委高教二司委托项目，开展工科（工程技术类）本科生基本规格的研究。课题研究的主旨是根据社会主义建设发展的要求和学校目前可能的条件，探讨新时期工科本科教育的培养目标，研究工科本科毕业生应当达到的起码要求。"在我国坚定不移地实行对外开放、搞活经济和党中央相继作出经济、科技、教育三个体制改革决定的新形势下，进一步明确新时期工科本科生的基本规格，明确全面提高毕业生的基本素质的方向"，以利于科学培养人才、合理使用人才、进行教育改革、开展教育评估等。① 课题组在研究中围绕着培养要求和毕业生现状两个问题进行，调查的对象包括国家教委、工业部委和省、市所属工科院校的毕业生。课题组在提交的《工科本科生基本规格》建议稿中，提出工科本科教育"基本学制四年，培养符合社会主义建设要求的工程师后备人才"，培养规格结构，明确了包括四方面：基本政治素质、基本专业素质、基本身体素质和基本文化素养。其中将文化素养作为工科学生培养规格的重要组成部分，是这份报告的重要贡献。基本文化素养是"具有无愧于受过高等教育的语言文字修养、文学艺术修养和文明礼仪修养"。② 这份研究报告对于当时的工科院校教学改革起到了良好的推动作用。

同年 8 月，国家教委高等工业学校教育研究协作组在大连召开高等工程教育第四次专题研究会。这次专题研究会的中心议题是关于工科本科生培养目标和基本规格的研究。经过与会代表认真的讨论和修改，会议提出了《工科本科教育培养目标和本科生基本规格（建议稿）》和《关于制订工科本科生教学计划的基本要求（建议稿）》。

国家教委对相关建议稿征求部分院校意见并进行修改后，于同年

---

① 华中工学院工科本科生基本规格问题课题组：《关于工科本科生基本规格的调查和建议》，《高等工程教育研究》1987 年第 1 期。

② 华中工学院工科本科生基本规格问题课题组：《关于工科本科生基本规格的调查和建议》，《高等工程教育研究》1987 年第 1 期。

11 月发布《普通高等学校工科四年制本科教育的培养目标和本科生的基本规格（征求意见稿）》（国家教委［86］教高二司字 036 号文），对工程教育本科人才的培养规格表述为："工科本科教育培养适应社会主义建设需要的德智体美全面发展的、获得工程师基本训练的高级工程技术人才。学生毕业后去工业生产第一线，从事设计、制造、运行、研究和管理等工作。"① 并明确规定了工科本科生在政治思想、基础和专业知识、能力、技能、身体素质以及文化素质等方面的规格要求。

2. 工科院校教学制度改革

在教学制度改革方面，这一时期在工科院校的专业设置、学分制、选修制以及教学管理制度等方面的改革探索逐步深入。

专业设置方面，20 世纪 50 年代以来专业设置原则和方式急需改革，主要专业的培养口径过窄，工科多数按照产品、工种设置专业。专业设置存在"需要什么人就设什么专业的观念"，在"文革"期间"专业设置十分杂乱，没有章法"。② 1982 年教育部组织进行高等学校本科专业目录的修订工作，这次大规模的本科专业目录调整修订工作到 1987 年方告完成。就工科教育而言，这次修订工作的主要目的是改变专业设置过窄、划分过细的问题，增强人才的适应性。当时全国 186 所工科院校，按专业名称统计共设置本科专业 686 种，其中工科专业为 664 种，专业设置在不同程度上存在着过细、过窄的问题。在工科院校专业中存在着大量的以产品为对象的专业，例如，有机和无机化工专业中，各有 16 个专业，产品专业各有 11 个，占 68%。③ 调整、修订工科专业目录已成为当时亟待解决的任务。1984 年经教育部召开的全国普通高等学校工科本科专业目

---

① 刘英杰主编《中国教育大事典（1949—1990）》（下），浙江教育出版社，1993，第 1199 页。
② 龙正中：《高等教育教学改革不断深化》，《改革开放 30 年中国高等教育改革亲历者口述纪实》，教育科学出版社，2008，第 140 页。
③ 谢祖钏、傅雄烈主编《高等工程教育概论》，北京航空航天大学出版社，1992，第 39 页。

录审定会议最后审定，形成《高等学校工科本科通用专业目录》。1984 年 7 月，国家计委和教育部正式发出通知，将修订后的专业目录印发试行。在这份目录中，工科专业共列 255 种（其中通用专业 172 种，试办专业为 32 种，军工专业 51 种）。① 这份目录以宽为主，宽窄并存，"比原来前进了一步"。② 在工科专业目录修订调整的同时，全国普通高校本科专业目录的修订工作陆续进行。1987 年 12 月，普通高等学校各科专业修订工作基本完成，各科专业目录陆续公布。调整后的变化情况如表 7-6 所示。

表 7-6　普通高等学校各科专业调整前后变化情况一览

专业数	文科	财经	政法	理科	工科	农（林）科	医（药）科	合计
调整前	118	99	10	138	664	93	50	1172
调整后	107	48	9	70	255	75	57	621

资料来源：何东昌主编《中华人民共和国教育史》下卷，第 686 页。

1984 年修订完成的工科专业目录基本上适应了当时社会经济建设发展的需要，20 世纪八十年代改革的形势日新月异，随着经济改革的深化和科技的发展，实践证明当时改革的步子迈得不够大，由于修订工作是在当时的体制基础上进行的，修订之后的专业口径仍然偏窄，而且灵活性不足，各科类之间也存在协调性、系统性不够的问题，有必要进一步修订专业目录。1992 年 10 月，国家教委（1985 年 6 月 18 日国家教委成立，教育部撤销）高教司在武汉市华中理工大学召开"普通高等学校工科本科专业目录调整方案研究论证会"。研究论证《普通高等学校工科本科专业目录调整方案》（草案）是本次会议的主要任务。这次会议研究论证的方案，是在原目录的基础上，根据拓宽专业口径、增强人才适应性的原则，对专业目录进行适当调整，会议最后通过的方案

---

① 《普通高等学校工科本科专业目录调整方案研究论证会在武汉举行》，《高等工程教育研究》1992 年第 4 期。

② 王冀生：《端正教育思想，推动教育改革》，《高等教育研究》1986 年第 3 期。

将目录分为 20 类，计 162 种专业。① 在国家教委 1993 年 7 月正式颁布《普通高等学校本科专业目录》，将原有的 671 种本科专业压缩到 504 种，其中工学门类下设二级类 22 个，工科专业为 181 种。② 这次调整重点解决专业归并和总体优化的问题，调整之后基本形成了体系完整、统一规范、比较科学合理的本科专业目录结构。

在教学管理制度方面，工科院校在《决定》颁布之后，进一步推行了学分制。1986 年时，实行学分制的高校接近高校总数的 1/5，大多数重点院校实行了学分制。到 1992 年，全国已有 1/3 的高校实行了各种形式的学分制。此外，高等学校还在主辅修制、双学位制、三学期制、导师制等方面进行了积极的教学探索。③

3. 工科院校的教学内容与课程改革

经过 20 世纪 80 年代以来的改革，工程教育领域在确定了工程教育的层次、规格、学习年限和进一步修订专业目录之后，国家教委将重新修订教学计划作为教学改革的重大措施来实施。1984 年 8 月大连召开的部属高等工业学校第三次专题研究会上，清华大学、天津大学等六院校提交了《修订工科本科教学计划的原则和规定》讨论稿，经讨论修改，形成《关于全国普通高等学校修订工科本科教学计划的原则和规定（建议稿草案）》，提交同年 11 月拟定在西安召开的高等工程教育第三次专题研究会。由于改革形势的变化，根据十二届三中全会精神，西安会议召开时暂时搁置该建议稿，由各工科院校参考该建议稿，根据自身实际先行修订教学计划开展教学改革试点。④

1985 年《中共中央关于教育体制改革的决定》颁布，高校教学计划的修订权限下放给学校，以扩大高校办学的自主权，对于教学计划和

① 《普通高等学校工科本科专业目录调整方案研究论证会在武汉举行》，《高等工程教育研究》1992 年第 4 期。
② 何东昌主编《中华人民共和国教育史》下卷，海南出版社，2007，第 687 页。
③ 何东昌主编《中华人民共和国教育史》下卷，海南出版社，2007，第 688~690 页。
④ 《王冀生副司长在高等工程教育第三次专题研究会总结会上的讲话》，《高等工程教育研究》1984 年第 2 期。

教学大纲的修订国家教委仅提出原则性的指导意见，供学校参考，各级各类学校可自行修订，打破了计划经济时代形成的从教学计划到课程编制的统一性、计划性，和由此而形成的课程内容上的专、窄的弊端。

　　在教学内容和课程建设方面，这一时期各工科院校的改革逐步深化，并对教学实施过程进行了深入的改革探索。清华大学从20世纪80年代初就开始探索课程改革建设问题，1985年以来，提出了"重点课程建设和一类课程评选"的改革目标，着重抓了重点课程建设和"一类课"评选，经过十年建设，到1990年时全校已累计五批共评选26门"一类课"，对于提高全校课程的教学质量起了很好的示范和推动作用。从1988年起，清华大学在课程建设方面有计划地进行教学内容、教学体系和教学方法的改革，按照全校课程建设规划，制定了不同类别课程建设的标准，积极、稳步地开展课程内容和体系改革，打破了统一的规格和模式。同时，为了提高学生的实践能力，创造条件加强校内外实践基地建设，重点为本科教学实践基地进行投资建设，分期、分批地改善了一批教学实验室条件，充实了金工实习装备，建立了电子工艺实习基地。建立一批相对稳定的校外实践基地，通过多种形式的厂—校结合，使学校成为工厂人才培养和科技协作的基地，工厂成为学生劳动实习和从事各种实践教学活动的基地。① 西安交通大学提出，教学内容和教学方法的改革是各项改革的关键，注重学生能力培养是改革的重要任务，一切教学改革试验都围绕提高教学质量的目标。② 学校设立课程建设基金，每年以30万元的力度支持学校的课程建设，该校热工教研室积极开展教学改革和课程建设，在此期间编写、翻译出版了一系列本科和研究生教材，对我国工程热力学的教学与研究产生了较大的影响。他们开展的热工课程教学改革项目"锐意改革，全面提高热工课程教学质量"，荣获1989年全国第一次"普通高校优秀教学成果国家级特等

---

　　① 周远清、袁德宁：《关于深化教学改革的思考》，《中国高等教育》1990年第10期。
　　② 《大西北的灿烂明珠》，《瞭望》1986年第21期。

奖"。①

4. 工程教育实践教学改革逐步深化

实践教学是工程教育的重要组成部分，实习、实践环节是培养工程技术人才的基础，对于学生思想政治素质、工程素质、科学素质、文化素质和身心素质等综合素质的培养具有不可替代的作用，尤其是对于学生创新能力的培养，具有其独特的地位和作用。20 世纪 50 年代以来，按照苏联模式形成的中国工程教育体系，随着时代的发展，其弊端逐渐显现。但是苏联模式在教学中"重基础理论，重实践"的优点对于培养工程技术人才意义重大。计划经济时代，"实习都是有计划的，由上面的领导管理，学校统一安排，其中工科要求有四次实习"。② 改革开放以来，尤其是经济体制改革的深入，工科院校的实习实践工作遇到了一系列问题，传统的实践教学模式难以顺利开展。

1986 年国家教委组织了一系列关于高校实践教学改革改进工作的调研，并形成报告报请国务院批准。1987 年 9 月国务院批转国家教委《关于改进和加强高等学校生产实习和社会实践工作的报告的通知》，报告指出："由于认识上的原因和客观上出现的一些新情况，致使组织高校学生参加实习遇到一些新问题。主要是：落实实习场所相当困难，学生参加实习受到很大限制；实习要求不够明确，指导管理不力；思想政治工作薄弱，学生中有轻视实践、轻视劳动的倾向；有些单位实习收费偏高，学校实习经费开支困难。这就使得实习普遍受到削弱，效果较差。许多用人部门反映，高等学校近期的一些毕业生在思想上、业务上不能很好地适应社会主义建设的需要。实习工作薄弱，是产生这种情况的重要原因之一，必须引起各地区和有关部门的高度重视。"③ 报告从

① http：//nht. xjtu. edu. cn/nht/course/rlx/para/lsyg. htm.
② 龙正中：《高等教育教学改革不断深化》，《改革开放 30 年中国高等教育改革亲历者口述纪实》，第 142 页。
③ 《国务院批转国家教委关于改进和加强高等学校生产实习和社会实践工作的报告的通知》，人民日报官网"法律法规库"：http：//www. people. com. cn/item/flfgk/gwyfg/1987/206004198703. html。

两个方面提出要求：一是高校内部改进工作；二是社会方面解决问题，这些问题是：①提高社会对问题的认识，增强社会的责任感；②要求各个地区、各个部门、各个行业加强对这项工作的具体领导，解决长期挂钩、建立相对稳定的实践基地的问题（包括实习条件、生活条件、指导教师等等）；③合理解决实习经费的问题，使学校能够负担得起。①

1987 年原国家教委发布的《关于改革高等学校科学技术工作的意见》提出，为适应经济、科技和高等教育的发展需要，国家教育委员会争取多方支持，选择若干重要科技领域，在确具优势特色的高等学校里，办好一批重点研究与开发基地。基础性研究方面，逐步建立一批面向国内外开放的主要从事基础研究和应用研究中基础性工作的研究实验室；在应用研究与技术开发方面，逐步形成一批与产业界密切联系或结合的、以开展基础工程科学研究和综合性技术开发与试验为重点的工程研究中心。

从 1988 年到 1989 年 11 月，经国家教委科技司同意，大连理工大学等 4 所具备一定基础和条件的大学开始试办工程研究中心。在此基础上，国家教委于 1990 年对建设高等学校工程研究中心进行了总结，出台了《关于在若干有条件的重点大学建立工程研究中心的研究报告》。这些政策措施一方面加强了高校科技改革和发展的工作，同时也进一步提升了工科院校实习实践工作的水平。

（三）教育体制改革的深化与工程教育的改革发展

1985 年《中共中央关于教育体制改革的决定》发布以来，高等教育办学和管理体制的改革探索逐步开展，但是由于经济体制、政治体制和科技体制等影响教育改革的外部条件尚未成熟，其他配套措施也在改革完善之中，因此，高等教育体制改革仅在局部有所创新发展，并没有突破性的进展。1992 年邓小平南方谈话和党的十四大召开之后，中央

---

① 朱开轩：《关于高教工作的若干问题》，《中国高教研究》1987 年第 1 期。

明确提出了建立社会主义市场经济体制的要求，进一步提出把教育摆在优先发展的战略地位。

1992 年 11 月全国第四次高等教育工作会议召开，讨论研究并提出了深化改革、加速发展的思路和政策措施。1993 年 2 月《中国教育改革和发展纲要》颁布，《纲要》确立了新的教育发展的目标，关于 90 年代教育体制改革的目标，《纲要》指出："采取综合配套、分布推进的方针，加快步伐，改革包的过多、统的过死的体制，初步建立起与社会主义市场经济体制和政治体制、科技体制改革相适应的教育新体制。"《纲要》对办学体制、管理体制、人才培养体制、投入体制等提出全面的改革要求，标志着有中国特色社会主义教育体制的建设进入了崭新的发展阶段。

随着经济体制向市场经济体制的转轨和社会主义现代化发展战略目标和发展模式的变革，1998 年《面向 21 世纪教育振兴行动计划》出台，2004 年颁布《2003-2007 年教育振兴行动计划》，以教育体制改革为先导和龙头的教育全面改革不断深化，包括工程教育在内的高等教育整体水平显著提升，在服务科教兴国战略和人才强国战略中实现了跨越式发展，由高教大国迈向高教强国。

1. 高等教育管理体制改革的深化

中国高等教育在 20 世纪 90 年代改革的重点有两个：一是体制改革，这是高等教育改革的关键；二是教学改革，这是高等教育改革的核心。[1]《纲要》颁布之后，高等教育体制改革中，管理体制改革被称为"我国高等教育改革在九十年代难度最大、力度最大、进展也最大的一项全局性改革"。[2]虽然经过 1985 年以来高等教育体制的逐步改革，但是在办学体制和管理体制方面并没有触及深层次的问题，管理体制中的弊端仍未革除。

---

[1] 周远清：《中国高等教育现状》，《周远清教育文集》，高等教育出版社，2001，第196页。
[2] 朱开轩：《在国家教委 1998 年教育工作会议上的讲话》，《中国高等教育》1998 年第 2 期。

当时的管理体制方面的四大弊端：一是条块分割。在高校类型上，分为国家教委直属、中央部门直属、省级政府和各厅局所属学校。"在一个地方，中央有工业大学，地方有工学院"，"部门院校为部门服务，省属院校为地方服务，条块分割的格局弊端极大"。二是单科高校太多。"部属高校基本上属于单科类高校，委属的一些理工科大学基本上也是属于单科类学校"。三是高校体制不适应社会主义市场经济体制的走向。四是高校规模效益低，结构不合理。① 实际上，20世纪90年代高校在管理体制方面的改革，主要就是要解决部门办学的问题。部门办学问题既是改革的重心，又是改革的突破口。历史形成的部门办学的体制，随着形势发展，越来越暴露出条块分割，低水平重复建设，规模偏小，效益偏低，专业偏窄，人才培养类型单一，适应性差的诸多问题，必须要根据市场经济发展的要求进行改革；另一方面，90年代以来随着政府管理职能和结构改革的逐步深化，部门办学已经难以为继，不得不进行改革。

1994年之后，国务院和国家教委连续在上海、南昌、北戴河、扬州等地组织召开了全国高教体制改革座谈会。1994年上海召开的全国高等教育体制改革座谈会上提出采取五种形式改革高校管理体制，包括共建、合作办学、企业集团参与办学、合并和转由地方管理等。1996年北戴河会议上，概括实践中的探索形成了"共建、合作、合并、协作、划转"五种改革形式。截至1997年，全国30个省（自治区、直辖市）、48个中央部委对400余所高校进行了管理体制改革工作。1998年扬州召开的高等教育管理体制改革经验交流会，进一步提出了"共建、调整、合作、合并"的八字方针。② "共建"是将部门与地方条块各自办学转变为共同办学，包括省市与部

① 周远清：《当前中国高等教育的形势与任务》，《周远清教育文集》，高等教育出版社，2001，第207、208页。
② 马陆亭：《我国高等教育管理体制改革30年——历程、经验与思考》，《中国高教研究》2008年第11期；郝维谦、龙正中主编《高等教育史》，第530页。

委以及部委之间共建高校；"调整"是指对高等教育区域设置不合理或学科、层次设置不合理的情况进行调整，重点解决学科重复设置、分散、封闭的问题；"合作"就是原隶属关系不变，投资渠道不变，要通过优势互补、校际间教学和科研的合作，打破封闭办学和重复设置的问题；"合并"旨在调整不合理的办学结构，以提高教学质量和办学效益，发挥学科优势互补和规模效益。[①] 在"九五"期间管理体制改革主要以共建、合作办学为主。九十年代的高校管理体制改革工作，改革的力度很大，影响深远，这项工作的高潮直到 2002 年左右方告平息。

到 2000 年，经过 8 年的时间，全国共有 31 个省市（自治区）、60多个国务院部门（单位）参与了改革，涉及高等学校 900 余所。有 556所高等学校（普通高校 387 所、成人高校 169 所）经合并调整为 232 所（普通高校 212 所、成人高校 20 所），净减 324 所；有 509 所高校进行了管理体制的调整（普通高校 296 所），其中中央部门所属高等学校转由地方管理或以地方管理为主的共 360 所（其中普通高校 205 所），省（市）业务厅局划转省（市）教委管理的有 18 所；已实行共建的高校达几百所；有 317 所高等学校开展了校际间的合作办学，形成了 227 个合作办学体；有 241 所高等学校与 5000 多家企事业单位和科研院所实行了实质性协作办学，进行产学研结合。[②] 全国共有高校 1018 所，其中教育部直接管理的有 71 所，中央部门管理的有 50 所，以地方政府为主管理的共 897 所。[③]

在 20 世纪 90 年代高校管理体制改革中，对于工科院校而言，最具革命意义的是院校的合并。1952 年效法苏联模式进行的院系调整，是以"分"为主的，将综合性院校拆分为单科专门院校；90 年代的院系

---

① 马陆亭：《我国高等教育管理体制改革 30 年——历程、经验与思考》，《中国高教研究》2008 年第 11 期。
② 马陆亭：《我国高等教育管理体制改革 30 年——历程、经验与思考》，《中国高教研究》2008 年第 11 期。
③ 黄启兵：《中国高校设置变迁的制度分析》，福建教育出版社，2007，第 322、323 页。

调整，则是以"合"为主，目的是要恢复和加强综合性大学，标志着工程教育的结构体系发生了新的变化。1952 年调整之后形成的多学科工科大学诸如清华大学、同济大学、上海交通大学等通过合并整合，开始向综合性大学迈进。

在合并中有两种形式较为典型，一是"互补性合并"，文理型大学与工科大学合并，如江西大学和江西工业大学合并成立南昌大学；四川大学和成都科技大学合并成为四川联合大学等。二是"同类项合并"，即学科、专业相同或相近高校的合并。如上海城建学院、上海建材学院并入同济大学等；也有同一系统院校的归并，如上海铁道学院和上海铁道医学院的合并。"互补性合并"有利于文理工的交叉、渗透和结合，有利于培养复合型、创造型人才，也有利于产生新兴、边缘学科，显示高等教育适应世界科技发展的强大生命力。①

2. 重点理工大学的转型

"重点理工大学"是我国特有的概念，用来指称若干办学水平办学层次比较高的、被国家列为重点建设对象的理工科大学。20 世纪 70 年代末 80 年代初，我国一批重点理工科大学陆续提出改革建议，突破理工分家的模式，实现学科结构的综合化，创办新型的研究型综合性大学。1990 年之后，随着"211 工程"的推进，一批重点理工大学加快了向综合性大学转变的步伐。"985 工程"实施以来，在争创世界一流大学的进程中，"转型"成为重点理工大学实现创办世界一流大学目标的战略选择和发展重心。重点理工大学通过增设文理管医等多种学科、使学科结构和办学特征逐步实现向综合性大学转变的过程，称为转型时期。② 就转型的主体而言，在 20 世纪 80 年代以前，我国高等教育体系中，除了极个别理工大学是同时办了工科和理科之外，并没有形成一批真正的理工大学。当时的重点理工大学，多数是经 50 年代院系调整之

---

① 吴启迪：《探寻高校合并的最佳切入点》，《上海高教研究》1997 年第 2 期。
② 周进、姚启和：《关于重点理工大学转型的若干问题探讨》，《高等工程教育研究》2001 年第 2 期。

后，逐步建立发展起来的工科院校。因此，所谓重点理工大学的转型，
实质上就是指这些大学从多科性的工学院或工业大学向高水平的研究型
综合性大学的转变。

重点理工大学的转型有特定的时代背景、目标导向和政策框架。
1978 年我国实行改革开放之后，国家加快社会主义现代化建设步伐，
产业结构调整的步伐加快，除基础工业的现代化改造外，发展了电子、
通信、计算机等新技术产业。大学不仅要培养这些新兴产业所需要的人
才，还要成为这些新兴产业进一步发展的技术源头。但是，50 年代学
习苏联模式建立起来的中国工程教育体系已越来越不适应经济体制转型
和现代化发展的要求，对于存在的问题，杨叔子在 1996 年发表的文章
中谈到：一是工科和理科分开，单纯设置部分工科专业，而且专业口径
太窄，不利于培养学生的综合能力。理论基础不够，也使工科缺乏强有
力的理科作为支撑，缺乏发展与创新的能力，不利于学术水平的提高与
学科的发展和改造。二是工科和文科分开，只注重科技教育，忽视人文
教育，不利于培养学生的综合素质，特别是人文素质。三是只重视教
学，不重视科学研究，特别是不重视基础研究，也缺乏开展基础研究的
条件。四是以培养本科生为主，研究生教育的规模很小，不能形成国家
培养高层次人才的基地，与国家现代化建设和科学技术飞速发展的需要
不相适应。[①] 因此，按照"教育要面向现代化、面向世界、面向未来"
的指导思想，全面改革理工科大学以适应经济社会发展的需要，成为理
工科大学改革的当务之急，我国若干所重点大学的转型就是在这样的历
史背景下开始的。

在目标导向和政策框架方面，1985 年颁布的《中共中央关于教育
体制改革的决定》指出："高等学校担负着培养高级专门人才和发展科
学技术文化的重大任务，我国高等教育发展的战略目标是：到本世纪
末，建成科类齐全，层次、比例合理的体系，总规模达到与我国经济实

---

① 杨叔子、姚启和：《论重点理工大学实现四个转变》，《高等教育研究》1996 年第 2 期。

力相当的水平；高级专门人才的培养基本上立足于国内；能为自主地进行科学技术开发和解决社会主义现代化建设中重大理论问题和实际问题作出较大贡献。"同时，"有计划地建设一批重点学科。重点学科比较集中的学校，将自然形成既是教育中心，又是科学研究中心"。[①]

1990 年国家教委提出集中力量建设重点高校的问题，1991 年 4 月在《国民经济和社会发展十年规划和第八个五年计划纲要》中正式列入了重点办好一批大学和一批重点学科点的内容。1993 年 2 月《中国教育改革和发展纲要》颁布，提出："为了迎接世界新技术革命的挑战，要集中中央和地方等各方面的力量办好 100 所左右重点大学和一批重点学科、专业，力争在下世纪初，有一批高等学校和学科、专科、专业，在教育质量、科学研究和管理方面，达到世界较高水平"，"211 工程"开始实施。同年 7 月，国家教委制定了《关于重点建设一批高等学校和重点学科点的若干意见》，为"211 工程"的实施作了具体规定。"211 工程"的实施，促使一些重点理工大学为争取国家重点建设的投入和一流大学的地位而努力，从而极大地推动了我国相当一部分重点理工大学的转型，而且，各种理科专业、理科系也迅速在一些工科院校中设置起来。到 1990 年，除原有的综合性大学外，已有 70 多所高校办起了各种数学专业、物理专业、化学专业等，逐步改变了单一的工科学科结构，形成了向理工大学和综合性大学转型的发展势头。[②] 1998 年 5 月江泽民总书记在庆祝北京大学建校一百周年大会上的讲话中，提出要创办若干所世界一流大学。这样一来，加快"转型"成为重点理工大学谋求创建世界一流的关键。

表 7-7 所示为截至 1999 年 19 所重点大学"211 工程"重点学科建设中涉及数学、物理和化学项目情况统计情况。

---

① 《中共中央关于教育体制改革的决定》，《十一届三中全会以来重要教育文献选编》，第 186、187 页。
② 郝维谦、龙正中主编《高等教育史》，第 548、549 页。

表 7-7　19 所重点大学涉及数学、物理和化学项目情况统计

	"211 工程"重点学科建设项目名单
北京大学	数学、物理学、化学、新功能材料器件和分子工程学
南京大学	微结构物理及其应用、功能配位化学、近代声学与技术、天体剧烈活动与高能天体物理学
复旦大学	数学、表面物理、光物理与离子束物理
中山大学	高分子化学与物理及天然物化学、光学与光电材料物理
吉林大学	理论化学与催化剂等功能材料的分子设计、高压等极端条件物理与超硬多功能新材料、无机合成化学与材料化学、光电子学与光学
南开大学	数学、功能材料化学、复杂原子与金属有机化学、光学技术科学
武汉大学	空间物理学
四川大学	模糊系统与数学、原子分子科学与工程、高分子材料科学与工程
山东大学	功能材料科学技术、金融与数学
浙江大学	化学工程
清华大学	核技术及其应用实验室、核能工程与核能利用研究基地、工程热物理实验室
大连理工大学	精细化工科学与技术、低温等离子体科学与工程

资料来源：教育部科学技术司编《中国高等学校科技 50 年》，高等教育出版社，1999，第 498～514 页。

　　从重点大学办学改革实践方面来看，自 20 世纪 80 年代初开始，工科院校逐步探索学科专业的改革，一批多科性工业大学逐步增设理科、文科和管理学科，开始改变学科结构，同时加强科学研究工作，积极发展研究生教育，为办成综合性研究型的高水平大学而努力。华中工学院在 20 世纪 70 年代末 80 年代初创办了激光技术、计算机科学与技术、信息工程、微波技术、系统工程和生物力学等一批具有广阔发展前景的边缘学科和综合性学科专业；到 1983 年，华中工学院已先后设立了工程力学、应用数学、应用化学等应用理科专业；同时又创办了新闻、管理等应用文科和管理学科专业。时任院长朱九思提出："我们办大学，培养人才，就既要考虑为实现四化战略目标在 80 年代准备时期的需要，

又要考虑90年代经济振兴时期的需要，还要考虑21世纪生产和科学技术发展的需要。"①

重点理工大学转型的根本任务就是优化学科结构，促进学科之间的交叉渗透，努力提高学科的水平；战略目标是建设世界知名高水平的乃至世界一流的大学。重点理工大学的转型发展，是改革开放以来中国工程教育发展的重大变革，同时又是涉及高等教育改革全局的重大问题。在全国重点大学体系中，理工大学占据大多数。1993年，我国共有理工大学207所，占全国本科院校的33.1%；全国96所重点院校中重点理工大学有53所，占55.2%。② 因此，重点理工大学转型起到了推动高等教育改革转型发展的示范和引领作用。全面提升重点理工大学教育质量和学术水平，对于实现"211工程"、"985工程"的战略目标，对于高等教育改革的全局意义重大。

在转型发展过程中，由于重点理工大学具有优良的办学传统和社会声誉，通过合并重组，迅速提高了综合实力，学科建设成效显著；依托强势理工学科发展新兴学科、交叉学科，学科格局发生根本性变化，使这些学校逐步迈向世界一流的以理工为主的高水平大学。

表7-8　10所重点理工大学转型时期学科发展情况统计

	SCI论文发表情况（篇）		工学博士点占理学工学博士点总数的比例（%）		理学、工学博士点总数发展情况（个）		承担国家自然科学基金项目经费（万元）	
	1989年	1998年	1981年	1998年	1981年	1998年	1986年	1999年
清华大学	99	424	90	84	30	70	335.04	1518.40
浙江大学	67	243	79	77	14	40	133.70	1772.00
东南大学	23	111	100	100	7	23	96.20	326.30
西安交通大学	50	89	100	94	12	35	152.40	472.80

① 杨叔子、姚启和：《论重点理工大学实现四个转变》，《高等教育研究》1996年第2期。
② 国家教委直属高等工业学校教育研究协作组"社会主义高水平理工大学目标与建设课题组"：《社会主义高水平理工大学大学目标与建设研究报告》，《重庆大学学报（社会科学版）》1996年第3期。

续表

	SCI 论文 发表情况 （篇）		工学博士点占理学 工学博士点总数的 比例（%）		理学、工学博士点 总数发展情况 （个）		承担国家自然 科学基金项目经费 （万元）	
	1989 年	1998 年	1981 年	1998 年	1981 年	1998 年	1986 年	1999 年
华中理工大学	35	92	100	96	10	30	71.10	464.90
上海交通大学	47	113	92	90	12	35	109.10	536.70
天津大学	23	101	100	100	9	30	162.90	752.60
大连理工大学	24	55	100	88	7	27	79.05	347.80
同济大学	20	52	100	81	6	27	45.50	271.30
华南理工大学	12	45	100	100	5	19	62.00	410.70

资料来源：周进：《基础速度优势——我国若干重点理工大学转型时期学科发展实证研究》，《学位与研究生教育》2002 年第 7～8 期。

（四）工科院校教育教学与课程改革的深化

20 世纪 90 年代以来，随着高校管理体制改革的深化，高校教学改革的速度进一步加快。1992 年 11 月，当时的国家教委副主任朱开轩指出："高等教育的改革和发展，体制改革是关键，教学改革是核心，发展规模、提高质量和效益是目的。"[①]

深化教学改革，提高教育质量，是高等教育改革的核心，教学改革的核心在于教学内容和教学方法的改革。《中国教育改革和发展纲要》颁布后，新一轮教学改革开始启动，并大大加速了改革的步伐。新一轮教学改革所针对的主要有六方面的问题：一是专业设置过窄；二是教学内容偏旧；三是人才培养模式单一；四是外语水平偏低；五是教学方法偏死；六是人文教育过弱。[②] 以上这些问题，多数是《决定》颁布后着力改革的问题，虽然取得一定效果，但是由于问题是长期积累的结果，在新一轮改革中仍然要下大力气加以改革。此后，经过一系列重大措施

---

① 朱开轩：《认真贯彻十四大精神，加快改革和积极发展普通高等教育》，《中国高等教育》1992 年第 12 期。

② 周远清：《体制改革是关键，教学改革是核心》，《改革开放 30 年中国高等教育改革亲历者口述纪实》，第 68 页。

的实施，教学改革取得可喜的成就，工程教育院校在教学改革中始终最为活跃，成果也最为显著。

1. 专业目录和专业结构的修订与调整

《纲要》颁布之后，国家教委加快了本科专业目录总体修订工作的进程。1993 年 7 月印发了修订后的《普通高等学校本科专业目录》并开始实施，修订后的专业目录旨在引导高校拓宽专业口径，增强适应性。1997 年在社会主义市场经济经济体制的建立和科技事业发展的新形势下，为培养面向 21 世纪需要的复合型、创新型高级专门人才，改革人才培养模式，改革开放以来的第三次高等学校专业目录修订工作启动。1997 年 4 月，国家教委发出了《关于普通高等学校修订本科专业教学计划的原则意见》，组织开展本科专业目录的修订工作。按照国家教委的要求，工科专业目录要先行一步，组织了以清华大学牵头，主持单位有同济大学、华中理工大学、中国矿业大学、无锡轻工大学、西安交通大学、大连理工大学、北方交通大学、北京理工大学等院校的课题组。修订专业目录的基本原则是：①减少专业种类，拓宽专业基础，柔性改置专业方向，工科专业种类争取缩减为现有专业目录种类数量的一半左右，各校专业方向的设置，目录不作规定；②立足我国国情，兼顾当前和长远需要，制定适应我国工业发展的工科专业体系；③合理增设新兴与交叉学科专业；要把专业名称调整与教学体系改革结合起来。[①]该课题被列为"面向 21 世纪高等工程教育教学内容和课程体系改革计划"第一批立项项目，重点实施。

1998 年 7 月，教育部颁布了《普通高等学校本科专业目录》，将原来的 504 种本科专业压缩为 249 种，压缩幅度达到了 50.6%，其中工科专业从 181 种减少到 70 种。表 7-9 反映了包括工科专业调整在内的三次本科专业调整情况。

---

① 《全国工科本科专业目录修订工作正积极展开》，《清华大学教育研究》1997 年第 1 期。

表 7-9　改革开放以来我国进行的三次专业目录调整

序号	开始调整时间	发布专业目录时间	总专业数	工科专业数
1	1982 年	1987 年	1343 种→671 种	664 种→255 种
2	1989 年	1993 年	671 种→504 种	255 种→181 种
3	1997 年	1998 年	504 种→249 种	181 种→70 种

资料来源：蔡映辉：《改革开放三十年我国高等工科人才培养回顾及评述：基于教育政策的视角》，《国家教育行政学院学报》2008 年第 12 期。

改革开放以来三次本科专业调整，基本的趋势是减少专业总数，进一步拓宽本科教育人才培养的口径，增强人才培养的适应性；同时逐步优化专业结构，适时增加和加强适应市场经济急需的学科专业设置。2001 年 10 月教育部《关于做好普通高等学校本科学科专业结构调整工作的若干原则意见》特别提出，国家未来发展急需的高新技术类专业人才、高层次经营管理人才供给不足，面向地方经济建设的应用型人才培养薄弱等。而这些问题的解决，要求高等学校以积极发展高新技术学科和应用学科为重点，努力形成与国家经济、科技和社会发展相适应的人才培养体系。高等院校应拓宽基础，加强素质教育和能力培养。

2. 工程教育教学内容改革和课程建设计划

1994 年，原国家教委启动实施"高等教育面向 21 世纪教学内容和课程体系改革计划"。同时专门针对工程教育教学内容和课程改革，原国家教委于 1995 年 3 月发布《关于组织实施"面向 21 世纪高等工程教育教学内容和课程体系改革计划"的通知》，正式提出工科的教学内容和课程体系改革计划，1996 年国家教委批准了《面向 21 世纪高等工程教育教学内容和课程体系改革计划》。该计划共 41 个项目，包括 236 个子项目，直接参加的学校有 100 多所。为加强对这批教改项目的管理和指导，进一步推动教学改革的进程，国家教委高教司还特聘请有关专家、教授成立《面向 21 世纪高等工程教育教学内容和课程体系改革计划》工作指导小组主要协助国家教委高教司对该项目实施管理，开展政策和学术研究，并协助高教司指导国家工科基础课程教学基地建设。

截至 1996 年 9 月为止，国家教委先后批准在文、理、工、农林、医药、经济和法学等六大学科范围内，设立 221 个项目（含 985 个子项），其中理科 27 项，工科 41 项，共 300 多所高校的万余名教师参加了研究和改革实践。国家教委为这些改革项目拨款 700 万元，有关部委资助了 100 多万元。①

2000 年 1 月，教育部发出《关于实施"新世纪高等教育教学改革工程"的通知》。该工程的总目标是，通过对已有教学改革成果的整合、集成和深化研究，使之更加系统化、科学化，同时开展更大范围、更深层次的教学改革实践。当年，教育部批准了工程的第一批"本科教育教学改革立项项目"670 项，有 265 个高校或单位承担了有关项目的研究任务，经费总投入达 2530 万元②。

作为"新世纪教改工程"的重要组成部分，教育部于 2000 年 8 月批准"世行贷款 21 世纪初高等理工科教育教学改革项目"立项，教育部投入经费 953.2 万元，学校配套经费 3238.9 万元，学校主管部门配套投入及项目组自筹经费约 2801 万元。三项合计 6993.1 万元，每个项目资助强度平均 26.3 万元。266 个项目广泛分布于全国 31 个省、自治区、直辖市的 170 余所高等学校。该项目的实施在推动人才培养模式多样化、促进创新教育、推进教学内容更新和课程整合、加强实践训练环节等方面取得了成效。③

2003 年，教育部启动"高等学校教学质量和教学改革工程"，其中一个重要内容是开展精品课程建设，计划用 5 年时间建设 1500 门利用现代信息技术手段将课程相关内容上网并免费开放的国家级精品课程。在已入选的普通高等教育国家级精品课程中，工科类课程占了比较大的比例（如表 7-10 所示）。

---

① 中国教育年鉴编辑部编《中国教育年鉴（1997）》，人民教育出版社，1997，第 193 页。
② 中国教育年鉴编辑部编《中国教育年鉴（2001）》，人民教育出版社，2001，第 179 页。
③ 柯昌万：《高等理工科教改取得阶段性成果》，《中国教育报》2002 年 12 月 18 日，第 1 版。

表 7-10　2003~2010 年普通高等教育本科国家精品课程统计

年　度	总门数	工　学	
		门　数	占比（%）
2003	127	41	32.3
2004	248	69	27.8
2005	238	75	31.5
2006	252	83	32.9
2007	405	128	31.6
2008	400	127	31.8
2009	400	128	32.0
2010	438	149	34.0

数据来源：教育部网站：http：//www.moe.gov.cn/。

2007 年，教育部、财政部实施"高等学校本科教学质量与教学改革工程"（质量工程二期），其中包括建立"工程教育改革集成项目参与学校人才培养模式创新实验区"80 个，计划每个实验区资助 50 万元，合计 4000 万元。

为全面实施工程教育面向 21 世纪教学内容与课程体系改革计划，加强国家工科基础课程建设，国家教委在 1995 年 11 月召开高等学校工科本科基础课程教学指导委员会和有关专业指导委员会工作会议，会议提出了"把怎样的高等工程教育带入 21 世纪"的议题。原则通过了《国家教委高等学校工科基础课程和有关专业教学指导委员会工作条例》和《关于制订高等学校工科本科基础课程及有关专业"九五"教材建设规划的原则意见》。①

1996 年 9 月，国家教委发布《关于建设国家工科基础课程教学基地的通知》，决定在普通高校中建设一批国家工科基础课程教学基地。同年 11 月，首批"国家工科基础课程教学基地"建设名单公布，各有

---

① 《国家教委召开高等学校工科本科基础课程教学指导委员会和有关专业教学指导委员会工作会议》，《教学与教材研究》1996 年第 1 期。

关高校申报基地建设 108 项，经评审确定第一批建设基地 45 个点，其中教委直属学校 22 个点，其他部委所属高校 23 个点。① 1997 年 4 月，国家教委组织召开了"工科基础课程教学基地"建设研讨会，印发了《关于加强工科基础课程教学基地建设的意见》，确定由"面向 21 世纪教学内容与课程体系改革计划工作组"负责指导"工科基地"点的教学内容和课程体系改革工作。1998 年，教育部高教司下发了《关于进一步加强"国家基础科学人才培养基地"和"国家基础课程教学基地"建设的若干意见》（教高司〔1998〕2 号），部署了"基地"建设的目标和工作的重点、"基地"布局、招生和毕业生去向、人才培养和教学改革、教师队伍建设、"基地"的硬件建设、经费投入、评估和验收、领导和管理等问题；规定教育部在"基地"建设启动 2～3 年后进行中期评估，5 年左右进行验收评估，符合验收评估要求的，正式确认为"基地"点。2004 年 1 月教育部高教司发布《国家工科基础课教学基地验收评估方案》，在随后进行的评估中，第一批建设的 45 个工科课程教学基地全部通过验收评估，被正式挂牌确定为国家工科基础课程教学基地，其中优秀 29 个，合格 16 个。

3. 大学文化素质教育的全面展开

改革开放以来，我国大学存在三种主要的课程改革：学术精英主导的大学人文教育课程改革；大学主导的通识教育课程改革；政府主导的大学素质教育课程改革。② 在工科院校教学改革中，按照国家教委的要求，各高校纷纷探索实施文化素质教育，理工为主的综合性院校逐步探索通识教育课程改革。

1994 年在国家教委主导开展了"加强大学生文化素质教育"为课题的人才培养模式改革实验，在全国理工科院校中开展了改革课程体

---

① 《国家教委关于公布首批"国家工科基础课程教学基地"建设名单的通知》，首都高教研究与决策网：http://cherd.pku.edu.cn/text_show.asp? id=201252。
② 应望江主编《中国高等教育改革与发展 30 年（1978—2008）》，上海财经大学出版社，2008，第 240 页。

系，加强工科大学生的人文素养的改革探索。1995 年 7 月国家教委印发了《关于开展大学生文化素质教育试点工作的通知》，确定北京大学、清华大学、华中理工大学等 53 所高校为加强大学生文化素质教育试点院校。1998 年 10 月，在试点的基础上教育部成立了"高等学校文化素质教育指导委员会"，同时批准建立包据 53 所院校在内的 32 个国家大学生文化素质教育基地。教育部明确规定，将加强文化素质教育作为高等学校本科教学合格评价和优秀评价中的重要内容。这些措施的实施，有效地引导了高校开展文化素质教育的积极性和主动性。

20 世纪 70 年代末 80 年代初，华中理工大学针对工科生缺乏人文知识及人文教育环境的现象，最早倡导加强理工科大学生的"基本文化素质教育"，并将其与"基本政治素质、专业素质和身体素质"并列，作为工科毕业生必备的基本素质。该校华中理工大学杨叔子院士身体力行倡导，首先在机械学院 96 级中开展大学生文化素质教育，并形成了《机械学院文化素质教育课程和教学计划设置方案》，构建了工科大学生"文化素质教育体系"，并在全校工科院系中全面推广。[①] 华中理工大学开展文化素质教育的经验和做法也为全国其他工科院校认可并将之逐渐推广实施。

清华大学也是国内最早开展文化素质教育的高等学校之一。1981 年该校设立了以文、史、哲为主的人文选修课，1987 年以制定性选修课方式将文化素质教育课程正式列入教学计划，1999 年首批建立国家大学生文化素质教育基地。2001 年在修订版培养方案中，课程总学分从 170 学分压缩到 140 学分，但是理工科学生文化素质教育课程由 5 学分增加到 13 学分。2006 年该校对文化素质教育方案进一步调整，将原来 10 个课组整合为 8 个，并重点建设一批以人文社科基础教育为中心的核心课程，大力促进文化素质教育课程的"精致化、规范化"。截至 2007 年，已有 3 门文化素质教育课入选国家精品课程，3 门入选北京市

[①] 杨叔子等：《在理工大学中加强文化素质教育的研究与实践》，《高等工程教育研究》1998 年第 1 期。

精品课程，年开课量 500 余门次。

（五）工程教育科技及实践教学的改革与创新

实践教学是工程教育的重要组成部分，在工程教育教学体系中，实践教学环节是培养工程人才不可或缺的环节。随着市场经济的发展，工科院校的实践教学遇到了很多困难，20 世纪 90 年代以来教育主管部门采取了一系列措施，加强和促进工程实践教学，工程教育院校纷纷改革实践教学模式，进行了改革探索。采取的形式有：

1. 创立高等学校工程研究中心。20 世纪 80 年代，我国高教界、科技界借鉴美国理工大学的模式，提出在重点理工大学中建立工程研究中心的建议，主要目的是加速推进科技成果转化，促进国民经济的发展和改革教育，培养适合国民经济发展需要的新型人才。[①] 1991 年国家计委决定实施国家工程研究中心建设计划，同年 7 月，国家教委科技司与国家计委科技司商定浙江大学自动控制工程研究中心先行试点，启动建设。随后，国家计委、科委陆续出台政策并组织建设国家级的工程中心。至 1993 年，已经在 20 余所高校创立了 24 个工程研究中心。[②]

1994 年 7 月，国务院在关于《中国教育改革和发展纲要》的实施意见中提出，到本世纪末建成 100 个左右国家级的基础研究基地和工程技术研究中心。此后，随着相关政策的陆续出台，工程研究中心建设发展迅速，截至 2007 年，依托高校建设的国家工程研究中心共 45 个，高校建立工程技术研究中心 37 个。据 2008 年的统计，全国 36% 的国家工程研究中心建在高等院校。[③] 这些工程（技术）中心的建立，加快了高新技术研究的开发和转化，提升了工程科技人才培养的质量，国家工程研究中心也成为国家创新体系的重要组成部分（见表 7-11）。

---

① 高文兵等：《关于在若干有条件的重点大学创办工程研究中心的研究报告》，宁玉田等主编《发展中的机会：一种技术转移的新模式 ERC》，科学出版社，1995，第 226 页。

② 袁成琛：《我国高等学校创办工程研究中心的回顾与展望》，宁玉田等主编《发展中的机会：一种技术转移的新模式 ERC》，第 307 页。

③ 应望江主编《中国高等教育改革与发展 30 年（1978—2008）》，第 334 页。

表 7-11　10 所重点理工大学优秀实验室统计

	优秀实验室总数	国家重点实验室数	教育部重点实验室数	国家工程中心数	涉及学科数
清华大学	22	13	5	4	22
浙江大学	10	6	1	3	13
东南大学	7	2	3	2	6
西安交通大学	8	5	2	1	11
华中理工大学	7	3	2	2	7
上海交通大学	8	4	2	2	6
天津大学	7	4	2	1	8
大连理工大学	4	3	1		8
同济大学	7	3	3	1	8
华南理工大学	4	1	1	2	3
十所大学平均	8.4	4.4	2.2	1.8	9.2

资料来源：教育部科学技术司：《中国高等学校科技 50 年》，第 446～480 页。

2. 建设重点实验室。截至 2009 年，依托大学和科研院所建立的国家重点实验室共 212 个，试点国家实验室 6 个，固定人员 1.4 万人，仪器设备总值 130 多亿元，其中依托高校建设的国家重点实验室 140 个，占总数的 64%。[①] 国家重点实验室已成为国家开展高水平基础研究和前沿技术研究的重要基地，成为培养优秀科技专家、开展学术交流的重要基地。

3. 在工程教育实践教学改革方面，各有关高校纷纷参照国外工程教育实践教学经验，特别是美国、德国的实践教学经验，对工程教育实践教学的各个环节进行了不断的改革，对提高实践教学的质量产生了积极作用。在教师队伍建设方面，逐步建立"双师型"教师队伍，并聘请企业高级工程技术人员担任实践指导教师。在实习基地建设方面，基于大工程观念，创办了一批具有国际水平的实习基地。

上海交通大学于 1997 年开始，利用"211 工程"和"985 工程"等国家重点投资，建立了以多学科工程集成为指导，以机电一体化为核

[①]　中华人民共和国科技部：《中国科学技术发展报告（2009）》，科学技术文献出版社，2010，第 57 页。

心，以产品设计、制造和控制为载体，具有前瞻性、先进性、标志性的创新实验基地——机械工程教学实验中心。该中心全部集中在一栋楼中，由专职教师、人员进行管理，全校设计、制造和控制课程体系方面的绝大部分实验与实践课均在此开设。它由以下 8 个实验室组成：机械工程综合陈列室、图形技术实验室、机械设计基础实验室、机械制造基础实验室、机电控制基础实验室、测量与综合测试实验室、CAD/CAM实验室和创新设计与制造实验室。[①] 北京航空航天大学于 1998 年开始，在世界银行贷款和"211 工程"的支持下，结合国家级教改项目和北京市重点教改课题的进行，基于大工程观念的指导思想，于 2002 年底建成了具有航空航天特色的以制造技术为平台的工程训练中心。该工程训练中心包含现代制造业的基本要素，形成了一个覆盖"机、电、控"多学科交叉的基础训练平台，构建了基本工程知识、基础训练和综合创新训练三个层次的实践教学体系。[②]

4. 在工科专业实践教学模式方面，我国工科院校传统的实践教学模式主要为：课程实验+课程设计+专业实习、毕业设计。20 世纪 90 年代以来，许多重点理工科大学对实践性教学环节进行了改革试验，形成了富有特色的实践教学模式，主要有以清华大学为代表的"寓学于研，强化创新实践"的模式，以浙江大学、上海交通大学和华南理工大学等为代表的以"推进本科生科研、提高工程实践创新能力"为主要目标的实践教学改革，以东南大学为代表的"开放式自主试验教学改革"等。[③]

（六）　工程教育教学评估制度的建立与发展

教育评估是保障教育质量的重要环节，20 世纪 80 年代，我国高等教育评估工作首先在工程教育院校开始试点，逐步推广到所有高校。

---

① 吴玉厚、王素君：《注重学生工程实践与创新能力的培养》，《沈阳建筑大学学报（社会科学版）》2004 年第 1 期。

② http：//baike.baidu.com/view/533361.htm.

③ 陈劲、胡建雄主编《面向创新型国家的工程教育改革研究》，中国人民大学出版社，2006，第 197～199 页。

1985 年 11 月，国家教委发布了《关于开展高等工科教育评估研究和试点工作的通知》。《通知》提出了建立高校评估制度的有关事宜，并分别对办学水平评估、专业评估、课程评估等作了试点工作部署。其中，委托机械工业部进行"机械制造工艺与设备"专业办学水平综合评估试点；委托城乡建设环境保护部和电子工业部分别进行"供热通风与空调工程"、"计算机及应用"两专业本科生培养质量评估试点；委托煤炭工业部在其所属高校、上海市选择少数高等工业学校进行综合评估整个高等工业学校办学水平的试点；委托黑龙江、陕西省、北京市三省市进行课程教学质量评估。[①] 此后，教育部公布了《高等工业学校办学水平评估指标体系（草案）》。

1986 年国家教委和机械工业部确定了西安交通大学、哈尔滨工业大学、湖南大学、陕西机械学院、山东工业大学、云南大学和大连工学院等 7 所学校为机械制造工艺与设备专业办学综合评估的试点实测单位。[②] 1987 年 6 月，国家教委发出了《关于正式开展高等工程教育评估试点工作的几点意见》，对正式开展试点工作进行了部署，将学校、专业、课程三个层次的评估试点集中到对本科教育工作状况和本科生全面教育质量评估上来，决定对不超过 55 所高校、"机械制造工艺与设备"等 3 个专业进行评估。同年，国家教委发布了《关于改革高等学校科学技术工作的意见》，提出了要建立科学研究工作的评估制度。《意见》提出要组织力量研究、制定科学的评估指标体系和度量标准。评估工作可按学校管理体制分层次进行。

国家教育委员会从 1988 年起，将选择若干个科学研究机构进行评估。1990 年颁布的《普通高等学校教育评估暂行规定》是我国第一个高等教育评估方面的法规性文件，是我国高等教育评估工作开始走向规

---

① 《关于开展高等工程教育评估研究和试点工作的通知》（85）教高二字 020 号，《高等建筑教育》1987 年增刊（总第 11 期）。
② 应望江主编《中国高等教育改革与发展 30 年（1978—2008）》，第 334 页。

范化的标志。① 这样，针对高等院校的合格评估、选优评估和随机评估
三类评估形式在《暂行规定》中被确定了下来。

1992 年底，国家教委成立全国高等学校设置评议委员会。按照
《中国教育改革与发展纲要》颁布施行之后，高校质量评估工作主体逐
步拓展，形成政府、高校、社会各界参与的保障体系。评估体系逐步完
善，从 1994 年初开始，普通高等学校的教学工作评估先后经历了合格
评估、优秀评估（1996 ~ 2000）和随机性水平评估（1999 ~ 2002）三
个阶段。评估按高校发展层次分类进行：即对"211 工程"院校的本科
教学工作优秀评估，对"文革"后建立的本科院校的合格评估，对一
般本科院校的随机性水平评估。到 2001 年年底，以上三类评估共计对
178 所高校进行了合格评估、对 16 所高校进行了优秀评估、对 26 所高
校进行了水平评估。

2002 年，教育部将合格评估、优秀评估和随机性水平评估三种方
案合并为一个方案，即现行的《普通高等学校本科教学水平评估方
案》。普通高等学校本科教学工作水平评估的结论分为优秀、良好、合
格和不合格四种。

从 2002 年至今，我国高等学校的教学质量评估工作进入了一个相
对稳定的发展时期，确立了五年一轮的逐步评估制度。2004 年 8 月，
教育部高等教育教学评估中心正式成立，这些都标志着包括工程教育在
内的中国高等教育的教学评估工作开始走向规范化、科学化、制度化和
专业化的发展阶段。

（七）工程教育专业认证制度的建立②

教育质量保障的另一个措施是进行专业认证。专业认证则是高等教
育认证制度的重要组成部分。1990 年在建设部和教育部的支持下，全
国高等学校建筑专业教育评估委员会率先成立，并出台了一整套评估文

---

① 于述胜等：《中国教育三十年：1978—2008》，四川教育出版社，2008，第 307 页。
② 除注明出处外，主要出自张文雪、王孙禺：《建立专业认证制度，推进高等工程教育改
革》，《中国高等教育》2008 年第 18 期。

件，其中包括委员会章程、认证程序、认证标准和方法等。1992 年开始，建设部先后组织了建筑学、土木工程、城市规划、工程管理、建筑环境与设备工程、给排水工程等土建类专业的认证评估。1995 年和 1997 年对全国 18 所高等学校的四年制本科层次的土木工程专业点进行了评估。1997 年还与英国工程师学会（ICE）和结构工程师学会（ISE）签署了土木工程专业评估认证互认协会。至 2007 年 7 月，全国已有 53 所高校的 141 个土建类专业点通过了认证，约占这类专业点总数的 15%。[①]

进入新世纪以来，中国工程教育认证问题的研究工作也逐步深入，制度建设纳入日程。2001～2005 年间，一系列与工程教育专业认证相关的会议先后召开，例如 2001 年 10 月在重庆召开的第五届中日韩工程院圆桌会议暨工程师资格认证与工程教育国际研讨会、2002 年 10 月 20～24 日在上海和北京召开的中美工程教育政策双边研讨会、2004 年 9 月 7～10 日在清华大学召开的第三届国际工程教育大会等。这些会议对工程教育认证问题进行了深入的研讨，推动了我国工程教育制度的建立。

2005 年清华大学等单位承担教育部和中国工程院立项课题《建立具有国际实质等效性的中国高等工程教育专业认证制度》，开展了工程教育认证标准和实施方案的研究。2006 年 3 月，教育部办公厅发出了《关于成立教育部工程教育专业认证专家委员会的通知》，成立工程教育专业认证专家委员会及秘书处，正式着手起草工程教育专业认证系列文件。与此同时，教育部连续组织在机械工程及自动化、电气工程及其自动化、化学工程与工艺、计算机科学与技术 4 个专业开展首批工程教育专业认证试点，8 所学校参与认证。

2007 年 1 月，教育部、财政部《关于实施高等学校本科教学质量与教学改革工程的意见》（教高〔2007〕1 号）提出，积极探索专业评估制

---

① 毕家驹：《中国工程专业认证进入稳步发展阶段》，《高教发展与评估》2009 年第 1 期。

度改革，重点推进工程技术、医学等领域的专业认证试点工作，逐步建立适应职业制度需要的专业认证体系。2007 年 2 月教育部发布《关于进一步深化本科教学改革全面提高教学质量的若干意见》（教高［2007］2号），将加强教学评估作为建立保证提高教学质量的长效机制，提出积极开展专业评估和工程教育认证、医学教育认证等试点工作，逐步建立高等学校、政府和社会共同参与的中国高等教育质量保障体系。

2007 年 6 月召开的全国工程教育专业认证专家委员会全会审议通过了关于认证的系列文件，包括《全国工程教育专业认证试点办法》《全国工程教育专业认证专家委员会章程》《工程教育专业认证标准（试行）》等。此后，随着认证试点工作的开展，对这些文件进行了多次修订。

2007 年，按照与国计民生、国家安全、生产安生、人身安全及环境保护等关系密切的原则，新增环境类、水利类、交通运输类、轻工食品类、地矿类 5 个试点工作组，开展了 18 所学校认证试点，并将机械、化工 2 个专业试点组分别改组为专业认证分委员会，将原委托建设部主持进行的土建类专业评估纳入新的专业认证组织体系。2008 年又增加安全工程专业，使专业认证试点范围达到 10 个专业领域，开展了 80 多专业次认证试点工作。[1] 2009 年全国工程教育专业认证专家委员会对华中科技大学机械设计制造及自动化专业等 27 所高校的 30 个专业点进行了专业认证。2010 年对大连理工大学材料成型及控制工程专业等 20 所高校的 27 个专业点进行了专业认证。[2]

工程教育专业认证具有质量保障和质量改进的双重目的，认证标准对于高等学校的工程教育改革和发展具有非常重要的作用。目前，我国工程教育认证工作体系已经从无到有，逐步走向完善，但是我国的工程教育认证制度和工程师资格认证制度还没有真正建立起来，当前，加入

---

[1]　吴启迪：《提高工程教育质量，推进工程教育专业认证》，《高等工程教育研究》2008 年第 2 期。

[2]　http：//see. bit. edu. cn/? action = read_ article&articleid = 454&siteid = 0.

《华盛顿协议》已进入议事日程，建立国际认同的符合中国国情的认证体制和标准是当务之急。

第三节　中国工程教育发展的成就

改革开放以来，我国工程教育伴随着经济社会的巨大变革和高等教育事业的历史性跨越，有了长足发展，初步形成了多层次、多类型、学科门类基本齐全的人才培养体系。高校工程科技事业取得巨大成就，不断涌现的一大批标志性重大工程科技成果，在服务业国家经济社会发展和国家安全等方面作出了重大贡献。工程教育日益成为建设创新型国家的重要支柱和基石。

一　工程教育规模和工程科技人才总量居世界前列

1978 年以来，我国高等工科教育取得了飞速的发展（见表 7-12）。20 世纪 90 年代后，工程教育伴随高等教育的跨越式发展，进入了结构优化、规模扩张、质量效益大幅度提升的新阶段。在规模方面，目前，我国高校工科的专业点数、在校生数基本上均占高等教育总数的三分之一左右。

表 7-12　1978 年与 2010 年我国工科教育发展状况对比

项　　目	1978 年	2007 年	2010 年
全国工科院校数	184 所	672 所	
全国工科本专科专业点	2188 个	20413 个	
全国工科在校本专科生数	28.1 万人，占所有在校本专科生的 32%	672.1 万人，占所有在校本专科生的 36%	803.1 万人，占所有在校本专科生的 35.98%
全国工科在校研究生数	0.39 万人	43.6 万人	49 万人

资料来源：根据《中国教育统计年鉴（1978）》《中国教育统计年鉴（1985）》《中国教育统计年鉴（2007）》《中国统计年鉴 2011》相关数据整理。

截至 2008 年，有工科专业的学校达到 1653 所，占普通高校总数的 88.5%；本科在校生 1700 多万，工科专业在校生 600.5 万人，占总数的 35.6%。研究生中工科专业接近 40 万人，超过 37%。工程教育规模和工程科技人才总量居世界前列。2010 年，工科专业本、专科在校生 803.1 万人，占总数的 35.98%，其中本科生 399.58 万人，专科生 403.54 万人。工科专业研究生在校生人数 49 万人，占研究生总在校生人数的 31.88%；其中博士生 10.65 万人，硕士生 38.4 万人。截至 2011 年，全国开设工科的本、专科院校共 2222 所，占普通高等学校总数 2409 所的 92.2%，其中开设工科本科的普通高等学校 1015 所，开设工科、专科的普通高校 1207 所。截至 2011 年，全国共开设工科专业 29845 个，占全国 76829 个专业总数的 38.9%。其中开设本科工科专业 12466 个，占本科专业总数的 30.76%，开设工科、专科专业 17379 个，占专科专业总数的 47.9%。

从 1949 年到 2006 年，我国工程教育累计培养本、专科生 1080 万人，研究生 58 万人。[①] 2006 年，全国工程教育在校生规模本、专科生达到 614 万多人，研究生达到 41 万多人，分别是 1949 年的 203 倍和 4386 倍。2010 年，全国工程教育在校生规模本、专科达 803 万人，研究生 49 万人，分别是 1949 年的 268 倍和 5444 倍。目前，我国工程学科本专科毕业生总量及占全部本专科毕业生的比例均位居世界各国前列，成为名副其实的工程教育大国（详见表 7-13、表 7-14、表7-15 所示）。

表 7-13 工科各层次招生人数（1992～2010）

层　次	1992	1994	1996	1998	2000	2002	2004	2006	2007	2008	2009	2010
专　科	50477	156844	143758	132092	366616	513794	895967	1163551	1151177	1314507	1316209	1303640
本　科	57519	187261	223058	280301	832124	543447	706975	819987	920650	943738	1023678	1108832
研究生	7519	22155	25829	29160	55284	19815	114834	144841	139801	155484	158703	153704

资料来源：根据相关年份《中国教育统计年鉴》数据整理。2008 年和 2009 年的数据均来自各年份《中国教育统计年鉴》中"普通本、专科分学科学生数"——工学专业招生人数。

[①] 《中国教育成就（1949—1983）》《中国教育成就（1980—1985）》和历年《中国教育统计年鉴》。

表 7-14　2002~2010 年分学科本科毕业生数

专　业	2002	2003	2004	2005	2006	2007	2008	2009	2010
哲　学	858	1127	1239	1275	1417	1325	1600	1700	1952
经济学	37517	48878	61758	80710	104665	126807	259000	258300	158286
法　学	36332	52756	63334	76140	91596	105964	208000	200900	114588
教育学	22885	30977	40164	50342	61740	72408	348800	328400	90327
文　学	77710	126087	168738	226903	283404	345792	740600	788700	487520
历史学	7022	8791	10176	10694	10605	12316	12700	13500	13713
理　学	72526	103409	134164	163076	194807	228090	253500	266000	269053
工　学	252024	351537	442463	517225	575634	633744	1841900	1918400	813218
农　学	22462	29758	34078	35419	36740	43270	97700	97400	48442
医　学	47320	55927	81098	96011	107210	122815	367500	390500	162401
管理学	79107	120351	159078	207991	258856	303413	988100	1047100	431035

　　资料来源：数据来源自各年度的《中国教育统计年鉴》（未含军事学）和科技部科技统计资料：http://www.sts.org.cn/sjkl/kjtjdt/data2010/dt2010.htm#3_ 科技人力资源。

　　随着工程教育的发展，我国工程科技人才队伍的规模不断壮大。据统计，2000 年各类科技活动人员总量仅为 322.4 万人，2006 年，国有企事业单位中从事工程科技活动的专业技术人员大约 1000 万人，其中包括工程技术人员 489 万人、农业技术人员 70 万人、科学研究人员 33 万人、卫生技术人员 361 万人、[1] 以及高等学校工学、农学、医学学科的专任教师 42 万人。[2] 上述专业技术人员中，280 万人左右为科学家和工程师。[3] 2010 年，公有经济企事业单位专业技术人员约为 2269.7 万人，其中包括工程技术人员 541 万人、农业技术人员 68 万人、科学研究人员 34 万人、卫生技术人员 38 万人、教学人员 1241 万人。2009 年，中国科技人才队伍得到进一步发展，各类专业技术人员数量达到了 2321.2 万人，较之 2008 年增加 113 万人。科技活动人员从 2008 年的 496.7 万人增长到 575 万人，增长 16%（这几个数据 2010 年有所下降，具体数字见前

---

[1]　国家统计局网站：http://www.stats.gov.cn/。
[2]　教育部网站：http://www.moe.gov.cn/。
[3]　即拥有高、中级技术职务或大学本科以上学历的人员。见国家统计局网站：http:// 219.235.129.54/cx/table/table.jsp。

一小段），其中从事科技活动的科学家工程师达到了393万人，科学家工程师占科技活动人员比重达到了68.3%。2009年，R&D人员全时当量达到229.1万人，较之2008年增加了32.5万人，增长幅度达到16.5%（见表7–16）。① 2010年，中国科技人力资源达到5700万人，比2009年增长11.8%，科技人力资源总量超过美国，居世界第1位。

二　工程科技人才结构趋向优化

经过多年的发展，在我国逐步形成了较为完整的工程教育体系，首先，工程教育的科类结构不断完善。新中国成立之后，我国共进行了5次本科专业结构调整，总体上看，专业种类逐步减少，专业口径不断拓宽，专业设置日趋科学规范。在1998年专业目录的基础上，教育部又陆续批准设置了一些目录外专业。至2006年，工学门类共有本科专业191种，设置专业点18145个；研究生专业175个，设置专业点5177个。② 截止到2006年，全国设有工科专业的高等学校数达到1653所，占普通高等学校总数的88.5%，工科专业在校生为600.5万人，占普通高等教育在校生总数的34.6%。

其次，工程教育的层次和类型结构日趋合理。随着规模扩大，工程教育从主要为科研机构和高等学校培养人才，转向为科研院所、学校、企业、管理部门等各种性质的用人单位培养人才，以适应社会对工程科技人才多样化的需求。这使工程教育不同层次的比例趋向合理，类型也变得丰富起来。

至2006年，工学门类中共有本科专业191种，设置专业点18145个；研究生专业175个，设置专业点5177个。③ 层次和类型结构日趋合

---

① 中华人民共和国科技部：《中国科学技术发展报告（2009）》，科学技术文献出版社，2010，第54页。有关2009年的数据均为预计。2010年数据见科技部官网《中国科学技术发展报告（2010）》。
② 中华人民共和国教育部发展规划司编《中国教育统计年鉴2006》，人民教育出版社，2007，第22页。
③ 中华人民共和国教育部发展规划司编《中国教育统计年鉴2006》，第22页。

理。工科内部分专业设置和学生分布也发生变化，重工业一家独大的局面得以改善。

从表7-15中可以看出，比较而言，工科专业在校生人数在近10年间有所起伏，总体上呈现下降趋势，这与我国经济结构调整密切相关。

表 7-15　1998～2007年普通高校本专科在校生的科类构成

单位：%

科　类	1998	1999	2000	2001	2002	2003	2004	2005	2006	2007
哲　学	0.14	0.12	0.1	0.07	0.07	0.05	0.07	0.04	0.04	0.04
经济学	14.92	15.03	15.81	5.0	5.16	5.54	5.48	5.49	5.3	5.15
法　学	4.01	4.27	4.89	5.39	5.26	5.06	4.72	4.46	4.08	3.73
教育学	4.07	4.09	4.25	5.21	5.21	5.34	5.43	6.55	5.92	5.51
文　学	13.31	13.8	14.72	14.73	15.15	15.51	15.88	14.85	15.2	15.36
历史学	1.48	1.36	1.12	0.74	0.62	0.51	0.45	0.32	0.3	0.29
理　学	10.55	10.3	9.65	9.96	9.43	9.06	8.67	6.2	6.03	5.87
工　学	39.74	39.48	38.63	34.64	34.15	33.32	32.82	35.07	35.33	35.65
农　学	3.49	3.49	3.27	2.59	2.39	2.25	2.1	1.97	1.91	1.86
医　学	8.31	8.06	7.6	7.36	7.27	7.35	7.32	7.25	7.3	7.35
管理学	—	—	—	14.29	15.3	16.1	17.04	17.8	18.6	19.18
合　计	100	100	100	100	100	100	100	100	100	100

　　资料来源：转引自胡建华《我国高等教育扩张中的科类结构变化分析》，《教育研究》2009年第11期。

工科内部分大类变化情况如表7-16所示。

表 7-16　分阶段主要工科分大类招生数

1978 年											
地质	矿业	动力	冶金	机械	电机和电气仪器	无线电技术和电子学	化工	轻工业	粮食食品	土建	通信
4537	4012	4253	4324	40009	2804	25436	9105	1358	3267	13935	1857

1998 年											
地矿	材料	仪器仪表	热能核能	电工	电子与信息	环境	化工与制药	轻工粮食食品	纺织	土建	水利	航空航天
6822	17101	7194	6750	40599	113667	5638	21990	12968	5502	51764	5195	1882

续表

					2007 年							
地矿	材料	仪器仪表	能源动力	电工	电气信息	环境安全	化工与制药	轻工纺织食品	水利	土建	航空航天	生物工程
39479	50508	16845	23364	40599	917485	39641	87058	92310	17620	222632	3992	107031

资料来源：根据《中国教育统计年鉴》相关年份数据整理。

三　高校工程科技事业取得长足进步

在改革开放 30 多年的发展历程中，高校已成长为科学研究和技术创新的生力军。从高校从事科技活动人员的总量、研究经费、科技成果发表及其转化等各项指标来看，高校科技工作成就斐然。

据统计，1994～2005 年，高等学校的科技活动人员、科学家和工程师的数量震荡增长，但是科学家和工程师占科技活动人员的比例从 1994 年的 94.3% 下降到 2005 年的 83.9%（见表 7-17），高校科技活动人员占全国科技人员总量的比例则始终处于稳定发展的状态。

表 7-17　1994～2005 年高等学校科技活动人员情况

单位：千人

年份	科技活动人员	科学家和工程师	比例（%）
1994	319.1	301	94.33
1995	324.3	308	94.97
1996	332	316.4	95.30
1997	326.2	311.6	95.52
1998	345.2	311.4	90.21
1999	341.9	329	96.23
2000	352.2	315.1	89.47
2001	366.4	358.8	97.93
2002	383	376.1	98.20
2003	411	403.8	98.25
2004	436.8	363.8	83.29
2005	470.9	395.1	83.90

资料来源：《OECD 中国创新政策研究报告》，薛澜等译，科学出版社，2011，第 120、121 页。

　　国家对科技研究的投入不断增长。高等学校 1994 年科技活动经费为 37.6 亿元，2000 年增长到 137.1 亿元，比 1994 年增长 2.65 倍；2005 年达到了 387.5 亿元，较 2004 年增长 21.8%；2005 年高校占全国科技活动经费内部住处总量的 8%。① 2008 年，高校研究开发人员 22.7 万人，研究经费支出 390.2 亿元，占全国研究与试验发展（R&D）经费支出总额的 8.5%。② 表 7-18 显示了 1998～2007 年政府对高校科技活动支持情况。

表 7-18　1998～2007 年高等学校科技活动经费筹集情况

单位：亿元

年份	1998	1999	2000	2001	2002	2003	2004	2005	2006	2007
总额	84.97	102.9	166.8	200.0	247.7	307.8	391.6	460.9	528.0	612.7
政府	41.15	49.22	97.47	109.2	137.3	164.8	210.6	251.5	287.8	345.4

　　资料来源：根据国家统计局、科学技术部《中国科技统计年鉴》（中国统计出版社）1998～2007 年历年数据和《中国科技统计年鉴 2011》数据整理。

　　为支持基础研究和应用研究，1986 年国家自然科学基金委员会成立，负责组织、实施、管理国家自然科学基金项目，并根据国家发展科学技术的方针政策和规划，以及科学技术发展方向，面向全国重点资助具有良好研究条件、研究实力的高校和科研机构的研究人员。同年 4 月组建材料与工程科学部，1996 年该部正式更名为工程与材料科学部，设置 9 个学科。据统计，2001～2007 年面上项目学科分布和经费拨款方面，工程与材料科学部共立项 8524 项，占总立项数的 15.4%，拨款 210371 万元，占 16.3%，居各学科第二位。③

---

① 《OECD 中国创新政策研究报告》，薛澜等译，第 118 页。
② 中华人民共和国科技部：《中国科学技术发展报告（2009）》，科学技术文献出版社，2010，第 254 页。
③ 侯聘：《2001—2007 年国家自然科学基金面上项目分别及产出统计分析》，《现代情报》2008 年第 12 期。

　　高校在获得国家自然科学奖、国家科技进步奖和国家技术发明奖方面呈现稳定增长的态势。据统计，自国家设立科学技术奖以来，截至 2007 年，高校获国家自然科学奖共 457 项，占授奖总数的 52.4%；获国家技术发明奖共 1130 项，占授奖总数的 35.9%；获国家科学技术进步奖共 2851 项，占授奖总数的 30.2%。[1] 在2003～2009 年高校获得国家三大奖的统计中，国家自然科学奖合计为 111 项，国家技术发明奖 155 项，国家科技进步奖 527 项（见表 7-19）。

表 7-19　2003～2009 年国家三项奖授奖项目统计

授奖种类	级　别	2003	2004	2005	2006	2007	2008	2009	合计
国家自然科学奖	授奖总数	16	28	34	27	36	32	26	199
	高校获奖	13	18	16	13	23	14	14	111
国家技术发明奖	授奖总数	14	20	34	42	39	37	39	225
	高校获奖	11	12	19	25	27	30	31	155
国家科技进步奖	授奖总数	154	185	175	184	192	182	222	1294
	高校获奖	64	76	69	74	81	69	94	527

　　资料来源：万力、王银宏：《从国家科学技术奖分析我国高等院校的学科水平》，《中国科学基金》2011 年第 5 期。

　　在出版著作和发表论文方面，2000 年全国高校共出版科技专著 5347 部，在国内外学术刊物上发表学术论文 28.4 万篇，其中在国外学术刊物发表论文 2.6 万篇。到 2006 年，出版科技著作 9902 部，在国内外学术刊物上发表学术论文达到 54.9 万篇，其中在国外学术刊物发表论文 8.7 万篇，在国外学术论文发表的数量也在逐年大幅递增。从 1998～2005 年，高校教师作为第一作者在国际科学界公认的两个顶级杂志《自然》和《科学》上，发表论文共 44 篇，平均每年 5.5 篇。[2]

---

[1]　应望江主编《中国高等教育改革与发展 30 年（1978—2008）》，第 353 页。
[2]　应望江主编《中国高等教育改革与发展 30 年（1978—2008）》，第 353 页。

1989～1998 年 10 所重点理工大学发表《科学引文索引》（SCI）论文情况统计如表 7-20 所示。2008 年，中国《科学引文索引》（SCI）论文数量从 1996 年的世界第十四位上升到第二位。

表 7-20　1989～1998 年 10 所重点理工大学发表 SCI 论文情况统计

单位：篇

	1989	1990	1991	1992	1993	1994	1995	1996	1997	1998	总计
清华大学	99	131	125	138	151	169	231	273	407	424	2148
浙江大学	67	80	74	101	88	111	129	160	220	243	1273
东南大学	23	46	35	61	79	86	102	86	128	111	757
西安交通大学	50	70	40	75	64	72	101	95	92	89	748
华中理工大学	35	73	57	66	81	80	75	75	67	92	701
上海交通大学	47	50	46	75	76	52	64	53	62	113	638
天津大学	23	34	25	22	28	33	64	74	83	101	487
大连理工大学	24	21	34	38	55	40	32	34	65	55	398
同济大学	20	27	29	31	25	27	26	26	41	52	304
华南理工大学	12	19	26	23	31	30	38	35	40	45	299
10 所大学平均	40	55.1	49.1	63	67.8	70	86.2	91.1	20.51	132.57	5775.3

资料来源：中国科技论文统计分析研究中心：《世界高校暨中国高校论文产出排名榜 1989—1998》，中国科学技术信息研究所万方数据（集团）公司，1999。

《工程索引》（The Engineering Index，简称 EI）是世界上最早的工程科技文摘来源。EI 收录的文献，涵盖了所有的工程技术领域，具有综合性强、资料来源广、国家覆盖面广、报道量大、报道质量高、权威性强等特点。我国被 EI 收录的文章发表数近年来始终名列前茅，如 2003 年共发表被 EI 检索的论文达 35914 篇，仅次于美国，位列世界第二；到 2007 年，已达到了 91659 篇，已远远超越了美国的 66015 篇（见表 7-21）。2007 年、2008 年中国 EI 收录论文数连续排名世界第一。《科学技术会议录索引》（ISTP）排名跃升至世界第二位。2009 年，SCI 收录我国科技论文 108806 篇，EI 收录 93017 篇，ISTP 收录 52159 篇。

表 7-21　部分国家 EI 论文发表篇数及名次

单位：篇

	2003 年		2004 年		2005 年		2006 年		2007 年	
	篇数	排名	篇数	排名	篇数	排名	篇数	排名	篇数	排名
中　国	35914	2	57512	2	73458	2	81917	2	91659	1
美　国	99391	1	123390	1	119280	1	89187	1	66015	2
日　本	35334	3	41054	3	46127	3	43017	3	32422	3
德　国	21043	4	24740	4	27386	4	24804	4	21561	4
英　国	18863	5	22824	5	24339	5	23407	5	20349	5
韩　国	10938	9	14086	9	17340	8	19415	6	16789	6
法　国	15103	6	17671	6	20034	6	18474	7	16709	7
加拿大	12544	7	16195	7	18436	7	16413	8	14832	8
意大利	11414	8	14200	8	14824	9	14525	9	13617	9
印　度	8656	11	10405	12	11945	12	13454	11	13520	10

资料来源：Ei Compendex（R）_ 1884-2008/Mar W2。

　　30 多年来，高校在重大工程科技项目方面取得了一系列突破性进展，一大批重大标志性的创新成果在高校诞生。国防科技大学在 1983 年成功研制了国内第一台亿次巨型计算机银河-I，使我国成为世界上能够研制巨型计算机的少数国家之一。中南大学黄伯云院士主持完成的"高性能炭/炭航空制动材料的制备技术"和西北工业大学张立同院士主持完成的"耐高温长寿命抗氧化陶瓷基复合材料应用技术"同时获得 2004 年国家技术发明奖一等奖；湖南大学等单位完成的关于薄板冲压工艺的研究成果，直接带动了制造业的新产品开发和行业的技术进步，实现了行业跨越式发展，双双获得 2003 年国家科技进步一等奖；哈尔滨工业大学攻破"神州"号系列飞船研制的多项技术难题，获得载人航天工程协作奖；清华大学核能与新能源技术研究院完成的国家"863"计划重点项目——10兆瓦高温气冷实验堆荣获国家科技进步一等奖，这是一项具有自主知识产权、具有国际先进水平的重大科技创新成果。[①] 清华大学等高校在载人航天和探月工程实施过程中发挥了重要的作用，陆建华教授课题组完成

---

　　① 应望江主编《中国高等教育改革与发展 30 年（1978—2008）》，第 355 页。

的"低密度奇偶校验码（LDPC）遥测信道编码技术"被列为"嫦娥二号"任务六大工程目标和四大创新技术的核心内容之一，在"嫦娥二号"任务中得到了成功应用，该技术的成功应用在我国航天领域尚属首次。

高校社会服务的职能得到充分发挥，通过应用研究、技术开发、技术服务和科技产业化等项目，实现技术转移，促进了企业技术进步。据统计，1991～1997 年间，共鉴定成果 56816 项，签订技术转移合同 31749 项，成交金额 28.35 亿元，年均分别为 8117 项、4536 项和 4.05 亿元。进入 21 世纪，从 2000～2005 年间，签订技术转移合同 35553 项，实际收入 78.08 亿元，年均分别为 5926 项和 13 亿元。高校承担火炬计划、星火计划，进入国家级推广计划的项目也占相当比重。2005 年全国高校入选国家级星火计划项目数占总入选数的 5%；入选国家级科技成果重点推广计划占总入选数的 13.2%；入选国家级重点新产品计划占总入选数的 3.1%。[①] 这些推广项目均产生了较大的经济社会效益（见表 7-22）。

表 7-22　2003～2007 年我国高等学校科技成果转化与效益情况

项目/年度		2003	2004	2005	2006	2007	总　计
技术转让合同	合同数	7809	9188	7321	6878	6920	38116
	合同收入（千元）	1579611	1355338	1259343	1256226	1316542	6767060
知识产权授权	授权数	3954	6399	8843	12043	14111	45350
	专利出售项　数	611	731	842	701	711	3596
	实现金额（千元）	359536	277585	294774	286832	447608	1666335

数据来源：根据《中国教育年鉴 2004—2008》整理。

大学科技园对区域经济的发展起了重要作用。20 世纪 80 年代末开始，理工类为主的东北大学、清华大学、北京大学、哈尔滨工业大学等

---

① 应望江主编《中国高等教育改革与发展 30 年（1978—2008）》，第 354 页。

高校率先创办科技园，中国的大学科技园迅速发展起来。据 2001 年对大学科技园的初步统计，大学科技园所依托的大学已达 67 所，共投入资金约 170 亿元，其中吸引社会资金约 130 亿元，开发出具有自主知识产权的新产品 4813 个，其中国家重点新产品 2191 个，申请各类专利 9184 项。2000 年园区企业实现销售收入 257 亿元，比 1999 年的 134 亿元增长 92%。同时为社会新增就业岗位 68400 多个。①

　　国家大学科技园已经成为国家创新体系的重要组成部分和自主创新的重要基地，在培养创新创业人才、高校科技成果转化、孵化和培育高新技术企业推动高新技术产业发展等方面，发挥了重要作用。高校科技园越来越成为区域经济发展和行业技术进步的主要创新源泉和重要平台（见表 7-23）。截至 2008 年年底，经科技部、教育部认定的国家大学科技园已有 69 家。

表 7-23　国家首批大学科技园名单

序号	所在地	国家大学科技园名称	依托高校
1	北京	清华大学国家大学科技园	清华大学
2	北京	北京大学国家大学科技园	北京大学
3	天津	天津大学国家大学科技园	天津大学
4	沈阳	东北大学国家大学科技园	东北大学
5	哈尔滨	哈尔滨工业大学国家大学科技园	哈尔滨工业大学
6	上海	上海交通大学国家大学科技园	上海交通大学
7	上海	复旦大学国家大学科技园	复旦大学
8	南京	东南大学国家大学科技园	东南大学
9	南京	南京大学鼓楼高校国家大学科技园	南京大学、河海大学、中国医科大学等
10	杭州	浙江大学国家大学科技园	浙江大学
11	合肥	合肥国家大学科技园	中国科技大学、合肥工业大学、安徽大学等
12	济南	山东大学国家大学科技园	山东大学

---

①　赵沁平：《大胆探索　注重实效　推动大学科技园建设上新台阶》，《中国高等教育》2001 年第 13 期。

续表

序号	所在地	国家大学科技园名称	依托高校
13	武汉	东湖高新区国家大学科技园	华中科技大学、武汉大学、华中农业大学等
14	长沙	岳麓山国家大学科技园	中南大学、湖南大学、国防科技大学等
15	广州	华南理工大学国家大学科技园	华南理工大学
16	成都	四川大学国家大学科技园	四川大学
17	成都	电子科技大学国家大学科技园	电子科技大学
18	重庆	重庆大学国家大学科技园	重庆大学
19	昆明	云南省国家大学科技园	云南大学、昆明理工大学、云南农业大学等
20	西安	西安交通大学国家大学科技园	西安交通大学
21	西安	西北工业大学国家大学科技园	西北工业大学
22	杨凌	西北农林科技大学国家大学科技园	西北农林科技大学
23	绵阳	西南科技大学国家大学科技园（筹）	西南科技大学

资料来源：科技部官方网站：www. most. gov. cn，2006 年 4 月 20 日。

高校在高新技术产业化方面经过 30 年的发展，也取得重大突破，销售额连年成倍增长。1998 年，全国校办科技企业经营总额为 218.26 亿元。2001 年底，教育部审核批复直属高校企业改制设立股份有限公司 11 家，成立企业集团 1 家。2003 年度，全国高校校办产业收入总额 826.67 亿元，比 2002 年增加 106.59 亿元，增长率为 14.80%，其中科技型企业收入总额 668.07 亿元，占全国高校校办产业收入总额的 80.81%，收入超过亿元的高校有 92 所，收入超过亿元的企业有 86 家。2004 年度，全国高校校办产业收入总额 969.3 亿元，比 2003 年增加 142.63 亿元，增长率为 17.25%，其中科技型企业收入总额 806.78 亿元，占全国高校校办产业收入总额的 83.23%，收入超过亿元的高校有 94 所，收入超过亿元的企业有 94 个。2005 年，校办产业收入总额过 10 亿元的学校有 13 所，其收入接近 750 亿元。① 表 7-24 反映了 1998～

① 教育部科技发展中心官网：http：//www. cutech. edu. cn/cn/kjcy/xbcytj/A011106index_ 3. htm。

2004 年大学科技企业销售收入和利润总额情况。从表 7-25 则可以看出，以理工为主的高校校办产业发展势头良好。

表 7-24 1998～2004 年大学科技企业生产经营情况

年份	科技企业数	销售收入（亿元）	利润总额（亿元）	上缴税金（亿元）	上缴学校费用（亿元）
1998	2355	214.97	17.7	8.31	6.58
1999	2137	267.31	21.56	10.96	13.92
2000	2097	368.12	35.43	18.79	8.46
2001	1993	447.75	31.54	20.09	7.78
2002	2216	539.08	25.37	25.92	7.61
2004	2355	806.76	46.05	38.48	8.25

资料来源：教育部科技发展中心编《中国高等学校校办产业统计报告（1999—2004）》。

表 7-25 2009 年度全国高校校办产业收入总额排名（前 20 名）

单位：万元

排名	学校名称	收入总额
1	北京大学	5309544.73
2	清华大学	3086309.07
3	中国石油大学（华东）	576876.41
4	东北大学	532028.67
5	同济大学	353936.66
6	华中科技大学	303010.01
7	中山大学	233449.18
8	武汉大学	210925.61
9	上海交通大学	144802.49
10	山东大学	127479.72
11	北京外国语大学	118820.40
12	浙江大学	112734.78
13	复旦大学	92716.12
14	北京师范大学	81874.37
15	南京工程学院	74053.63
16	西安交通大学	73332.60

排名	学校名称	收入总额
17	哈尔滨工业大学	65564.30
18	厦门大学	65352.10
19	燕山大学	63299.59
20	西安建筑科技大学	57962.05

资料来源：教育部科技发展中心官网：http://www. cutech. edu. cn/cn/kjcy/xbcytj/2010/11/1287986611933267. htm。

2007 年，参加全国普通高校校办企业统计工作的 510 所高校，共计有 3665 个企业，其中上市公司 24 个。一级企业（由学校投资的全资、控股、参股企业（资产公司除外），以及资产公司投资的全资、控股、参股的企业）中，按照是否是科技型企业划分，科技型企业 993 个，占一级企业的 33.43%；其他类型企业 1977 个，占一级企业的 66.57%。实践证明，高校已成为发展我国高新技术产业的重要依托和孵化基地，对于促进经济社会发展起到了重要作用。

目前，随着《国家中长期科学和技术发展规划纲要（2006—2020）》的实施，我国提出了坚持走中国特色自主创新道路、用 15 年迈入创新型国家的奋斗目标。科技人力资源对创新和经济发展起着决定性作用，建设创新型国家，为工程教育的发展带来了难得的发展机遇。提高教育质量，加强创新型人才培养，为建设创新型国家提供强大的人才和智力支持，是中国工程教育义不容辞的历史责任。

第四节　中国工程院对我国工程教育的推动

工程教育的快速、高质量的发展离不开行业组织和理论研究部门的参与。20 世纪 80 年代以来，有关高等教育、工程教育发展的研究、试验蓬勃开展，各种研究机构、行业协会逐步建立起来。1983 年 1 月国家教委直属高等工业学校教育研究协作组成立。协作组成立之后，以探索具有中国特色的社会主义高等工程教育的客观规律为中心，紧密结合当前我国高等工程教育的实际，对工程教育教育教学改革中的突出问题展开专题研究，包括对工程教育培养目标和基本规格、专业的划分和设置、层次、规格与学习年限等基本问题组织专项调研，形成了一系列研究成果，为国家工程教育发展的战略决策发挥了重要作用。"协作组"还推动编辑出版《高等工程教育研究》杂志，作为集体的宣传和组织的工具，作为交流研究成果、开展学术讨论的阵地。

1983年5月中国高等教育学会成立，各高校纷纷成立高等教育研究机构，开展高等教育理论和实践的研究和探索，促进了高等教育改革和发展。在工程教育领域，1994年成立的中国工程院为推动中国工程教育的改革发展做出了重要贡献，在中国工程教育发展战略制定与实施、人才培养模式改革、工程教育国际合作与交流等多个方面发挥着特殊的作用。

中国工程院建院初期，由时任院长朱光亚批准，张维院士和朱高峰常务副院长牵头组织了"工程教育"咨询项目。在1996~1998年两年多的时间里，50余位院士、专家对我国工程教育改革与发展情况进行了调查研究，收集到了大量的第一手资料，撰写了咨询报告，并于1998年5月向国务院提交了《我国工程教育改革与发展——迎接21世纪的挑战》的咨询报告。在项目的研究过程中，加强了与教育界和科技界的联系，为工程院大力推动我国工程教育研究奠定了一定的基础。

1998年6月，朱镕基总理在第四次院士大会上殷切希望两院院士要"以更大的精力关心与培养人才"。同年7月的中国工程院主席团会议上，提出了成立工程院教育委员会的动议。11月25日，中国工程院在北京召开教育委员会成立大会。

中国工程院教育委员会的主要任务是：①组织开展有关工程教育（包括工、农、医科）方面的咨询研究、学术交流活动和宣传出版等工作，为中央和地方政府有关工程教育的改革与发展提出建议；②加强同教育界、产业界和科技界的联系，促进工程教育与经济建设的紧密结合，促进院校工程教育与继续工程教育的有机结合，促进工程技术人才的合理使用与科学管理；③积极推动我国继续工程教育的发展及其体系的建立和完善；④加强有关工程教育的宣传和科普工作，提高工程教育和工程科学技术在国民意识中的地位，通报中国工程院有关工程教育的活动及研究成果。① 教育委员会将《高等工程教育研究》作为工程院教委会会刊。

为了更好地履行职责，中国工程院采取"开放"的人员组成办法，即委员会成员的组成不仅有院士，而且吸收部分院外专家；有教育部门的领导同志、高校校长、多年从事工程教育研究和实践的专家，同时还有一些虽然不在教育部门工作，但长期从事人才培养与管理工作的专家，如国家人事部、农业部、中核总公司等单位的专家学者。

随着我国一些科研院所的转制和国家行业部委的撤销，一些研究单位的学位与研究生教育工作没有了归口管理的主管部门，由此产生了一系列的新问题。为促进相关问题的解决，及时向有关部门反映工程研究院所在研究生培养方面存在的共性问题，提出有关建议，中国工程院在反复研究的基础上，于 2005 年 6 月 23 日成立了工程研究院所研究生教育学术委员会。这也是工程院关心工程教育的体现。

中国工程院围绕工程教育开展了一系列的咨询研究，先后组织开展了多项咨询研究，参研人员涉及九个学部的 200 多名院士、院外专家500 余人次，共提出 50 余项研究报告和咨询建议，有力地推动了我国工程教育领域的制度建设和人才培养进程，受到广泛赞誉。具有代表性的有：

1. "开发我国工程技术人员创新能力的对策研究"

该研究课题于 1999 年启动，共发出调查问卷 7000 份，回收了 66个国有大中型企业的单位答卷和 4677 份工程技术人员的个人答卷，并实地调查访谈了 5 个企业和部分工程技术人员。在整理分析资料的基础上，组织了多次院士专家研讨会，于 2002 年 5 月完成了《关于开发我

---

① 《中国工程院主席团关于设立教育委员会的决定》，《高等工程教育研究》1999 年第 1 期。

国工程技术人员创新能力的环境、机制的调研报告》。报告进行了系统的分析，提出了 6 项相关建议。

2. "中日韩工程教育比较研究"

中、日、韩三国作为邻国，又同属于东方文化，工业的交融性非常强，三国工程院之间的交流频繁，在工程教育及其人才培养方面有许多相同的问题。加强交流与合作，促进相互学习和借鉴，具有非常积极的意义。2000 年 9 月，朱高峰副院长在日本召开的中日韩圆桌会议上提议开展三方合作研究，得到了日韩方面的积极响应。同年 11 月，在北京召开国际工程科技大会期间，中、日、韩三国工程院代表讨论确定了主要研究内容，包括工程教育与现代工程师的定义与内涵；工程教育体系的建立与终身教育；信息技术与工程（继续）教育；工程师的注册与国际互认等。随后，中、日、韩三方分头进行研究，并于 2001 年 10 月在重庆召开了"中日韩工程院圆桌会议暨工程师资格认证与工程教育国际研讨会"。

3. "关于推进我国注册工程师制度的研究"

工程师的培养、使用与管理问题一直是中国工程院的主要议题。工程院专门成立课题研究组，开展了相关的调研工作，提交了题为《关于大力推进我国注册工程师制度与国际接轨的报告》。报告建议，尽快全面推进注册工程师制度并与国际接轨。

2005 年 5 月，根据原国家人事部要求，中国工程院与教育部又组织了有关院士、专家参加的我国工程师制度研究工作组，并分设四个研究工作组，分别围绕"我国工程师制度现状、经验及问题"、"工程师制度改革的发展思路和目标"、"我国工程师制度改革的框架设计"、"制度的变更对我国工程教育的影响问题"、"今后工程师专业分类研究及方案"等内容开展了相关的研究，形成了《中国工程师制度改革研究报告》，并于 2008 年 5 月正式报送人力资源和社会保障部。报告回顾了我国工程师制度发展的历程，分析了我国现行工程师制度存在的问题，在借鉴发达国家有益经验的基础上，针对我国工程师制度的改革，提出了我国工程师制度改革的基本方向和建议。

2008 年 11 月，人力资源和社会保障部与工程院在研究工作的基础上，共同起草文件上报国务院。

4．"我国工程教育改革与发展"

针对我国工程教育中存在的教育资源配置不合理，继续教育无法可依、无处可学等制约工程教育可持续发展的问题，中国工程院与教育部拟定了"我国工程教育改革与发展"的专题研究项目，并组织十余位院士和 40 余位专家组成课题组，对北京、天津和江苏等地的几十个政府部门、企业、院校、研究所等单位进行调研，分析研究了我国工程教育的现状、存在的问题及其根源、相应的改革措施。提出了继续教育立法、大中型企业职工培训基地建设、高等院校教育改革、提高工程师的社会地位和待遇、建立更严格的工程师任职评审制度、中央财政和企业等都要逐渐提高教育投入等建议。这些意见和建议引起相关部门的重视。可以预见，随着这些建议的逐步采纳和落实，我国工程教育必将走上法制化、规范化的良性发展道路。

5．"创新型工程科技人才培养研究"

针对目前我国工程科技人才培养面临的诸多问题，2006 年启动了"创新型工程科技人才培养研究"前期研究，并形成了《放鹰高飞》初步研究报告。在此基础上，2007 年正式启动了《创新型工程科技人才培养研究》重大咨询专项。项目组在中组部、教育部、人事部、财政部等部委的大力支持下，组织了工程院 170 余位院士和近 300 位院外专家参加了项目的研究工作。经过近两年的研究，形成了《走向创新——创新型工程科技人才培养研究项目综合报告》。

与此同时，中国工程院组织开展学术交流，为广大工程教育教师和科技工作者搭建平台，加强与国内外教育界、科技界、产业界以及有关学会、协会的联系、交流与合作，成功地举办了"工程教育国际研讨会"，进行多种形式的学术交流活动。

2002 年 10 月，中国工程院与国家自然科学基金委员会和美国国家科学基金委员会联合组织主办"中美工程教育双边研讨会"，并分别在北京、上海召开研讨会，中美双方就"工程教育国际化"、"工程教育中的革新与创造"、"工程教育评估"、"远程教育与终生教育"等共同关心的问题进行了深入的交流与研讨，一致同意今后在工程教育质量评估和专业认证、工程教育改革、工程教育的终身化及电子化学习等方面进一步加强交流与合作。

在这次研讨会上，美国国家科学基金会的专家还详细介绍了美国国家科学基金会支持美国高等学校进行工程教育改革的政策和经验，值得中方借鉴。

2008年，在上海举办了"新形势下工程教育的改革与发展"高层论坛，共有350余位院士、专家、企业代表和高校校长与会，就当前中国工程教育改革与发展面临的机遇和挑战、中国工程教育未来发展方向与目标定位及推进中国工程教育改革与发展的思路与举措进行了深入分析和探讨，借鉴部分企业和高校的成功经验，针对当前我国工程教育的发展现状、创新型工程科技人才的培养目标与社会现实需要之间的矛盾与挑战，从教育法规、培养模式、专业设置和人文精神等方面提出了八项建议，为建设创新型国家及实践新型工业化道路提供了宝贵意见。

此外，中国工程院还先后组织了"科技人才培养与开发研讨会"、"推进我国注册工程师制度与国际接轨的讨论会"、"我国工程教育的改革与发展论坛"、"中日韩工程院工程教育圆桌会议"。

从数量上看，我国已成为高等工程教育大国，但与世界上其他发达国家和地区相比，我国工程教育的质量还相当薄弱。为了尽快缩小与国外尤其是发达国家工程教育的差距，工程院十分关注跟踪了解国外工程教育和人才培养状况。2002年，教育代表团成功地访问了美国，并对美国工程院和相关大学进行了考察与交流；2006年又派代表团访问了欧洲，并取得了丰硕的成果。通过主持召开和参加"国际研讨会"、"国际圆桌会议"等，在工、农、医等领域的工程教育方面与美国、韩国、德国、日本等国家建立了良好的合作关系，推动了我国工程教育的发展，增强了国际竞争力，提高了我国工程教育应对经济全球化和高等教育国际化的能力。

第五节　我国高等工程教育发展中
存在的问题及展望

　　工程教育与国家现代化发展紧密相关，随着我国创新型国家发展战略的实施与发展，我国工程教育既迎来了难得的历史机遇，同时又面临新的严峻挑战。走中国特色的自主创新道路，建设创新型国家，必然要求改革中国工程教育体系，全面提升工程教育质量。同时，由于现代工程的日益大型化、综合化和全球化，工程与科学、技术乃至社会的联系更为密切，相互之间的渗透、融合日益增多，所具有的科学性、创新性、实践性、复杂性、社会性等特征更为突出，其工作内容也不断扩展。这就对工程技术人才的素质提出新的要求。因此，在总结中国工程教育发展成就的同时，应该以历史和比较的视野，分析研究中国工程教育存在的问题，发现差距，从而为中国工程教育谋划美好的发展未来。

一　工程教育发展中存在的问题

　　改革开放30多年以来，我国工程教育取得跨越式发展的同时，也面临诸多问题和挑战，吴启迪概括为六大问题：①投入严重不足；②工程教育的发展战略和目标定位还不清晰，不同类型学校目标趋同；③工程教育与工业界脱节，工程设计和实践教育严重不足；④工科专业课程体系相对陈旧，与我国产业结构的调整不相适应；⑤工科教师队伍普遍缺乏工程经历，严重影响工程教育质量；⑥工程师职业资格制度缺失，工程师培养体系不够健全。[①] 面对工程全球化、工程复杂化的挑战，建

---

① 吴启迪：《中国工程教育的改革与发展》，《中国高等教育评估》2007年第4期。

立具有大工程观、大系统观、大集成观的工程教育体系，必然成为中国工程教育改革发展的重要目标。

当前工程教育存在的主要问题如下：

1. 人才培养结构体系不够完善

经济发展对人才的需求是多样性的。目前我国高等教育体系中的工程教育有专科、本科和研究生三个层次，每一个层次都应有不同的工程科学、工程技术、工程管理的教学内容。但在一个较长的时期内，我国工程教育曾把主要精力放在培养本科生和研究生方面，使得有些专科、本科教育的层次、界限不够清晰，专科教育往往成为本科教育的"浓缩"。同时，目前我国工程教育的学科专业划分过细，知识面较窄，结构也不尽合理。另一方面，我国继续工程教育的体系尚不完善，严重制约了工程技术人员的在岗继续教育和素质、能力的提高。

攀高成风，缺少特色。一方面，专科纷纷向本科看齐，专科教学变成了本科教学的浓缩，失去了自己的特色，企业不欢迎；另一方面，一般院校则与重点大学攀比，单科性院校又不问自身条件如何而盲目向综合性大学发展。大学对培养具有研究能力的"科学家"越来越关注，而对适应社会需要的具有应用性、实用性、创新性的"工程师"却提不起兴趣。大学的办学模式和培养规格越来越呈现趋同现象，导致不适应我国产业、经济结构多样性和地区发展不平衡性的需要，还造成教育资源的浪费和工程技术队伍总体水平的滑坡。

2. 面向实际的工程训练不足

工程教育的人才培养必须面向工程实际，加强工程训练，这是我国经济发展的迫切需要，也是包括发达国家在内的高等工程教育的经验。近年来，在工程教育中存在重"学"轻"术"的倾向，许多工程院校，直接为工业企业培养人才的人数偏少，甚至直接为工业企业服务的工程性论文和设计的数目也偏少。目前我国接受高等工程教育的学生对工程设计在工程及工程教育中的重要地位和作用认识不足，缺乏解决实际工程问题的能力，缺乏对现代工程所必须具备的有关经济、社会方面的知识的了解，缺乏参与现代工程的领导、决策、协调、控制的初步能力和管理素质。

高等工程教育的培养目标是工程师"毛坯"，有较多的高校并没有去深入研究与真正认识清楚一名现代工程师所需的知识基础与能力训练所包含的内涵，所以在整个培养过程中突出工程特色不够，重视了基础科学与技术课程学习和分析能力的培养，却忽视了工程实践训练和知识综合能力的培养，教学、科研与生产的结合较弱，重理论轻实践的问题依然存在，学生的综合能力不能满足用人单位的需求。

3. 与工业界脱节，实践教学不足

工程教育的目标是培养社会需要的多层次技术人才，企业是使用各类人才，使产品和服务在国际市场上具有竞争能力并向学校提出新需求的主要机构。合格的工科人才培养，由工科理论教育、工科训练和工科实践三部分构成。工程院校必须面向工业界，工业界必须依靠工程教育，只有两方面的密切合作，才能共同完成人才培养的任务。目前我国工程教育的培养模式既不具备美国工业界对进入企业的毕业生进行必要的工程师岗位培训系统，又缺乏德国工科大学毕业生所具有的参与工程实践和实习的足够训练。与企业联系不密切，也使学校难于根据社会需求，及时调整专业结构，发展社会急需和具有前瞻性的专业，出现与人才市场需求脱节的局面。这些问题的存在制约了高等工程教育的发展，解决这些问题迫在眉睫。

校外的实践环境基地难以满足学生工程实践能力提升的需要。学生工程实践能力的培养是每一个高校工程教育面临的重大教育课题，工程师的工程实践能力的培养和完善最终是在企业中完成的。目前，由于企业转制、利润驱动，多数工厂企业等视安排高校学生实习为自己的负担。我国又缺少工程继续教育的约束机制，结果，很少有工厂企业欢迎高校学生前往进行工程实践训练。尽管这个问题世界各国都会遇到，但是在我国表现得尤为突出。

传统工科院校把校办工厂作为培养学生的工程实践能力的基地，随着高校内部管理体制改革的深入，校办工厂接纳学生实习和实践的积极性降低，且工科院校办工厂始终存在难以克服的困难，即不可能每个专业都有相应的校办企业作为校内实习基地。

改革开放以来，我国产学研工作取得了很大进步，形成了多种产学研合作模式。但是总体而言，产学研合作仍缺乏适合的外部配套环境。有效的产学研合作的激励机制仍未建立起来，我国的 R&D 税收激励政策制定的比较多，但受益面却比较小。同时我国有些 R&D 税收激励政策的法律规范过于简单和笼统，弹性较大，缺乏可操作性。[①]

4. 缺乏高水平有实践经验的师资

由于我国高校扩招规模大、速度快，学校在短时间内增加了大量的师资和教学资源。但目前高校的大多数教师都是从高校到高校型的，大多都没有在业界工作的经历，越来越多的博士一毕业就直接上讲台，这势必造成工程教育中有实践经验的教师的缺失和比例下降。"80 年代的高校里，工科教师许多都曾在企业锻炼过，有较丰富的企业经历和工程背景，他们在课堂教学上讲授的内容、安排的实践环节等几乎都来自企业实际。随这批教师的退休、高校学生培养规模的急剧扩大以及高校管理部门盲目地追求教师要有高学历，现在高校里的中青年教师几乎绝大多数都直接来自高校，且其中相当一部分教师一直从事理论研究性工作，几乎不参与工程项目开发；部分教师虽具有与企业合作进行技术开发的实践经验，但技术开发与实际工程项目实现之间存在较大距离。很多教师没有工程的概念，缺乏工程实践经验，工程背景较弱，这必然会影响工科学生的素质和培养质量。"[②]

另外，目前高校十分缺乏必要的人事制度来保障教师与企业高层次人才的互动和业务交流。"高校学生培养规模的急剧增加，使工科必需的实践环节进一步被削弱；而且具有工程实践经验的教师严重缺乏，相当一部分工科教师，尤其是具有高学位的年轻教师，大多缺乏甚至没有

---

① 　中华人民共和国科学技术部网站：http://www.most.gov.cn/kjtj/。
② 　清华大学《我国工科研究生教育现状及发展对策研究》课题组调研资料，2009 年 9 月。

工程实践经历；而从企业聘请兼职教师又受到种种人事管制制度的限制。教师可以被派到企业去工作一段时间，但这段时间的工作量和酬金在现行人事制度下却难以计算。而企业是否允许其工作人员出去高校兼职，也没有明确的法律依据。由于体制上存在的种种问题，我国目前还不能像国外那样从企业聘请优秀的人才和专家等担任高校教师。许多优秀的企业人才即使有心从教或到高校兼职任教，却难以达到既定的教师资格要求，出现了'出不去、进不来'的尴尬局面。"①

5. 课程体系落后，工科学生的综合素质堪忧

我国工程教育受专业教育模式影响很深，按照专业设置的课程体系，对经济社会发展不敏感，内容老化、脱离工程实践的要求，现代工程技术人才所需要的人文社科、管理、营销、环境等方面的课程知识严重不足，工科学生综合素质急需提升。同时，课程和教学缺乏国际视野，工科毕业生的国际竞争能力有待提高。

在 OECD 的报告中，根据对跨国公司和国内企业以及国际商业组织的调研、访谈发现，"全国范围内他们只对雇用来自 10～15 所大学的毕业生感到放心……（因为）工程类毕业生的质量下降非常严重"，这些公司企业等用人单位，对中国科学家和工程师的专业技能印象很深，但是认为"（中国科学家、工程师）缺乏管理、生产和营销方面的技能"。②

据著名的麦肯锡公司出版的麦肯锡季刊载文统计，我国现有的 160 万工程师中，大约只有 16 万适合在外企工作。该文还指出，我国工科大学毕业生只有 10% 可以达到跨国公司的用人标准，而印度则是 25%；一些发达国家如比利时，这一数字在 75% 以上。③

因此，从规模上讲，我们拥有了世界上最大规模的工程教育，但是

---

① 清华大学课题组调研资料《我国工科研究生教育现状及发展对策研究》，2009 年 9 月。
② 《OECD 中国创新政策研究报告》，薛澜等译，第 239 页。
③ 查建中：《面向经济全球化的工程教育改革战略——产学合作与国际化》，《高等工程教育研究》2008 年第 1 期。

现代工程需要的具有较高综合素质和能力的复合型人才却严重不足，当前尤其值得注意的是具有独立工作能力，善于开创工作新局面的创造型、国际型高端工程类人才严重短缺。在工程教育改革发展中，课程及教学方法的改革成为重要的课题。

此外，工程教育还存在以下三个问题：

1. 体制改革问题

以多样化、弹性化、多规格的培养模式为基本原则，针对工程技术教育的特征和用人单位的需要，积极推进制度创新，建立和完善本硕统筹、硕博连读、跨学科工程硕士、工程博士等新型的学位制度，改变目前比较单一的培养模式和评价体制；有选择地重点办好若干所有特色的工程技术大学或学院。这些工程技术大学或学院在人才培养方面应注重理论与实际的结合，加强工程实践训练，突出创新能力培养。这类学校应考虑工程的综合性及技术人才培养的多层次性特点，突出工程特色，注重市场需求和技术水平领先，以培养现代工程师为主要目的；要建立从企业聘请有实践经验的工程技术人员进入高校的机制，如让一些著名企业的高级技术人员在高校兼职；同时，鼓励、支持高校教师、学生跨学科组成合作团队，深入企业第一线，从而形成以解决工程问题为核心的培养体系。

2. 继续工程教育问题

要大力推进对生产实践第一线工程技术人员的继续教育，积极配合企业组建开放型的研究开发中心，有针对性地开展继续工程教育活动，提升工程技术人员的技术创新能力，为解决生产实践中的疑难问题或新问题提供支持。并在这一过程中造就能够带动一个企业、一个领域、一个地区、一个行业甚至一个产业的"领军型工程技术人才"。

3. 国际合作问题

继续关注国际工程教育的发展动态，研究、探讨符合我国工程发展需要的培养模式和体系；加强科研与人才培养过程中的国际交流与合作。目前，许多高校都与世界一些著名大学、研究机构及大型企业建立了稳定的双边交流与合作关系，广泛开展学术交流、科技合作；除了采取"走出去，请进来"的方式，派遣骨干教师到国外访问、参加学术会议、邀请国际著名学者和企业家来学校讲学、积极举办国际学术会议外，更加注重吸引国外高水平的科技人员较长时间地参与学校的学科建设，或到实验室工作。高等工程教育的国际视野的开拓，使高校和企业的发展有了更大的空间。

二 高等工程教育的未来发展趋向

1. 推进改革，培养工程科技创新人才

（1）重创新。创新是一个民族进步的灵魂，是国家兴旺发达的不竭动力。我们必须努力站在国际学术的最前沿，紧密结合先进生产力的发展要求，进行理论创新、制度创新、科技创新，推动科技成果转化为现实生产力。科技创新来自智力资源的拥有者，而智力资源的拥有者主要是来自高等教育培养的高素质人才。国家创新体系的建立，首先应从最基础的教育创新做起。作为高等教育中规模最大的工科教育，在整个创新教育体系中，具有举足轻重的地位。高等工程教育应围绕推进教育创新进行各种有益的探索，努力培养高层次、高素质、多样化、创造性，具有国际视野、适应时代要求的工程科技人才。

（2）重基础。工科学生的基础教育非常重要，决定其将来是否具有适应能力和发展潜力。在注重提高全面素质的前提下，在基础学习阶段，应特别加强数、理基础知识的教育，加强外语和计算机能力的训练；要大幅度删减陈旧的课程，更新专业教学内容和训练方式；增加学生选修课程的比例，提倡教师在精通本专业的基础上开设出深入浅出而又知识广博的课程，加大各类基础课程的通用性，以拓宽学生的知识领域，不但为后续的专业学习，更主要的是为了学生走向社会之后的终身学习和发展奠定坚实的基础。

（3）重交叉。交叉学科是创造新知识的重要源泉，近年来，高等工程院校在学科交叉方面做了许多有益的尝试，设置了适应社会发展需要的工程专业。例如，在工业工程专业中，设置了加工制造、管理与经济、人环工程等教学内容；有些学校正在进行培养金融工程人才的试点；其他如系统工程、物流工程与技术、社会工程学等大学科交叉专业的产生也引起了人们的密切关注。同时，在现有工程教育中，要努力增加学生跨学科选择专业训练和工程研究方向的机会。

（4）重人文。科学教育与人文教育交融是高等教育现代化发展的必然趋势，是培养高级人才的必由之路。工程教育必须把以人为本的基本理念引入工程教育。人文教育体现了科学和艺术的结合，对提高学生的分析与综合能力，掌握科学的思维方法有重要作用。在今天工程教育全球化的背景下，人文社会科学教育与工程教育的结缘与综合确实是一个值得重视的教育理念，它将对培养 21 世纪的现代工程师发生重要的影响。

（5）重实践。加强实验环节和工程技术训练的综合性，对提高学生的分析能力与综合能力以及良好素质的养成是非常重要的。这种实践活动包括校内的工程技术训练、科研项目的参与和校外的实习三部分。这方面曾经有过很好的经验，如 20 世纪 50 年代，清华大学的"真刀真枪做毕业设计"在学生的工程训练上起到很好的作用。针对传统工程基础训练只注重加工技能和一般工艺的局限性，许多学校加大了综合性、研究型实验课题的设置，如重点加强先进制造和现代工程的综合训练、计算机集成制造仿真、工程管理与市场模拟分析等，使大学生增强面向市场的技术应用意识和分析问题、解决问题的能力。许多高校都十分注意大学生早期介入科研活动，本科阶段就开展的"大学生研究计划"、"大学生实践—创业计划"和全国大学生与研究生参与的"挑战杯"科技大赛、机器人世界杯足球大赛等吸引了大量学生的积极参与。鼓励大学生早期介入科研活动是国内外工程教育都重视的培养途径。

同时，我们要努力加强学校与企业的合作，建立与相关企业的稳定联系，保证使学生在校学习期间能直接深入企业，进行工程技术实践；鼓励一部分学生在完成基础学习阶段之后到企业和工程部门从事工程项目研究，以科技创新成果为企业发展贡献力量。利用高校和企业之间的优势互补，为造就詹天佑、茅以升式的我国 21 世纪的工程大师和巨匠奠定基础。

2. 教师队伍转向工程性与创新性

从事工程技术教育的教师必须具有较丰富的工程实践经验，并且与企业有较密切的联系，学校也应对教师发展提供力所能及的帮助。在德国，有专门的教育培训法，教师进修学院提前一年让教师知道要培训的内容，每年列出三四百个专题，教师可根据自己的情况进行选择，提前做好计划。这也充分体现了教师培训方面的服务意识。

教师聘任不能仅看学历层次，要考查工程实践能力，岗前培训不仅要在教育学、心理学等方面进行训练，还要进行工程锻炼，至少应进行半年到一年，期间可担任辅导教师，协助教授进行课程辅导工作，以掌握专业课程教学方法。岗前培训期满，应进行专业知识和能力考核，由行业专家、学科带头人和指导教授及被辅导的学生对其进行综合评价。评价合格者，参加学院组织的公开试讲，试讲合格取得任职资格。鼓励教师"走出去"，承担企业、事业单位和政府的研发项目，要求专业教师取得国家相关注册工程师资格，每隔 4 年为教师安排一个进修和锻炼的学期，打造一支"双师型"教师队伍。积极引进、聘请行业专家、技术骨干到学校做兼职教师，定期对专业教师进行培训，把新技术、新经验带到学校；为学生开设专题讲座，指导学生进行课程设计、实习及毕业设计，成为学生的校外专业指导教师，为学生利用课余时间到企业锻炼创造条件。世界主要国家的科技界、工程界、教育界几乎同时把"创新"作为国家发展的战略重点来研究，都把培养创新型工程科技人才当作迎接 21 世纪挑战、参与国际竞争的战略核心问题提升到前所未有的高度，并且已经采取一系列重大举措。在所有的发达国家，工程教育院校都在重写教育计划，优化教学以回应新世纪对工程教育提出的新要求，促进学生的流动性，使他们学习到更多的能够满足国际化就业市场需要的技能。各发达国家讨论的工程教育计划的一些议题包括：通才才能、新的态度与能力、学科的广度、伦理方面的关注、新的课程计划、继续工程教育、大学间的虚拟合作、学分制及转学分问题、问题式及课题导向的学习模式、与业界的合作等等。美国更是在《2020年的工程师》报告中，把培养具有独特战略视野的创新型工程师作为论述的重点。

3. 充分利用我国工程专业学生的生源好、规模大、就业市场广阔的优势

工程师短缺也是全球性的普遍问题。1998～2004年统计，30个OECD国家中有18个国家的理工类毕业生比例下降，德国从1998年的34.8%下降到2004年的30.8%，瑞士从28.4%下降到25.1%，芬兰从32.2%下降到29.9%，美国从16.2%下降到14.7%。[①] 我国理工类本科在校生也呈下降趋势，单纯就工科招生而言，工科招生自1997年以来逐年下降，1997年工科招生占高校招生总数的37.4%，2006年下降到31.54%。[②]

但是，我国是人口大国，是人力资源的大国。我国工程教育应该抓住建设创新型国家的历史机遇，充分利用我国工程专业学生的生源好、规模大、就业市场广阔的优势，取得跨越式发展，加紧培养一批高水平的创新型工程科技人才，实现由人力资源大国向人力资源强国的转变，为我国科学技术发展提供充分的人才支撑和智力保证。

4. 卓越工程师教育培养计划

近年来，美国等发达国家将"再工业化"作为重塑竞争优势的重要战略，通过大力发展先进制造业，重新回归实体经济，创造新的经济增长点，带来新的就业岗位，摆脱当前危机。发达国家实施"再工业化"战略将对我国的工业化产生巨大的影响，我国与发达国家之间的竞争将更加激烈。美国工程院院长查尔斯·韦斯特指出，"拥有最好工

---

① 《OECD中国创新政策研究报告》，薛澜等译，第236页。
② 吴启迪：《中国工程教育的问题挑战与工程教育研究》，《清华大学教育研究》2009年第2期。

程人才的国家占据着经济竞争和产业优势的核心地位"。美国近年来将"加强科学、工程和技术教育，引领世界创新"的理念提升到国家战略的高度。布什政府把维持美国在科技和工程领域的领袖地位写入《美国竞争力计划》，并投入大量经费支持工程教育的发展。总统奥巴马也提出让"有数学才能的大学毕业生进入工程领域，另一些人进入计算机设计领域"。很多国家都将工程科技人才培养提升到国家战略的高度。

为了回应国际金融危机以后出现的新挑战，2010年6月，教育部和中国工程院发出通知，决定共同实施"卓越工程师教育培养计划"。这是贯彻落实《国家中长期教育改革和发展规划纲要（2010—2020年）》和《国家中长期人才发展规划纲要（2010—2020年）》的重大改革项目。

在高校申请、专家论证的基础上，教育部在我国开设工科专业的1003所本科高校中批准了清华大学、浙江大学、华中科技大学、北京航空航天大学等61所高校为第一批"卓越工程师教育培养计划"实施高校。

"卓越计划"的特点是：行业企业深度参与培养过程；学校按通用标准和行业标准培养工程人才；强化培养学生的工程能力和创新能力。主要目标是面向工业界、面向世界、面向未来，培养造就一大批创新能力强、适应经济社会发展需要的高质量、各类型工程技术人才。

产学研结合是工程教育的本质要求，高校要从学校的内部培养走向开放的校企合作培养。行业企业参与该计划的实施，使企业由单纯的用人单位变成共同培养单位，发挥企业具备真实工程环境和先进的工程实践条件的优势，为培养学生的工程实践能力、工程设计能力和工程创新能力创造必要的物质条件。教育部和行业部门将认定一批企业作为"卓越工程师教育培养计划"的合作培养单位，由高校和企业共同制定人才培养方案，共同建设课程体系和教学内容，共同实施培养过程，共同评价培养质量。

"卓越工程师教育培养计划"围绕工程能力这一核心问题，对人才培养模式进行全方位改革。在校内学习阶段，高校要在加强科学文化基础知识学习的基础上，以强化工程实践能力、工程设计能力与工程创新能力为核心，重构课程体系和教学内容，着力推动研究性学习方法，加强大学生创新能力训练，加强跨专业、跨学科的复合型人才培养。在企业学习阶段主要是学习企业的先进技术和先进企业文化，深入开展工程实践活动，"真刀真枪"做毕业设计，参与企业技术创新和工程开发。在培养学生职业技能、职业精神和职业道德的同时，更加注重用社会主义核心价值体系引领大学生思想成长，有效引导学生树立正确的理想信念。

"卓越工程师教育培养计划"的实施能否取得成功，关键在于教师，关键是看我们能否建设一支满足工程人才培养要求的高水平专、兼职教师队伍。为此，应大力引进有丰富工程经历的教师，选聘实践经验丰富的高水平工程专家到学校任教或兼职；调整工程教育教师的评聘和考核办法，侧重评价教师在工程研究、项目设计、产学合作和技术服务等方面的能力；制定教师培训和轮训的制度，教师定期到企业参与工程实践，增强工程实践能力。

"卓越工程师教育培养计划"要配合企业"走出去"战略，把培养具备国际视野，能够进行跨文化交流、合作和参与国际竞争的工程师作为重要内容。既要积极利用国外先进的工程教育资源，积极组织学生参与国际交流、到海外企业实习；又要支持高水平的中外合作工程教育项目，鼓励在多种语言环境下培养熟悉当地国家文化、法律和标准的国际化工程师。

按照标准进行培养是国际工程教育通行的做法。教育界将按照工程人才培养的规律，与工业界共同制定培养标准，满足工业界的基本要求。同时按照国际标准和国际通行做法来评价"卓越工程师教育培养计划"的人才培养质量。

中国的现代化发展具有后发外源的性质，为了实现赶超发达国家的目标，经济社会的发展具有很强的国家主导和干预特征，因此，国家目标和国家规划，始终是构成中国工程教育发展的直接动力和重要影响因素，新中国六十年的历史，是进行中国特色社会主义现代化建设的光辉历程，在这一进程的各个历史时期，我国的工程教育服务于国家现代化发展战略，提供着强有力的人力和智力支撑。

当前，中国进入建设创新型国家的新的历史时期，工程技术与创新有着最紧密的关系，建设创新型国家，走中国特色自主创新之路的开辟，为工程教育的发展提供了宝贵的历史机遇，同时也提出了巨大的挑战。历史证明，工程教育是国家技术和经济社会长远发展的重要基础，是国家综合实力日益强大的重要保障。与创新型国家发展战略的要求相比，我国工程教育在规模、结构和质量方面还有很大的差距，工程教育的改革和发展任重而道远。

结 束 语

今天，当我们回顾民族国家现代化进程、回顾中国工程教育发展历史的时候，我们不能不敬佩走过的曲折而艰辛道路的我国工业界、教育界的先辈们。他们为了抵御列强的坚船利炮，奋起发展教育，工业救国。当我们的国家在东方崛起的时候，我们为他们留下的伟大业绩，也为我国百年工程教育的崛起而骄傲。

工程科学技术在推动人类文明的进步中一直起着发动机的作用，是一部近代世界社会生产力的发展史，也是科学发现、技术革命、产业革命相互推进的历史。西奥多·冯·卡门有言，"科学家发现已有的世界，工程师创造从未有过的世界"。科学发现推动人们在认识世界的过程中形成科学原理，工程科技的使命则是把科学原理变成改造世界的能动力量。在人类历史的漫漫长河中，工程技术的进步与人类发展的命运紧紧地联系在一起，尤其在过去的一百年中，工程教育的飞跃发展，使得人们的生产方式和生活方式发生根本性变化。21世纪的到来，人们在享受科技发展带来的物质文明的同时，也面临着可持续发展的挑战。发展中的问题也必须依赖发展来解决，必须依赖科学研究与新技术的发展来解决人类面临的问题。可以相信，21世纪必将是科学技术特别是工程科学技术进一步高速发展的世纪。

中华民族在五千多年的历史发展中，为人类文明和进步作出了巨大的贡献。19世纪中叶以来，中国人民在寻求民族独立和社会解放的过程中，选择了现代化的发展之路。新中国成立之后，中国在建设社会主义现代化的历程中，创造了举世瞩目的伟大业绩。我国在现代化建设中取得的一切成就，都离不开工程科技的巨大支撑，离不开广大工程科技人才做出的历史性贡献，从"两弹一星"、大庆油田开发，到高性能计算机、三峡工程、青藏铁路、载人航天技术，无不凝结着我国广大工程科技人才的智慧和汗水。

实现工业化仍然是当前我国面临的艰巨的历史任务，为了我国现代化、工业化快速健康发展，为了不断改善亿万人民的生活，我们要加快工程教育的发展，全面提高国际竞争力和整体素质。建设创新型国家，实现全面建设小康社会的发展目标，必将为中国工程教育和工程科技的发展带来难得的历史机遇。

回顾过去，我国高等工程教育曾在教育部和中国工程院等有关部门和企业的大力支持下，围绕促进创新型工程技术人才的教育与培养开展了大量卓有成效的工作，为促进我国工程教育改革与健康发展、促进优秀工程人才的成长做出了应有的贡献，取得了丰硕的成果。展望明天，建设创新型国家，关键在人才，尤其在创新型科技人才。没有一支宏大的创新型科技人才队伍做支撑，要实现建设创新型国家的目标是不可能的。世界范围的综合国力竞争，归根到底是人才特别是创新型人才的竞争。一定要把加速培养造就优秀科技人才特别是科技领军人才作为十分紧迫的战略任务抓紧抓好。

中国的科技创新正在发展，中国的工程专业学生的生源好、规模大，工程师的就业市场与创新空间又广阔。如果能培养与激发出他们创新的潜力，不仅能为中国的自主创新和经济建设做出极大的贡献，而且伴随着全球化的进程，他们也将走向世界。中国的工程科技人才将成为世界一道亮丽的风景线。

参 考 文 献

（一）专著

教育部教育年鉴编纂委员会编《第二次中国教育年鉴》，商务印书馆，1948。

中国教育部计划财务司编《中国教育成就·统计资料（1949—1988）》，人民教育出版社，1984。

陆大道等：《中国工业布局的理论与实践》，科学出版社，1990。

〔美〕E. 希尔斯：《论传统》，上海人民出版社，1991。

〔美〕R. 麦克法夸尔、费正清编《剑桥中华人民共和国史：革命中国的兴起》，中国社会科学出版社，1998。

〔美〕毕乃德：《洋务学堂》，杭州大学出版社，1993。

〔美〕克劳雷（Crawley, E.）等：《重新认识工程教育：国际CDIO培养模式与方法》，顾佩华等译，高等教育出版社，2009。

《"七二一"道路放光芒》，人民教育出版社，1975。

陈云：《陈云文选》（第二卷），人民出版社，1995。

《筹办夷务始末》同治朝卷二五，中华书局，1979。

《第二次中国教育统计年鉴（第二编）》，抗战时期教育。

中华民国教育部编《第一次教育统计年鉴》，开明书店，1934。

中华民国教育部编《第一次中国教育年鉴（丙编）》，开明书店，1934。

中华民国教育部编《第一次中国教育年鉴（丁编）》，开明书店，1934。

《国立西南联合大学史料》，云南教育出版社，1998。

《国联教育考察团报告书》，《中国教育之改进》，文海出版社，1980。

简明大英百科全书编辑部译编《简明大英百科全书》，中国大百科全书出版社，1985。

《建国以来毛泽东文稿》，中央文献出版社，1996。

《建国以来主要文献选编》（第十二册），中央文献出版社，1996。

交通大学校史编写组编《交通大学校史（1896—1949）》，上海教育出版社，1986。

《交通大学校史资料选编（1896—1937）》（第二卷），西安交通大学出版社，1986。

《教育部改进专科以上学校训令丛编》，商务印书馆，1935。

刘仙洲纪念文集编写小组编《刘仙洲纪念文集》，清华大学出版社，1990。

陆定一：《陆定一文集》，人民出版社，1992。

《清华大学工程物理系建系50周年纪念文集》，内部出版。

清华大学校史编写组编《清华大学校史稿》，中华书局，1981。

《罗家伦先生文存》，台北"国史馆"，1978。

《上海医疗器械高等专科学校志》（1960～2006），上海理工大学内部版，2006。

《洋务运动》（一），上海人民出版社，1961。

《又一朵教育革命的新花（教育革命经验选编）——记辽宁朝阳农学院》，人民教育出版社，1975。

夏东元：《洋务运动史》，华东师范大学出版社，1992。

中国教育年鉴编辑部编《中国教育年鉴（1949—1981）》，中国大百科全书出版社，1984。

中国教育年鉴编辑部编《中国教育年鉴》（1982—1984），湖南教育出版社，1986。

中国教育年鉴编辑部编《中国教育年鉴》（1997），人民教育出版社，1997。

中国教育年鉴编辑部编《中国教育年鉴》（2001），人民教育出版社，2001。

中国教育年鉴编辑部编《中国教育年鉴》（2003），人民教育出版社，2003。

中华人民共和国教育部发展规划司编《中国教育统计年鉴》（2006），人民教育出版社，2007。

《中华人民共和国发展国民经济的第一个五年计划：1953—1957》，人民出版社，1955。

Gareth L. Williams, "The marketization of higher education: reforms and potential reforms in higher education finance", in D D DILL, B SPORN. Emerging Patterns of Social Demand and University Reform: Through a Glass Darkly (Oxford: Pernamon Press, 1995).

北洋大学—天津大学校史编辑室：《北洋大学—天津大学校史资料选编》，天津大学出版社，1991。

薄一波：《若干重大决策与事件的回顾》，中共党史出版社，1993。

蔡元培：《蔡元培全集（第六卷）》，浙江教育出版社，1997。

蔡元培：《蔡元培书信集（上册）》，浙江教育出版社，2000。

陈劲、胡建雄：《面向创新型国家的工程教育改革研究》，中国人民大学出版社，2006。

陈立夫：《成败之鉴——陈立夫回忆录》，台北正中书局，1994。

陈立夫：《战时教育行政回忆》，台北商务印书馆，1973。

陈学恂、陈景磐主编《清代后期教育论著选》，人民教育出版社，1997。

陈学恂、高奇主编《中国教育史研究·现代分卷》，华东师范大学出版社，1994。

陈学恂：《中国近代教育史资料》，上海教育出版社，2007。

陈翊林：《最近三十年中国教育史》，上海太平洋书店，1931。

陈种美等：《同济大学在云南四川的岁月》，中国人民政治协商会议西南地区文史资料协作会议编《抗战时期内迁西南的高等院校》，贵州民族出版社，1988。

崔国兰主编《哈尔滨工业大学》，重庆大学出版社，2008。

大塚丰：《现代中国高等教育的形成》，北京师范大学出版社，1998。

戴逸、张世明主编《中国西部开发与现代化》，广东教育出版社，2006。

邓小平：《邓小平文选（第二卷）》，人民出版社，1993。

邓小平：《在全国科学大会上的讲话（节选）》，国家教育委员会政策法规司编《十一届三中全会以来重要教育文献选编》，教育科学出版社，1992。

邓小平：《尊重知识，尊重人才》，《十一届三中全会以来重要教育文献选编》，教育科学出版社，1992。

J. C. 亚历山大：《国家与市民社会：一种社会理论的研究路径》，中央编译出版社，1999。

杜澄、李伯聪主编《工程研究：跨学科视野中的工程》，北京理工大学出版社，2008。

方惠坚、张思敬主编《清华大学志（下）》，清华大学出版社，2001。

方惠坚等：《蒋南翔传》，清华大学出版社，2005。

费正清主编《剑桥中华民国史》，上海人民出版社，1994。

冯桂荪：《校邠庐抗议卷》（上），《采西学议：冯桂荪马建堂集》，辽宁人民出版社，1994。

冯友兰：《三松堂自序》，人民出版社，1998。

高奇：《新中国教育历程》，河北教育出版社，1999。

高时良编《中国近代教育史料汇编：洋务运动时期教育》，上海教育出版社，1992。

高时良编《中国近代教育史料汇编：洋务运动时期教育》，上海教育出版社，2007。

耿明友主编《大庆石油学院校史》，科学普及出版社，1991。

顾毓琇：《清华的工程人才——为清华二十四周年纪念作》，《清华大学史料选编》（二），清华大学出版社，1991。

郭廷以：《近代中国史纲（下册）》，香港中文大学出版社，1980。

郭元曦主编《攀枝花钢铁公司》，当代中国出版社，1996。

国防大学党史党建政工教研室编《"文化大革命"研究资料》，1988。

国联教育考察团编《国际联盟教育考察团报告书》（《中国教育之改进》），《近代中国史料丛编》三编第十一辑，文海出版社，1986。

哈尔滨工业大学校史编写组：《哈尔滨工业大学简史（1920—1985）》，哈尔滨工业大学出版社，1985。

郝维谦、龙正中主编《高等教育史》，海南出版社，2000。

郝维谦等：《中华人民共和国高等教育史》，海南出版社，2000。

何炳棣：《读史阅世六十年》，广西师范大学出版社，2005。

何东昌：《中华人民共和国重要教育文献（1949—1975）》，海南出版社，1998。

何廉：《何廉回忆录》，中国文史出版社，1988。

胡鞍钢：《中国政治经济史论（1949—1976）》，清华大学出版社，2008。

胡建华：《现代中国大学制度的原点：50年代初期的大学改革》，南京师范大学出版社，2001。

中共中央党史研究室著，胡绳主编《中国共产党的七十年》，中共党史出版社，1991。

黄启兵：《中国高校设置变迁的制度分析》，福建教育出版社，2007。

吉尔伯特·罗兹曼主编《中国的现代化》，江苏人民出版社，2010。

季啸风：《中国高等学校变迁》，华东师范大学出版社，1992。

中共中央文献研究室编《建国以来重要文献选编》第四册，中央文献出版社，1993。

蒋梦麟：《西潮·新潮》，岳麓出版社，2000。

蒋南翔：《蒋南翔文集（下卷）》，清华大学出版社，1998。

蒋中正：《今后教育的基本方针》，秦孝仪编《总统蒋公思想言论总集（16卷）》，中国国民党中央党史委员会，1984。

交通大学校史编写组编《交通大学校史（1896—1949年）》，上海教育出版社，1986。

教育部：《1976年全国教育统计资料》，转引自周全华《文化大革命"中的教育革命》，广东教育出版社，1999。

教育部：《关于印发〈高等学校工科本科教育培养目标和毕业生的基本要求〉（试行）和〈普通高等学校制订工科本科专业教学计划的原则规定〉（试行）的通知》，1994。

教育部：《深化教育改革，全面推进素质教育》，高等教育出版社，1999。

教育部：《高等学校工科本科专业目录修订情况和做好修订工作的意见》，1984。

教育部：《关于高等学校理工科教学工作若干问题的意见》，1978。

教育部：《关于批准"新世纪高等教育教学改革"本科教学改革立项项目的通知》，2000。

教育部编《大学科目表》，台北正中书局，1940。

教育部参事处编《教育法令汇编》，商务印书馆，1936。

教育部高等教育司：《全国高等教育概况》，1939。

《中华民国建国史（第三篇，统一与建设（一））》，台北"国立编译馆"，1989。

金冲及：《二十世纪中国史纲（第一卷）》，社会科学文献出版社，2009。

金铁宽主编《中华人民共和国教育大事记（1949—1982）》，教育科学出版社，1984。

金一鸣：《中国社会主义教育的轨迹》，华东师范大学出版社，2006。

金以林：《近代中国大学研究》，中央文献出版社，2000。

〔美〕克拉克·克尔：《高等教育不能回避历史——21世纪的问题》，浙江教育出版社，2001。

李国钧、王炳照总主编《中国教育制度通史（第六卷）》，山东教育出版社，2000。

李庆刚：《"大跃进"时期"教育革命"研究》，中央党校出版社，2006。

李喜所：《近代留学生与中外文化》，天津教育出版社，2006。

李先念：《人才培养要走在经济建设的前面（1980年2月10日）》，《十一届三中全会以来重要教育文献选编》，1992。

李永森主编《西北大学史稿》，西北大学出版社，1987。

李友芝、李春年等编《中国近现代师范教育史料》第二册（内部稿），北京师范大学出版社，1990。

梁启超：《中国近三百年学术史》，上海三联书店，2006。

林庆元：《福建船政局史稿（增订本）》，福建人民出版社，1999。

林庆元：《福建船政局史稿》，福建人民出版社，1986。

林则徐：《林则徐集·奏稿》中册，中华书局，1965。

刘光主编《新中国高等教育大事记》，东北师范大学出版社，1990。

刘家琦主编《哈尔滨工业大学》，浙江大学出版社，1999。

刘克祥、陈争平：《中国近代经济史简编》，浙江人民出版社，1999。

刘露茜等主编《交通大学校史（1949—1959）》，高等教育出版社，1996。

刘述礼、黄延复编《梅贻琦教育教育论著选》，人民教育出版社，1993。

楼世洲：《职业教育与工业化——近代工业化进程中江浙沪职业教育考察》，学林出版社，2008。

罗平汉：《"大跃进"的发动》，人民出版社，2009。

罗荣渠：《现代化新论——世界与中国的现代化进程（增订版）》，商务印书馆，2004。

毛泽东：《论联合政府》，《毛泽东选集》第四卷，人民出版社，1977。

毛泽东：《毛泽东同志论教育工作》，人民出版社，1958。

高等教育部办公厅编《高等教育文献法令汇编》第三辑，1956。

毛泽东：《毛泽东文集》第七卷，人民出版社，1999。

毛泽东：《三大运动的伟大胜利》，《毛泽东选集》第五卷，人民出版社，1977。

毛泽东：《毛泽东文集》第八卷，人民出版社，1999。

蒙树宏编《鲁迅年谱稿》，广西师范大学出版社，1988。

南京大学校史编写组：《南京大学史（1902—1992）》，南京大学出版社，1992。

宁玉田等主编《发展中的机会：一种技术转移的新模式ERC》，科学出版社，1995。

〔美〕诺伯特·维纳：《我是一个数学家》，上海科学技术出版社，1987。

潘懋元、刘海峰主编《中国近代教育史资料汇编·高等教育》，上海教育出版社，1993。

潘乃谷、潘乃和编《潘光旦教育教育文存》，人民教育出版社，2002。

钱昌照：《钱昌照回忆录》，中国文史出版社，1998。

钱穆：《国史大纲》下册（修订本），商务印书馆，1996。

清华大学校史编写组编著《清华大学校史稿》，中华书局，1981。

清华大学校史研究室编《清华大学九十年》，清华大学出版社，2001。

曲士培：《中国大学教育发展史》，北京大学出版社，2006。

璩鑫圭、唐良炎：《中国近代教育史资料汇编：学制演变》，上海教育出版社，1991。

璩鑫圭等编《中国近代教育史资料汇编——实业教育 师范教育》，上海教育出版社，2007。

日本东京博文馆编《北京志》，1908。该书由张宗平、吕永和翻译，以《清末北京志资料》之名出版，燕山出版社，1994。

容闳：《西学东渐记：中国留学生之父的足迹与心迹》，中州古籍出版社，1998。

商丽浩：《政府与社会——近代公共教育经费配置研究》，河北教育出版社，2001。

上海社会科学院经济研究所编《江南制造厂厂史》，江苏人民出版社，1983。

上海市高等教育局研究室等编《中华人民共和国建国以来高等教育重要文献选编》上册，出版社出版时间不详。

沈志华：《苏联专家在中国（1948—1960）》，新华出版社，2009。

盛懿、欧七斤等编《三个世纪的跨越：从南洋公学到上海交通大学》，上海交通大学出版社，2006。

师昌绪：《缅怀同窗好友高景德院士》，方惠坚主编《高景德纪念文集》，清华大学出版社，1999。

史贵全：《中国近代高等工程教育研究》，上海交通大学出版社，

2004。

舒新城：《近代中国教育思想史》，福建教育出版社，2006。

舒新城：《舒新城教育论著选》，人民教育出版社，1996。

舒新城：《中国近代教育史资料（上、下册）》，人民教育出版社，1981。

舒新城：《中国近代学制史料（中册）》，人民教育出版社，1961。

舒新城编《近代中国教育史料·补编》，中华书局，1928。

苏渭昌等主编《中国教育制度通史（第八卷）》，山东教育出版社，2000。

苏云峰：《从清华学堂到清华大学1911—1929近代中国高等教育研究》，生活·读书·新知三联书店，2001。

苏云峰：《抗战前的清华大学（1928—1937）》，中央研究院近代史研究所，2000。

苏云峰：《中国新教育的萌芽与成长（1860—1928）》，北京大学出版社，2007。

苏云峰：《中国新教育之萌芽与成长（1860—1928）》，台北五南图书出版公司，2005。

孙毓棠：《中国近代工业史资料》第一辑，科学出版社，1957。

孙中山著，牧之选注《建国方略》，辽宁人民出版社，1994。

《同济大学土木工程学院建筑工程系简志（1914—2006）》，同济大学出版社，2007。

万钢主编《中国科技改革开放30年》，科学出版社，2008。

王尔敏：《清季兵工业的兴起》，广西师范大学出版社，2009。

王卫国主编《建国以来教育同生产劳动相结合法规文献汇编》，教育科学出版社，1995。

王文俊等编《张伯苓教育言论选集》，南开大学出版社，1984。

王相钦主编《中国民族工商业发展史》，河北人民出版社，1997。

王学珍等主编《北京大学纪事（1898—1997）》，北京大学出版社，

2008。

王永贤主编《上海成人教育史（1949—1989）》，上海社会科学院出版社，1991。

翁智远主编《同济大学史（1907—1949）（第一卷）》，同济大学出版社，2007。

吴玉伦：《清末实业局制度变迁》，教育科学出版社，2009。

西南联合大学北京校友会编《国立西南联合大学校史（修订版）——1937—1946年的北大、清华、南开》，北京大学出版社，2006。

夏东元：《洋务运动史》，华东师范大学出版社，1992。

夏征农主编《辞海》，上海辞书出版社，1999。

萧超然等：《北京大学校史（1898—1949）》，上海教育出版社，1997。

谢祖钊、傅雄烈主编《高等工程教育概论》，北京航空航天大学出版社，1992。

徐小群：《民国时期的国家和社会：自由职业团体在上海的兴起1912—1937》，新星出版社，2007。

〔加〕许美德：《中国大学1895—1995：一个文化冲突的世纪》，教育科学出版社，2000。

薛澜等译《OECD中国创新政策研究报告》，科学出版社，2011。

荀勇等：《高等工程教育：德国工程技术教育的研究与实践》，中国水利水电出版社，2008。

杨东平：《艰难的日出——中国现代教育的20世纪》，文汇出版社，2003。

应望江主编《中国高等教育改革与发展30年（1978—2008）》，上海财经大学出版社，2008。

于述胜等：《中国教育30年：1978—2008》，四川教育出版社，2008。

余世诚等主编《中国石油高等教育发展史》，石油大学出版社，2002。

余子侠：《民族危机下的教育应对》，华中师范大学出版社，2001。

余子侠、冉春：《中国近代西部教育开发史——以抗日战争时期为重心》，人民出版社，2008。

虞和平主编《中国现代化进程（三编）》，江苏人民出版社，2001。

虞和平主编《中国现代化历程（第二卷）》，江苏人民出版社，2001。

袁小荣编《毛泽东外出和巡视纪事（1949—1976）》（上册），香港大风出版社，2010。

苑书义：《中国近代史新编（中册）》，人民出版社，1986。

曾永玲：《郭嵩焘大传》，辽宁人民出版社，1989。

张光斗、王冀生主编《中国高等工程教育》，清华大学出版社，1995。

张国辉：《洋务运动与中国近代企业》，中国社会科学出版社，1979。

张海林：《端方与清末新政》，南京大学出版社，2007。

张维、王孙禺、江丕权编《工程教育与工业竞争力》，清华大学出版社，2003。

张宪文主编《金陵大学史》，南京大学出版社，2002。

张亚群：《科举革废与近代中国高等教育的转型》，华中师范大学出版社，2005。

张玉法：《中国现代史》（下册），台湾东华书局，1997。

中共中央党史研究室：《中国共产党历史第二卷（1949—1978）（上册）》，中共党史出版社，2011。

中共中央文献研究室：《建国以来重要文献选编（1949—1950）》，中央文献出版社，1992。

中国第二历史档案馆：《中华民国档案资料汇编第五辑第二编，教育（一）》，江苏古籍出版社，1997。

中国第二历史档案馆：《中华民国史档案资汇编五辑第一编，政治（二）》，江苏古籍出版社，1994。

中国教育年鉴编辑部：《中国教育年鉴（1949—1981）》，中国大百科全书出版社，1984。

中国科学院语言研究所辞典编辑室：《现代汉语词典》，外语教学与研究出版社，2002。

中国文化建设协会编《抗战前十年之中国》，龙田出版社，1948。

中央教育科学研究所编《中华人民共和国教育大事记（1949—1982）》，教育科学出版社，1984。

周恩来：《周恩来教育文选》，教育科学出版社，1984。

周恩来：《周恩来选集（下卷）》，人民出版社，1984。

周予同：《中国现代教育史》，上海良友图书印刷公司，1934。

朱有瓛：《中国近代学制史料》第一辑上册，华东师范大学出版社，1983。

朱有瓛：《中国近代学制史料》第三辑上册，华东师范大学出版社，1990。

朱有瓛：《中国近代学制史料》第三辑下册，华东师范大学出版社，1990。

朱有瓛：《中国近代学制史料》第二辑下册，华东师范大学出版社。1989。

祝玉琴主编《交通大学西迁回忆录》，西安交通大学出版社，2001。

左玉河：《移植与转化：中国现代学术机构的建立》，大象出版社，2008。

（二）期刊、报纸

《河北电力学院学报》

《科学通报》

《人民教育》

《清华周刊》

《国立清华大学校刊》

《安徽教育行政周刊》

《大公报》

《党的文献》

《法令周刊》

索　引

后　记

中国近代工程教育迄今已走过了 140 多年的历程，今天我国已经成为世界上工程教育规模最大的国家。回顾和总结中国工程教育的历史，我们可以看到，中国工程教育现代化的历史与近代以来国家现代化发展的历程息息相关。在新的历史发展阶段，中国工程教育的发展机遇与挑战并存，总结和厘清百余年来中国工程教育的发展历史，分析其在现代化进程中的特点和经验教训，对思考和把握未来中国工程教育的发展方向，具有十分重要的现实意义。

由于工程教育体系是一个复杂的社会组织体系，我们试图选择最适宜的方法和框架来理解民族国家现代化进程与工程教育发展的关系，试图反映中国工程教育发展过程中高等教育特别是工程教育的结构、秩序和变化的复杂性。然而，由于工程教育具有十分丰富的理论含义和实践内容，在众多问题面前，我们深感能力不足，很难全面把握其本质和规律。因此，本书仅仅是我们对近年来研究工作的梳理。

同时，由于我们的阅历、水平、时间以及资料来源渠道有限，加之工程教育作为教育的重要组成部分，百余年来有诸多变迁，许多问题还有待进一步研究。因此，本书的写作与梳理难免挂一漏万；一些资料的出处还要进一步考证和落实，尤其是有关图片资料，我们尽可能注明出处来源，无法查证的，如涉及版权，请作者与我们联系。在内容方面，也尚有不断补充和修改之处。总之，本书的疏漏之处，不妥之处，望读者谅解并盼指教，日后尽快修正。

本研究得到了国家教育部人文社会科学研究"工程科技人才培养研究"专项的大力支持。在本书的撰写过程中，始终得到朱高峰、吴启迪、顾秉林、余寿文等多位专家、学者给予的热忱帮助和指导。

本研究得到清华大学校友会和清华旅美校友马祖圣先生的大力支持。他们积极倡导并推动清华大学开展《中国科技－工业－企业发展史》研究。九十高龄的马祖圣先生于 2007 年仙逝。他对祖国工业现代化和工程教育发展的关心，深受我们尊敬和怀念。

本研究得到清华大学教育研究院、清华大学工程教育研究中心、清华大学校史馆多位教师和研究生的大力支持，特别是郭樑、李越、袁本涛、李曼丽、石邦宏、雷环、李珍、谢喆平、赵自强、范静波、石菲等；北京师范大学于述胜教授对本书的撰写给予了热情的关注，并提出很好的意见，北京师范大学研究生张小丽、倪烈宗、包丹丹、李小红、孙怡然等提供了大量的相关资料支持。社会科学文献出版社对本书写作和出版提供了大力支持，特别是文史编辑室张晓莉主任为本书出版所做了认真细致的编审。在此一并表示衷心的感谢！

作　者
2013 年 1 月

图书在版编目（CIP）数据

中国工程教育：国家现代化进程中的发展史/王孙禺，
刘继青著. —北京：社会科学文献出版社，2013.4
　ISBN 978-7-5097-4376-8

　Ⅰ.①中…　Ⅱ.①王…②刘…　Ⅲ.①高等教育-工科
（教育）-教育史-中国　Ⅳ.①G649.29

　中国版本图书馆 CIP 数据核字（2013）第 045172 号

中国工程教育：国家现代化进程中的发展史

著　　者／王孙禺　刘继青

出 版 人／谢寿光
出 版 者／社会科学文献出版社
地　　址／北京市西城区北三环中路甲 29 号院 3 号楼华龙大厦
邮政编码／100029

责任部门／人文分社　（010）59367215　　　　责任编辑／李建军
电子信箱／renwen@ssap.cn　　　　　　　　　责任校对／赵敬敏
项目统筹／宋月华　　　　　　　　　　　　　 责任印制／岳　阳
经　　销／社会科学文献出版社市场营销中心（010）59367081　59367089
读者服务／读者服务中心（010）59367028

印　　装／北京季蜂印刷有限公司
开　　本／787mm×1092mm　1/16　　　　　　印　　张／29
版　　次／2013 年 4 月第 1 版　　　　　　　 字　　数／414 千字
印　　次／2013 年 4 月第 1 次印刷
书　　号／ISBN 978-7-5097-4376-8
定　　价／98.00 元